Fundamentos da Testagem Psicológica

U73f   Urbina, Susana
         Fundamentos da testagem psicológica / Susana Urbina ; tradução
     Cláudia Dornelles. – Porto Alegre : Artmed, 2007.
     320 p. ; il.; 23 cm.

     ISBN 978-85-363-0747-3

     1. Teste psicológico. I. Título.

     CDU 159.9.072

Catalogação na publicação: Júlia Angst Coelho – CRB 10/1712

Fundamentos da Testagem Psicológica

Susana Urbina
Doutora em Psicometria pela Fordham University
Professora de Psicologia na
University of North Florida, Jacksonville

Tradução:
Cláudia Dornelles

Consultoria, supervisão e revisão técnica desta edição:
Maria Lucia Tiellet Nunes
Psicóloga. Doutora em Psicologia Clínica.
Professora na Faculdade de Psicologia da PUCRS.

Reimpressão

artmed®

2007

Obra originalmente publicada sob o título
Essentials of psychological testing

© Susana Urbina, 2004. All Rights Reserved. Authorized translation from the English language edition published by John Wiley & Sons, Inc.
ISBN 0-471-41978-8

Capa
Gustavo Macri

Preparação do original
Edna Calil

Leitura final
Carla Rosa Araujo

Supervisão editorial
Mônica Ballejo Canto

Projeto gráfico e editoração eletrônica
Armazém Digital Editoração Eletrônica – rcmv

Reservados todos os direitos de publicação, em língua portuguesa, à
ARTMED® EDITORA S.A.
Av. Jerônimo de Ornelas, 670 - Santana
90040-340 Porto Alegre RS
Fone (51) 3027-7000 Fax (51) 3027-7070

É proibida a duplicação ou reprodução deste volume, no todo ou em parte, sob quaisquer formas ou por quaisquer meios (eletrônico, mecânico, gravação, fotocópia, distribuição na Web e outros), sem permissão expressa da Editora.

SÃO PAULO
Av. Angélica, 1091 - Higienópolis
01227-100 São Paulo SP
Fone (11) 3665-1100 Fax (11) 3667-1333

SAC 0800 703-3444

IMPRESSO NO BRASIL
PRINTED IN BRAZIL
Impresso sob demanda na Meta Brasil a pedido do Grupo A Educação.

Para todos os meus professores,
dentro e fora da escola, que me ensinaram
tudo o que sei, e para todos os meus alunos,
que me ensinaram a ensinar.

AGRADECIMENTOS

À Dra. Joan Hill e à
Dra. Ping Sa por revisarem e comentarem
o manuscrito e ao Dr. Bill Wilson por sua ajuda no
desenvolvimento da tabela do Apêndice C. Um agradecimento
especial é feito a David Wilson, do Center for Instruction
and Research Technology da University of North Florida,
pela preparação da maior parte das ilustrações
desta obra, e a Tracey Belmont, da John Wiley & Sons,
por seu apoio em todas as fases do trabalho.

SUMÁRIO

1. Introdução aos testes psicológicos e seus usos 11
2. Estatística básica para testagem 43
3. Fundamentos em interpretação de escores 83
4. Fundamentos em fidedignidade 121
5. Fundamentos em validade 155
6. Considerações básicas sobre itens de teste 213
7. Fundamentos em uso de testes 251

Apêndice A – Testes disponíveis comercialmente 285
Apêndice B – Endereços de editoras e distribuidores de testes 287
Apêndice C – Tabela de áreas e ordenadas da curva normal 289
Referências 301
Índice remissivo 313

[capítulo 1]

INTRODUÇÃO AOS TESTES PSICOLÓGICOS E SEUS USOS

O primeiro e mais geral sentido do termo *teste* listado nos dicionários é "exame, observação ou avaliação crítica". Seu sinônimo mais próximo é *prova*. A palavra *crítica*, por sua vez, é definida como "relacionada a... um ponto de virada ou conjuntura especialmente importante" (*Merriam-Webster's collegiate dictionary*, 1995). Não deve nos surpreender, portanto, que quando o termo *psicológico* aparece após a palavra *teste*, a expressão resultante adquira uma conotação um tanto ameaçadora. Os testes psicológicos muitas vezes são utilizados para avaliar indivíduos em algum ponto crítico ou circunstância significativa da vida. Ainda assim, aos olhos de muitas pessoas, os testes parecem ser provações sobre as quais elas pouco sabem e das quais dependem decisões importantes. Em grande parte, este livro visa fornecer aos leitores informações suficientes a respeito dos testes e da testagem psicológica para remover as conotações ameaçadoras e proporcionar meios para que os que fazem uso dos testes psicológicos obtenham mais conhecimento sobre seus usos específicos.

Milhares de instrumentos podem ser chamados corretamente de *testes psicológicos*, mas muitos mais usurpam esta denominação, seja explícita ou sugestivamente. O objetivo básico deste livro é explicar como distinguir os primeiros dos segundos. Por isso, começamos com as características definidoras que os testes psicológicos legítimos de todos os tipos têm em comum. Estas características não apenas definem os testes psicológicos, mas também os diferenciam de outros tipos de instrumentos.

TESTES PSICOLÓGICOS

O *teste psicológico* é um procedimento sistemático para a obtenção de amostras de comportamento relevantes para o funcionamento cognitivo ou afetivo e para a avaliação destas amostras de acordo com certos padrões. O esclarecimento dos principais termos desta definição é vital para a compreensão de todas as discussões futuras sobre testes. O quadro Consulta Rápida 1.1 explica o sentido e o fundamento lógico de todos os elementos da definição de um teste psicológico. Se alguma das condições mencionadas na definição não for satisfeita, o procedimento em questão não pode ser chamado acuradamente de teste psicológico. No entanto, é importante lembrar que, em essência, os testes psicológicos são simplesmente amostras de comportamento. Tudo o mais se baseia em inferências.

Os testes psicológicos costumam ser descritos como padronizados por dois motivos, ambos contemplam a necessidade de objetividade no processo de testagem. O primeiro está ligado à uniformidade de procedimentos em todos os aspectos importantes da administração, avaliação e interpretação dos testes. Naturalmente, a hora e local em que o teste é administrado, bem como as circunstâncias de sua administração e o examinador que o administra, afetam os resultados. No entanto, o objetivo da padronização dos procedimentos é tornar tão uniformes quanto possíveis todas as variáveis que estão sob o controle do examinador, para que todos que se submetam ao teste o façam da mesma forma.

CONSULTA RÁPIDA 1.1

Elementos básicos da definição de testes psicológicos

Elemento definidor	Explicação	Fundamento
Os testes psicológicos são procedimentos *sistemáticos*.	Caracterizam-se por planejamento, uniformidade e meticulosidade.	Para serem úteis, os testes *devem* ser objetivos e justos e passíveis de demonstração.
Os testes psicológicos são *amostras de comportamento*.	São pequenos subconjuntos de um todo muito maior.	O uso de amostras de comportamento é eficiente porque o tempo disponível geralmente é limitado.
Os comportamentos avaliados pelos testes são *relevantes para o funcionamento cognitivo, afetivo ou ambos*.	As amostras são selecionadas por sua significância psicológica empírica ou prática.	Os testes, ao contrário dos jogos mentais, existem por sua utilidade; eles são ferramentas.
Os resultados dos testes são *avaliados e recebem escores*.	Algum sistema numérico ou categórico é aplicado aos resultados segundo regras preestabelecidas.	Não deve haver dúvidas sobre quais são os resultados de um teste.
Para se avaliar resultados de testes, é necessário ter *padrões* baseados em dados empíricos.	Deve haver uma forma de aplicar um critério ou padrão de comparação comum aos resultados.	Os padrões usados para avaliar os resultados de um teste devem indicar o único sentido dos mesmos.

O segundo sentido da padronização diz respeito ao uso de padrões para a avaliação dos resultados. Estes padrões costumam ser normas derivadas de um grupo de indivíduos – conhecidos como *amostra normativa* ou *de padronização* – no processo de desenvolvimento do teste. O desempenho coletivo do grupo ou grupos de padronização, tanto em termos de médias quanto de variabilidade, é tabulado e passa a ser o padrão pelo qual o desempenho dos outros indivíduos que se submeterem ao teste depois de sua padronização será medido.

Não esqueça

- A palavra *teste* tem múltiplos sentidos.
- O termo *teste psicológico* tem um sentido muito específico.
- Neste livro, a palavra *teste* será usada para se referir a todos os instrumentos que se encaixam na definição de *teste psicológico*.
- Os testes que avaliam habilidades, conhecimentos ou qualquer outra função cognitiva serão referidos como *testes de habilidade*, e todos os outros serão denominados *testes de personalidade*.

Estritamente falando, o termo *teste* deveria ser usado apenas para aqueles procedimentos nos quais as respostas do testando são avaliadas tendo por base sua correção ou qualidade. Tais instrumentos sempre envolvem a avaliação de algum aspecto do funcionamento cognitivo, conhecimento, habilidades ou capacidades de uma pessoa. Por outro lado, instrumentos cujas respostas não são avaliadas como certas ou erradas e cujos testandos não recebem escores de aprovação ou reprovação são denominados *inventários, questionários, levantamentos, listas de verificação, esquemas* ou *técnicas projetivas*, e geralmente são agrupados sob a rubrica de *testes de personalidade*. Estes são ferramentas delineadas para se obter informações a respeito das motivações, preferências, atitudes, interesses, opiniões, constituição emocional e reações características de uma pessoa a outras pessoas, situações ou estímulos. Tipicamente, são compostos de perguntas de múltipla escolha ou verdadeiro-falso, exceto as técnicas projetivas, que usam perguntas abertas. Também podem envolver escolhas forçadas entre afirmações que representam alternativas contrastantes, ou a determinação do grau em que o testando concorda ou discorda com várias afirmações. Na maior parte das vezes, os inventários de personalidade, questionários e outros instrumentos do gênero são de auto-relato, mas alguns também são delineados de modo a eliciar relatos de outros indivíduos que não da pessoa que está sendo avaliada (por exemplo, um dos pais, o cônjuge ou professor). Por conveniência, e de acordo com o uso comum, neste livro o termo *teste* vai ser aplicado a todos os instrumentos, independentemente do tipo, que se encaixem na definição de teste psicológico. Testes que avaliam conhecimentos, habilidades ou funções cognitivas serão designados como *testes de habilidades*, e todos os outros serão referidos como *testes de personalidade*.

Outros termos usados em relação a testes e títulos de testes

Alguns outros termos que são usados em relação a testes, às vezes de forma pouco precisa, justificam uma explicação. Um deles é a palavra *escala*, que pode se referir a:

- um teste composto de várias partes, como, por exemplo, a *Escala de Inteligência Stanford-Binet*;
- um subteste, ou conjunto de itens dentro de um teste, que mede uma característica distinta e específica, como, por exemplo, a *Escala de Depressão* do Inventário Multifásico Minnesota de Personalidade (MMPI);
- um conjunto de subtestes que compartilham certas características, como, por exemplo, as *Escalas Verbais* dos testes de inteligência Wechsler;
- um instrumento separado formado por itens que avaliam uma única característica, como, por exemplo, a *Escala de Lócus de Controle Interno-Externo* (Rotter, 1966) ou
- sistema usado para classificar ou atribuir valor a alguma dimensão mensurável, como, por exemplo, uma *escala* de 1 a 5 na qual 1 significa *discordo totalmente*, e 5 significa *concordo totalmente*.

Como se vê, quando usado em referência a testes psicológicos, o termo *escala* tornou-se ambíguo e pouco preciso. No entanto, no campo da mensuração psicológica – também conhecido como *psicometria* – *escala* tem um sentido mais preciso. Refere-se a um grupo de itens que diz respeito a uma única variável e são dispostos em ordem de dificuldade ou intensidade. O processo de se chegar ao seqüenciamento dos itens é denominado *escalonamento* (*scaling*).

Bateria é outro termo usado com freqüência nos títulos de testes. Uma bateria é um grupo de vários testes ou subtestes que são aplicados de uma única vez a uma única pessoa. Quando diversos testes são reunidos por uma editora para serem utilizados para um fim específico, a palavra *bateria* geralmente aparece no título, e o grupo de testes é visto como um único instrumento. Diversos exemplos deste uso ocorrem em instrumentos neuropsicológicos (como a *Bateria Neuropsicológica Halstead-Reitan*), nos quais muitas funções cognitivas precisam ser avaliadas por meio de testes separados para detectar um possível comprometimento cerebral. O termo *bateria* também é usado para designar qualquer grupo de testes individuais selecionados especificamente por um psicólogo, para uso com um determinado cliente, na tentativa de responder à questão específica que gerou seu encaminhamento, geralmente de natureza diagnóstica.

OS TESTES PSICOLÓGICOS COMO FERRAMENTAS

O fato mais básico a respeito dos testes psicológicos é que eles são ferramentas. Isso significa que sempre são um meio para alcançar um fim, e nunca um fim em si mesmos. Como outras ferramentas, os testes psicológicos podem ser extremamente úteis – e até mesmo insubstituíveis – quando usados de forma apropriada e hábil.

No entanto, também podem ser mal-aplicados, podendo limitar ou anular sua utilidade e, por vezes, até mesmo resultam em conseqüências prejudiciais.

Uma boa maneira de ilustrar as semelhanças entre os testes e outras ferramentas mais simples é a analogia entre um teste e um martelo. Ambos são ferramentas para fins específicos, mas podem ser usados de várias formas. O martelo é útil basicamente para fixar pregos em superfícies variadas. Quando usado corretamente para seu fim específico, o martelo pode ajudar a construir uma casa, montar um móvel, pendurar quadros em uma galeria e fazer muitas outras coisas. Os testes psicológicos são ferramentas criadas para ajudar na obtenção de inferências a respeito de indivíduos ou grupos, e, quando usados corretamente, podem ser componentes-chave na prática e na ciência da psicologia.

Assim como os martelos podem ser usados para fins positivos diferentes daqueles para os quais foram criados (por exemplo, como pesos de papel ou calços de porta), os testes psicológicos também podem servir a outros fins além daqueles para os quais foram originalmente criados, como aumentar o autoconhecimento e a autocompreensão. Além disso, assim como os martelos podem machucar pessoas e destruir coisas, quando usados com incompetência ou maldade, os testes psicológicos também podem ser usados de formas danosas. Quando seus resultados são mal-interpretados ou mal-utilizados, podem prejudicar pessoas, rotulando-as de maneira injustificada, negando-lhes oportunidades injustamente ou simplesmente desencorajando-as.

Todas as ferramentas, sejam martelos ou testes, podem ser avaliadas segundo a qualidade de seu delineamento e construção. Quando examinados deste ponto de vista, antes de serem usados, os testes são avaliados somente em um sentido técnico limitado, e sua avaliação é de interesse principalmente para os usuários em potencial. Depois que são colocados em uso, no entanto, os testes não podem mais ser avaliados independentemente das habilidades de seus usuários, do modo como são usados e dos fins a que servem. Esta avaliação durante o uso muitas vezes envolve questões de direcionamento, valores sociais e até mesmo prioridades políticas. É neste contexto que a avaliação do uso de testes adquire significado prático para uma gama mais ampla de públicos.

Não esqueça

Os testes psicológicos são avaliados em *dois* momentos distintos e de *duas* formas diferentes:

1. Quando estão sendo considerados como ferramentas em potencial por possíveis usuários. Neste momento, suas qualidades técnicas são a principal preocupação.
2. Depois que são colocados em uso para um objetivo específico. Neste momento, a habilidade do usuário e o modo como os testes são usados são as principais considerações.

Padrões de testagem

Devido à importância singular dos testes para todos os profissionais que os utilizam e para o público em geral desde meados dos anos de 1950, três importantes organizações profissionais uniram forças para promulgar padrões que ofereçam uma base para a avaliação de testes, práticas de testagem e efeitos de seu uso. A versão mais recente são os *Padrões de testagem educacional e psicológica* (*Standards for Educational and Psychological Testing*), publicados em 1999 pela Associação Americana de Pesquisa em Educação (AERA [*American Educational Research Association*]) e preparados conjuntamente pela AERA e pela Associação Americana de Psicologia (APA [*American Psychological Association*]) e pelo Conselho Nacional de Mensurações em Educação (NCME [*National Council on Measurement in Education*]). Como indica o quadro Consulta Rápida 1.2, esses padrões são citados ao longo de todo este livro e serão referidos daqui por diante como *Padrões de Testagem*.

CONSULTA RÁPIDA 1.2

Padrões de Testagem

- Esta designação será usada freqüentemente ao longo deste livro em referência aos *Padrões de testagem educacional e psicológica*, publicados conjuntamente em 1999 pela Associação Americana de Pesquisa em Educação, Associação Americana de Psicologia e Conselho Nacional de Mensurações em Educação.
- Os *Padrões de Testagem* são a fonte mais importante de critérios para a avaliação de testes, práticas de testagem e efeitos do uso de testes.

OS TESTES PSICOLÓGICOS COMO PRODUTOS

O segundo fato mais básico a respeito dos testes psicológicos é que eles são produtos, mas a maioria das pessoas não atentam para isso. Os testes são produtos comercializados e usados primariamente por psicólogos e educadores profissionais, assim como as ferramentas da odontologia são comercializadas para dentistas. O público leigo não está ciente da natureza comercial dos testes psicológicos porque eles são anunciados em publicações e catálogos voltados para as categorias profissionais que os utilizam. Não obstante, permanece o fato de que muitos, senão a maioria dos testes psicológicos são concebidos, desenvolvidos, anunciados e vendidos para fins aplicados no contexto da educação, administração ou saúde mental, e devem gerar lucros para as pessoas que os produzem como qualquer outro produto comercial.

Como veremos, desde o início o mercado dos testes psicológicos foi impulsionado principalmente pela necessidade de se tomar decisões práticas a respeito de pessoas. Uma vez que os testes são ferramentas profissionais que podem ser usadas para beneficiar pessoas *e* como produtos comerciais, alguns esclarecimentos sobre as várias partes envolvidas no negócio da testagem e seus papéis são justificados. O quadro Consulta Rápida 1.3 mostra uma lista dos principais participantes do processo de testagem e seus respectivos papéis.

Fundamentos da testagem psicológica **17**

CONSULTA RÁPIDA 1.3

Os participantes do processo de testagem e seus papéis	
Participantes	Seus papéis no processo de testagem
Autores e criadores	Concebem, preparam e criam os testes. Também encontram formas de divulgar seu trabalho publicando os testes comercialmente ou por meio de publicações profissionais como livros e periódicos.
Editoras	Publicam, anunciam e vendem os testes, controlando sua distribuição.
Revisores	Preparam críticas e avaliações dos testes baseados em seus méritos técnicos e práticos.
Usuários	Selecionam ou decidem usar um teste específico para algum objetivo. Também podem desempenhar outros papéis, como, por exemplo, examinadores ou avaliadores.
Examinadores ou administradores	Administram o teste individualmente ou em grupo.
Testandos	Submetem-se ao teste por escolha ou necessidade.
Avaliadores	Computam as respostas do testando e as transformam em escores de teste por meios objetivos ou mecânicos ou aplicação de julgamentos de avaliação.
Intérpretes de resultados	Interpretam os resultados dos testes para seus consumidores finais, que podem ser testandos individuais ou seus parentes, outros profissionais ou organizações de vários tipos.

Conforme estipulam os *Padrões de Testagem*, "os interesses das várias partes envolvidas no processo de testagem geralmente são congruentes, mas não sempre" (AERA, APA, NCME, 1999, p.1). Por exemplo, os *autores* dos testes geralmente são acadêmicos ou pesquisadores interessados na teorização ou pesquisa psicológica, mais do que nas aplicações práticas ou lucros. Os *usuários* dos testes estão mais interessados na adequação e utilidade dos materiais que usam para seus próprios fins, enquanto que as *editoras* estão naturalmente inclinadas a considerar mais importante o lucro a ser obtido com a venda dos testes. Além disso, os participantes do processo de testagem podem desempenhar um ou mais dos vários papéis descritos no quadro Consulta Rápida 1.3. Os usuários de testes podem administrar, avaliar e interpretar os resultados dos testes que selecionaram ou podem delegar uma ou mais dessas funções a outros sob sua supervisão. Da mesma forma, as editoras podem contratar criadores de testes que criem instrumentos para os quais acreditam que exista mercado. Não obstante, de todos os participantes do processo de testagem, os *Padrões de Testagem* atribuem "a responsabilidade última pelo uso e interpretação apropriados dos testes" predominantemente ao seu usuário (p.112).

HISTÓRICO DA TESTAGEM PSICOLÓGICA

Muito embora os testes psicológicos possam ser usados para explorar e investigar uma ampla gama de variáveis, seu uso mais básico e típico é como ferramenta na tomada de decisões que envolvem pessoas. Não é coincidência que os testes psicológicos como os conhecemos hoje tenham surgido no início do século XX. Antes do estabelecimento de sociedades urbanas, industriais e democráticas havia pouca necessidade de que a maioria das pessoas tomasse decisões a respeito de outras, além daquelas de sua família imediata ou do círculo próximo de conhecidos. Nas sociedades rurais, agrárias e autocráticas, as principais decisões sobre a vida dos indivíduos eram tomadas em grande parte por pais, mentores, governantes e, acima de tudo, segundo o gênero, a classe, o local e as circunstâncias nas quais as pessoas nasciam. Mesmo assim, muito antes do século XX já existiam diversos precursores interessantes da moderna testagem psicológica em várias culturas e contextos.

Antecedentes da testagem moderna no campo ocupacional

Um problema perene em qualquer campo de trabalho é a questão de como selecionar os melhores candidatos possíveis para um determinado emprego. Os precursores mais antigos da testagem psicológica são encontrados precisamente nesta área, no sistema de exames competitivos desenvolvido pelo antigo império chinês para selecionar indivíduos merecedores de posições governamentais. Este precursor dos modernos procedimentos de seleção de pessoal remonta aproximadamente ao ano 200 a.C. e passou por diversas transformações ao longo de sua história (Bowman, 1989). Os concursos para o serviço público chinês envolviam demonstrações de proficiência em música, uso do arco e habilidades de montaria, entre outras coisas, bem como exames escritos sobre temas como leis, agricultura e geografia. Aparentemente, o ímpeto para o desenvolvimento deste sistema sofisticado de utilização de recursos humanos – aberto a qualquer indivíduo que fosse recomendado ao imperador por autoridades locais de todo o império – era o fato de que a China não tinha o tipo de classe dominante hereditária que era comum na Europa até o século XX. O sistema de concursos da China imperial foi abolido em 1905 e substituído por seleções baseadas em estudos universitários, mas serviu como inspiração para as seleções ao serviço público desenvolvidas na Inglaterra na década de 1850, as quais, por sua vez, estimularam a criação do Concurso Nacional para o Serviço Público dos Estados Unidos (*U.S. Civil Service Examination*) na década de 1860 (DuBois,1970).

Antecedentes da testagem moderna no campo da educação

Uma das questões mais básicas em qualquer contexto educacional é como determinar se os estudantes adquiriram o conhecimento ou as habilidades que seus professores tentaram lhes transmitir. Por isso, não surpreende que o primeiro uso da testagem no campo da educação tenha ocorrido na Idade Média, com o surgimento das primeiras universidades européias no século XIII. Por volta desta época, o grau universitário passou a ser usado como forma de certificar a qualificação para ensinar, e exames orais formais começaram a ser aplicados para dar aos candidatos a um diploma a oportunidade de demonstrar sua competência (DuBois, 1970). Pouco a pouco, o uso de exames se disseminou para o nível médio da educação e, à medida que o papel se tornou mais barato e disponível, provas escritas substituíram os exames orais na maioria dos contextos educacionais. Ao final do século XIX, tanto na Europa quanto nos Estados Unidos, estas provas já estavam bem-estabelecidas como método para determinar quem deveria receber um diploma universitário e quem estava capacitado a exercer profissões liberais como medicina ou direito.

Antecedentes da testagem moderna na psicologia clínica

Outra questão humana fundamental que pôde ser e foi contemplada com a testagem psicológica constituiu-se no problema de diferenciar o "normal" do "anormal" nas áreas intelectual, emocional e comportamental. No entanto, em contraste com o contexto ocupacional ou educacional, em que as bases sobre as quais as decisões são tomadas tradicionalmente foram bastante claras, o campo da psicopatologia continuou envolto em mistério e misticismo por um período muito mais longo.

Diversos antecedentes dos testes psicológicos se originaram no campo da psiquiatria (Bondy, 1974). Muitos destes primeiros testes foram desenvolvidos na Alemanha na segunda metade do século XIX, embora alguns deles datem do início daquele século e tenham sido elaborados na França. Quase invariavelmente, esses instrumentos foram criados com o fim expresso de avaliar o nível de funcionamento cognitivo de pacientes com vários tipos de transtornos, como retardo mental ou danos cerebrais. Entre as amostras de comportamento usadas nestes primeiros testes havia questões a respeito do sentido de provérbios e diferenças e semelhanças entre pares de palavras, bem como tarefas de memória como a repetição de séries de dígitos apresentadas oralmente. Muitas técnicas desenvolvidas no século XIX eram engenhosas, tendo sobrevivido e sido incorporadas em testes modernos que ainda estão em uso (ver McReynolds, 1986).

A despeito de sua engenhosidade, os criadores dos primeiros precursores dos testes clínicos eram prejudicados por pelo menos dois fatores. Um deles era a escassez de conhecimentos – e a abundância de superstições e concepções equivocadas – relacionada à psicopatologia. Neste aspecto, por exemplo, a distinção entre psicose e retardo mental não foi formulada claramente até 1838, quando o psiquiatra francês Esquirol sugeriu que a capacidade de usar a linguagem é o critério mais confiável para estabelecer o nível de funcionamento mental de uma pessoa. Um segundo fator que impediu a disseminação ampla do uso dos primeiros testes psiquiátricos era sua falta de padronização em termos de procedimentos e de um referencial uniforme com o qual interpretar os resultados. Em grande parte, as técnicas desenvolvidas por neurologistas e psiquiatras do século XIX como Guislain, Snell, von Grashey, Rieger e outros foram criadas com o objetivo de examinar um paciente ou uma população de pacientes específicos. As amostras de comportamento eram coletadas de forma não-sistemática e interpretadas pelos clínicos a partir do seu julgamento profissional, e não em referência a dados normativos (Bondy, 1974).

Um avanço significativo foi obtido na psiquiatria durante a década de 1890, quando Emil Kraepelin dedicou-se a classificar os transtornos mentais segundo suas causas, sintomas e cursos. Kraepelin queria aplicar o método científico à psiquiatria, e sua contribuição foi vital para delinear os quadros clínicos da esquizofrenia e do transtorno bipolar, os quais, na época, eram conhecidos respectivamente como *dementia praecox* e *psicose maníaco-depressiva*. Ele propôs um sistema para comparar indivíduos sãos e afetados a partir de características como distratibilidade, sensibilidade e capacidade de memória, e foi o pioneiro no uso da técnica da associação livre com pacientes psiquiátricos. Embora alguns alunos de Kraepelin tenham criado uma bateria de testes e continuado a se dedicar aos objetivos do mestre, os resultados de seu trabalho não foram tão frutíferos quanto eles esperavam (DuBois, 1970).

Antecedentes da testagem moderna na psicologia científica

As investigações dos psicofísicos alemães Weber e Fechner em meados do século XIX iniciaram uma série de avanços que culminaram na criação, por Wilhelm Wundt em 1879, do primeiro laboratório dedicado à pesquisa de natureza puramente psicológica, em Leipzig. Este evento é considerado por muitos o início da psicologia como disciplina formal, distinta da filosofia. Com o surgimento da nova disciplina da psicologia experimental, também surgiu muito interesse no desenvolvimento de aparatos e procedimentos padronizados para mapear a gama das capacidades humanas no campo da sensação e da percepção. Os primeiros psicólogos experimentais estavam interessados em descobrir as leis gerais que governavam as relações entre os mundos físico e psicológico. Eles tinham pouco ou nenhum interesse nas diferenças individuais – o principal item de interesse na psicologia diferencial e na testagem psicológica – as quais, na verdade, tendiam a ver como fonte de erros. Não obstante, sua ênfase na necessidade de precisão das mensurações e de condições padronizadas de laboratório provaria ser uma contribuição importante para o campo incipiente da testagem psicológica.

O laboratório de Wundt na Alemanha floresceu nas últimas décadas do século XIX e treinou muitos psicólogos dos Estados Unidos e de outros países, que voltaram para seus locais de origem para estabelecer laboratórios semelhantes. Por volta da mesma época, um inglês chamado Francis Galton interessou-se pela mensuração das funções psicológicas a partir de uma perspectiva inteiramente diferente. Galton era um homem de grande curiosidade intelectual e muitas realizações, cuja posição social e financeira privilegiada lhe permitia dedicar-se a uma ampla gama de interesses. Também era primo e grande admirador de Charles Darwin, cuja teoria da evolução das espécies por meio da seleção natural tinha revolucionado as ciências da vida em meados do século XIX. Após ler o tratado de seu primo sobre a origem das espécies, Galton decidiu investigar a noção de que os dons intelectuais tendem a se transmitir de uma geração à outra. Para este fim, montou um laboratório antropométrico em Londres, no qual por vários anos coletou dados sobre uma série de características físicas e psicológicas – como envergadura dos braços, altura, peso, capacidade vital, força e acuidade sensorial de vários tipos – de milhares de indivíduos e famílias. Galton estava convencido de que a capacidade intelectual é uma função da agudeza de sentidos de cada pessoa para perceber e discriminar estímulos, que, por sua vez, seria de natureza hereditária. Por meio da acumulação e tabulação cruzada de seus dados antropométricos, Galton pretendia estabelecer tanto a gama de variação destas características como suas inter-relações e concordância entre indivíduos com diferentes graus de laços familiares (Fancher, 1996).

Galton não teve sucesso em seu objetivo final, que era promover a *eugenia*, um campo de estudos que ele criara com o objetivo de melhorar a raça humana por meio da reprodução seletiva de seus espécimes mais aptos. Com este fim em mente, ele queria descobrir uma forma de avaliar a capacidade intelectual de crianças e adolescentes através de testes, para identificar desde cedo os indivíduos melhor dotados e encorajá-los a gerar muitos filhos. Mesmo assim, o trabalho de Galton foi continuado e consideravelmente ampliado nos Estados Unidos por James McKeen Cattell, que também tentou sem sucesso ligar várias medidas de poder discriminativo, perceptivo e associativo (que ele denominava testes "mentais") a estimativas independentes de nível intelectual, como notas escolares.

À luz de alguns eventos do século XX, como os ocorridos na Alemanha nazista, os propósitos de Galton parecem ser moralmente ofensivos para a maioria das sensibilidades contemporâneas. No entanto, na época em que ele cunhou o termo *eugenia* e anunciou seus objetivos, o potencial genocida de sua iniciativa não foi percebido de modo geral, e muitos indivíduos ilustres do período tornaram-se eugenistas entusiasmados. No processo de seus estudos, por mais equivocados que nos pareçam hoje, Galton conseguiu fazer contribuições significativas para o campo da estatística e da mensuração psicológica. Ao tabular dados comparando pais e filhos, por exemplo, ele descobriu os fenômenos da regressão e da correlação, que forneceram a base para muitas pesquisas psicológicas e análises de dados posteriores. Ele também inventou dispositivos para a mensuração da acuidade auditiva e discriminação de peso, e foi pioneiro no uso de questionários e da associação de palavras na pesquisa psicológica. Como se estas realizações não fossem suficientes, Galton também foi o primeiro a utilizar o método de estudo com gêmeos que, depois de aperfeiçoado, viria a se tornar uma ferramenta de pesquisa primária em genética comportamental.

Uma contribuição adicional ao campo nascente da testagem psicológica ao final do século XIX merece menção especial por que viria a conduzir diretamente ao primeiro instrumento bem-sucedido da moderna era da testagem. Enquanto estudava os efeitos da fadiga na capacidade mental das crianças, o psicólogo alemão Hermann Ebbinghaus – mais conhecido por suas pesquisas inovadoras no campo da memória – elaborou uma técnica conhecida como Teste de Complementação de Ebbinghaus, no qual as crianças deviam preencher lacunas em passagens de textos de onde palavras ou fragmentos de palavras haviam sido omitidos. A importância deste método, que mais tarde seria adaptado para uma variedade de diferentes propósitos, é dupla. Primeiro, como era aplicado a classes inteiras de crianças simultaneamente, o instrumento prenunciou o desenvolvimento dos testes em grupo. O mais importante, no entanto, é que provou ser um termômetro eficiente da capacidade intelectual, pois os escores dele derivados correspondiam bem à capacidade mental dos alunos determinada por suas notas em aula. Como resultado disto, Alfred Binet foi inspirado a usar a técnica do completamento e outras tarefas mentais complexas para desenvolver a escala que se tornaria o primeiro teste de inteligência bem-sucedido (DuBois, 1970).

O surgimento da moderna testagem psicológica

No início do século XX, todos os elementos necessários para o surgimento dos primeiros testes psicológicos verdadeiramente modernos e bem-sucedidos estavam presentes:

- Os testes laboratoriais e ferramentas geradas pelos primeiros psicólogos experimentais na Alemanha.
- Os instrumentos de mensuração e técnicas estatísticas desenvolvidos por Galton e seus alunos para coleta e análise de dados sobre diferenças individuais.
- A acumulação de achados significativos nas ciências da psicologia, psiquiatria e neurologia.

Todos estes avanços proporcionaram as bases para o surgimento da testagem moderna, mas seu ímpeto veio da necessidade prática de se tomar decisões de cunho educacional.

Em 1904, o psicólogo francês Alfred Binet foi indicado para uma comissão encarregada de criar um método para avaliar crianças que, devido ao retardo mental ou outros atrasos no desenvolvimento, não conseguiam se beneficiar das classes regulares do sistema educacional público e necessitavam de educação especial. Binet estava particularmente bem preparado para esta tarefa, pois vinha há muito investigando as diferenças individuais por meio de uma variedade de mensurações físicas e fisiológicas, bem como por testes de processos mentais mais complexos, como memória e compreensão verbal. Em 1905, Binet e seu colaborador Theodore Simon publicaram o primeiro instrumento útil para a mensuração da capacidade cognitiva geral, ou inteligência global. A escala Binet-Simon de 1905, como passou a ser conhecida, era uma série de 30 testes ou tarefas de conteúdo e dificuldade variados com o objetivo principal de avaliar o julgamento e a capacidade de raciocínio independentemente da aprendizagem escolar. Incluía perguntas ligadas a vocabulário, compreensão, diferenças entre pares de conceitos, etc., bem como tarefas que englobavam repetir séries de números, seguir instruções, completar passagens fragmentadas de texto e desenhar.

A escala Binet-Simon teve sucesso porque combinava características dos primeiros instrumentos de uma forma nova e sistemática, sendo mais abrangente do que os anteriores, dedicados à avaliação de habilidades mais limitadas. Na verdade, era uma pequena bateria de testes cuidadosamente selecionados, dispostos em ordem de dificuldade e acompanhados por instruções precisas para sua administração e interpretação. Binet e Simon administraram a escala a 50 crianças normais entre 3 e 11 anos, bem como a crianças com vários graus de retardo mental. Os resultados destes estudos provaram que a dupla havia criado um procedimento de amostragem do funcionamento cognitivo através do qual o nível geral de capacidade intelectual de uma criança poderia ser descrito quantitativamente, em termos da faixa etária à qual seu desempenho na escala correspondia. A necessidade de tal ferramenta era tão aguda que a escala de 1905 foi rapidamente traduzida para outras línguas e adaptada para uso fora da França.

O nascimento do QI

O próprio Binet revisou, ampliou e aperfeiçoou sua primeira escala em 1908 e 1911. O cálculo do escore evoluiu para um sistema no qual o crédito referente aos itens corretos era apresentado em termos de anos e meses, de tal modo que o *nível mental* atingido representasse a qualidade do desempenho. Em 1911, um psicólogo alemão chamado William Stern propôs que o nível mental obtido na escala Binet-Simon, rebatizado de *escore de idade mental*, fosse dividido pela idade cronológica do sujeito para se obter um quociente mental que representaria de forma mais precisa a capacidade em diferentes idades. Para eliminar a casa decimal, o quociente mental era multiplicado por 100, e logo se tornou conhecido como *quociente de inteligência*, ou *QI*. Este escore agora tão familiar, o *QI-razão*, foi popularizado através do seu uso na revisão mais famosa das escalas Binet-Simon – a Escala de Inteligência Stanford-Binet – publicada em 1916 por Lewis Terman. Apesar dos diversos problemas do QI-razão, seu uso iria continuar por várias décadas, até que uma forma melhor de integrar a idade na pontuação dos testes de inteligência (descrita no Capítulo 3) fosse desenvolvida por David Wechsler (Kaufman, 2000; Wechsler, 1939). A idéia básica de Binet – qual seja, que estar na média, abaixo da média ou acima da média em termos de inteligência significa que um indivíduo tem um desempenho acima, abaixo ou correspondente ao nível típico de sua faixa etária nos testes de inteligência – sobreviveu e tornou-se uma das formas primárias de avaliação da inteligência.

Enquanto Binet desenvolvia suas escalas na França, na Inglaterra, Charles Spearman (ex-aluno de Wundt e seguidor de Galton) vinha tentando provar empiricamente a hipótese de Galton a respeito da ligação entre inteligência e acuidade sensorial. Neste processo, ele havia desenvolvido e ampliado o uso dos métodos de correlação propostos por Galton e Karl Pearson e elaborado as bases conceituais da *análise fatorial*, uma técnica para reduzir um grande número de variáveis a um conjunto menor de fatores que se tornaria central para o avanço da testagem e da teoria dos traços.

Spearman também criou uma teoria da inteligência que enfatizava um fator geral de inteligência (ou *g*) presente em todas as atividades intelectuais (Spearman, 1904a, 1904b). Ele havia obtido um respaldo moderado para as idéias de Galton ao correlacionar as notas e avaliações feitas por professores com medidas de acuidade sensorial, mas logo percebeu que as tarefas propostas na escala Binet-Simon ofereciam uma forma muito mais útil e confiável de avaliar a inteligência do que as ferramentas que vinha usando. Muito embora Spearman e Binet diferissem muito na forma de ver a natureza da inteligência, suas contribuições combinadas são insuperáveis como motores do desenvolvimento da testagem psicológica no século XX.

A testagem em grupo

Quando Binet morreu em 1911, já tinha considerado a possibilidade de adaptar sua escala a outros usos e de desenvolver testes que pudessem ser administrados por um único examinador a grupos grandes, para uso nas Forças Armadas e outros contextos. A concretização desta idéia, no entanto, não aconteceria na França, mas nos Estados Unidos, onde a escala Binet-Simon havia sido rapidamente traduzida e revisada para uso primordial com crianças em idade escolar, para os mesmos objetivos para os quais fora desenvolvida na França.

Com a entrada dos Estados Unidos na Primeira Guerra Mundial em 1917, o presidente da APA, Robert Yerkes, organizou uma comissão de psicólogos para ajudar no esforço de guerra. Foi decidido que a contribuição mais prática seria desenvolver um teste grupal de inteligência que pudesse ser eficientemente administrado a todos os recrutas do exército dos Estados Unidos, para ajudar na alocação de pessoal. A comissão, formada pelos principais especialistas em testes da época, incluindo Lewis Terman, apressadamente montou e testou um instrumento que veio a ser conhecido como *Army Alpha*, que consistia em oito subtestes que mediam capacidades verbais, numéricas e de raciocínio, bem como julgamento prático e informações gerais. O teste, que seria administrado a mais de um milhão de recrutas, fazia uso de materiais de vários outros instrumentos, incluindo as escalas Binet. Para construí-lo, a comissão se baseou principalmente em um protótipo de teste grupal inédito desenvolvido por Arthur Otis, que tinha criado itens de múltipla escolha que podiam ser pontuados objetiva e rapidamente.

O *Army Alpha* provou-se extremamente útil, e foi seguido rapidamente pelo *Army Beta*, um teste supostamente equivalente, mas que não demandava leitura, e por isso podia ser usado com recrutas analfabetos ou que não falassem inglês. Infelizmente, a pressa com que esses testes foram desenvolvidos e colocados em uso resultou em uma série de práticas de testagem impróprias. Além disso, conclusões injustificadas foram feitas a partir de quantidades maciças de dados que se acumularam rapidamente (Fancher, 1985). Algumas conseqüências negativas do modo como o programa de testagem militar e outros esforços de testagem em massa daquela época foram implementados prejudicaram quase irreversivelmente a reputação da testagem psicológica. Mesmo assim, por meio dos erros cometidos no início da história da testagem moderna, houve um grande aprendizado que mais tarde serviu para a correção e o aperfeiçoamento das práticas na área. Além disso, com os testes militares, a psicologia saiu decisivamente dos laboratórios e da academia e demonstrou seu enorme potencial de aplicação no mundo real.

Após a Primeira Guerra Mundial, a testagem psicológica se fortaleceu nos Estados Unidos. Otis publicou sua Escala Grupal de Inteligência *(Group Intelligence Scale)*, o teste que tinha servido como modelo para o *Army Alpha* em 1918. E. L.

Thorndike, outro importante pioneiro americano que trabalhava no Teachers College de Columbia, produziu um teste de inteligência para formandos do ensino médio, padronizado com uma amostra mais seleta (calouros de universidade) em 1919. Daí em diante, o número de testes publicados cresceu rapidamente, e os procedimentos de administração e pontuação de testes também foram logo aperfeiçoados. Por exemplo, itens de teste de diferentes tipos começaram a ser apresentados em ordem mista, e não mais em subtestes separados, para que um limite total de tempo pudesse ser determinado, eliminando-se a necessidade da cronometragem de cada subteste. Questões de padronização, como a eliminação de palavras que pudessem ser lidas com diferentes pronúncias em testes de ortografia, passaram a receber atenção, assim como a *confiabilidade* dos testes – um termo que, naquela época, englobava o que atualmente se entende por *fidedignidade* e *validade* (DuBois, 1970).

OUTROS AVANÇOS NA TESTAGEM PSICOLÓGICA

Os êxitos alcançados com os testes militares e as escalas Binet provaram seu valor nos processos de tomada de decisão envolvendo pessoas. Isto rapidamente levou a esforços para a criação de instrumentos para auxiliar em diferentes tipos de decisões. Naturalmente, os locais onde os antecedentes dos testes psicológicos tinham surgido – escolas, clínicas e laboratórios de psicologia – também foram o berço das novas formas e tipos dos modernos testes psicológicos.

Uma revisão completa do histórico da testagem na primeira metade do século XX está além do âmbito deste trabalho. Não obstante, um rápido resumo dos avanços mais importantes é instrutivo tanto por si só quanto para ilustrar a diversidade do campo, mesmo em sua fase inicial.

A testagem padronizada no contexto educacional

À medida que aumentava o número de pessoas desfrutando de oportunidades educacionais em todos os níveis, o mesmo ocorreu com a necessidade de mensurações justas, equânimes e uniformes com as quais avaliar os alunos nos estágios iniciais, intermediários e finais do processo educacional. Os dois principais avanços na testagem educacional padronizada no início do século XX são apresentados nos parágrafos a seguir.

Testes padronizados de realização acadêmica

Elaboradas inicialmente por E.L. Thorndike, estas mensurações vinham sendo desenvolvidas desde a década de 1880, quando Joseph Rice começou a estudar a eficiência do aprendizado nas escolas. A escala de caligrafia de Thorndike, publicada em 1910, inaugurou uma nova modalidade de testagem ao criar uma série de espécimes de caligrafia, variando de muito ruim a excelente, em relação às quais o desempenho dos sujeitos podia ser comparado. Logo depois viriam testes padronizados com o objetivo de avaliar habilidades de aritmética, leitura e ortografia, até que as mensurações destes e outros aspectos se tornassem banais no ensino fundamental e médio. Hoje em dia, os testes padronizados de realização são usados não apenas no contexto educacional, mas também no licenciamento e certificação ao final da formação profissional e em outras situações, incluindo seleção de pessoal, que requerem a avaliação das capacidades em um dado campo de conhecimento.

Testes de aptidão escolar

Nos anos de 1920, exames objetivos inspirados no teste *Army Alpha* começaram a ser usados, em conjunto com as notas do ensino médio, para fins de admissão em faculdades e universidades. Este importante avanço, que culminou na criação do Teste de Aptidão Escolar (SAT, *School Aptitude Test*) em 1926, prenunciou a chegada de muitos outros instrumentos que são usados para selecionar candidatos para cursos de pós-graduação e formação profissional. Entre os exemplos mais conhecidos desse tipo de teste estão o *Graduate Record Exam* (GRE), o *Medical College Admission Test* (MCAT) e o *Law School Admission Test* (LSAT), usados por programas de doutorado, escolas médicas e escolas de direito, respectivamente. Embora todos estes testes contenham partes dedicadas ao seu campo de estudos específico, eles têm em comum a ênfase nas habilidades verbais, quantitativas e de raciocínio necessárias para o sucesso na maioria das iniciativas acadêmicas. É interessante notar que, embora seu objetivo seja diferente daquele dos testes padronizados de realização, seu conteúdo muitas vezes é semelhante. As informações contidas em Consulta Rápida 1.4 apresentam um relato fascinante do histórico da testagem para admissão na educação superior nos Estados Unidos.

CONSULTA RÁPIDA 1.4

O grande teste

O livro de Nicholas Lemann *O grande teste: A história secreta da meritocracia americana* (1999) usa os programas de testagem para admissão universitária, especialmente o SAT, para ilustrar as conseqüências intencionais ou não que estes programas podem ter para a sociedade. O uso em larga escala de escores de testes padronizados para decidir sobre as admissões nas principais instituições de ensino superior foi proposto pela primeira vez por James Bryant Conant, reitor da Universidade de Harvard, e Henry Chauncey, primeiro presidente do Serviço de Testagem Educacional (ETS, *Educational Testing Service*), nos anos de 1940 e 1950. Seu objetivo era mudar o modo de acesso a essas instituições – e às posições de poder geralmente ocupadas pelos seus alunos –, de um sistema baseado na riqueza e classe social para um processo baseado principalmente na habilidade demonstrada por meio dos escores nos testes. Leman argumenta que, embora este uso da testagem tenha aberto as portas do ensino superior aos filhos das classes média e baixa, ele também gerou uma nova elite meritocrática que se perpetua por gerações e em grande parte exclui os filhos das minorias raciais empobrecidas, que carecem das oportunidades educacionais precoces necessárias para o sucesso nos testes.

Testagem de pessoal e orientação vocacional

A utilização ótima dos talentos de cada pessoa é uma das principais metas da sociedade para a qual a testagem psicológica foi capaz de contribuir de um modo importante quase desde seu início. Decisões relativas à escolha vocacional precisam ser feitas em diferentes momentos da vida, geralmente durante a adolescência e o início da vida adulta, mas também cada vez mais na meia-idade, e as decisões quanto à seleção e colocação de pessoal nas empresas, indústrias e organizações militares precisam ser feitas de forma contínua. Alguns dos principais instrumentos que provaram ser particularmente úteis para este tipo de decisões são descritos nas seções a seguir.

Testes de aptidão e habilidades especiais

O sucesso do *Army Alpha* estimulou o interesse no desenvolvimento de testes com o objetivo de selecionar trabalhadores para diferentes ocupações. Ao mesmo tempo, profissionais da área da psicologia aplicada vinham desenvolvendo e empregando um conjunto básico de procedimentos que pudesse justificar o uso de testes na seleção ocupacional. Basicamente, os procedimentos envolviam:

a) identificar as *habilidades* necessárias para um determinado papel ocupacional por meio de uma *análise do trabalho*;
b) administrar testes elaborados para avaliar a *aptidão*;
c) correlacionar os resultados dos testes e mensurações do desempenho no trabalho.

Usando variações desse procedimento, a partir da década de 1920 os psicólogos foram capazes de desenvolver instrumentos para selecionar estagiários em campos tão diversos quanto o trabalho mecânico e a música. Teste de habilidades espaciais, motoras e organizacionais logo se seguiram. O campo da seleção de pessoal na indústria e nas Forças Armadas se desenvolveu em torno desses instrumentos, juntamente com o uso de amostras de tarefas, dados biográficos e testes gerais de inteligência, individuais e grupais. Muitos destes instrumentos também foram usados com êxito para identificar os talentos de jovens em busca de orientação vocacional.

Baterias de aptidões múltiplas

Na década de 1940, o uso de testes de habilidades separadas no aconselhamento vocacional seria substituído, em grande parte, por baterias de aptidões múltiplas, desenvolvidas por meio das técnicas de análise fatorial propostas por Spearman e aperfeiçoadas na Inglaterra e nos Estados Unidos ao longo dos anos de 1920 e 1930. Estas baterias são grupos de testes unidos por um formato e uma base de pontuação comuns, que tipicamente definem um perfil dos pontos fortes e fracos do indivíduo, oferecendo escores separados em vários fatores como raciocínio verbal, numérico, espacial e lógico e habilidades mecânicas, em vez de um único escore global como os produzidos pelos testes de QI Binet e do exército. As baterias de aptidões múltiplas foram criadas depois que as análises fatoriais dos dados de testes de habilidade deixaram claro que a inteligência não é um conceito unitário, e que as habilidades humanas englobam uma ampla gama de componentes ou fatores separados e relativamente independentes.

Mensuração de interesses

Assim como os testes de aptidões e habilidades especiais surgiram na indústria e depois encontraram uso no aconselhamento vocacional, as mensurações de interesses foram criadas para fins de orientação vocacional e, mais tarde, foram empregadas na seleção de pessoal. Em 1914, Truman L. Kelley produziu um Teste de Interesse simples, possivelmente o primeiro inventário de interesses criado, com itens relativos a preferências em materiais de leitura e atividades de lazer, bem como alguns que envolviam conhecimento de palavras e informações gerais. No entanto, a revolução nesta área particular da testagem aconteceu em 1924, quando M. J. Ream elaborou uma chave empírica que diferenciava as respostas de vendedores bem-sucedidos e malsucedidos no Inventário de Interesses Carnegie, desenvolvido por Yoakum e seus alunos no Instituto de Tecnologia Carnegie em 1921 (DuBois, 1970). Este evento marcou o início de uma técnica conhecida como *chave empírica de critério*, que, após aperfeiçoamentos como procedimentos de validação cruzada e extensões para outras ocupações, seria usada no *Strong Vocational Interest Blank* (SVIB), publicado pela primeira vez em 1927, e em outros tipos de inventários. A versão atual do SVIB – denominada Inventário de Interesses Strong (SII, *Strong Interest Inventory®*) – é um dos inventários de interesses mais usados no mundo e foi seguida de um grande número de instrumentos deste tipo.

Testagem clínica

No início do século XX, o campo da psiquiatria tinha adotado formas mais sistemáticas de classificar e estudar a psicopatologia. Estes avanços forneceram ímpeto para o desenvolvimento de instrumentos que ajudassem a diagnosticar problemas psiquiátricos. Os principais exemplos deste tipo de ferramentas são discutidos aqui.

Inventários de personalidade

O primeiro dispositivo deste tipo foi a Lista de Dados Pessoais Woodsworth (P-D Sheet, *Woodsworth Personal Data Sheet*), um questionário desenvolvido durante a Primeira Guerra Mundial para fazer a triagem de recrutas que pudessem sofrer de doenças mentais. Consistia em 116 afirmações a respeito de sentimentos, atitudes e comportamentos obviamente indicativos de psicopatologia, às quais o testando respondia simplesmente sim ou não. Embora demonstrasse algum potencial, a guerra terminou antes que este instrumento fosse colocado em uso operacional. Depois da guerra, houve um período de experimentação com outros itens menos óbvios e escalas delineadas para acessar neuroticismo, traços de personalidade – como introversão e extroversão – e valores. Também foram instituídas inovações na apresentação dos itens com o objetivo de reduzir a influência da desejabilidade social, como a técnica de escolha forçada introduzida no Estudo de Valores Allport-Vernon em 1931. No entanto, o inventário de personalidade mais bem sucedido daquela época, e que sobrevive até hoje, foi o Inventário Multifásico Minnesota da Personalidade (MMPI; Hathaway e McKinley, 1940). O MMPI combinava itens da *P-D Sheet* e outros inventários, mas usava a técnica da chave empírica de critério introduzida pelo SVIB. Esta técnica resultou em um instrumento menos transparente, que os testandos não podiam manipular tão facilmente porque muitos itens não faziam referência óbvia a tendências psicopatológicas.

Desde a década de 1940, os inventários de personalidade tiveram grande desenvolvimento. Muitos refinamentos foram introduzidos em sua construção, incluindo o uso de perspectivas teóricas – como o sistema de necessidades de Henry Murray (1938) – e métodos de consistência interna na seleção de itens. Além disso, a análise fatorial, que havia sido tão crucial para o estudo e a diferenciação de habilidades, também começou a ser usada no desenvolvimento de inventários de personalidade. Na década de 1930, J. P. Guilford foi o pioneiro no uso da análise fatorial para agrupar itens em escalas homogêneas, enquanto que nos anos de 1940 R. B. Cattell aplicou a técnica para tentar identificar os traços de personalidade mais essenciais e, por isso, merecedores de investigação e avaliação. Atualmente, a análise fatorial tem um papel integrante na maioria das facetas da teoria e na construção de testes.

Técnicas projetivas

Embora os inventários de personalidade tivessem algum sucesso, os profissionais de saúde mental que trabalhavam com populações psiquiátricas ainda sentiam necessidade de auxílio no diagnóstico e tratamento das doenças mentais. Na década de 1920, surgiu um novo gênero de ferramenta para a avaliação da personalidade e da psicopatologia. Estes instrumentos, conhecidos como *técnicas projetivas*, tinham suas raízes nos métodos de associação livre introduzidos por Galton e usados clinicamente por Kraepelin, Jung e Freud. Em 1921, um psiquiatra suíço chamado Hermann Rorschach publicou um teste que consistia em 10 manchas de tinta que deveriam ser apresentadas uma de cada vez ao examinando para que ele as interpretasse. A chave para o sucesso desta primeira técnica projetiva formal é que ela oferecia um método padronizado para obter e interpretar as reações aos cartões com as manchas de tinta, respostas que – de modo geral – refletem o modo singular do sujeito de perceber o mundo e se relacionar com ele. O Teste de Rorschach foi adotado por vários psicólogos americanos e propagado em várias universidades e clínicas dos Estados Unidos depois de sua morte prematura em 1922. A técnica Rorschach, juntamente com outros instrumentos pictóricos, verbais e não-verbais, como o Teste de Apercepção Temática, testes de completamento de sentenças e desenhos da figura humana, vieram fornecer um repertório novo de ferramentas – mais sutis e incisivas do que os questionários – para a investigação de aspectos da personalidade, que os testandos podiam não ser capazes de revelar ou não estar dispostos a isso. Embora haja muita controvérsia a respeito de sua validade, basicamente porque costumam se valer de interpretações qualitativas tanto ou mais do que de escores numéricos, as técnicas projetivas ainda são uma parte significativa do repertório de muitos clínicos (Viglione e Rivera, 2003).

Testes neuropsicológicos

O papel da disfunção cerebral nos transtornos emocionais, cognitivos e comportamentais tem sido crescentemente reconhecido ao longo do último século. No entanto, o principal estímulo para o estudo científico e clínico das relações entre cérebro e comportamento, que são o objeto de estudo da *neuropsicologia*, veio das investigações de Kurt Goldstein sobre as dificuldades observadas em soldados que tinham sofrido lesões cerebrais durante a Primeira Guerra Mundial. Muitas vezes, estes soldados exibiam um padrão de déficits envolvendo problemas de pensamento abstrato, memória e planejamento e execução de tarefas relativamente simples, todos passaram a ser incluídos na rubrica da *organicidade*, palavra usada como sinônimo de dano cerebral. Ao longo de várias décadas, foram criados diversos instrumentos para detectar a organicidade e distingui-la de outros transtornos psiquiátricos. Muitos destes eram variações dos testes de desempenho não-verbais desenvolvidos para avaliar a capacidade intelectual geral de indivíduos que não podiam ser examinados em inglês ou que tinham problemas de fala ou audição. Estes testes envolviam materiais como tabuleiros de formas, quebra-cabeças e blocos, bem como tarefas de lápis e papel como labirintos e desenhos. Muito se aprendeu a respeito do cérebro e seu funcionamento nas últimas décadas, e grande parte das idéias iniciais em avaliação neuropsicológica teve que ser revisado a partir dessas novas informações. Os danos cerebrais não são mais vistos como uma condição "tudo ou nada" de organicidade com um conjunto comum de sintomas, mas sim como uma ampla gama de transtornos possíveis resultantes da interação de fatores genéticos e ambientais específicos em cada caso individual. Não obstante, o campo da avaliação neuropsicológica continua a crescer em número e tipos de instrumentos disponíveis, e contribui para a compreensão clínica e científica das muitas relações entre o funcionamento cerebral e a cognição, as emoções e o comportamento (Lezak, 1995).

USOS ATUAIS DOS TESTES PSICOLÓGICOS

Atualmente, as testagens de modo geral são mais sofisticadas metodologicamente e embasadas de forma mais consistente do que em qualquer época do passado. O uso atual dos testes, que acontece em uma ampla variedade de situações, pode ser classificado em três categorias: (a) tomada de decisões, (b) pesquisas psicológicas e (c) autoconhecimento e desenvolvimento pessoal. Como indica esta lista, apresentada no quadro Consulta Rápida 1.5, os três tipos de uso diferem vastamente em seu impacto e em muitos outros aspectos, e o primeiro deles é certamente o mais visível ao público.

CONSULTA RÁPIDA 1.5

Usos atuais dos testes psicológicos

- A primeira e mais importante modalidade de uso dos testes ocorre no processo pragmático de *tomada de decisões a respeito de pessoas*, sejam indivíduos ou grupos.
- A segunda modalidade em termos da freqüência e longevidade está na *pesquisa científica* sobre fenômenos psicológicos e diferenças individuais.
- O uso mais recente e menos desenvolvido dos testes ocorre nos processos terapêuticos de promoção ou *autoconhecimento e do ajustamento psicológico*.

Tomada de decisões

O uso primário dos testes psicológicos ocorre como ferramenta para a tomada de decisões. Esta particular aplicação da testagem invariavelmente envolve julgamentos de valor por parte de uma ou mais pessoas que tomam as decisões e precisam determinar critérios para selecionar, alocar, classificar, diagnosticar ou conduzir outros processos com indivíduos, grupos, organizações ou programas. Naturalmente, este uso da testagem muitas vezes é carregado de controvérsia, pois costuma resultar em conseqüências desfavoráveis para uma ou mais partes. Em muitas situações nas quais pessoas envolvidas discordam das decisões finais, o uso dos testes em si é atacado, independentemente de ser ou não apropriado.

Quando são usados testes para a tomada de decisões significativas a respeito de indivíduos ou programas, a testagem deve ser meramente parte de uma estratégia bem-planejada e minuciosa, que leve em consideração o contexto particular no qual as decisões são tomadas, as limitações dos testes e outras fontes de dados além destes. Infelizmente, com muita freqüência – por pressa, descuido ou falta de informação – os testes são considerados os únicos responsáveis por falhas em processos de tomada de decisão que atribuem um peso excessivo aos seus resultados e negligenciam outras informações pertinentes. Um grande número de decisões rotineiras tomadas por instituições educacionais, governamentais ou empresariais, que geralmente envolvem a avaliação simultânea de várias pessoas, foram e ainda são elaboradas desta forma. Embora tenham conseqüências importantes – como contratações, admissão em universidades ou escolas profissionalizantes, formatura ou licenciamento para a prática profissional – para os indivíduos envolvidos, as decisões se baseiam quase exclusivamente nos escores de testes. Os profissionais da área da testagem, bem como alguns órgãos governamentais, estão tentando mudar esta prática, que é um legado do modo como os testes se originaram. Um entre vários passos importantes nesta direção é a publicação de um guia de recursos para educadores e responsáveis pela formulação de políticas educacionais voltado para o uso de testes como parte da tomada de decisões críticas envolvendo estudantes (U.S. Department of Education, Office for Civil Rights, 2000).

Pesquisas psicológicas

Os testes muitas vezes são usados em pesquisas no campo da psicologia diferencial, evolutiva, educacional, social e vocacional, da psicopatologia, entre outros. Eles oferecem um método reconhecido para o estudo da natureza, do desenvolvimento e das inter-relações de traços cognitivos, afetivos e comportamentais. Na verdade, embora vários testes que tiveram origem no curso de investigações psicológicas tenham se tornado disponíveis comercialmente, um número muito maior de instrumentos permanecem arquivados em dissertações, periódicos e vários compêndios de mensuração experimental discutidos na seção *Fontes de Informações Sobre Testes* no final deste capítulo. Como raramente existem consequências práticas imediatas do uso de testes em pesquisas, sua aplicabilidade neste contexto é menos polêmica do que quando são usados na tomada de decisões a respeito de indivíduos, grupos, organizações ou programas.

Autoconhecimento e desenvolvimento pessoal

A maior parte dos psicólogos e conselheiros humanistas, muitas vezes com razão, considera que o campo da testagem dá uma ênfase exagerada à rotulação e à categorização dos indivíduos em termos de critérios numéricos rígidos. A partir dos anos de 1970, alguns destes profissionais, especialmente Constance Fischer (1985/1994), começaram a usar testes e outras ferramentas de avaliação de forma individualizada, consoante com os princípios humanistas e existencialistas-fenomenológicos. Esta prática, que considera a testagem uma forma de oferecer aos clientes informações que podem promover a autoconhecimento e o crescimento positivo, evoluiu para o *modelo terapêutico de avaliação* esposado por Finn e Tonsager (1997). Obviamente, a aplicação mais pertinente deste modelo acontece no aconselhamento e na psicoterapia, nos quais o cliente é o único usuário dos resultados dos testes.

AVALIAÇÃO PSICOLÓGICA *VERSUS* TESTAGEM PSICOLÓGICA

Por motivos em grande parte relacionados à comercialização dos testes, alguns autores e editoras começaram a usar a palavra *avaliação* nos títulos de seus testes. Por isso, aos olhos do público leigo os termos *avaliação* e *testagem* muitas vezes são sinônimos, o que é um fato lamentável. Muitos profissionais desta área acreditam que a distinção entre os termos deve ser preservada e esclarecida para o público em geral, uma vez que essas pessoas são possíveis clientes de avaliações ou consumidores de testes.

O uso de testes para a tomada de decisões a respeito de uma pessoa, um grupo ou um programa sempre deve acontecer dentro do contexto de uma *avaliação psicológica*. Este processo pode ocorrer em serviços de saúde, no aconselhamento ou em procedimentos forenses, bem como no contexto educacional e profissional. A avaliação psicológica é um *processo* flexível e não-padronizado, que tem por objetivo chegar a uma determinação sustentada a respeito de uma ou mais questões psicológicas através da coleta, avaliação e análise de dados apropriados ao objetivo em questão (Maloney e Ward, 1976).

--- Não esqueça ---
- *Testes e avaliações NÃO são sinônimos.*
- *Os testes são uma das ferramentas usadas no processo de avaliação.*

Passos no processo de avaliação

O primeiro e mais importante passo na avaliação psicológica é identificar seus objetivos do modo mais claro e realista possível. Sem objetivos claramente definidos e acordados entre o avaliador e a pessoa que solicita a avaliação, o processo dificilmente será satisfatório. Na maioria dos casos, a avaliação termina com um relatório verbal ou escrito comunicando as conclusões às pessoas que solicitaram a avaliação, em formato útil e compreensível. Entre estes dois pontos, o profissional que conduz a avaliação, geralmente um psicólogo ou conselheiro, vai precisar empregar seus conhecimentos especializados em vários momentos. Esses passos envolvem a seleção apropriada dos instrumentos a serem usados na coleta de dados, a cuidadosa administração, pontuação e interpretação e – o mais importante – o uso criterioso dos dados coletados para fazer inferências a respeito da questão proposta. Este último passo vai além dos procedimentos psicométricos e requer o conhecimento da área à qual a questão se refere, como serviços de saúde, colocação educacional, psicopatologia, comportamento organizacional ou criminologia, entre outros. Exemplos de questões que se prestam à investigação através da avaliação psicológica incluem:

- *questões diagnósticas*, como diferenciar entre depressão e demência;
- *predições*, como estimar a probabilidade de comportamento suicida ou homicida;
- *julgamentos avaliativos*, como os envolvidos em decisões sobre a guarda de crianças ou na avaliação da eficácia de programas ou intervenções.

Nenhuma destas questões complexas pode ser resolvida somente por meio de escores de testes, pois uma mesma pontuação pode ter sentidos diferentes, dependendo do examinando e do contexto no qual foi obtida. Além disso, nenhum escore de teste consegue captar todos os aspectos que precisam ser considerados ao se resolver essas questões.

Os testes psicológicos podem ser componentes-chave da avaliação psicológica, mas os dois processos diferem fundamentalmente em aspectos importantes. O quadro Consulta Rápida 1.6 lista diversas dimensões que diferenciam a testagem da avaliação psicológica. Embora exista pouca dúvida quanto à superioridade geral da avaliação em relação à testagem no que diz respeito à abrangência e utilidade, a maior complexidade do processo de avaliação torna seus resultados bem mais difíceis de operacionalizar do que os da testagem. Não obstante, mais recentemente começaram a ser reunidas evidências da eficácia da avaliação, pelo menos no campo dos serviços de saúde (Eisman et al., 2000; Kubiszyn et al., 2000; Meyer et al., 2001).

QUALIFICAÇÕES DOS USUÁRIOS DE TESTES

À medida que o número de testes continuou a crescer e seus usos se expandiram, não apenas nos Estados Unidos mas no mundo todo, a questão do seu mau uso despertou interesse crescente no público, no governo e em profissionais diversos. A psicologia, a profissão a partir da qual os testes surgiram e com a qual estão mais diretamente associados, assumiu a liderança na tentativa de combater seu mau uso. Os *Padrões de Testagem* promulgados pela APA e outras organizações profissionais (AERA, APA e NCME, 1999) são um importante veículo para este fim. A APA também aborda questões relacionadas à testagem e avaliação em seus princípios éticos e código de conduta (APA, 2002), assim como outras associações profissionais (p. ex., American Counseling Association, 1995; National Association of School Psychologists, 2000).

Embora as qualidades técnicas de vários testes estejam longe do ideal e possam contribuir para problemas em seu uso, de modo geral se admite que o motivo básico para o mau uso dos testes reside no conhecimento ou competência insuficientes por parte de muitos usuários. Os testes podem parecer relativamente simples e diretos para usuários em potencial que não estão cientes dos cuidados necessários em sua aplicação. Por causa disso, nas últimas décadas, associações profissionais dos Estados Unidos e outros países têm desenvolvido documentos que delineiam mais clara e especificamente do que antes as habilidades e a base de conhecimentos necessárias para um uso competente de testes (American Association for Counseling and Development, 1988; Eyde, Moreland, Robertson, Primoff e Most, 1988; International Test Commission, 2000; Joint Committee on Testing Practices, 1988).

Uma das exposições mais claras destes requisitos se encontra em um relatório preparado ao longo de cinco anos pela Força-Tarefa sobre Qualificações do Usuário de Testes da APA (APA, 2000). Este relatório delineia: (a) o conhecimento e as habilidades essenciais para o emprego de testes na tomada de decisões ou formulação de políticas que afetem a vida dos testandos e (b) os conhecimentos especializados que os usuários de testes nos contextos específicos de emprego, educação, aconselhamento profissional, serviços de saúde e tarefas forenses devem possuir.

Fundamentos da testagem psicológica **35**

CONSULTA RÁPIDA 1.6

Diferenças típicas entre testagem e avaliação psicológica

Aspecto	Testagem psicológica	Avaliação psicológica
Grau de complexidade	Mais simples; envolve um procedimento uniforme, freqüentemente unidimensional.	Mais complexa; cada avaliação envolve vários procedimentos (entrevistas, observações, testagens, etc.) e dimensões.
Duração	Mais breve, de alguns minutos a algumas horas.	Mais longa, de algumas horas a alguns dias ou mais.
Fontes de dados	Uma pessoa, o testando.	Muitas vezes são usadas fontes colaterais, como parentes ou professores, além do sujeito da avaliação.
Foco	Como uma pessoa ou grupo se compara com outros (*nomotético*).	A singularidade de um determinado indivíduo, grupo ou situação (*idiográfico*).
Qualificações necessárias	Conhecimento sobre testes e procedimentos de testagem.	Conhecimento de testagem e outros métodos de avaliação, bem como da área avaliada (p. ex., transtornos psiquiátricos, requisitos para uma função).
Base de procedimentos	É necessária objetividade; a quantificação é crucial.	É necessária subjetividade, na forma de julgamento clínico; a quantificação raramente é possível.
Custo	Barata, especialmente quando feita em grupos.	Muito cara, pois requer o uso intensivo de profissionais altamente qualificados.
Objetivo	Obter dados para uso na tomada de decisões.	Chegar a uma decisão a respeito da questão ou problema que originou o encaminhamento.
Grau de estruturação	Altamente estruturada.	Engloba aspectos estruturados e não-estruturados.
Avaliação dos resultados	Investigação relativamente simples da fidedignidade e validade baseada em resultados grupais.	Muito difícil devido à variabilidade de métodos, avaliadores, natureza das questões investigadas, etc.

Conhecimentos e habilidades genéricos em psicometria, estatística, seleção de testes, administração, pontuação, comunicação de resultados e salvaguardas são considerados relevantes para todos os usuários. Os conhecimentos adicionais e a experiência supervisionada necessários para o uso de testes nos vários contextos e com diversos grupos de testandos também são delineados no relatório, assim como os vários usos dos testes para fins de classificação, descrição, predição, planejamento de intervenções e rastreamento em cada um deles.

Outro aspecto da testagem que tem contribuído para o mau uso dos testes ao longo das décadas é a relativa facilidade com que os instrumentos podem ser obtidos por pessoas que não estão qualificadas a usá-los. Em certo grau, a disponibilidade dos testes é uma função da liberdade com a qual a informação flui em sociedades democráticas como a dos Estados Unidos, especialmente na era da internet. Outro motivo para este problema – já citado neste capítulo – é o fato de que muitos testes são produtos comerciais. Como resultado, algumas editoras estão dispostas a vendê-los para pessoas ou instituições sem observar as salvaguardas apropriadas para se certificarem de que eles possuem as credenciais corretas. Durante as décadas de 1950 e 1960, os *Padrões de Testagem* incluíam um sistema de três níveis para a classificação de testes em termos das qualificações necessárias para seu uso (APA, 1966, p.10-11). Este sistema, que encaixava os testes nos níveis A, B ou C dependendo da formação requerida para seu uso, era facilmente burlado por indivíduos em escolas, órgãos governamentais e empresas. Embora muitas editoras ainda usem este sistema, os *Padrões de Testagem* não mais o adotam. O quadro Consulta Rápida 1.7 delineia os elementos tipicamente incluídos no sistema triplo de classificação das qualificações de usuários de testes.

Em 1992, várias editoras de testes e prestadoras de serviços de avaliação criaram a Associação de Editoras de Testes (ATP, *Association of Test Publishers*). Esta organização sem fins lucrativos tem como objetivo manter um alto nível de profissionalismo e ética nas iniciativas de testagem. Uma de suas formas de monitorar a distribuição dos testes é através da exigência de alguma documentação que ateste um nível mínimo de formação daqueles que compram seus produtos.

Formulários de qualificação para a compra de testes agora são incluídos nos catálogos de todas as editoras respeitáveis. Por mais sinceros que sejam estes esforços para preservar a segurança dos materiais e impedir seu mau uso, sua eficácia é necessariamente limitada. Não apenas é impossível verificar nos formulários as qualificações que os compradores afirmam ter, como tampouco qualquer conjunto formal de qualificações – seja por formação ou licenciamento – pode garantir que um indivíduo seja efetivamente competente para usar um teste de modo adequado em uma determinada situação (ver Capítulo 7).

FONTES DE INFORMAÇÕES A RESPEITO DE TESTES

Na testagem psicológica, assim como em todas as outras atividades humanas, a internet criou um suprimento interminável de informações. Por isso, juntamente com as referências impressas, tradicionalmente encontradas nesta área, agora existe um grande número de recursos *on-line* e eletrônicos facilmente acessíveis.

CONSULTA RÁPIDA 1.7

Níveis de qualificação do usuário de testes

Todas as respeitáveis editoras de testes exigem que seus clientes preencham um formulário especificando as credenciais que os qualificam a usar os materiais que desejam comprar e certificando que eles serão usados de acordo com todas as diretrizes éticas e legais aplicáveis. Embora o número de níveis e as credenciais específicas exigidas em cada um deles variem entre as editoras, seus critérios de qualificação são tipicamente organizados em pelo menos três níveis, baseados em uma categorização dos testes e dos requisitos de formação delineada originalmente pela Associação Americana de Psicologia (APA, 1953, 1954).

	Nível inferior (A)	Nível intermediário (B)	Nível superior (C)
Tipo de instrumentos ao qual este nível se aplica	Uma gama limitada de instrumentos, como testes de realização educacional, que podem ser administrados, pontuados e interpretados sem treinamento especializado, seguindo-se as instruções dos manuais.	Ferramentas que exigem algum treinamento especializado na construção e uso de testes e na área na qual os instrumentos serão aplicados, como testes de aptidão e inventários de personalidade aplicáveis a populações normais	Instrumentos que requerem extensa familiaridade com princípios de testagem e avaliação, bem como com os campos psicológicos aos quais os instrumentos pertencem, como testes de inteligência individual e técnicas projetivas.
Credenciais ou requisitos necessários para a compra de materiais deste níve	Algumas editoras não exigem credenciais para a compra de testes deste nível. Outras podem exigir bacharelado na área específica ou solicitar que os pedidos de materiais sejam feitos através de uma órgão ou instituição.	Os compradores dos testes geralmente devem ter grau de mestre em psicologia (ou algum campo afim) ou experiência supervisionada em testagem e avaliação condizente com os requisitos para o uso dos instrumentos em questão.	Os compradores dos testes devem ter o tipo de formação avançada e experiência supervisionada que é adquirida no curso da obtenção do grau de doutorado, ou licenciamento profissional em um campo pertinente ao uso pretendido dos instrumentos, ou ambos.

Recursos na internet

Para a pessoa que busca informações a respeito de testes psicológicos, um bom ponto de partida é a seção de Testagem e Avaliação no *site* da APA (http://www.apa.org). Dentro dessa seção, entre outras coisas, existe um excelente artigo sobre "Perguntas mais freqüentes/Como encontrar informações a respeito de testes psicológicos" (APA, 2003), que oferece orientação sobre como localizar testes publicados e inéditos bem como documentos importantes pertinentes à testagem psicológica. Os *testes publicados* estão disponíveis comercialmente por meio de editoras, embora às vezes possam estar esgotados como os livros. Os *testes inéditos* devem ser obtidos diretamente do investigador que os criou, a menos que apareçam nos periódicos científicos ou em diretórios especializados (discutido mais adiante).

Não esqueça

Uma das distinções mais básicas entre os testes diz respeito à existência de publicação ou não.

- *Testes publicados* estão disponíveis comercialmente através de editoras.
- *Testes inéditos* devem ser obtidos do investigador que os desenvolveu, em diretórios especiais de mensurações inéditas ou nos periódicos científicos.

Dois outros grandes pontos de entrada na Internet para quem busca informações sobre um teste específico são: (a) a página de Revisões de Testes *On-line* do Instituto Buros de Mensuração Mental (BI) (http://www.unl.edu/buros), que oferece informações gratuitas sobre quase 4 mil testes disponíveis comercialmente, bem como mais de 2 mil revisões que podem ser compradas para leitura *on-line* e (b) a base de dados da Relação de Testes do Serviço de Testagem Educacional (ETS) (http://www.ets.org/testcoll/index.html), que é a maior do seu tipo no mundo. Além disso, a página do Centro de Informações sobre Recursos Educacionais (ERIC) (http://eric.ed.gov) – mantida pelo Ministério da Educação dos Estados Unidos – contém uma grande quantidade de materiais relacionados à testagem psicológica.

Outra forma de obter informações *on-line* sobre testes publicados e inéditos é por meio de índices eletrônicos dos periódicos científicos em psicologia, educação ou administração. A base de dados PsycINFO da APA, disponível em muitas bibliotecas ou por assinatura, permite que se encontrem referências bibliográficas, resumos e até mesmo textos completos de artigos sobre um teste a partir de seu nome. Além dos títulos exatos, a PsycINFO e outras bases de dados podem ser pesquisadas por tema, palavra-chave e autor, o que as torna especialmente úteis quando só estão disponíveis informações parciais.

Não esqueça

O Apêndice A lista todos os testes e instrumentos de avaliação psicológica publicados disponíveis comercialmente que são mencionados ao longo deste livro, juntamente com os códigos que identificam suas editoras.

O Apêndice B fornece os endereços eletrônicos das editoras listadas no apêndice A. Informações mais detalhadas sobre editoras de testes, incluindo endereços reais e números de telefone, estão disponíveis na edição mais recente do *Tests in Print* (Murphy, Plake, Impara e Spies, 2002).

Depois que um teste é localizado através de qualquer um desses recursos, geralmente também se pode determinar se ele foi publicado e como pode ser obtido. Se o teste foi publicado, pode ser comprado da companhia que o publica por pessoas que satisfaçam as qualificações para usá-lo. As instruções para a compra constam dos catálogos das editoras, muitos deles agora estão disponíveis *on-line* bem como em formato impresso. O *site* da ATP (http://www.testpublishers.org) tem *links* para muitas editoras e prestadoras de serviços de avaliação. Os endereços eletrônicos de todas as organizações mencionadas nesta seção e outras fontes importantes de informações sobre testes podem ser encontrados no quadro Consulta Rápida 1.8.

CONSULTA RÁPIDA 1.8

Fontes de informação sobre testes psicológicos na internet

Organização (Sigla)	Endereço eletrônico
American Educational Research Association (ERA)	http://www.aera.net
American Psychological Association (APA)	http://www.apa.org
Association of Test Publishers (ATP)	http://www.testpublishers.org
Buros Institute of Mental Measurements (BI)	http://www.unl.edu/buros
Educational Resources Information Center (ERIC)	http://eric.ed.gov
Educational Testing Service (ETS)	http://www.ets.org/testcoll/index.html
International Test Commission (ITC)	http://www.intestcom.org
National Council on Measurement in Education (NCME)	http://www.ncme.org

Recursos impressos

Testes publicados

No que diz respeito aos testes publicados disponíveis comercialmente, as fontes mais importantes de informação estão ligadas ao Instituto Buros de Mensuração Mental (BI), sediado em Lincoln, Nebraska. Em particular, o BI (http://www.unl.edu/buros) produz duas séries de volumes que podem orientar os usuários de quase todos os testes publicados disponíveis nos Estados Unidos. Um deles é a série *Tests in Print (TIP)*, e o outro é a série *Mental Measurements Yearbook* (MMY). O *Tests in Print* é uma bibliografia abrangente de todos os testes disponíveis comercialmente no momento em que um determinado volume da série é publicado. Cada entrada apresenta o título do teste, sua sigla, autor, editora, data de publicação e outras informações básicas sobre o assunto, bem como referências cruzadas para as revisões do teste em todos os *MMYs* disponíveis naquele momento. A série *TIP* contém um índice de classificação de testes extremamente útil, bem como índices de escores, editoras, siglas e nomes dos autores e revisores. A série *MMY*, por sua vez, remonta a 1938, quando o falecido Oscar Buros publicou o primeiro volume para auxiliar os usuários de testes com revisões avaliativas escritas por profissionais qualificados e independentes. Embora os *MMYs* ainda sejam publicados em forma de livro, suas entradas e revisões também estão disponíveis *on-line* e em outros meios eletrônicos. O Instituto Buros também publica muitos outros materiais relacionados a testes.

A PRO-ED (http://www.proedinc.com) publica *Tests*, uma série de volumes enciclopédicos que traz descrições sucintas de instrumentos em psicologia, educação e administração. A série *Test Critiques*, que remonta a 1984, complementa a *Tests*. Cada volume desta série contém revisões de testes e índices cumulativos para todos os volumes anteriores.

Testes inéditos

O objetivo dos cientistas comportamentais que usam testes psicológicos é investigar constructos psicológicos e diferenças individuais e grupais. Muitos testes existentes são usados exclusivamente para pesquisas científicas e não estão disponíveis comercialmente. Esses testes são referidos como mensurações *inéditas*, porque não podem ser comprados; as condições para o seu uso são tipicamente estabelecidas pelos autores de cada instrumento e quase sempre demandam uma carta solicitando permissão para usá-los. Informações sobre testes inéditos – e muitas vezes os próprios instrumentos – estão disponíveis nos periódicos científicos em psicologia (p. ex., através da PsycINFO *on-line*) e em vários diretórios (p. ex., Goldman, Mitchell e Egelson, 1997; Robinson, Shaver e Wrightsman, 1991). O artigo mencionado anteriormente "Perguntas mais freqüentes/Como encontrar informações sobre testes psicológicos" (APA, 2003) lista diversos recursos impressos e eletrônicos para informações sobre testes inéditos.

Teste a si mesmo

1. Qual dos seguintes *não* é um elemento essencial da testagem psicológica?
   (a) procedimentos sistemáticos
   (b) uso de padrões derivados empiricamente
   (c) regras preestabelecidas para a pontuação
   (d) amostragem de comportamentos de domínios afetivos

2. A fonte mais importante de critérios para a avaliação de testes, práticas de testagem e efeitos do uso de testes pode ser encontrada em:
   (a) *princípios éticos dos psicólogos e código de conduta.*
   (b) *padrões de testagem educacional e psicológica*
   (c) *manual diagnóstico e estatístico dos transtornos mentais*
   (d) *relatório da força-tarefa sobre qualificações do usuário de testes*

3. Os primeiros antecedentes da moderna testagem para seleção de pessoal remontam a
   (a) China a.C.
   (b) Grécia antiga
   (c) Império inca
   (d) Europa medieval

4. A avaliação dos testes psicológicos é menos problemática
   (a) antes de eles serem colocados em uso
   (b) depois que eles foram colocados em uso

5. Comparado às outras áreas listadas, o desenvolvimento de critérios ou bases para a tomada de decisões tem sido substancialmente lento no contexto da
   (a) avaliação educacional
   (b) avaliação ocupacional
   (c) avaliação clínica

6. O crédito pela criação do primeiro teste psicológico bem sucedido na era moderna geralmente é atribuído a
   (a) Francis Galton
   (b) Alfred Binet
   (c) James McKeen Cattell
   (d) Wilhelm Wundt

7. O QI-razão ou quociente de inteligência foi derivado
   (a) somando-se a idade mental (IM) e a idade cronológica (IC) do testando
   (b) subtraindo-se a IC da IM e multiplicando-se o resultado por 100
   (c) dividindo-se a IC pela IM e multiplicando-se o resultado por 100
   (d) dividindo-se a IM pela IC e multiplicando-se o resultado por 100

8. O objetivo básico para o qual os testes psicológicos são usados atualmente é
   (a) pesquisa psicológica
   (b) pesquisa educacional
   (c) tomada de decisões
   (d) autoconhecimento e desenvolvimento pessoal

9. Comparada à testagem psicológica, a avaliação psicológica geralmente é
   (a) mais simples
   (b) mais estruturada
   (c) mais cara
   (d) mais objetiva

10. Qual das seguintes seria a melhor fonte de informação sobre um teste que não está disponível comercialmente?
    (a) *Mental Measurements Yearbook*
    (b) *Test Critiques*
    (c) *Tests in Print*
    (d) PsycINFO

Respostas: 1.d; 2.b; 3.a; 4.a; 5.c; 6.b; 7.d; 8.c; 9.c; 10.d.

[capítulo **2**]
ESTATÍSTICA BÁSICA PARA TESTAGEM

De modo geral o progresso da ciência é acompanhado da invenção de instrumentos de mensuração e avanços em seus procedimentos e técnicas. A ciência da astronomia, por exemplo, decolou realmente nos séculos XVII e XVIII após a invenção de um telescópio adequado à observação do cosmos e do desenvolvimento da geometria analítica por Descartes, que levou ao cálculo mais preciso das distâncias entre os corpos celestes, entre outras coisas. Igualmente, os enormes avanços atuais no campo da neurociência devem muito ao desenvolvimento de técnicas como a tomografia por emissão de posítron (PET) e a ressonância magnética funcional (RMf), que permitem aos cientistas visualizar e medir pequenas alterações e eventos bioquímicos no cérebro.

Como vimos no Capítulo 1, o moderno campo da testagem psicológica também teve seu início com a invenção de ferramentas bem-sucedidas. As escalas de inteligência Binet-Simon possibilitaram a mensuração de processos cognitivos importantes – como a compreensão, o julgamento e a memória – por meio de amostras de comportamento calibradas conforme a idade. A invenção dos itens objetivos de múltipla escolha por Arthur Otis levou aos primeiros testes grupais de inteligência geral. Técnicas estatísticas desenvolvidas aproximadamente na mesma época que os primeiros testes permitiram a análise dos dados coletados por meio destes.

A MENSURAÇÃO

O conceito de mensuração está no centro da testagem psicológica como atividade científica voltada para o estudo do comportamento humano. A mensuração envolve o uso de certos dispositivos ou regras para atribuir números a objetos ou eventos (Stevens, 1946). Se aplicarmos este processo sistematicamente, os fenômenos medidos estarão mais facilmente sujeitos à confirmação e análise e, portanto, tornar-se-ão mais objetivos. Em outras palavras, ao analisarmos, categorizarmos e quantificarmos sistematicamente os fenômenos observáveis, nós os trazemos para a arena científica.

É central para a definição dos testes psicológicos o fato de que os fenômenos consistem em amostras cuidadosamente escolhidas de comportamentos às quais é aplicado um sistema numérico ou categórico segundo alguns padrões preestabelecidos. A testagem psicológica é amplamente co-extensiva ao campo da *psicometria*, ou mensuração psicológica, e é uma das ferramentas primárias para a ciência e a prática da psicologia.

O uso de números na testagem requer que nos aprofundemos em estatística. Para muitos estudantes de psicologia, o uso de estatística e dados quantitativos em geral representa um problema que pode parecer insuperável: lidar com números tende a causar alguma ansiedade. Esta ansiedade está ligada às dificuldades muitas vezes encontradas nas aulas de matemática e estatística por motivos que podem estar relacionados tanto a fatores emocionais e comportamentais quanto aos temas em si ou ao modo como eles têm sido tradicionalmente ensinados. Este capítulo apresenta os conceitos estatísticos necessários para a compreensão dos princípios básicos da testagem psicológica. Os leitores que dominam a estatística básica talvez possam pular todo o capítulo ou a maior parte dele, mas quanto ao resto, qualquer leitor motivado deste livro pode obter uma compreensão instrumental dos conceitos que serão apresentados. É importante, no entanto, perceber que estes conceitos seguem uma progressão lógica: para passar a um novo tópico, é essencial dominar os precedentes. Um auxílio adicional na compreensão dos métodos estatísticos básicos está disponível em muitas obras excelentes, como aquelas listadas no quadro Consulta Rápida 2.1.

CONSULTA RÁPIDA 2.1

Conselhos sobre estatística

Premissas básicas

1. Para compreender os testes psicológicos, é preciso lidar com números e estatística.
2. Compreender a estatística é possível para qualquer leitor deste livro.
3. A melhor maneira de aumentar a compreensão dos conceitos estatísticos é através de sua aplicação.

Fontes de auxílio recomendadas

Livros
- Howell, D.C. (2002). *Statistical methods for psychology* (5th ed.). Pacific Grove, CA: Duxbury.
- Kirk, R. E. (1999). *Statistics: An introduction* (4th ed.). Fort Worth, TX: Harcourt Brace.
- Urdan, T. C. (2001). *Statistics in plain english*. Mahwah, NJ: Erlbaum.
- Vogt, W. P. (1998). *Dictionary of statistics and methodology: A nontechnical guide for the social sciences* (2nd ed). Thousand Oaks, CA: Sage.

Vídeo
- Blatt, J. (Produtor/Autor/Diretor). (1989). *Against all odds: inside statistics* [fita VHS]. (À venda em The Annenberg/CPB Project, 901 E St., NW, Washington, DC 2004-2006)

VARIÁVEIS E CONSTANTES

Uma das distinções mais básicas que podemos fazer em qualquer ciência é entre variáveis e constantes. Como os próprios termos indicam, uma variável é qualquer coisa que varia, enquanto que uma constante é qualquer coisa que não varia. Nosso mundo tem muitas variáveis e poucas constantes. Um exemplo de constante é o p (pi), a razão entre a circunferência de um círculo e seu diâmetro, um número que geralmente é arredondado para 3.1416. As variáveis, por outro lado, estão em toda parte e podem ser classificadas de várias formas. Por exemplo, algumas variáveis são visíveis (p. ex., sexo, cor dos olhos) e outras invisíveis (p. ex., personalidade, inteligência); algumas são definidas de tal modo que dizem respeito a conjuntos muito pequenos, e outras a conjuntos muito grandes (p. ex., o número de filhos de uma família ou a renda média dos indivíduos de um país); algumas são contínuas, e outras, discretas.

Esta última distinção é importante para os nossos fins e merece uma explicação. Tecnicamente, variáveis *discretas* são aquelas com uma gama finita de valores – ou potencialmente infinita, porém contável. As variáveis *dicotômicas*, por exemplo, são variáveis discretas que podem assumir apenas dois valores, como o sexo ou o resultado de um lance de cara ou coroa. As variáveis *politômicas* são variáveis discretas que podem assumir mais de dois valores, como estado civil, raça, etc. Outras variáveis discretas podem assumir uma gama mais ampla de valores, mas ainda assim podem ser contadas como unidades separadas; exemplos destas são o tamanho de uma família, a contagem de tráfego veicular e resultados de *beisebol*. Embora na prática seja possível cometer erros na contagem, em princípio as variáveis discretas podem ser calculadas precisa e acertadamente.

Variáveis *contínuas* como tempo, distância e temperatura, por outro lado, têm variações infinitas e não podem realmente ser contadas. São medidas com escalas que teoricamente podem ser subdivididas até o infinito e não têm interrupções entre seus pontos, como as escalas de relógios analógicos, réguas e termômetros de vidro. Como nossos instrumentos de mensuração (mesmo os relógios atômicos!) não podem ser calibrados com precisão suficiente para medir variáveis contínuas com absoluta exatidão, as mensurações que fazemos delas são aproximações mais ou menos precisas.

Antes de começarmos a lidar com números, mais uma advertência é aconselhável. Na testagem psicológica, quase sempre estamos interessados em variáveis contínuas (p. ex., graus de integridade, extroversão ou ansiedade), mas nós as mensuramos com ferramentas, como testes ou inventários, que não são tão precisas quanto as das ciências físicas e biológicas. Mesmo nestas ciências, a mensuração discreta de variáveis contínuas apresenta algumas limitações quanto à precisão. Por isso, fica óbvio que nas ciências comportamentais devemos estar particularmente atentos para potenciais fontes de erros e procurar estimativas pertinentes de erro sempre que nos defrontarmos com os resultados de qualquer processo de mensuração. Por exemplo, se números extraídos de amostras de eleitores em potencial forem usados para estimar o resultado de uma eleição, as margens de erro estimadas devem ser divulgadas juntamente com os resultados da pesquisa.

Em resumo, quando examinamos os resultados de qualquer processo de mensuração, precisamos ter muito claro o fato de que eles são *inexatos*. Em relação à testagem psicológica em particular, sempre que os escores de um teste são relatados, o fato de eles serem estimativas deve ser explicitado. Além disso, os limites dentro dos quais os escores podem variar, bem como os níveis de confiança para estes limites, precisam ser divulgados, juntamente com informações interpretativas (ver Capítulo 4).

Não esqueça

- Embora os números possam parecer precisos, todas as mensurações estão sujeitas a erro.
- Quando medimos variáveis discretas, os erros ocorrem apenas na contagem incorreta. A boa prática requer a prevenção, detecção e correção da contagem inexata.
- Quando medimos variáveis contínuas, por outro lado, os erros de mensuração são inevitáveis, como conseqüência das limitações das ferramentas de mensuração.
- Como ferramentas de mensuração, os testes psicológicos estão sujeitos a muitas limitações. Por isso, as margens de erro sempre devem ser estimadas e comunicadas juntamente com os resultados do teste.

O SIGNIFICADO DOS NÚMEROS

Como os números podem ser usados de várias formas, S. S. Stevens (1946) criou um sistema para classificar diferentes níveis de mensuração a partir das relações entre os números e os objetos ou eventos aos quais são aplicados. Estes níveis de mensuração ou escalas – delineadas na Tabela 2.1 – especificam algumas das principais diferenças no modo como os números podem ser usados, bem como os tipos de operações estatísticas que são logicamente viáveis, dependendo de como os números são usados.

Escalas nominais

No nível mais simples de sua classificação, Stevens localizou o que denominou escalas *nominais*. A palavra *nominal* deriva do radical latino *nomem*, que significa *nome*. Como o termo sugere, nestas escalas os números são usados somente como rótulos para identificar um indivíduo ou classe. O uso nominal dos números para indicar indivíduos é exemplificado pelos números da previdência social (*SS#s*) que identificam a maioria das pessoas que vivem nos Estados Unidos. Estes números são úteis porque cada um deles é atribuído a apenas uma pessoa e, portanto, pode servir para identificá-la mais especificamente do que seu nome e sobrenome, que podem ser comuns a muitas pessoas. Os números também podem ser usados para rotular *dados categóricos**, que são dados relacionados a variáveis como gênero, afiliação política, cor, etc. – isto é, dados que derivam da designação de pessoas, objetos ou eventos a categorias ou classes em particular. Ao passar dados demográ-

---
*N. de R.T. São dados que representam as variáveis numéricas.

TABELA 2.1 Níveis de mensuração

Tipo de escala	Características definidoras	Propriedades dos números	Exemplos
Nominal	São usados números ao invés de palavras.	Identidade ou igualdade	Números de inscrição na previdência social; números das camisetas de jogadores de futebol, códigos numéricos para variáveis não- quantitativas como sexo ou diagnósticos psiquiátricos.
Ordinal	São usados números para ordenar uma série hierárquica.	Identidade + ordem de classificação	Ranking de atletas ou times, escores de percentil.
Intervalar	Intervalos iguais entre as unidades mas sem zero verdadeiro.	Identidade + ordem de classificação + igualdade de unidades	Escalas de temperatura Farenheit e Celsius, calendário.
Racional	O zero significa "nenhuma quantidade" do que é medido; todas as operações aritméticas são possíveis e significativas.	Identidade + ordem de classificação + igualdade de unidades + aditividade	Medidas de comprimento, períodos de tempo.

ficos para o computador para análise, por exemplo, os investigadores tipicamente criam uma escala nominal que usa números para indicar os níveis de uma variável categórica (ou seja, discreta). Por exemplo, o número 1 (um) pode ser atribuído a todas as mulheres, e o 2 (dois) a todos os homens. O único requisito para este uso dos números é que todos os membros de um conjunto designado por um determinado número devem ser iguais com respeito à categoria a ele atribuída. Naturalmente, embora os números usados nas escalas nominais possam ser somados, subtraídos, multiplicados e divididos, os resultados destas operações não são significativos. Quando usamos números para identificar categorias, como aprovado-reprovado, ou diagnósticos psiquiátricos, sua única propriedade é a *identidade,* o que significa que todos os membros de uma categoria devem receber o mesmo número e que duas categorias não podem compartilhar o mesmo número. A única operação aritmética permissível é a contagem das freqüências dentro de cada categoria. Obviamente, também é possível tratar estas freqüências calculando proporções e diversificando as análises baseadas nelas.

Escalas ordinais

Os números usados nas escalas *ordinais* comunicam uma pequena mas significativa informação a mais do que os números das escalas nominais. Nestas escalas, além da identidade, existe a propriedade da *ordem de classificação*, o que significa que os elementos de um conjunto podem ser organizados em uma série – do mais baixo ao mais alto ou vice-versa – a partir de uma única variável, como ordem de nascimento ou nível de desempenho acadêmico dentro de uma determinada turma. Embora os números da ordem de classificação transmitam um sentido preciso em termos de posição, eles não informam a respeito da distância entre as posições. Portanto, os alunos de uma turma podem ser classificados em termos de seu desempenho, mas esta ordenação não vai refletir a quantidade de diferença entre eles, que pode ser grande ou pequena. Da mesma forma, em qualquer organização hierárquica como, digamos, a marinha dos Estados Unidos, os postos hierárquicos (p. ex., guarda-marinha, tenente, comandante, capitão, almirante) denotam posições diferentes, da mais baixa à mais alta, mas as diferenças entre elas em termos de realização ou prestígio não são as mesmas. Se a estas categorias fossem atribuídos números, tais como 1, 3, 7, 14 e 35, a ordem de precedência seria mantida, mas nenhum sentido adicional seria acrescentado.

Na testagem psicológica, o uso de números ordinais para comunicar resultados de testes é generalizado. Escores ordenados por classificação são relatados como *escores de postos de percentil* (PP) – que não devem ser confundidas com os escores percentuais amplamente usados em notas escolares. Os escores de percentil são simplesmente números ordinais dispostos em uma escala de 100 de tal modo que suas posições indicam a percentagem de indivíduos de um grupo que se enquadram em um determinado nível de desempenho ou abaixo dele. Por exemplo, o escore de posto de percentil de 70 indica um nível de desempenho igual ou superior ao de 70% das pessoas do grupo em questão. Os escores de posto de percentil, muitas vezes denominados simplesmente *percentis*, são o principal veículo pelo qual os usuários de testes transmitem as informações normativas derivadas dos testes e, por isso, serão discutidos mais detalhadamente no capítulo seguinte.

Os dados numéricos das escalas ordinais podem ser tratados estatisticamente da mesma forma que os dados nominais. Além disso, existem algumas técnicas estatísticas, como o coeficiente de correlação *rho* de Spearman (r_s) para diferenças de posto, que são apropriadas especificamente para uso com dados ordinais.

Escalas intervalares

Nas escalas intervalares, também conhecidas como *escalas de unidades iguais*, os números adquirem outra importante propriedade. Nelas, a diferença entre quaisquer dois números consecutivos reflete uma diferença empírica ou demonstrável igual entre os objetos ou eventos que os números representam. Um exemplo disso é o uso dos dias para marcar a passagem do tempo no calendário. Um dia consiste de 24 horas, cada uma delas com 60 minutos, e cada um destes com 60 segundos. Se duas datas estão separadas por 12 dias, elas estão exatamente três vezes mais distantes do que duas datas que têm apenas 4 dias de diferença. Observe, no entanto, que o tempo do calendário em meses não é uma escala de unidades iguais, porque alguns meses são mais longos do que outros. Além disso, o calendário também tipifica uma característica das escalas intervalares que limita o sentido dos números usados nelas, qual seja, a inexistência de um ponto zero verdadeiro. No caso do calendário, não existe um ponto de partida para o início do tempo aceito por todos. Diferentes culturas determinam pontos de partida arbitrários, como o ano em que se acredita que Cristo nasceu, para marcar a passagem dos anos. Por exemplo, a tão antecipada chegada do novo milênio ao final do ano 2000 da era cristã ou comum ocorreu no ano de 5771 do calendário judaico e no ano de 4699 do calendário chinês, ambos começam muitos anos antes do início da era comum.

Nas escalas intervalares, as distâncias entre os números são significativas. Por isso, podemos aplicar a maioria das operações aritméticas a estes números e obter resultados que fazem sentido. No entanto, devido à arbitrariedade dos pontos-zero, os números de uma escala intervalar não podem ser interpretados em termos de razões.

Escalas de razão

Dentro das escalas *de razão*, os números adquirem a propriedade da aditividade, o que significa que eles podem ser somados – bem como subtraídos, multiplicados e divididos – e o resultado pode ser expresso como uma razão, com resultados significativos. As escalas de razão têm um ponto-zero verdadeiro ou absoluto que representa "nenhuma quantidade" do que está sendo medido. Nas ciências físicas, o uso desse tipo de escala de mensuração é comum: tempo, distâncias, pesos e volumes podem ser expressos como razões de uma forma significativa e logicamente consistente. Por exemplo, um objeto que pesa 16 libras é duas vezes mais pesado que um objeto que pesa 8 libras (16/8 = 2), assim como um objeto de 80 libras é duas vezes mais pesado que um objeto de 40 libras (80/40 = 2). Além disso, o ponto-zero na escala do peso indica a ausência absoluta de peso. Na psicologia, as escalas de razão são usadas primariamente quando tomamos medidas em termos de contagens de freqüência ou intervalo de tempo e ambos permitem a existência de zeros verdadeiros.

Dados categóricos ou discretos podem ser medidos – ou explicados – somente com escalas nominais, ou com escalas ordinais se os dados se encaixam em uma seqüência de algum tipo. Dados contínuos ou métricos podem ser medidos com escalas intervalares, ou escalas de razão se houver um ponto-zero verdadeiro. Além disso, dados contínuos podem ser convertidos em classes ou categorias e manipulados com escalas nominais ou ordinais. Por exemplo, podemos separar as pessoas em apenas três categorias – altas, médias e baixas –, estabelecendo dois pontos de corte arbitrários na variável contínua da altura.

Quando passamos das escalas nominais para as escalas de razão, vamos de números que transmitem menos informações a números que transmitem mais informações. Como conseqüência disto, passar de um nível de mensuração para outro requer que nos certifiquemos de que as informações que os números contêm sejam preservadas ao longo de todas as transformações ou manipulações que lhes forem aplicadas.

Não esqueça

- Na mensuração, deve haver um elo demonstrável entre os números aplicados a objetos, eventos ou pessoas e a realidade que estes números representam.
- Quando as regras usadas para criar este elo não são compreendidas, os resultados do processo de mensuração são facilmente mal interpretados.
- Quando passamos de um nível de mensuração para outro, devemos nos certificar de que as informações que os números contêm sejam preservadas nas transformações que aplicarmos.
- Os escores são números com sentidos específicos. Se as limitações destes sentidos não forem compreendidas, inferências equivocadas poderão ser feitas a partir dos escores.

Por que o sentido dos números é relevante para a testagem psicológica?

Embora não seja adotado universalmente, o sistema de Stevens para a classificação de escalas de mensuração ajuda a manter a *relatividade* do sentido dos números na perspectiva correta. Os resultados da maioria dos testes psicológicos são expressos em escores, que são números com sentidos específicos. Se as limitações destes sentidos não forem compreendidas, poderão ser feitas inferências equivocadas a partir dos escores. Infelizmente, isso é muito freqüente, como pode ser visto nos seguintes exemplos.

Exemplo 1: Limitações específicas das escalas ordinais. Como foi mencionado anteriormente, muitos escores são relatados na forma de postos de percentil, que são números de nível ordinal que não implicam igualdade de unidades. Se dois escores são separados por cinco unidades de postos de percentil – por exemplo, os percentis 45º e 50º – a diferença entre elas e o que esta diferença representa em termos do que está sendo mensurado não podem ser equacionadas com a diferença que separa quaisquer outros escores com diferença de cinco unidades de percentil – por exemplo, os percentis 90º e 95º. Em uma distribuição de escores que se aproxima da curva normal, discutida mais adiante neste capítulo e ilustrada no quadro Consulta Rápida 2.2, a maioria dos escores de teste se agrupam em torno do centro da distribuição. Isso significa que nestas distribuições as diferenças entre os escores de postos são sempre maiores nos extremos ou caudas da distribuição do que no meio.

Exemplo 2: O problema do QI-razão. Os quocientes de inteligência originais planejados para uso com a Escala de Inteligência Stanford-Binet (S-B) eram *QIs-razão*. Isto quer dizer que eles eram verdadeiros *quocientes*, derivados da divisão do escore de idade mental (IM) que a criança obtinha no teste S-B por sua idade cronológica (IC) e pela posterior multiplicação do resultado por 100 para eliminar os decimais. A idéia era de que as crianças médias teriam idades mentais e cronológicas semelhantes e QI de aproximadamente 100. Crianças com funcionamento abaixo da média teriam idade mental mais baixa do que a cronológica e QI abaixo de 100, enquanto que as que funcionavam acima da média teriam idade mental mais alta do que a cronológica e QI acima de 100. Esta noção funcionava bastante bem para crianças até meados da idade escolar, um período durante o qual tende a haver um ritmo bastante uniforme de crescimento intelectual de um ano para o outro. No entanto, a razão IM/IC simplesmente não funcionava para adolescentes e adultos, porque seu desenvolvimento intelectual é muito menos uniforme – e as mudanças muitas vezes são imperceptíveis – de um ano para o outro. O fato de a idade cronológica máxima usada no cálculo do QI-razão da S-B original ser de 16 anos, independentemente da idade real da pessoa testada, criava problemas adicionais de interpretação. Além disso, as escalas de idade mental e cronológica não estão no mesmo nível de mensuração. A idade mental, como avaliada pelos primeiros testes de inteligência, era basicamente uma medida ordinal de nível, enquanto que a idade cronológica pode ser medida com uma escala de razão. Por esses motivos, dividir um número pelo outro para obter um quociente simplesmente não conduzia a resultados logicamente consistentes e significativos. O quadro Consulta Rápida 2.2 mostra exemplos numéricos que enfatizam alguns dos problemas que fizeram com que os QIs-razão fossem abandonados.

CONSULTA RÁPIDA 2.2

Exemplos de cálculos de QI-razão e problemas correspondentes

Sujeito	Idade mental (IM)	Idade cronológica (IC)	Diferença (IM-IC)	QI-razão[a]
Ally	6 anos	5 anos	1 ano	6/5 × 100 = 120
Ben	12 anos	10 anos	2 anos	12/10 × 100 = 120
Carol	18 anos	15 anos	3 anos	18/15 × 100 = 120

[a] No cálculo efetivo do QI-razão, a idade mental e a cronológica eram expressas em meses em vez de anos.

Problema 1: O escore de idade mental necessário para se obter um determinado QI continua a aumentar para cada idade cronológica sucessiva, de modo que os QIs-razão em diferentes idades cronológicas não são equivalentes.

Problema 2: Enquanto a idade cronológica aumenta uniformemente, o mesmo não acontece com a idade mental. Uma vez que a mais alta idade mental que pode ser alcançada em um determinado teste de inteligência não pode ser ilimitada, mesmo quando se estabelece um limite para a idade cronológica máxima usada para calcular o QI – como foi feito na escala S-B por muito tempo –, o QI que a maioria dos adultos pode obter é limitado artificialmente, se comparado ao de crianças e adolescentes.

Solução: Devido a estes e outros problemas do QI-razão, bem como ao conceito de idade mental, seu uso foi abandonado. O termo QI agora é usado para um escore que não é um QI-razão e nem mesmo um quociente. Este escore, conhecido como *QI de desvio*, foi introduzido por David Wechsler e é explicado no Capítulo 3.

O que podemos concluir sobre o sentido dos números nas mensurações psicológicas?

Na psicologia, é essencial ter em mente que a maioria das nossas escalas de mensuração são de natureza ordinal. A igualdade das unidades é aproximada pelas escalas usadas em muitos tipos de escores de teste, mas esta igualdade nunca é tão permanente ou completa quanto nas ciências físicas, porque as próprias unidades são relativas ao desempenho das amostras das quais são derivadas. O uso de escalas de razão na psicologia se limita a mensurações de freqüência, tempo de reação ou variáveis que podem ser expressas significativamente em unidades físicas. Por exemplo, se estivéssemos usando a produção por hora de uma linha de montagem como medida de velocidade do desempenho em uma função específica, poderíamos dizer que o Trabalhador A, que produz 15 unidades por hora, é três vezes mais rápido do que o Trabalhador B, que produz apenas 5 unidades por hora. Observe, no entanto, que não podemos dizer que o Trabalhador A é três vezes melhor do que o Trabalhador B, porque a velocidade provavelmente não é o único índice de desempenho no trabalho, mesmo em uma linha de montagem. O nível geral de desempenho é uma variável mais complexa, que provavelmente pode ser avaliada apenas com uma escala qualitativa ordinal.

TIPOS DE ESTATÍSTICA

Uma vez que o uso de números para representar objetos e eventos é tão generalizado na testagem psicológica, o trabalho nesta área envolve uma aplicação substancial da estatística, um ramo da matemática dedicado a organizar, representar, resumir, analisar e manipular de outras formas os dados numéricos. Os números e gráficos usados para descrever, condensar ou representar dados pertencem ao domínio da *estatística descritiva*. Por outro lado, quando são usados dados para estimar valores populacionais baseados em valores de amostras ou para testar hipóteses, é aplicada a *estatística inferencial* – um conjunto mais amplo de procedimentos baseados na teoria das probabilidades. Felizmente, embora tanto a estatística descritiva quanto a inferencial sejam usadas extensamente no desenvolvimento de testes, a maioria dos aspectos quantitativos da interpretação dos escores de teste requer apenas uma boa compreensão da estatística descritiva e um número relativamente menor de técnicas do tipo inferencial. Além disso, muito embora uma formação em matemática de alto nível seja desejável para a compreensão completa da estatística envolvida na testagem, é possível compreendê-la em nível básico com uma boa dose de lógica e um conhecimento relativamente limitado de matemática.

A palavra *estatística* também é usada para se referir a medidas derivadas de dados de amostras – diferentes das derivadas de populações, que são chamadas de *parâmetros*. Médias, desvios padrões, coeficientes de correlação e outros números calculados a partir de amostras de dados são estatísticas derivadas para se estimar o que realmente interessa, ou seja, os respectivos parâmetros populacionais. Parâmetros são números matematicamente exatos (ou constantes, como o p) que geralmente não são obteníveis a menos que uma população seja tão fixa e circunscrita que todos os seus membros possam ser incluídos, como todos os membros de uma turma universitária em um determinado semestre. Na verdade, um dos principais objetivos da estatística inferencial é estimar parâmetros populacionais a partir de dados de amostras e da teoria da probabilidade.

Não esqueça

Os dois sentidos de Estatística

1. O estudo e a aplicação de métodos para organizar, representar, resumir, analisar e tratar de outras formas dados numéricos.
2. Números (p. ex., médias, coeficientes de correlação) que descrevem as características de variáveis ou conjuntos de dados derivados de amostras, em oposição aos derivados de populações, que são denominados *parâmetros*.

Estatística descritiva

Dados brutos não são muito úteis. Geralmente consistem em um grupo de números que não transmitem qualquer sentido, mesmo depois de mais de um exame aprofundado, como os 60 números listados na Tabela 2.2. Estes números são os escores de 60 estudantes universitários no primeiro teste (com 50 itens de múltipla escolha) aplicado em uma disciplina de testagem psicológica. Um simples olhar para os números da tabela já transmite alguma informação, como o fato de que a maioria dos escores parece ficar entre 30 e 50. Com a estatística descritiva, podemos resumir os dados de modo a facilitar sua compreensão, sendo que uma forma de resumir dados é representá-los graficamente, enquanto outra é condensá-los em estatísticas que representem numericamente a informação em um conjunto de dados.

Distribuições de freqüência

Antes de aplicarmos qualquer fórmula estatística, sempre é uma boa idéia organizar os dados brutos de alguma forma que permita sua inspeção. Normal-

Tabela 2.2 Dados brutos: 60 escores de teste

41	50	39	40	40	31	42	29	37	36
35	45	44	49	38	34	35	32	41	41
39	47	30	45	43	47	35	46	42	41
34	37	38	40	39	39	36	32	48	39
33	42	44	48	47	40	33	46	46	40
44	37	45	43	39	42	37	45	43	38

mente, isso se faz por meio de uma *distribuição de freqüência*. A Tabela 2.3 apresenta uma distribuição dos escores de teste da Tabela 2.2, listando o número de vezes ou a freqüência com que cada escore ocorreu e a percentagem de vezes que aconteceu. A coluna Percentagem Cumulativa mostra a soma consecutiva dos números da coluna Percentagem, do escore mais baixo para o mais alto. Este último conjunto de números nos permite ver a percentagem dos 60 casos que se encaixam em cada escore ou abaixo dele, e, portanto pode ser lido facilmente como escores de postos de percentil.

Tabela 2.3 Distribuição de freqüência de 60 escores de teste

Escores	Freqüência (f)	Percentagem[a] (P)	Percentagem cumulativa[a] (PC)
29	1	1,7	1,7
30	1	1,7	3,3
31	1	1,7	5,0
32	2	3,3	8,3
33	2	3,3	11,7
34	2	3,3	15,0
35	3	5,0	20,0
36	2	3,3	23,3
37	4	6,7	30,0
38	3	5,0	35,0
39	6	10,0	45,0
40	5	8,3	53,3
41	4	6,7	60,0
42	4	6,7	66,7
43	3	5,0	71,7
44	3	5,0	76,7
45	4	6,7	83,3
46	3	5,0	88,3
47	3	5,0	93,3
48	2	3,3	96,7
49	1	1,7	98,3
50	1	1,7	100

[a]Arredondada para a dezena mais próxima

Quando a amplitude de escores é muito grande, *distribuições de freqüência agrupadas* ajudam a organizá-los de forma ainda mais compacta. Nestas distribuições, os escores são agrupados em intervalos de tamanho conveniente para acomodar os dados, e as freqüências são listadas para cada intervalo em vez de para cada um dos escores. Naturalmente, o que se ganha em compacidade é perdido em termos de detalhamento das informações.

Gráficos

Depois de organizados em uma distribuição de freqüência, os dados podem ser transpostos para qualquer um dos diversos formatos gráficos, como gráficos "de pizza" (*pie charts*) ou barras (para dados discretos ou categóricos) e histogramas ou polígonos de freqüência (para dados métricos ou contínuos). Os dados da Tabela 2.3 são mostrados graficamente na forma de um polígono de freqüência na Figura 2.1. Habitualmente, usa-se o eixo horizontal (também denominado *abcissa*, *linha de base* ou *eixo X*) para representar a amplitude de valores da variável em questão, e o eixo vertical (denominado *ordenada* ou *eixo Y*) para representar as freqüências em que cada valor ocorre na distribuição. As regras e os procedimentos para transformar distribuições de freqüência de vários tipos em gráficos são apresentados na maioria dos livros introdutórios de estatística (ver, p. ex., Kirk, 1999).

Descrição numérica de dados

Além de nos ajudar a visualizar os dados por meio de gráficos, a estatística descritiva também proporciona ferramentas que nos permitem resumir numericamente suas propriedades. Estas ferramentas descrevem a tendência central e a variabilidade dos dados numéricos.

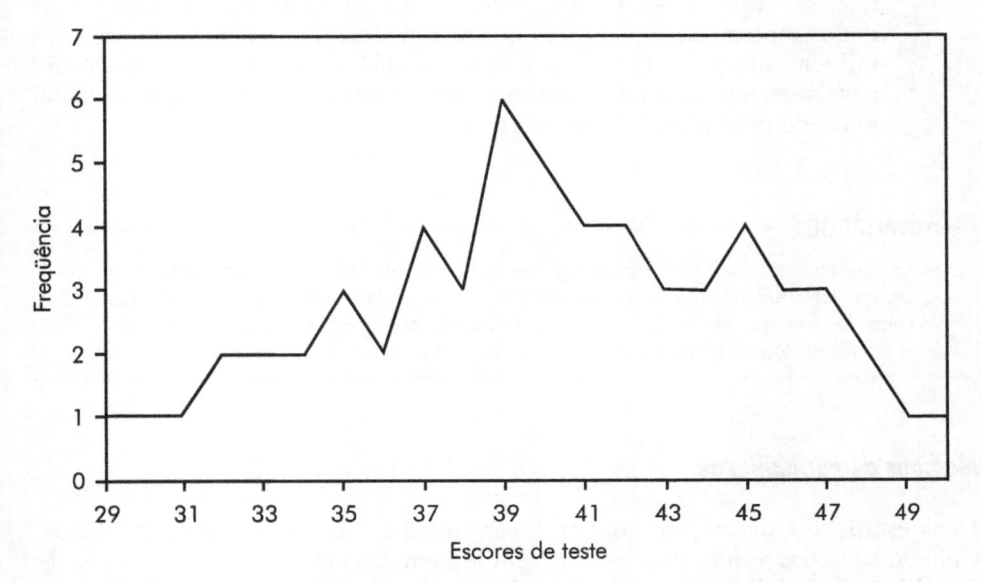

Figura 2.1 Polígono de freqüência para os escores de teste da Tabela 2.3 ($n = 60$).

Medidas de tendência central

Uma das primeiras coisas a saber ao se inspecionar um conjunto de dados é onde a maior quantidade deles pode ser localizada, bem como seu valor mais representativo ou central. As principais medidas de tendência central – a moda, a mediana e a média – nos informam isso. Assim como qualquer outra estatística, cada uma destas medidas tem vantagens e desvantagens, dependendo do tipo de dados e da distribuição que se quer descrever. Seus méritos e desvantagens relativos, que estão além do âmbito deste livro, também são discutidos na maioria das obras introdutórias de estatística (ver, p. ex., Howell, 2002).

- A *moda*, ou o valor de ocorrência mais freqüente em uma distribuição, é útil primariamente quando lidamos com variáveis qualitativas ou categóricas. Falando estritamente, só pode haver uma moda ou – se não houver variabilidade na distribuição – nenhuma moda. No entanto, se dois ou mais valores de uma distribuição estão ligados à mesma freqüência máxima, a distribuição é denominada *bimodal* ou *multimodal*.
- A *mediana (Mdn)* é o valor que divide em duas metades uma distribuição disposta em ordem de magnitude. Se o número de valores *(n)* da distribuição for ímpar, a mediana é simplesmente o valor do meio; se n for par, a mediana é o ponto médio entre os dois valores do meio.
- A *média* ou média aritmética (μ para uma média populacional e M para uma média de amostra) é obtida somando-se todos os valores de uma distribuição e dividindo o total pelo número de casos da distribuição. Por isso, seu valor efetivo pode estar ou não representado no conjunto de dados. Apesar disso, e do fato de ser a medida de tendência central mais influenciada pelos escores extremos, a média tem muitas propriedades desejáveis que a tornam o indicador de tendência central mais amplamente usado para variáveis quantitativas.

Advertência

Nas páginas a seguir, você vai encontrar algumas fórmulas estatísticas. Caso se sinta tentado a ignorá-las, RESISTA. Lembre-se de que este é um livro sobre fundamentos em testagem psicológica. As únicas fórmulas que você vai encontrar aqui são aquelas que transmitem conceitos essenciais para a compreensão da testagem e do sentido dos escores de teste.

Medidas de variabilidade

Estas estatísticas descrevem quanta *dispersão* existe em um conjunto de dados. Quando somadas a informações a respeito de tendências centrais, as medidas de variabilidade nos ajudam a localizar qualquer valor dentro de uma distribuição e a melhorar a descrição de um conjunto de dados. Embora haja muitas medidas de

Fundamentos da testagem psicológica **57**

variabilidade, os principais índices usados na testagem psicológica são a amplitude, a distância semi-interquartílica, a variância e o desvio padrão.

- A *amplitude* é distância entre dois pontos extremos – os valores mais alto e mais baixo – de uma distribuição. Muito embora seja facilmente calculada, a amplitude é uma medida muito instável porque pode mudar drasticamente devido à presença de um ou dois escores extremos.
- A *distância semi-interquartílica* é a metade da *distância interquartílica* (DIQ), que, por sua vez, é a distância entre os pontos que demarcam o topo do primeiro e do terceiro quartos de uma distribuição. O ponto do primeiro quartil (Q_1), ou 25º percentil, marca o alto do quarto (quartil) mais baixo da distribuição. O ponto do terceiro quartil (Q_3), ou 75º percentil, fica no topo do terceiro quarto da distribuição e marca o início do quartil superior. A distância interquartílica é a amplitude entre Q_1 e Q_3, e, portanto, engloba os 50% que ficam no meio de uma distribuição. No exemplo apresentado na Tabela 2.3, o 25º percentil está no escore de 37, e o 75º percentil está no 44. A distância interquartílica é 44 – 37 = 7, e a distância semi-interquartílica é 7 ÷ 2 = 3,5. Observe que enquanto 53% dos escores se encaixam em uma estreita faixa de 8 pontos, os outros 47% estão dispersos pela amplitude restante de 14 pontos de escore.
- A *variância* é a soma do quadrado das diferenças ou desvios entre cada valor (X) de uma distribuição e a média desta distribuição (M), dividida por N. Mais sucintamente, a variância é a média da *soma dos quadrados (SQ)*. A soma dos quadrados é uma abreviação para a soma do quadrado dos valores de desvio ou escores de desvio, $S(X-M)^2$. Os escores de desvio tem que ser elevados ao quadrado antes de serem somados para eliminar números negativos. Se estes números não estiverem ao quadrado, os escores positivos e negativos de desvio em torno da média iriam se cancelar mutuamente e sua soma seria zero. A soma dos quadrados representa a quantidade total de variabilidade em uma distribuição de escores, e a variância (*SQ*/N) representa sua variabilidade média. Devido à elevação ao quadrado dos escores de desvio, no entanto, a variância não é expressa nas mesmas unidades que a distribuição original.
- O *desvio padrão* é a raiz quadrada da variância. Juntamente com esta, proporciona um único valor que é representativo das diferenças individuais ou desvios em um conjunto de dados – calculados a partir de um ponto de referência comum, qual seja, a média. O desvio padrão é uma medida da variabilidade média de um conjunto de escores, expresso nas mesmas unidades que estes. É a medida primordial de variabilidade para a testagem, bem como para muitos outros fins, e é útil em diversas manipulações estatísticas.

O quadro Consulta Rápida 2.3 lista alguns dos símbolos básicos de notação que serão usados neste livro, juntamente com as fórmulas para média, distância interquartílica, desvio padrão e variância. As medidas de tendência central e variabilidade para os 60 escores de teste da Tabela 2.3 são listadas na Tabela 2.4. Embo-

CONSULTA RÁPIDA 2.3

Notação básica e fórmulas

X = Um dado ou valor em uma distribuição; em testagem psicológica, X quase sempre representa um escore bruto.
S = Soma de.
n = Tamanho da amostra, ou seja, o número total de casos de uma distribuição; em testagem psicológica, n quase sempre representa o número de pessoas ou de escores.
N = Tamanho da população

M_x ou $\bar{X}$ = Média de $X = \dfrac{\Sigma X}{n}$

μ = Média populacional
Mdn = Mediana = 50º percentil.
Q_1 = ponto do 1º quartil = 25º percentil.
Q_3 = ponto do 3º quartil = 75º percentil.
$Q_1 - Q_3$ = Distância interquartílica (DIQ).
DIQ ÷ 2 = distância semi-interquartílica.

s^2 = Variância da amostra = $\dfrac{\Sigma(X - M)^2}{n - 1}$

σ^2 = Variância populacional = $\dfrac{\Sigma(X - \mu)^2}{N}$

d ou DP = Desvio padrão da amostra = $\sqrt{s^2}$

σ = Desvio padrão populacional = $\sqrt{\sigma^2}$

Tabela 2.4 Estatística descritiva para os 60 escores de teste da Tabela 2.3

Medidas de tendência central		Medidas de variabilidade	
Média	= 40,13	Amplitude = 50 – 29	= 21
Mediana	= 40,00	Variância	= 25,745
Moda	= 39	Desvio padrão	= 5,074
Q1 ou 25º percentil	= 37	Distância interquartílica = Q3 – Q1 = 44 – 37	= 7
Q3 ou 75º percentil	= 44	Distância semi-interquartílica = 7 ÷ 2	= 3,5

ra informações detalhadas sobre os 60 escores não estejam disponíveis, as estatísticas da Tabela 2.4 descrevem concisamente onde os escores se agrupam e a quantidade média de dispersão do conjunto de dados.

A importância da variabilidade

Embora possa ser verdade que a variedade é o tempero da vida, ela é o ingrediente principal da testagem psicológica, que depende da variabilidade entre os indivíduos. Sem diferenças individuais, não haveria variabilidade, e os testes não nos ajudariam a fazer determinações ou tomar decisões a respeito de pessoas. Se todos os outros fatores forem iguais, quanto maior a quantidade de variabilidade entre os indivíduos em termos da característica que estamos tentando avaliar, mais precisamente poderemos fazer distinções entre eles. Conhecer os formatos da distribuição de escores, bem como suas tendências centrais e variabilidades proporciona a base para boa parte dos fundamentos em interpretação de escores de teste discutidos no Capítulo 3.

Pondo em prática

- Vá à Tabela 2.3 e conte quantos escores estão dentro de ± 1 DP da média – isto é, entre 40 ± 5.
- Verifica-se que 41 dos 60 escores, aproximadamente 2/3 deles, se situam entre 35 e 45.
- Esta proporção é típica das distribuições que se aproximam do formato da curva normal, como a distribuição da Figura 2.1.

O MODELO DA CURVA NORMAL

Definição

A curva normal, também conhecida como *curva do sino*, é uma distribuição em alguns aspectos semelhante à da Figura 2.1. Sua linha de base, equivalente ao eixo X da distribuição da Figura 2.1, mostra as unidades de desvio padrão (σ); o eixo vertical, ou ordenada, geralmente não precisa ser mostrado porque a curva normal não é uma distribuição de freqüência de dados, mas um modelo matemático de uma distribuição ideal ou teórica. A altura que a curva alcança em cada ponto ao longo da linha de base é determinada por uma fórmula matemática que descreve as relações específicas a partir do modelo e estabelece a forma e as proporções exatas da curva. Como todos os modelos ideais, a curva normal não existe, baseia-se na teoria da probabilidade. Felizmente, para nossos propósitos, podemos compreender os fatos básicos relativos à curva normal sem sabermos muito a respeito de suas bases matemáticas.

Embora o modelo da curva normal seja um ideal, a distribuição de dados reais muitas vezes se aproxima dela, como é o caso dos dados da Tabela 2.3 apresentados na Figura 2.1. A semelhança entre o modelo e as distribuições de muitas variáveis no mundo natural tornou-o útil na estatística descritiva. Ainda mais importante é o fato de que muitos eventos do acaso, se repetidos por um número suficientemente grande de vezes, geram distribuições que se aproximam da curva normal. É esta ligação com a teoria da probabilidade que faz com que a curva normal desempenhe um papel importante na estatística inferencial. Como veremos a seguir, a utilidade do modelo da curva normal deriva de suas propriedades.

Propriedades do modelo da curva normal

Muitas propriedades do modelo da curva normal são claramente evidentes com a simples inspeção visual (ver Figura 2.2). Por exemplo, pode-se ver que a distribuição normal tem as seguintes propriedades:

- Tem *formato de sino*, como indica seu "apelido".
- É *bilateralmente simétrica*, o que significa que suas duas metades são idênticas (se dividirmos a curva em duas partes, cada metade contém 50% da área sob a curva).
- Tem caudas que se aproximam da linha de base mas nunca a tocam, e por isso seus limites se estendem ± ao infinito (± ∞), uma propriedade que explicita a natureza teórica e matemática da curva.
- É unimodal, ou seja, tem um único ponto de freqüência máxima ou altura máxima.
- Tem *média, mediana* e *moda* que coincidem no centro da distribuição, porque o ponto onde a curva está em equilíbrio perfeito, que é a média, também é o ponto que divide a curva em duas metades iguais, que é a mediana, e é o valor mais freqüente, que é a moda.

Além destas propriedades, a curva normal tem outras características menos óbvias que estão ligadas à sua regra de função matemática. Esta fórmula – que não é essencial – está disponível na maioria dos livros de estatística e em algumas das

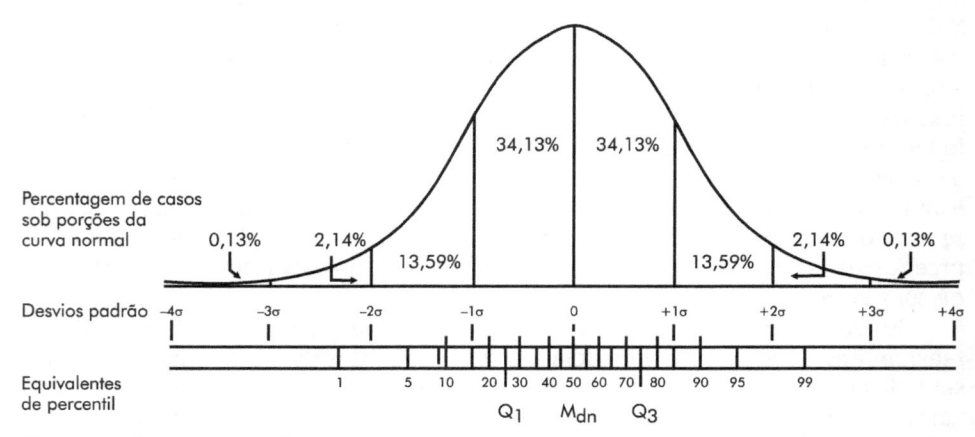

Figura 2.2 A curva normal, com percentagens de casos em cada segmento de unidade de σ de −4 a +4, percentagens cumulativas e equivalentes de percentil.

páginas da Internet sobre a curva normal mencionadas no quadro Consulta Rápida 2.4. Ela envolve dois elementos constantes (μ e e) e dois valores que podem variar. Cada curva normal em particular é apenas um exemplo de uma família de distribuições de curva normal que difere em função de seus dois valores variáveis. Estes são a média, designada como μ, e o desvio padrão, designado como s. Depois que os parâmetros de μ e σ para uma distribuição normal são determinados, pode-se calcular a altura da ordenada (eixo Y), em cada ponto ao longo da linha de base (eixo X) com a fórmula que define a curva. Quando a curva normal tem média zero e desvio padrão 1, é denominada *distribuição normal padrão*. Uma vez que a área total sob a curva normal equivale à unidade (1,00), o conhecimento da altura da curva (a ordenada Y) em qualquer ponto ao longo da linha de base, ou eixo X, nos permite calcular a proporção *(p)* ou percentagem *(p* x 100) da área sob a curva que está acima e abaixo de qualquer valor de X, bem como entre quaisquer dois valores de X. A tabela estatística que resulta destes cálculos, que mostra as áreas e as ordenadas da curva normal padrão, está disponível no Apêndice C, juntamente com uma explicação básica de seu uso.

Na curva normal, as unidades de desvio padrão ou σ são posicionadas em distâncias iguais ao longo do eixo X, em pontos que marcam as inflexões da curva (isto é, os pontos em que a curva muda de direção). A Figura 2.2 mostra a curva normal dividida em cada unidade σ de –4 a +4, bem como as percentagens da área contidas em cada segmento. Observe que se somarmos todas as percentagens das áreas acima da média, o resultado equivale a 50%, assim como a soma de todas as áreas abaixo da média. Além disso, a área entre +1σ e –1σ é de 68,26% (34,13% x 2) – aproximadamente 2/3 da curva –, e a área entre +2σ e –2σ é de 95,44%, quase que a curva inteira. O conhecimento desses fatos básicos a respeito da curva normal é extremamente útil em estatística.

CONSULTA RÁPIDA 2.4

Páginas da internet sobre a curva normal

Estas são apenas três das muitas páginas da Internet que podem ser encontradas digitando-se "a curva normal" em um bom mecanismo de busca *on-line*:

- http://www.ms.uky.edu/~mai/java/stat/GaltonMachine.html
  Esta página traz uma demonstração simples e visualmente atraente do processo que resulta na curva do sino.
- http://stat-www.berkeley.edu/~stark/Java/NormHiLite.htm
  Esta página tem uma ferramenta interativa que permite destacar qualquer segmento da curva normal e ver imediatamente qual percentagem na área está contida no segmento destacado.
- http://www.psychstat.smsu.edu/introbook/sbk11.htm
  Esta é uma das muitas páginas que explica fatos básicos a respeito da curva normal de forma clara e sucinta.

USOS DO MODELO DA CURVA NORMAL

Usos descritivos

Uma vez que as proporções da área sob a curva normal padrão que se situam acima e abaixo de qualquer ponto da linha de base ou entre quaisquer dois pontos desta são preestabelecidas – e fáceis de achar nas tabelas de áreas da curva normal como a que é apresentada no Apêndice C – podemos aplicar prontamente estas proporções a qualquer outra distribuição que tenha forma semelhante. Na testagem, esta particular aplicação da distribuição normal é usada repetidamente na geração dos escores padrões descritos no próximo capítulo.

Em algumas circunstâncias, mesmo quando uma distribuição se aproxima, mas não equivale exatamente à curva normal, ainda podemos usar as proporções do modelo da curva normal para regularizar os escores. A *normalização* de escores envolve transformá-los de tal forma que eles tenham o mesmo sentido, em termos de sua posição, que teriam se pertencessem a uma distribuição normal. Este procedimento, que não é tão complicado quanto pode parecer, faz uso das percentagens cumulativas calculadas de uma distribuição de freqüência (ver Tabela 2.3) e será discutido mais detalhadamente e com exemplos no capítulo seguinte.

Usos inferenciais do modelo da curva normal

Na estatística inferencial, o modelo da curva normal é útil para: (a) estimar parâmetros populacionais e (b) testar hipóteses a respeito de diferenças. As aplicações do modelo da curva normal à estimativa de parâmetros populacionais e à testagem de hipóteses faz uso de duas noções inter-relacionadas, quais sejam, distribuições de amostragem e erros padrões.

Distribuições de amostragem são distribuições hipotéticas, e não reais, de valores baseadas na premissa de que um número infinito de amostras de um determinado tamanho podem ser derivadas de uma população. Se isso fosse feito, e se as estatísticas destas amostras fossem registradas, muitas (mas não todas) distribuições resultantes das estatísticas ou distribuições de amostragem seriam normais. A média de cada distribuição hipotética de amostragem seria igual ao parâmetro populacional e o desvio padrão da distribuição de amostragem seria o erro padrão das estatísticas em questão.

O *erro padrão (EP)* de uma estatística obtida de uma amostra é, portanto, concebido como o desvio padrão da distribuição de amostragem que resultaria se obtivéssemos a mesma estatística de um grande número de amostras de tamanho igual, determinadas aleatoriamente. Pode ser facilmente calculado usando estatísticas da amostra (ver, p. ex., a Tabela 2.5). Depois de obtermos uma determinada estatística de uma amostra e seu erro padrão, a premissa de uma distribuição normal de amostragem nos permite usar as áreas da curva normal para estimar os parâmetros populacionais baseados na estatística obtida.

Tabela 2.5 Erro padrão da média para os dados das Tabelas 2.3 e 2.4

Média (M) = 40,13	Desvio padrão (s) = 5,074	Tamanho da amostra (n) = 60
Erro padrão da média $(SE_M)^*$ = $\frac{s}{\sqrt{n}}$ = $\frac{5,074}{\sqrt{60}}$ = $\frac{5,074}{7,7459}$ = 0,655		

Não esqueça

O Apêndice C contém a Tabela de Áreas e Ordenadas da Curva Normal, juntamente com uma explicação de como ela é usada. Como se aplica a todas as fórmulas que constam deste livro, as informações do Apêndice C são apresentadas unicamente porque a familiaridade com as mesmas é um requisito *essencial* para a compreensão de escores de teste.

Estimativa de parâmetros populacionais

Um exemplo hipotético

Para estimar um parâmetro populacional, como a altura média de uma mulher adulta dos Estados Unidos, podemos obter uma amostra aleatória de 50 mulheres adultas, uma de cada estado do país. Podemos supor que a altura média para esta amostra, que seria uma *estimativa* da média populacional, é de 64 polegadas, e também que o desvio padrão é de 4 polegadas. Se repetíssemos este procedimento infinitas vezes, obtendo um número infinito de amostras de 50 mulheres cada uma e registrando as médias de todas estas amostras, a distribuição de amostragem das médias resultante corresponderia ao modelo da curva normal. A média desta distribuição teórica de amostragem pode ser entendida como a média populacional (isto é, a altura média de todas as mulheres adultas dos Estados Unidos).

Obviamente, este curso de ação não é apenas pouco prático, mas também impossível. Por isso, usamos a estatística inferencial para estimar a média populacional. Encontramos erro padrão da média (SE_M) com a fórmula $s/\sqrt{n}$, em que s é o desvio padrão da amostra (4) e n é o número de casos da amostra (50). Neste caso, 4 dividido pela raiz quadrada de 50 é igual a 7,07, o que produz um SE_M = 0,565. Assim, baseados nas estatísticas obtidas da amostra, podemos dizer que a altura média das mulheres adultas dos Estados Unidos está dentro da faixa de nossa média obtida de 64 polegadas ± 0,565 polegadas, ou entre 63,435 polegadas e 64,565 polegadas. Somar e subtrair 1 SE_M da média da amostra nos dá um intervalo de confiança de 68% para a média populacional, porque 68% da área sob a curva normal se encaixa dentro de ±1σ (ou, neste caso, ±1 SE_M). Se quisermos

---

*N. de R.T. A sigla será utilizada em inglês.

fazer uma afirmação com nível mais alto de confiança, podemos escolher um intervalo de confiança maior selecionando um número maior de unidades de σ e multiplicando-o pelo SE_M. Como vemos na Figura 2.2, o segmento entre ±2σ engloba 95,44% da área sob a curva normal; portanto, em nosso exemplo, o intervalo entre 64 ± 2 SE_M ou 64 ± 2 (0,565 pol.) = $64 \pm 1,13$ polegadas e engloba a amplitude de 62,87 a 65,13 polegadas, dentro da qual podemos ter confiabilidade de 95,44% de que a altura média das mulheres adultas dos Estados Unidos aí se localiza.

Exemplo com dados da Tabela 2.3: Se calcularmos o erro padrão da média (SE_M) para os dados da Tabela 2.3 usando a fórmula $s/\sqrt{n}$, na qual s é o desvio padrão (5,074) e n é o número de casos da amostra (60), o $SE_M = 0,655$ (ver Tabela 2.5). Se a amostra de 60 estudantes tivesse sido escolhida aleatoriamente entre todos os estudantes que já se submeteram àquele teste em particular, poderíamos então pressupor que existe uma probabilidade de aproximadamente 68% de que a média da população de *todos* os estudantes que se submeteram ao teste está dentro de ± 0,655 pontos, ou ±1 SE_M, da média obtida de 40,13, ou em algum ponto da amplitude de 39,475 a 40,785. Da mesma forma, podemos dizer com confiança de 95,44% – o que significa que nossas chances de estarmos errados são de menos de 5% – que o intervalo entre a média de 40,13 ±2 SE_M, isto é, a amplitude de 38,82 a 41,44, inclui a média populacional.

A significância dos erros padrões

Os erros padrões são extremamente importantes na estatística inferencial. Em ambos os exemplos apresentados, podemos estimar as amplitudes em que os parâmetros populacionais podem ser encontrados a partir das premissas de que: (a) a média obtida da mostra é a melhor estimativa que temos da média populacional e (b) o erro padrão da média é equivalente ao desvio padrão da distribuição de amostragem hipotética das médias, a qual se supõe que seja normal. Premissas semelhantes, juntamente com as estimativas fornecidas pelas áreas sob a curva normal padrão e outras distribuições teóricas que aparecem em tabelas estatísticas – como a distribuição t de Student – podem ser usadas não apenas para gerar afirmações de probabilidade a respeito de parâmetros populacionais derivados de outras estatísticas de amostras, mas também para gerar afirmações de probabilidade a respeito das diferenças obtidas entre estatísticas de amostras.

Quando se testa a significância das diferenças entre as médias ou proporções de amostras, as diferenças obtidas são divididas pelos erros padrões destas diferenças, calculados por fórmulas apropriadas para o tipo específico de diferença a ser testada. As razões resultantes, chamadas *razões críticas*, juntamente com as distribuições apropriadas para a estatística em questão, podem então ser usadas para determinar a probabilidade de que uma diferença obtida possa ter resultado do acaso. Embora a maioria das técnicas de estatística inferencial estejam muito além do âmbito deste livro, vamos abordar os erros padrões novamente em conexão com a fidedignidade e a validade de escores de teste nos Capítulos 4 e 5. O quadro Consulta Rápida 2.5 resume as principais razões por que o modelo da curva normal é tão importante no campo da testagem psicológica.

Não esqueça

Dois conceitos essenciais da estatística inferencial: distribuições de amostragem e erros padrões

- *Distribuições de amostragem* são distribuições teóricas dos valores de uma variável, ou de uma estatística, que resultariam da coleta e registro de valores (p. ex., escores) ou estatísticas (p. ex., médias, desvios padrões, coeficientes de correlação, etc.) de um número infinito de amostras de um determinado tamanho de uma população em particular. As distribuições de amostragem não existem na realidade: são constructos hipotéticos usados para determinar estimativas de probabilidade de valores ou estatísticas obtidos através de um artifício conhecido como *erro padrão*.
- Os *erros padrões* são entidades estatísticas que podem ser calculadas através de várias fórmulas a partir de dados de amostras; fornecem os meios para compararmos valores ou estatísticas obtidos de amostras de suas distribuições de amostragem teóricas. Um erro padrão é o desvio padrão estimado da distribuição de amostragem teórica de um valor ou estatística obtidos.

CONSULTA RÁPIDA 2.5

Por que a curva normal é tão importante na testagem psicológica?

Na testagem, o modelo da curva normal é usado de modos paralelos à distinção entre estatística descritiva e inferencial:

1. O modelo da curva normal é usado *descritivamente* para localizar a posição de escores derivados de distribuições normais. Em um processo conhecido como *normalização*, descrito no Capítulo 3, a curva normal também é usada para se fazer distribuições que não são normais – mas se aproximam do normal – conforme o modelo, em termos das posições relativas dos escores.
2. O modelo da curva normal se aplica *inferencialmente* nas áreas de: (a) *fidedignidade*, para derivar intervalos de confiança que avaliem escores obtidos e as diferenças entre eles (ver Capítulo 4), e (b) *validade*, para derivar intervalos de confiança para predições ou estimativas baseadas em escores de testes (ver Capítulo 5).

Distribuições não-normais

As representações gráficas de distribuições obtidas permitem a comparação das distribuições de freqüência com a distribuição normal. Isto é muito importante porque, na medida em que um polígono de freqüência ou histograma difere em formato da curva normal, as proporções da área sob a curva não mais se aplicam. Além disso, o modo particular como as distribuições diferem da curva normal pode ter implicações significativas para os dados.

Existem muitas diferenças possíveis entre as distribuições obtidas e o modelo da curva normal. O modo como aquelas se desviam e o grau em que o fazem têm implicações para a quantidade de informação que as distribuições transmitem. Um caso extremo pode ser ilustrado pela distribuição resultante se todos os valores de um conjunto de dados ocorressem com a mesma freqüência. Esta distribuição, que teria formato retangular, não implicaria qualquer diferença na probabilidade de ocorrência de determinado valor, e por isso não seria útil na tomada de decisões a respeito do que estivesse sendo medido.

Um tipo diferente e mais plausível de desvio do modelo da curva normal acontece quando as distribuições têm duas ou mais modas. Se uma distribuição for bimodal ou multimodal, é necessário considerar a possibilidade de problemas de amostragem ou características especiais da mostra. Por exemplo, uma distribuição de notas em uma turma de alunos na qual as freqüências máximas ocorrem nas notas A e D, com muito poucas notas B ou C, pode significar que estes alunos são atípicos em algum aspecto ou que pertencem a grupos com diferenças significativas de preparação, motivação ou nível de habilidade. É óbvio que informações dessa natureza quase invariavelmente teriam implicações importantes; no caso deste exemplo, poderiam levar a professora a dividir a turma e usar diferentes abordagens pedagógicas com cada grupo.

Duas outras formas de desvio do modelo da curva normal têm implicações significativas para dados de testes, e dizem respeito às propriedades da curtose e da assimetria (*skewness*) das distribuições de freqüência.

Curtose

Este termo, bastante estranho, que deriva da palavra grega para *convexidade*, simplesmente se refere ao aspecto achatado ou pontiagudo de uma distribuição. A curtose está diretamente relacionada à quantidade de dispersão de uma distribuição. As distribuições *platicúrticas* têm maior quantidade de dispersão, demonstrada por caudas mais extensas, e as distribuições *leptocúrticas* têm quantidades menores. A distribuição normal é *mesocúrtica*, o que significa que ela tem um grau intermediário de dispersão.

A curtose aplicada: A hipótese da maior variabilidade masculina. No campo da psicologia diferencial, uma hipótese antiga afirma que a variação de inteligência é maior entre os homens do que entre as mulheres. Esta hipótese surgiu da observação de uma super-representação dos homens entre pessoas com realizações extraordinárias e outras em instituições para retardados mentais. Embora tenha havido muita discussão e um respaldo moderado a esta hipótese (ver, p. ex., Halpern, 1997; Hedges e Nowell, 1995), por uma variedade de razões – incluindo a natureza dos testes de inteligência – a questão ainda não foi resolvida. Se a hipótese da maior variabilidade masculina se mostrar verdadeira, isto significa que mais homens do que mulheres estão localizados nas extremidades alta e baixa da distribuição dos escores de testes de inteligência. Neste caso, as distribuições para mulheres e homens iriam diferir em curtose. Suas representações gráficas, caso fossem sobrepostas, poderiam ter a aparência das distribuições hipotéticas da Figura 2.3, que mostram uma distribuição leptocúrtica para as mulheres e uma distribuição platicúrtica para os homens, sem diferenças nos escores médios entre os dois gêneros.

Assimetria

O termo em inglês *skewness* (*Sk*) expressa a falta de simetria. Como vimos, a distribuição normal é perfeitamente simétrica, com $Sk = 0$, maior volume no meio e

Fundamentos da testagem psicológica **67**

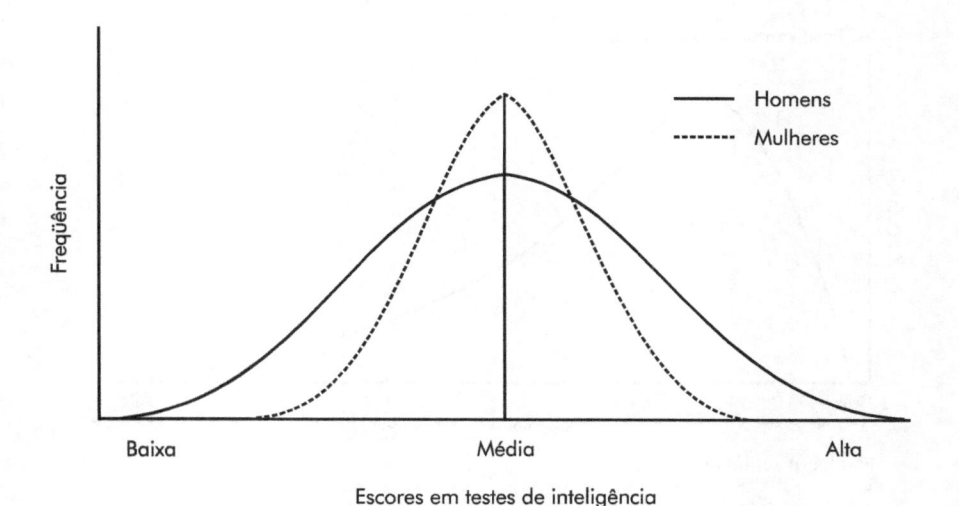

Figura 2.3 Distribuições hipotéticas de escores em testes de inteligência, mostrando maior variabilidade masculina que feminina (curva platicúrtica *versus* leptocúrtica).

duas metades idênticas. Uma distribuição também pode ser assimétrica. Se a maior parte dos valores está na extremidade superior da escala e a cauda mais longa se estende na direção da extremidade inferior, a distribuição é *negativamente* assimétrica *(Sk < 0)*. Por outro lado, se a maior parte dos valores estiver na parte inferior e a cauda mais longa se estender na direção do alto da escala, a distribuição será *positivamente* assimétrica ($Sk > 0$).

A assimetria aplicada. O significado da assimetria em relação às distribuições de escores de teste é fácil de ser identificado. Se uma distribuição é negativamente assimétrica, isso significa que a maioria das pessoas obteve escores altos; se for positivamente assimétrica, significa que a maior parte das pessoas teve escores baixos. A Figura 2.4 mostra exemplos de distribuições positiva e negativamente assimétricas. O Painel A da figura mostra uma distribuição positivamente assimétrica de escores em um teste no qual a maioria dos estudantes teve pontuação baixa, e o Painel B mostra uma distribuição negativamente assimétrica de escores em um teste no qual a maioria dos testandos teve pontuação alta.

Por que a forma das distribuições é relevante para a testagem psicológica?

Quando um teste está sendo desenvolvido, a forma e as características das distribuições de escore obtidas com suas versões preliminares ajudam a determinar os ajustes necessários. O formato das distribuições de escore obtidas durante o processo de desenvolvimento do teste deve corresponder às expectativas baseadas no que está sendo medido e no tipo de testandos incluídos nas amostras preliminares

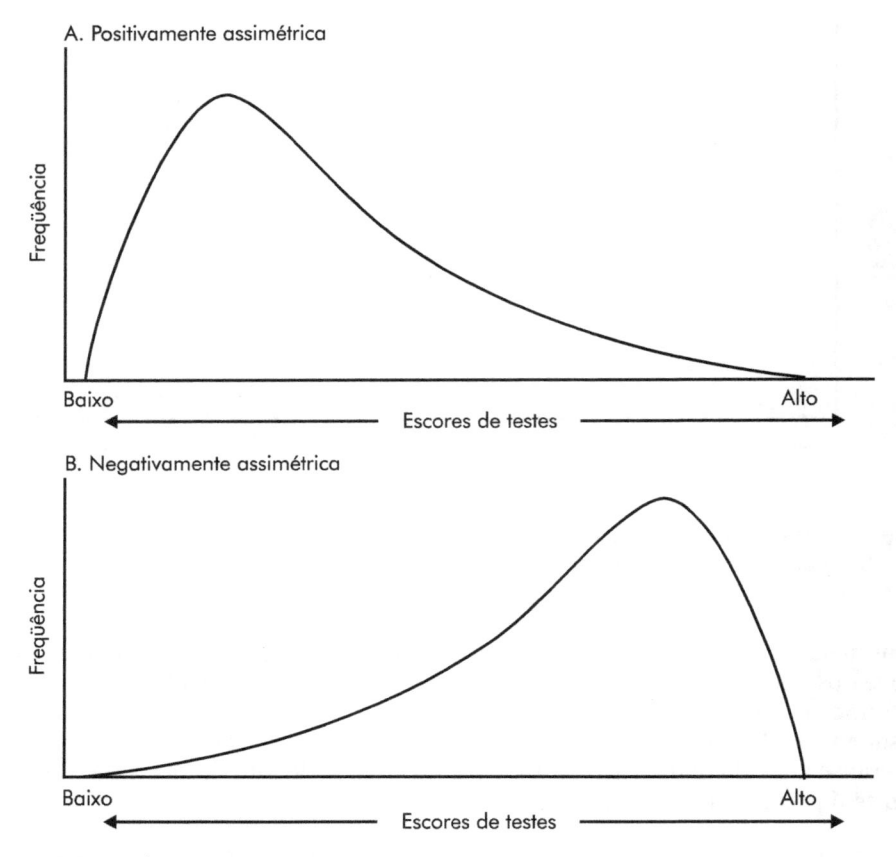

Figura 2.4 Distribuições assimétricas.

ou de padronização. Por exemplo, se um teste de realização é voltado para estudantes universitários e a distribuição dos escores de uma amostra representativa desta população for negativamente assimétrica, isso significa que o teste pode ser fácil demais, e seu criador pode ter que acrescentar itens mais difíceis para deslocar a maior parte dos escores na direção do centro da distribuição. Inversamente, se o mesmo teste for aplicado a uma amostra representativa de estudantes do ensino fundamental e a distribuição de seus escores for positivamente assimétrica, o resultado estará de acordo com as expectativas e não haverá necessidade de ajustes.

FUNDAMENTOS DE CORRELAÇÃO E REGRESSÃO

Até agora, nossa discussão se concentrou, primariamente, na descrição e no tratamento de estatísticas derivadas de mensurações de uma única variável, ou estatísticas *univariadas*. Se estivéssemos interessados apenas em escores de testes (uma possibilidade improvável), estas estatísticas seriam suficientes. No entanto, para que tenham algum sentido na arena prática, os escores de testes precisam oferecer informações a respeito de outras variáveis que são significativas no mundo real. Os métodos correlacionais são as técnicas usadas para obter índices do grau em que duas ou mais variáveis estão relacionadas mutuamente, índices que são chamados de *coeficientes de correlação*. Os métodos correlacionais são as principais ferramentas que temos para demonstrar ligações: (a) entre escores em testes diferentes; (b) entre escores de teste e variáveis que não pertencem a testes; (c) entre escores em partes de um teste ou itens de um teste e o escore no teste inteiro; (d) entre escores parciais ou escores em itens e variáveis que não pertencem ao teste e (e) entre escores em diferentes partes de um teste ou diferentes itens de um único teste. Devido a estas múltiplas aplicações, a noção de correlação desempenha um papel importante nas discussões a respeito de fidedignidade, validade e desenvolvimento de testes que veremos nos próximos capítulos.

Com a correlação, entramos no campo das estatísticas *bivariadas* ou *multivariadas*. Em vez de termos uma única distribuição de freqüência de medidas em uma variável, precisamos de pelo menos dois conjuntos de medidas ou observações do mesmo grupo de pessoas (p. ex., escores em dois testes diferentes) ou pares combinados de observações para dois conjuntos de indivíduos (p. ex., os escores de pares de gêmeos no mesmo teste). Quando calculamos um coeficiente de correlação para descrever a relação entre duas variáveis, os dados são organizados na forma de distribuições bivariadas, como as apresentadas na Tabela 2.6 para dois conjuntos de dados fictícios.

Para calcular um coeficiente de correlação, tudo o que precisamos são os dados (isto é, observações) de duas variáveis. Estas podem ser a renda anual e os anos de escolaridade para um conjunto de pessoas, a quantidade de chuva e o tamanho das colheitas para um período de vários anos, o comprimento médio das saias femininas e o desempenho do mercado de ações ao longo de um período de tempo, a posição do sol no céu e a quantidade de luz em um determinado local, os escores em um teste e um índice de desempenho no trabalho para um grupo de empregados, etc. Duas variáveis (geralmente designadas X e Y) podem ser correlacionadas usando-se qualquer um de vários métodos correlacionais que diferem em termos dos tipos de dados e de relações para os quais são apropriados.

Correlação linear

A relação entre duas variáveis é dita *linear* quando a direção e a taxa de mudança de uma variável são constantes em relação às mudanças da outra. Quando dispostos em um gráfico, os pontos de dados para este tipo de relação formam um padrão elíptico reto ou quase reto. Se houver uma correlação entre duas variáveis e a relação entre elas for linear, existem apenas dois resultados possíveis: (a) uma correlação positiva ou (b) uma correlação negativa. Se não houver correlação, os pontos de dados não se alinham em qualquer padrão ou tendência definida, e

Tabela 2.6 Dois conjuntos de dados bivariados

Indivíduo	Escore no teste X	Escore no teste Y
	A. Dados para uma correlação positiva perfeita	
1	3	5
2	4	6
3	6	8
4	7	9
5	8	10
6	9	11
7	10	12
8	11	13
9	13	15
10	14	16
	B. Dados para uma correlação negativa perfeita	
1	140	5
2	130	6
3	110	8
4	100	9
5	90	10
6	80	11
7	70	12
8	60	13
9	40	15
10	30	16

podemos pressupor que os dois conjuntos de dados não compartilham uma fonte comum de variância. Se houver uma correlação positiva ou negativa de qualquer magnitude, podemos avaliar a possibilidade de que a correlação tenha resultado do acaso, usando o tamanho da amostra na qual a correlação foi calculada e tabelas estatísticas que mostram a probabilidade de ocorrência ao acaso de um coeficiente de uma determinada magnitude. Naturalmente, quanto maior o coeficiente, menor a probabilidade de que possa ser resultado do acaso. Se a probabilidade de que o coeficiente obtido tenha resultado no acaso for muito pequena, podemos ter confiança de que a correlação entre X e Y é maior do que zero. Nestes casos, pressupomos que as duas variáveis compartilham uma certa quantidade de variância comum. Quanto maior e mais estatisticamente significativo for um coeficiente de correlação, maior a quantidade de variância que podemos pressupor entre X e Y. A proporção de variância compartilhada por duas variáveis muitas vezes é estimada elevando-se ao quadrado o coeficiente de correlação (r_{xy}) e obtendo o *coeficiente de determinação*, ou r^2_{xy}. Embora os coeficientes de determinação nos informem quanto da variância de Y pode ser explicada pela variância de X, ou vice-versa, eles não necessariamente indicam que existe uma relação causal entre X e Y.

Gráficos de dispersão

A representação gráfica de dados bivariados na forma de diagramas ou gráficos de dispersão é essencial para visualizarmos o tipo de relação do qual estamos tratando. Os gráficos de dispersão da Figura 2.5 apresentam os padrões de pontos que resultam da representação das distribuições bivariadas da Tabela 2.6. Estas figuras nos permitem literalmente ver a força e a direção da relação entre as duas variáveis de cada conjunto. Podemos ver que em ambas as partes da figura os padrões for-

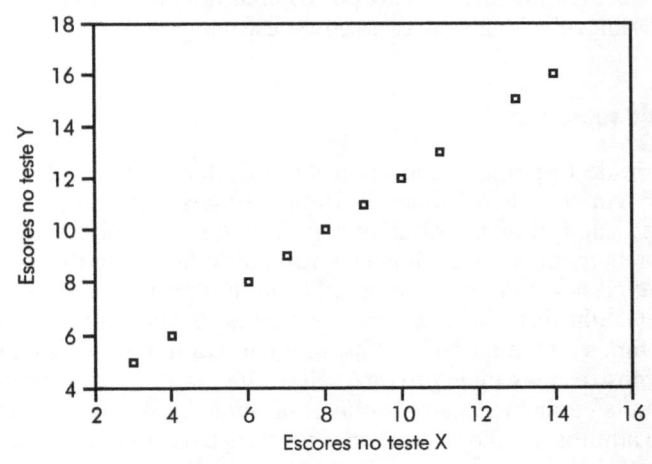

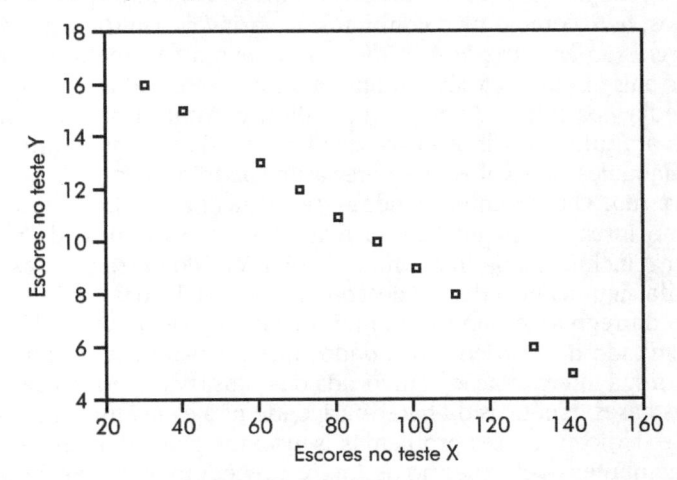

Figura 2.5 Gráficos de dispersão dos dados bivariados da Tabela 2.6.

mam uma linha diagonal reta, indicando que ambas as relações são lineares e fortes (na verdade, estas correlações são perfeitas, o que raramente se vê com dados reais). Uma correlação forte significa que a medida em que os valores de uma variável aumentam ou diminuem existe uma quantidade correspondente de mudança nos valores da outra variável. A direção do padrão de pontos em um gráfico de dispersão indica se as mudanças correspondentes ocorrem na mesma direção ou em direções opostas. No padrão perfeito mostrado na Figura 2.5, Painel A, a relação é invariante: para cada unidade de aumento nos escores do teste X existe um aumento correspondente de uma unidade nos escores do teste Y. Na Figura 2.5, Painel B, vemos outro padrão perfeito invariante: para cada diminuição de 10 unidades no teste X existe um aumento correspondente de uma unidade no teste Y. As relações estão em direções opostas, mas ambas mantêm uma correspondência perfeita em relação a suas respectivas escalas.

A descoberta da regressão

O leitor recorda do Capítulo 1 que Francis Galton fez contribuições significativas para o desenvolvimento da psicometria. Uma das mais importantes foi a descoberta do fenômeno que Galton denominou *regressão*, uma descoberta que resultou de suas tentativas de mapear a semelhança entre pais e filhos em diversas variáveis e produzir evidências de sua natureza hereditária. Em termos da variável da altura, por exemplo, Galton descobriu que os pais que eram mais altos do que a média tendiam a ter filhos que, quando adultos, também eram mais altos do que a média dos pais da amostra, mas mais próximos desta média do que os próprios pais. O inverso também se aplicava aos pais que eram mais baixos do que a média: seus filhos, quando adultos, também tendiam a ser mais baixos do que a média dos pais da amostra de Galton, mas mais próximos desta média do que seus próprios pais. Quando dispôs em gráfico estes dados bivariados de conjuntos pareados de alturas de pais e filhos, bem como outros conjuntos de variáveis, Galton percebeu que este padrão de *regressão em direção à média* continuava a se repetir, ou seja, escores extremos dos pais em uma variável tendiam a estar associados a escores mais próximos da média nos filhos. Além disso, Galton constatou que, se representasse graficamente a altura dos filhos em várias faixas, relativas às alturas médias dos pais dentro daqueles intervalos, ele obteria um padrão linear, o qual denominou *linha de regressão*. Galton compreendeu que a inclinação da linha de regressão representava a força ou magnitude da relação entre as alturas de pais e filhos: quanto maior a inclinação da linha, mais forte a relação entre as duas variáveis.

Apesar da significância de sua descoberta, as conclusões de Galton a respeito do fenômeno da regressão não foram muito precisas (ver Cowles, 2001). Isso foi, em parte, resultado de restrições nos dados que ele usou em suas análises e, em parte, devido à sua interpretação equivocada das causas das correlações entre variáveis. Como as bases genéticas da hereditariedade não estavam claras na época em que Galton se dedicou a estes problemas, seus equívocos na interpretação da regressão são compreensíveis. Mesmo assim, os procedimentos que ele desenvolveu para retratar a relação entre duas variáveis provaram ser extremamente úteis na

Fundamentos da testagem psicológica **73**

avaliação da quantidade de variância compartilhada por elas. Mais importante, a análise de regressão nos forneceu uma base para fazermos *predições* a respeito do valor da variável Y baseados no conhecimento do valor correspondente da variável X, com o qual a variável Y tem um grau conhecido e significativo de correlação. Afinal de contas, sabe-se que se um conjunto de pais é mais alto do que a média, também podemos esperar que seus filhos sejam mais altos do que a média. O próprio Galton criou uma forma de quantificar as relações entre variáveis transformando os valores de cada uma delas em uma escala comum e calculando um índice ou coeficiente numérico que resumisse a força de sua relação. No entanto, foi Karl Pearson, um matemático discípulo de Galton, quem refinou o método e desenvolveu a fórmula mais amplamente usada para o cálculo dos coeficientes de correlação.

COEFICIENTES DE CORRELAÇÃO

Como vimos, o termo *correlação* simplesmente se refere ao grau pelo qual as variáveis estão relacionadas. O grau e a direção da correlação entre variáveis é medido por meio de vários tipos de *coeficientes de correlação*, que são números que podem flutuar entre –1,00 e +1,00. O quadro Consulta Rápida 2.6 lista alguns outros fatos básicos, mas, freqüentemente, mal-compreendidos, a respeito dos coeficientes de correlação em geral.

CONSULTA RÁPIDA 2.6

Três fatos essenciais a respeito da correlação em geral

1. O grau de relação entre duas variáveis é indicado pelo número do coeficiente, enquanto que a direção da relação é indicada pelo sinal.
   Um coeficiente de correlação de –0,80, por exemplo, indica exatamente o mesmo grau de relação que um coeficiente de +0,80. Seja positiva ou negativa, uma correlação é baixa na medida em que seu coeficiente se aproxima de zero. Embora estes fatos possam parecer óbvios, a natureza aparentemente convincente dos sinais negativos muitas vezes faz com que as pessoas os esqueçam.
2. A correlação, mesmo quando alta, não implica causação.
   Se duas variáveis, X e Y, estão correlacionadas, pode ser porque X causa Y, porque Y causa X ou porque uma terceira variável, Z, causa tanto X quanto Y. Este truísmo, também freqüentemente ignorado, e coeficientes de correlação de moderados a altos muitas vezes são citados como se fossem prova de uma relação causal entre as variáveis correlacionadas.
3. Correlações altas nos permitem fazer predições.
   Embora a correlação não implique causação, ela implica uma certa quantidade de variância comum ou compartilhada. O conhecimento do grau em que as coisas variam em relação umas às outras é extremamente útil. Através da análise de regressão, podemos usar dados de correlação relativos a duas ou mais variáveis para derivar equações que nos permitam prever os valores esperados de uma variável dependente (Y), dentro de uma certa margem de erro, a partir dos valores conhecidos de uma ou mais variáveis independentes ($X_1, X_2...X_k$), com as quais a variável dependente está correlacionada.

Ao contrário das chamadas ciências exatas, nas quais a experimentação é um modo típico de proceder, nas ciências comportamentais a capacidade de manipular variáveis muitas vezes é restrita. Por isso, as pesquisas em psicologia se valem de métodos de correlação com muita freqüência. Felizmente, a variedade de delineamentos de pesquisa e métodos de análise que podem ser aplicados aos dados cresceu imensamente com o poder e a disponibilidade dos computadores modernos. Algumas das técnicas hoje consideradas lugares-comuns para a análise simultânea de dados de múltiplas variáveis, como a regressão múltipla e a análise de trilha, são tão sofisticadas que permitem aos psicólogos e outros cientistas sociais fazer algumas inferências a respeito de relações causais com alto grau de confiança.

A técnica estatística a ser usada para computar um coeficiente de correlação depende da natureza das variáveis a serem correlacionadas, dos tipos de escalas usadas para mensurá-las e do padrão de sua relação. Mais uma vez, uma revisão completa destes métodos está além do alcance deste livro. No entanto, o índice mais amplamente usado da quantidade de correlação de duas variáveis merece alguma atenção.

Coeficiente de correlação produto-momento de Pearson

A fórmula básica criada por Karl Pearson para calcular o coeficiente de correlação de dados bivariados de uma amostra é conhecido formalmente como o *coeficiente de correlação produto-momento de Pearson*. A fórmula de definição deste coeficiente, comumente conhecida como r de Pearson, é:

$$r_{xy} = \frac{\sum xy}{Ns_x s_y} \qquad (2.1)$$

onde

r_{xy} = a correlação entre X e Y;
x = o desvio de um escore X da média dos escores X;
y = o desvio de um escore Y correspondente da média dos escores Y;
S xy = a soma de todos os produtos cruzados dos desvios (isto é, a soma dos produtos de cada desvio de x vezes seu desvio de y correspondente);
N = o número de pares no conjunto de dados bivariados;
s_x = o desvio padrão dos escores X;
s_y = o desvio padrão dos escores Y.

Embora a fórmula computacional de escore bruto para o r de Pearson seja mais complicada do que a fórmula de definição, a disponibilidade de programas de computador para calcular coeficientes de correlação torna a fórmula computacional praticamente desnecessária. Por outro lado, a Fórmula (2.1) e a Fórmula (2.2), ainda mais abreviada, são um auxílio considerável na compreensão do significado

Fundamentos da testagem psicológica **75**

do coeficiente de correlação. O quadro Consulta Rápida 2.7 lista a notação básica para a correlação, juntamente com duas versões da fórmula do *r* de Pearson.

CONSULTA RÁPIDA 2.7

Notação básica para a correlação

Variável X	Variável Y
X = Um escore na variável X	Y = Um escore na variável Y
x = X - X̄ = Escore de desvio em X	y = Y - Ȳ = Escore de desvio em Y
S_x = Desvio padrão de X	S_y = Desvio padrão de Y
z_x = Escore padrão na variável X	z_y = Escore padrão na variável Y
$z_x = \dfrac{X - \bar{X}}{S_x}$	$z_y = \dfrac{Y - \bar{Y}}{S_y}$

Fórmulas para o *r* de Pearson:

$$r_{xy} = \frac{\sum xy}{N S_x S_y} \quad \text{Fórmula (2.1), fórmula de definição}$$

$$rx_y = \frac{\sum Z_x Z_y}{N} \quad \text{Fórmula (2.2), fórmula de escore-padrão}$$

onde N = número de observações pareadas de X e Y usadas para calcular *r*.

Coeficiente de determinação = r^2_{xy}

O *r* de Pearson é na verdade a média dos produtos cruzados dos escores padrões das duas variáveis correlacionadas. A fórmula que corporifica esta definição é

$$r_{xy} = \frac{\sum z_x z_y}{N} \qquad (2.2)$$

onde

rx_y = a correlação entre X e Y;
Z_x = os escores padrões da variável X, obtidos dividindo-se cada escore de desvio em X pelo desvio padrão de X;
Z_y = os escores padrões da variável Y, obtidos dividindo-se cada escore de desvio em Y pelo desvio padrão de Y.

Somar os produtos cruzados dos escores z das variáveis X e Y e dividir o resultado pelo número de pares em um conjunto de dados produz uma média que reflete a quantidade de relação entre X e Y, ou seja, o *r* de Pearson.

A Fórmula (2.2) é de interesse no contexto da testagem psicológica, não apenas devido à sua brevidade e base conceitual, mas também porque serve para introduzir a noção de *escores padrões* ou *escores z*, dos quais vamos tratar outra vez no próximo capítulo. O leitor pode ter notado que os valores ao longo da linha de base da curva normal e na Tabela de Áreas da Curva Normal apresentada no Apêndice C são dados em termos de escores z. O motivo para isto é que um escore z representa a distância entre cada valor em uma distribuição e a média desta distribuição, expresso em termos da unidade de desvio padrão para esta distribuição. A fórmula (2.2) de escore padrão para o r de Pearson simplesmente oferece uma forma mais compacta de expressar a relação entre duas variáveis.

Condições necessárias para o uso do r de Pearson

Embora seja de longe o coeficiente de correlação mais usado, o r de Pearson é apropriado apenas para dados que satisfazem certas condições. Depois que Pearson desenvolveu sua fórmula, muitos métodos diferentes foram desenvolvidos para obter coeficientes de correlação para vários tipos de dados bivariados. A derivação do coeficiente de correlação produto-momento de Pearson se assenta nas seguintes premissas:

1. Os pares de observações são independentes entre si.
2. As variáveis a serem correlacionadas são contínuas e medidas em escalas de intervalo ou razão.
3. A relação entre as variáveis é linear, isto é, aproxima-se de um padrão de linha reta, como descrito anteriormente.

Se a primeira e a segunda dessas premissas ou condições são satisfeitas pode ser facilmente determinado a partir do conhecimento sobre a maneira como os dados foram coletados e o tipo de dados em questão. Se os pares de escores ou observações a serem correlacionados forem obtidos independentemente uns dos outros, a primeira premissa foi satisfeita. Se os dados para ambas as variáveis representam quantidades contínuas, a segunda premissa foi satisfeita.

Satisfazer a terceira e mais crítica premissa do r de Pearson requer a inspeção do gráfico de dispersão dos dados bivariados para verificar se a distribuição dos casos se enquadra na forma elíptica indicativa de uma relação linear, representada na Figura 2.6, Painel A. Quando esta premissa é violada, o r de Pearson não é um índice preciso de correlação.

Desvios da linearidade

Para os fins de determinar a aplicabilidade do r de Pearson a um conjunto de dados bivariados, existem dois modos como um gráfico de dispersão pode se desviar da forma elíptica que indica uma relação positiva linear. O primeiro e mais óbvio é se

Fundamentos da testagem psicológica **77**

existe uma inclinação significativa da forma elíptica, como na Figura 2.6, Painéis B e C. Estes desvios indicam que não há mais uma relação linear e, portanto, a relação entre X e Y não é a mesma ao longo de toda a gama de seus valores. A segunda forma como os gráficos de dispersão podem se desviar da elipse que indica uma

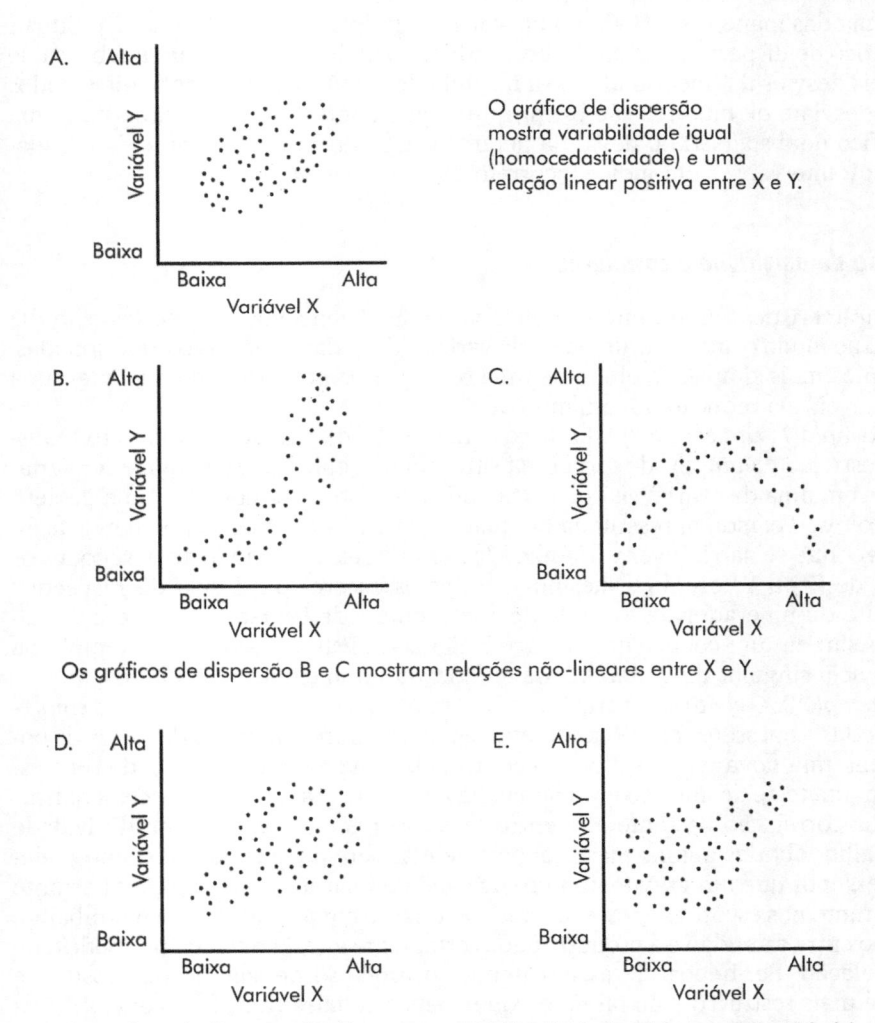

A.

O gráfico de dispersão mostra variabilidade igual (homocedasticidade) e uma relação linear positiva entre X e Y.

B.

C.

Os gráficos de dispersão B e C mostram relações não-lineares entre X e Y.

D.

E.

Os gráficos de dispersão D e E mostram variabilidade desigual (heterocedasticidade); D mostra maior variabilidade na extremidade superior da amplitude, enquanto que E mostra maior variabilidade na extremidade inferior.

Figura 2.6 Gráficos de dispersão ilustrando várias características de dados bivariados.
Nota. Cada ponto marca a localização de um par de observações ou escores em X e Y.

relação linear é uma condição denominada *heterocedasticidade*. Isto simplesmente significa que a dispersão ou variabilidade do gráfico de dispersão não é uniforme ao longo de toda a gama de valores das duas variáveis. Para que se possa usar o coeficiente de correlação r de Pearson, o gráfico de dispersão precisa mostrar uma quantidade bastante uniforme de dispersão, ou *homocedasticidade*, ao longo de toda a amplitude. O gráfico de dispersão da Figura 2.6, Painel A, é homocedástico, enquanto que os Painéis D e E são heterocedásticos.

Uma das maneiras de evitar a aplicação imprópria do r de Pearson é produzir um gráfico de dispersão dos dados bivariados e examinar seu formato em busca de possíveis desvios da linearidade. Se a fórmula do r de Pearson for aplicada a dados que se desviam de uma relação linear reta, seja em termos de inclinação na forma do gráfico de dispersão ou devido à heterocedasticidade, o coeficiente de correlação resultante vai ser um índice incorreto da relação entre X e Y.

Restrição de amplitude e correlação

Uma característica importante e muitas vezes negligenciada do r de Pearson diz respeito ao modo como ele é afetado pela variabilidade das variáveis correlacionadas. Em termos mais simples, o efeito de uma restrição na amplitude de qualquer uma das variáveis é a redução do tamanho de r.

Exemplo 1: Um caso extremo. O caso mais extremo, embora não muito realista, de restrição da amplitude seria uma situação na qual não existe qualquer variabilidade em uma das variáveis correlacionadas. Se consultarmos a fórmula de definição do r de Pearson apresentada no quadro Consulta Rápida 2.7, podemos facilmente ver que se não houver variabilidade nos escores de X ou Y (isto é, se todos os valores de X ou Y forem os mesmos), todos os escores de desvio da respectiva variável e o numerador da fórmula do coeficiente r de Pearson serão zero, resultando assim em um coeficiente de correlação zero. Este é apenas um exemplo da importância singular da variabilidade enfatizada no início deste capítulo.

Exemplo 2: O efeito da restrição de amplitude na testagem de seleção para emprego. Se todas as pessoas que se candidatassem a um grande número de vagas disponíveis em uma nova empresa fossem contratadas, independentemente de seus escores em um teste de aptidão vocacional, haveria uma grande chance de encontrarmos uma correlação bastante alta entre seus escores e medidas de produtividade no trabalho, obtidas alguns meses depois de elas serem contratadas. Como podemos pressupor que um grande número de candidatos iria exibir variações bastante amplas tanto nos escores de testes de aptidão quanto em produtividade no trabalho, a relação entre a aptidão e a produtividade certamente estaria refletida no coeficiente de correlação. Se, depois de algum tempo, o processo de seleção de pessoal se tornasse mais restritivo – de tal modo que apenas aqueles candidatos que obtivessem escores altos no teste de aptidão fossem contratados – o efeito de rede desta mudança seria diminuir a amplitude de capacidades entre os funcionários recém-contratados. Por isso, se um novo coeficiente fosse calculado apenas com os dados dos recém-contratados, o grau de correlação entre os escores no teste de aptidão e a produtividade seriam reduzidos. O diagrama da Figura 2.7 representa a alta cor-

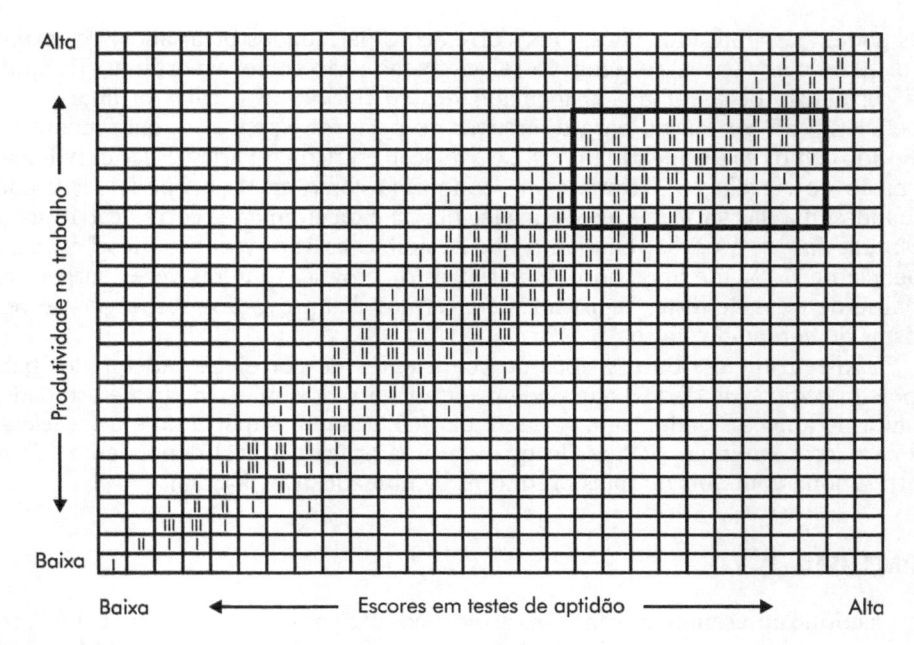

Figura 2.7 Efeito da restrição de amplitude na correlação.

relação positiva entre os escores do teste de aptidão e a produtividade no trabalho que poderia haver entre o grande grupo heterogêneo de pessoas inicialmente contratadas. O pequeno segmento na porção superior direita do diagrama representa a correlação baixa, quase inexistente, que provavelmente se constataria no grupo muito mais restrito dos candidatos mais bem colocados posteriormente contratados.

Assim como a restrição na amplitude de variáveis correlacionadas vai diminuir a correlação entre elas, uma ampla gama de variabilidade nas variáveis correlacionadas vai tender a aumentar o tamanho do coeficiente de correlação obtido e possivelmente superestimar a relação entre as duas variáveis. O fato de que os coeficientes de correlação dependem da variabilidade das amostras dentro das quais são encontrados enfatiza a importância de examinarmos sua composição do ponto de vista de seu ajustamento. Embora algumas correções estatísticas para restrições de amplitude possam ser usadas quando a variabilidade de uma amostra é reduzida, não há substituto para o cuidado em garantir que a variabilidade das amostras dentro das quais os coeficientes são calculados corresponda à variabilidade do grupo ou grupos aos quais as correlações obtidas serão aplicadas.

Outros métodos correlacionais

O r de Pearson pode ser usado em uma ampla gama de casos, desde que as condições necessárias sejam satisfeitas. Quando isso não acontece, outros procedimentos podem ser aplicados para obter correlações para dados bivariados. Por exemplo, quando as variáveis a serem correlacionadas estão em forma ordinal, o método de correlação de escolha – já mencionado em relação às escalas ordinais – é o coeficiente de correlação para diferenças de posto de Spearman, geralmente conhecido como *rho* de Spearman *(rs)*. Se a relação entre duas variáveis for curvilinear, a razão de correlação – comumente conhecida como eta (η) – pode ser usada. Quando uma das variáveis a ser correlacionada é dicotômica, a correlação *bi-serial pontual, ou rp_b*, é usada, enquanto que se ambas as variáveis são dicotômicas, o coeficiente fi (ϕ) é empregado. As variáveis dicotômicas muitas vezes surgem na análise de itens de testes registrados em termos de aprovação-reprovação ou respostas de verdadeiro-falso.

Existem muitos outros tipos de coeficientes de correlação adequados para tipos específicos de dados, que podem ser encontrados em manuais de estatística conforme a necessidade. Uma variante particularmente importante é o *coeficiente de correlação múltipla (R)*, usado quando uma única variável dependente (Y) se correlaciona com dois ou mais preditores combinados ($X_1, X_2...X_k$).

CONCLUSÃO

Este capítulo apresentou os conceitos estatísticos básicos necessários para compreender escores de testes e seu significado. A estatística existe para nos auxiliar a dar sentido aos dados, mas não responde a perguntas. Para isso, precisamos usar nosso julgamento aliado à estatística. Vamos nos deparar novamente com estes conceitos no contexto dos vários aspectos técnicos dos testes – como informações normativas, fidedignidade e validade – que nos permitem avaliar sua qualidade como instrumentos de mensuração psicológica.

Teste a si mesmo

1. Quais das seguintes escalas de mensuração é a única que tem um ponto-zero significativo?

    (a) nominal
    (b) racional
    (c) ordinal
    (d) intervalar

2. Tom e Jerry pontuaram no 60° e 65° percentis, respectivamente, em um teste de habilidade de linguagem. Mary e Martha pontuaram no 90° e 95° percentis, respectivamente, no mesmo teste. Podemos concluir que a diferença entre Tom e Jerry em termos de suas habilidades de linguagem é a mesma que a diferença entre Mary e Martha. Esta afirmação é

    (a) verdadeira
    (b) falsa

3. Em um teste de capacidade cognitiva geral, uma criança de 5 anos obtém um escore de idade mental de 4 anos, e uma criança de 10 anos obtém um escore de idade mental de 9 anos. Se calculássemos seus QIs segundo a fórmula original do QI-razão, o resultado seria o seguinte:

(a) ambas as crianças obteriam o mesmo QI-razão
(b) a criança de 5 anos obteria um QI-razão mais alto
(c) a criança de 10 anos obteria um QI-razão mais alto

4. Na distribuição 2, 2, 2, 2, 3, 3, 3, 8, 11, a média, a mediana e a moda são, respectivamente
   (a) 4, 3 e 2
   (b) 2, 4, e 3
   (c) 3, 4 e 2
   (d) 2, 3 e 4

5. Para a testagem e para muitos outros fins, a quintessência do índice de variabilidade em uma distribuição de escores é
   (a) a soma dos quadrados dos escores de desvio
   (b) a raiz quadrada da variância
   (c) a distância semi-interquartílica

6. Quais das seguintes afirmações a respeito do modelo da curva normal não é verdadeira?
   (a) ela é bilateralmente simétrica
   (b) seus limites se estendem ao infinito
   (c) sua média, mediana e moda coincidem
   (d) ela é multimodal

7. A área de uma distribuição normal entre $+1\sigma$ e -1σ engloba aproximadamente ___ da curva.
   (a) 50%
   (b) 68%
   (c) 95%
   (d) 99%

8. Se a forma da distribuição dos escores obtidos em um teste for significativamente assimétrica, isto significa que o teste é provavelmente ___ para os testandos em questão.
   (a) muito fácil
   (b) muito difícil
   (c) difícil demais ou fácil demais
   (d) correto

9. Quais dos seguintes coeficientes representa o grau mais forte de correlação entre duas variáveis?
   (a) – 0,80
   (b) – 0,20
   (c) + 0,20
   (d) + 0,60

10. Se a amplitude de valores de uma de duas variáveis que são correlacionadas usando o coeficiente de correlação produto-momento de Pearson (r de Pearson) é restrita, o tamanho do coeficiente obtido
    (a) será reduzido
    (b) será aumentado
    (c) não será afetado

Respostas: 1.b; 2.b; 3.c; 4.a; 5.b; 6.d; 7.b; 8.c; 9.a; 10.a.

[capítulo **3**]

FUNDAMENTOS EM
INTERPRETAÇÃO DE ESCORES

Independentemente de quantas funções estatísticas forem usadas na testagem psicológica, na análise final o significado dos escores dos testes deriva dos referenciais que usamos para interpretá-los e do contexto no qual eles são obtidos. Sem dúvida alguma, os escores também precisam ser fidedignos, e os itens dos testes cuidadosamente desenvolvidos e avaliados para que contribuam para o sentido dos escores, questões das quais trataremos nos Capítulos 4 e 6. Neste capítulo, vamos analisar os referenciais para a interpretação de escores, um tópico intimamente relacionado à validade das inferências que podemos fazer a partir dos testes, discutidas mais detalhadamente no Capítulo 5. O contexto no qual a testagem acontece, uma questão de importância central que está relacionada ao processo de seleção e administração dos testes, é discutido no Capítulo final. O quadro Consulta Rápida 3.1 lista três excelentes fontes de informação nas quais muitos tópicos discutidos neste capítulo são abordados mais detalhadamente.

CONSULTA RÁPIDA 3.1

Para informações mais extensas sobre os aspectos técnicos de muitos tópicos discutidos neste capítulo, ver qualquer uma das seguintes fontes:

- Angoff, W. H. (1984). *Scales, norms and equivalent scores*. Princeton, NJ: Educational Testing Service.
- Petersen, N. S., Kolen, M. J., Hoover, H. D. (1989). Scaling, Norming, and equating. In R. L. Linn. (Ed.), *Educational Measurement* (3rd ed., pp. 221-262). New York: American Council on Education/Macmillan.
- Thissen, D., Wainer, H. (Eds.). (2001). *Test scoring*. Mahwah, NJ: Erlbaum.

ESCORES BRUTOS

Um *escore bruto* é um número (X) que resume ou representa alguns aspectos do desempenho de uma pessoa nas amostras de comportamento cuidadosamente selecionadas e observadas que configuram os testes psicológicos. Por si só, um escore bruto não transmite qualquer significado: escores altos podem ser um resultado favorável em teste de habilidade, mas desfavorável em testes que avaliam algum aspecto de psicopatologia. No Inventário Multifásico Minnesota de Personalidade (MMPI), por exemplo, escores elevados geralmente indicam algum tipo de desajustamento, embora escores baixos não necessariamente indiquem bom ajustamento. Mesmo se soubermos em que tipo de teste um escore foi obtido, ainda podemos nos equivocar. Alguns testes de habilidade cognitiva – em particular muitos instrumentos neuropsicológicos – são pontuados em termos de número de erros ou velocidade de desempenho, de modo que quanto mais alto o escore, menos favorável o resultado. Além disso, não podemos sequer saber o quão alto é um escore "alto" sem algum tipo de referencial. Um escore que parece alto – como um QI de 130, por exemplo – pode ter sentidos bastante diferentes dependendo do teste do qual foi derivado, das áreas abordadas pelo teste e da atualização de suas normas, bem como de aspectos específicos da situação na qual o escore foi obtido e de características do testando.

REFERENCIAIS PARA A INTERPRETAÇÃO DE ESCORES

Subjacente a todas as outras questões relativas à interpretação de escores, de uma forma ou de outra, está a questão dos referenciais usados para interpretá-los. Dependendo de seu objetivo, os testes se valem de uma ou ambas das seguintes fontes de informação para derivar referenciais para o seu significado:

1. *Normas*. A *interpretação de testes referenciada em normas* usa padrões baseados no desempenho de grupos específicos de pessoas para fornecer informações para a interpretação de escores. Esse tipo de interpretação de teste é útil primariamente quando precisamos comparar indivíduos ou uns com os outros, ou com um grupo de referência, para avaliar diferenças entre eles nas características medidas pelo teste. O termo *normas* se refere ao desempenho no teste ou ao comportamento típico de um ou mais grupos de referência. As normas geralmente são apresentadas na forma de tabelas com estatísticas descritivas – como médias, desvios padrões e distribuições de freqüência – que resumem o desempenho do grupo ou grupos em questão. Quando as normas são coletadas em testes de desempenho de grupos de pessoas, estes grupos de referência são denominados *amostras normativas* ou *de padronização*. Coletar normas é um aspecto central do processo de padronização de um teste referenciado em normas.

2. *Critérios de desempenho*. Quando a relação entre os itens ou tarefas de um teste e os padrões de desempenho é demonstrável e bem definida, os escores podem ser avaliados através de uma *interpretação referenciada em critérios*. Esse tipo de interpretação faz uso de procedimentos, como amostragem de domínios de conteúdo ou comportamentos relacionados ao trabalho, delineados para avaliar se e em que grau os níveis desejados de competência ou os critérios de desempenho foram satisfeitos.

INTERPRETAÇÃO DE TESTES REFERENCIADA EM NORMAS

As normas são, sem dúvida, o referencial mais amplamente usado para a interpretação de escores de teste. O desempenho de grupos definidos de pessoas é usado como base para a interpretação de escores tanto em testes de habilidade como de personalidade. Quando as normas são o referencial, a pergunta que elas tipicamente respondem é: como o desempenho deste testando se compara ao de outros? O escore em si é usado para localizar o desempenho do testando dentro de uma distribuição preexistente de escores ou dados obtidos a partir do desempenho de um grupo adequado de comparação.

Normas desenvolvimentais

Escalas ordinais baseadas em seqüências comportamentais

O desenvolvimento humano se caracteriza por processos seqüenciais em uma série de campos do comportamento. Um exemplo clássico é a seqüência seguida pelo desenvolvimento motor normal durante a infância. No primeiro ano de vida, a maioria dos bebês progride da posição fetal do nascimento até finalmente o caminhar sozinhos, passando por sentar e ficar de pé. Sempre que uma seqüência universal de desenvolvimento envolve uma progressão ordenada de um estágio comportamental para outro mais avançado, a seqüência em si pode ser convertida em uma escala *ordinal* e usada normativamente. Nesses casos, o referencial para a interpretação de escores deriva da observação de certas uniformidades na ordem e no momento das progressões comportamentais em muitos indivíduos. O pioneiro no desenvolvimento desse tipo de escalas foi Arnold Gesell, um psicólogo e pediatra que publicou as Escalas de Desenvolvimento de Gesell (*Gesell Developmental Schedules*) em 1940, baseado em uma série de estudos longitudinais conduzidos por ele e seus colegas em Yale ao longo de várias décadas (Ames, 1989).

Um exemplo atual de um instrumento que usa escalas ordinais é o Perfil Desenvolvimental Provence do Nascimento aos Três Anos (*Provence Birth-to-Three Developmental Profile*) ("Perfil Provence"), que faz parte da *Infant-Toddler Developmental Assessment* (IDA; Provence, Erikson, Vater e Palmieri, 1995). O IDA é um sistema integrado criado com o objetivo de ajudar na identificação precoce de crianças com risco de problemas de desenvolvimento e possíveis necessidades de monitoramento ou intervenção. Por meio de observações naturalísticas e relatos parentais, o Perfil Provence oferece informações a respeito da adequação temporal com que uma criança atinge marcos evolutivos em oito domínios, em relação à sua idade cronológica. Os domínios evolutivos são: Comportamento Motor Amplo, Comportamento Motor Fino, Relação com Objetos Inanimados, Linguagem/Comunicação, Autonomia *(Self-Help)*, Relação com Pessoas, Emoções e Estados de Sentimento (Afetos) e Comportamento Adaptativo. Para cada um desses domínios, o perfil agrupa itens em faixas etárias que variam de 0 a 42 meses. As faixas etárias podem ser de apenas 2 meses nas idades mais precoces e até 18 meses em alguns domínios em idades mais avançadas, mas a maioria delas varia entre 3 e 6 meses. O número de itens em cada faixa etária também difere, assim como a quantidade de disposições que precisa estar presente ou ser realizada de forma competente para satisfazer os critérios de cada faixa. A Tabela 3.1 lista quatro itens de cada domínio evolutivo do Perfil Provence do IDA. Os escores nos itens em cada faixa etária são somados para se obter uma *idade de desempenho,* que é avaliada em comparação com a *idade cronológica* da criança. As eventuais discrepâncias entre os níveis etários de desempenho e de cronologia podem então ser usadas para determinar a possível presença e o grau de atraso evolutivo da criança.

Escalas ordinais baseadas em teorias

As escalas ordinais podem basear-se em fatores outros que não os da idade cronológica. Diversas teorias, como a dos estágios do desenvolvimento cognitivo da in-

Tabela 3.1 Amostras de itens do Perfil Provence da *Infant-Toddler Developmental Assessment*

Domínio	Faixa etária (em meses)	Item
Comportamento motor amplo	4 a 7	Senta-se sozinho por pouco tempo
	7 a 10	Apóia-se para ficar em pé
	13 a 18	Caminha bem sozinho
	30 a 36	Sobe e desce escadas
Linguagem/comunicação	4 a 7	Ri em voz alta
	7 a 10	Responde ao "não"
	13 a 18	Mostra um sapato quando solicitado
	30 a 36	Conhece rimas ou canções
Autonomia	4 a 7	Recupera o bico ou mamadeira perdidos
	7 a 10	Afasta a mão do adulto
	13 a 18	Alimenta-se parcialmente sozinho com colheres ou dedos
	30 a 36	Calça os sapatos

Fonte: Adaptado de *Infant-Toddler Developmental Assessment (IDA) Administration Manual* por Sally Provence, Joana Erikson, Susan Vater e Saro Palmieri e reproduzido com permissão da editora. Copyright 1995, The Riverside Publishing Company. Todos os direitos reservados.

fância até a adolescência propostas por Jean Piaget ou a teoria de Lawrence Kohlberg do desenvolvimento moral, postulam uma seqüência ou progressão ordenada e invariável derivada pelo menos em parte de observações comportamentais. Algumas destas teorias geraram escalas ordinais delineadas para avaliar o nível atingido por um indivíduo dentro da seqüência proposta, mas estas ferramentas são usadas primariamente para fins de pesquisa e não de avaliação individual. Os exemplos desse tipo de instrumento incluem escalas padronizadas baseadas no delineamento piagetiano da ordem em que as competências cognitivas são adquiridas durante a infância, como as Escalas Ordinais de Desenvolvimento Psicológico, também conhecidas como Escalas de Desenvolvimento Psicológico do Bebê (Užgiris e Hunt, 1975).

Escores de idade mental

A noção de escores de idade mental foi discutida no Capítulo 2 em conexão com o QI-razão das primeiras Escalas de Inteligência Stanford-Binet. Os escores de idade mental derivados destas escalas eram calculados a partir do desempenho da criança, que obtinha créditos em termos de anos e meses dependendo do número de testes dispostos em ordem cronológica que completasse satisfatoriamente. À luz das dificuldades apresentadas por este procedimento, descritas no Capítulo 2, este modo particular de obter escores de idade mental foi abandonado. No entanto, diversos testes atuais ainda oferecem normas que são apresentadas como *escores equivalentes à idade* e se baseiam na média dos escores brutos de desempenho de crianças de diferentes faixas etárias em amostras de padronização.

Os escores equivalentes a idades, também conhecidos como *idades de teste*, simplesmente representam uma forma de equacionar o desempenho do testando com o desempenho médio da faixa etária normativa à qual corresponde. Por exemplo, se o escore bruto de uma criança for igual à média do escore bruto das crianças de 9 anos na amostra normativa, seu escore equivalente à idade no teste será de 9 anos. Apesar desta mudança nos procedimentos usados para se obter escores equivalentes a idades, as desigualdades na taxa de desenvolvimento em diferentes idades continuam a ser um problema quando este tipo de norma etária é usada, porque as diferenças de progressão comportamental que podem ser esperadas a cada ano diminuem muito desde o início da infância até a adolescência e a vida adulta. Se isso não for compreendido, ou se o sentido de uma *idade de teste* for aplicado a outros domínios além daqueles do comportamento específico medido – como acontece, por exemplo, quando um adolescente que obtém um escore de idade de teste de 8 anos é descrito como o que tem "a mente de uma criança de 8 anos" – o uso destes escores pode ser bastante enganoso.

Escores equivalentes a séries escolares

A progressão seqüencial e a relativa uniformidade dos currículos escolares, especialmente na escola fundamental, oferecem outra base para a interpretação de escores em termos de normas evolutivas. Por isso, o desempenho em testes de realização no contexto escolar muitas vezes é descrito com base nas séries escolares. Estes *escores equivalentes a séries* são derivados da localização do desempenho dos testandos dentro das normas dos estudantes de cada série – e frações de séries – na amostra de padronização. Se dizemos, por exemplo, que uma criança pontuou na 7ª série em leitura e na quinta série em aritmética, isto significa que seu desempenho no teste de leitura equivale ao desempenho médio dos alunos da 7ª série na amostra de padronização, e que no teste de aritmética seu desempenho equivale ao de alunos da 5ª série.

Apesar de seu apelo, os escores equivalentes a séries também podem ser enganosos por várias razões. Em primeiro lugar, o conteúdo dos currículos e a qualidade do ensino varia entre as escolas, distritos escolares, estados, etc., e, portanto, os escores equivalentes a séries não oferecem um padrão uniforme. Além disso, o avanço esperado nas primeiras séries escolares em termos de desempenho acadêmico é muito maior do que nas séries mais avançadas do ensino fundamental ou médio, e, por isso, assim como acontece com as unidades de idade mental, uma diferença de um ano em atraso ou aceleração é muito mais significativa nas primeiras séries do que nos últimos anos de escola. Também, se uma criança que está na 4ª série pontua na 7ª série em aritmética, isto não significa que ela dominou a aritmética da 7ª série, mas sim que seu escore está significativamente acima da média para crianças de 4ª série em aritmética. Por fim, os escores equivalentes a séries às vezes são vistos erroneamente como padrões de desempenho que todas as crianças em uma determinada série devem satisfazer, enquanto que simplesmente representam níveis médios de desempenho que – devido à inevitável variabilidade entre os indivíduos – alguns estudantes vão satisfazer, outros não, e outros vão exceder.

Não esqueça

Todas as normas desenvolvimentais são relativas, exceto as que refletem uma seqüência ou progressão comportamental que é *universal* em humanos.

- As *escalas ordinais baseadas em teorias* são mais ou menos úteis dependendo se os pressupostos nos quais se baseiam são sólidos e aplicáveis a um dado segmento de uma população ou à população como um todo.
- As *normas de idade mental* ou *escalas de escores equivalentes a idades* refletem nada mais do que o desempenho médio de certos grupos de testandos de faixas etárias específicas em um determinado momento e local em um teste específico. Estão sujeitas a mudanças temporais, tanto como culturais e subculturais.
- As *normas baseadas em séries escolares* ou *escalas de escores equivalentes a séries* também refletem o desempenho médio de certos grupos de alunos em séries específicas, em um dado momento e local. Também estão sujeitas a variações temporais, bem como curriculares em diferentes escolas, distritos escolares e países.

Normas intragrupo

A maioria dos testes padronizados usa algum tipo de *norma intragrupo*. Essas normas essencialmente oferecem um meio de avaliar o desempenho de uma pessoa em comparação com o de um ou mais grupos de referência apropriados. Para a adequada interpretação referenciada em normas dos escores de teste é necessário compreender os procedimentos numéricos nos quais os escores brutos são transformados na grande variedade de *escores derivados* que são usados para expressar normas intragrupo. Não obstante, é bom ter em mente que todos os tipos de escores revisados nesta seção servem ao simples fim de localizar o desempenho de um testando em uma distribuição normativa. Por isso, a questão mais importante em relação a este referencial diz respeito à constituição exata do grupo ou grupos dos quais as normas são derivadas. A composição da amostra normativa ou padronizada é de importância essencial nesse tipo de interpretação de escore de teste, porque os membros desta amostra determinam o padrão em relação ao qual todos os outros testandos serão medidos.

A amostra normativa

À luz do importante papel do desempenho da amostra normativa, o principal requisito destas amostras é que sejam representativas do tipo de indivíduos para os quais os testes estão voltados. Por exemplo, se um teste vai ser usado para avaliar as habilidades de leitura de alunos do ensino fundamental de 3ª a 5ª série de todo o país, a amostra normativa para o teste deve representar a população nacional de alunos de 3ª, 4ª e 5ª séries em todos os aspectos pertinentes. A constituição demográfica da população nacional em variáveis como gênero, etnia, linguagem, *status* socioeconômico, residência urbana ou rural, distribuição geográfica e matrícula em escolas públicas ou privadas deve estar refletida na amostra normativa para este teste. Além disso, a amostra precisa ser suficientemente grande para garantir a estabilidade dos valores obtidos a partir de seu desempenho.

O tamanho das amostras normativas varia tremendamente dependendo do tipo de teste que está sendo padronizado e da facilidade com que as amostras podem ser reunidas. Por exemplo, testes de habilidade grupal usados no contexto escolar podem ter amostras normativas de dezenas ou até mesmo centenas de milhares, enquanto que testes individuais de inteligência, administrados a uma única pessoa de cada vez por examinadores altamente treinados, são normatizados com amostras muito menores – tipicamente formadas por 1 a 3 mil indivíduos – obtidas da população geral. Testes que requerem amostras especializadas, como membros de um certo grupo ocupacional, podem ter amostras normativas até menores. O fato de as informações normativas serem recentes também é importante se os testandos tiverem que ser comparados com padrões contemporâneos, como costuma acontecer.

Os fatores relevantes a serem considerados na constituição da amostra normativa variam dependendo do objetivo do teste e da população na qual será usado. No caso de um teste delineado para detectar comprometimentos cognitivos em adultos mais velhos, por exemplo, variáveis como estado de saúde, situação de moradia independente *versus* institucional e uso de medicações seriam pertinentes, além das variáveis demográficas de gênero, idade, etnia, etc. O quadro Consulta Rápida 3.2 lista algumas das perguntas mais comuns que os usuários de testes devem se fazer a respeito da amostra normativa quando estão no processo de avaliar a adequação de um teste para seus objetivos.

Os grupos de referência podem ser definidos em um contínuo de amplitude ou especificidade, dependendo do tipo de comparação que os usuários do teste precisam fazer para avaliar seus escores. Em um extremo, o grupo de referência pode ser a população geral de um país inteiro ou mesmo uma população multinacional. No outro extremo, os grupos de referência podem se originar de populações definidas de forma restrita em termos de *status* ou contexto.

CONSULTA RÁPIDA 3.2

Informações necessárias para avaliar a aplicabilidade de uma amostra normativa

Para avaliarmos a adequação de um teste referenciado em normas para um objetivo específico, os usuários do teste precisam ter o maior número possível de informações a respeito da amostra normativa, incluindo respostas para perguntas como:

- Qual o tamanho da amostra normativa?
- Quando a amostra foi montada?
- Onde a amostra foi reunida?
- Como os indivíduos foram identificados e selecionados para a amostra?
- Quem testou a amostra?
- Como o examinador ou examinadores se qualificaram para a testagem?
- Qual era a composição da amostra normativa em termos de
  idade?
  sexo?
  etnia, raça ou origem lingüística?
  escolaridade?
  status socioeconômico?
  distribuição geográfica?
  qualquer outra variável pertinente, como estado de saúde física e mental ou afiliação a um grupo atípico, que possa influenciar o desempenho no teste?

Os usuários de testes somente podem avaliar a adequação de um teste referenciado em normas para seus objetivos específicos, quando as perguntas a essas questões forem fornecidas pelo manual do teste ou por documentos relacionados.

Normas de subgrupo. Quando amostras grandes são coletadas para representar populações amplamente definidas, as normas podem ser relatadas no agregado ou podem ser separadas em *normas de subgrupo.* Desde que tenham tamanho suficien-

Fundamentos da testagem psicológica **91**

Advertência

Embora os três termos muitas vezes sejam usados de forma equivalente – neste e em outros textos – e possam efetivamente se referir ao mesmo grupo, estritamente falando o significado preciso de *amostra de padronização*, *amostra normativa* e *grupo de referência* é um tanto diferente:

- A *amostra de padronização* é o grupo de indivíduos com o qual o teste é originalmente padronizado tanto em termos de procedimentos de administração e pontuação, como no de desenvolvimento de normas. Os dados para este grupo geralmente são apresentados no manual que acompanha o teste em sua publicação.
- A *amostra normativa* muitas vezes é usada como sinônimo de amostra de padronização, mas pode se referir a qualquer grupo a partir do qual as normas são coletadas. Normas adicionais para um teste, coletadas após sua publicação, para uso com um subgrupo distinto, podem aparecer na literatura periódica ou manuais técnicos publicados posteriormente. Ver, por exemplo, o estudo sobre americanos idosos feito por Ivnik e seus colegas (1992) na Clínica Mayo, no qual foram coletados dados para viabilizar normas para pessoas com idade superior à da faixa etária mais alta da amostra de padronização da Escala de Inteligência Wechsler para Adultos – Versão Revisada (WAIS-R).
- O *grupo de referência*, em contraposição, é um termo usado de forma menos estrita para identificar qualquer grupo de pessoas com o qual os escores de um teste são comparados. Pode ser aplicado ao grupo de padronização, a uma amostra normativa desenvolvida subseqüentemente, a um grupo testado para fins de desenvolvimento de normas locais ou qualquer outro, como os alunos de uma única turma ou os participantes de um estudo de pesquisa.

---

te – e sejam suficientemente representativos de suas categorias – os subgrupos podem ser formados em termos de idade, sexo, ocupação, etnia, escolaridade ou qualquer outra variável que possa ter um impacto significativo nos escores de um teste ou produzir comparações de interesse. As normas de subgrupo também podem ser coletadas depois que o teste foi padronizado e publicado para complementar e expandir sua aplicabilidade. Por exemplo, antes do MMPI ser revisado para a criação do MMPI-2 e se criar um formulário separado para adolescentes (MMPI-A), os usuários do teste original – que havia sido normatizado exclusivamente com adultos – desenvolveram normas especiais de subgrupo para adolescentes em várias faixas etárias (ver, p. ex., Archer 1987).

Normas locais. Por outro lado, existem algumas situações nas quais os usuários de testes desejam avaliar os escores a partir de grupos de referência derivados de um contexto geográfico ou institucional específico. Nestes casos, podem optar por desenvolver um conjunto de normas locais para membros de uma população definida de forma mais estrita, como os funcionários de uma empresa, em particular, ou os alunos de uma certa universidade. Normas locais podem ser usadas para avaliar o desempenho de alunos ou empregados dentro de um determinado contexto ou para se tomarem decisões a respeito de candidatos a cursos ou empregos levando em conta os padrões de uma certa empresa ou instituição.

Normas de conveniência. Ocasionalmente, por questões de conveniência ou limitações financeiras, os criadores de testes usam normas baseadas em um grupo de pessoas que simplesmente está disponível no momento em que o teste está sendo construído. Estas *normas de conveniência* têm uso limitado porque não são representativas de qualquer população definida, e sim, muitas vezes, compostas de indivíduos que podem ser facilmente acessados pelos criadores do teste, como os alunos de uma turma universitária ou os residentes de um asilo de idosos, em particular. Em casos como esses, a natureza da amostra normativa deve ser explicitada para os potenciais usuários do teste.

Escores usados para expressar normas intragrupo

Percentis

Os escores de postos de percentil, já discutidos no Capítulo 2, são o método mais direto e disseminado para transmitir resultados de testes referenciados em normas. Suas principais vantagens são a facilidade de compreensão pelos testandos e a aplicabilidade à maioria dos testes e populações. Um *escore de percentil* indica a posição relativa de um testando comparada a um grupo de referência, como a amostra de padronização; especificamente, representa a percentagem de pessoas no grupo de referência que teve escore igual ou inferior a um determinado escore bruto. Assim, escores de percentil mais altos indicam escores brutos mais altos naquilo que está sendo medido pelo teste. O 50º percentil (P_{50}), ou mediana, corresponde ao ponto de escore bruto que separa as metades inferior e superior da distribuição de escores do grupo de referência. Em uma distribuição normal, o 50º percentil também é o nível médio de desempenho do grupo.

Uma outra vantagem dos escores de postos de percentil se revela quando existe mais de um grupo normativo para o mesmo teste ou quando os grupos normativos são subdivididos em categorias como gênero, idade ou etnia. Quando estão disponíveis normas adicionais, um escore bruto pode ser localizado dentro das distribuições de dois ou mais grupos ou subgrupos diferentes e facilmente con-

---

Advertência

Devido à semelhança dos dois termos, os escores de percentil muitas vezes são confundidos com escores percentuais. Estes dois tipos de escores na verdade são bastante diferentes e usam referenciais inteiramente distintos:

- Os *percentis* são escores que refletem o posto ou posição do desempenho de um indivíduo em um teste em comparação a um grupo de referência; seu referencial são as outras pessoas.
- Os *escores percentuais* refletem o número de respostas corretas que um indivíduo obtém em meio ao número total possível em um teste; seu referencial é o conteúdo do teste como um todo.

Uma forma de evitar confusão é adquirir o hábito de usar o símbolo de percentagem (%) estritamente para escores de percentuais, e usar uma abreviação diferente, como PR ou %'il, para designar escores de percentil.

vertido em postos de percentil. Por exemplo, escores de inventários de interesses para vários grupos ocupacionais muitas vezes são relatados para homens e mulheres como normas separadas por sexo, para que os testandos possam ver suas posições em um determinado interesse e escala ocupacional comparadas a ambos os grupos. Esta informação é particularmente útil para aqueles que estão considerando uma ocupação significativamente segregada por questões de gênero, como engenharia ou enfermagem. A separação das normas permite aos indivíduos medirem a força relativa de seus interesses expressos em comparação com membros de ambos os sexos.

Se os escores fossem distribuídos uniformemente ao longo de sua amplitude, resultando em um polígono de freqüência retangular, os percentis provavelmente seriam os escores de escolha de quase todas as situações. No entanto, como vemos na Figura 2.2 e na Figura 3.1 mais adiante neste capítulo, em uma distribuição normal a maioria dos escores tende a se agrupar em torno de um valor central e se dispersar mais nas extremidades. Este fato, que também se aplica a muitas distribuições não-normais, significa que as unidades de escores de percentil em geral são acentuadamente desiguais em diferentes pontos da amplitude. Em uma distribuição normal ou quase normal, como a obtida na maioria dos testes, a percentagem de pessoas que obtem escores próximos do meio é muito maior do que a das extremidades. Por isso, qualquer diferença nas unidades de escore de postos de percentil amplia a discrepância aparente no desempenho relativo dos indivíduos cujos escores estão na faixa central e comprime a extensão aparente da diferença no desempenho relativo dos indivíduos nas extremidades superior e inferior das distribuições.

Outra desvantagem dos escores de postos de percentil diz respeito àqueles mais extremos de uma distribuição. Com certeza, para qualquer grupo normativo sempre existe um escore mais alto e um mais baixo. Desde que sejam interpretados estritamente em referência a uma amostra normativa específica, pode-se dizer que o escore mais alto está no 100º percentil, porque todos os casos são iguais ou inferiores a este escore. Tecnicamente, poderíamos até mesmo descrever o escore abaixo do mais baixo obtido por todos em uma amostra específica como o percentil zero, embora isto não aconteça normalmente. Em termos da população mais ampla que a amostra normativa representa, no entanto, a interpretação destes escores é problemática.

Teto de teste e solo de teste. A questão de como acomodar indivíduos nas extremidades superior e inferior do espectro de habilidade para a qual um teste é aplicado é muito relevante no contexto do desenvolvimento de testes, discutido no Capítulo 6. Não obstante, neste ponto é importante observarmos que os indivíduos empregados na padronização de um teste efetivamente determinam os limites inferior e superior do desempenho no mesmo. Se um testando alcança o escore mais alto obtenível em um teste já padronizado, isto significa que o *teto do teste*, ou seu nível máximo de dificuldade, é insuficiente: não se pode saber quão mais alto poderia ter sido o escore do testando se houvesse itens adicionais ou mais dificultosos. Da mesma forma, se uma pessoa é reprovada em todos os itens apresentados em um teste ou tem escore mais baixo do que qualquer uma das pessoas da amostra

> **Pondo em prática**
>
> **Usando escores de postos de percentil: A desvantagem das unidades desiguais**
>
> O subteste de Vocabulário da Escala de Inteligência Wechsler para Adultos – Terceira Edição (WAIS-III), um teste para indivíduos entre 16 e 89 anos, consiste em 33 palavras. Cada definição de palavra pode resultar em um escore de 0, 1 ou 2. Assim, os escores brutos do subteste podem variar entre 0 e 66, dependendo da qualidade das respostas.
>
> O manual do WAIS-III (Wechsler, 1997) exibe o desempenho das amostras de padronização em tabelas para várias faixas etárias. Para indivíduos entre 45 e 54 anos de idade, a tabela mostra que escores brutos variando de 45 a 48 pontos estão localizados no 50º percentil, e escores brutos de 49 a 51 pontos estão no 63º percentil. Em contraste, escores brutos entre 15 e 19 pontos estão no 2º percentil, e aqueles entre 20 e 24 pontos estão no 5º percentil.
>
> *Isso enfatiza claramente o problema da desigualdade de unidades de escores de percentil:* Para pessoas na faixa etária de 45 a 54 anos, uma diferença de apenas 6 pontos (45 a 51) na metade da distribuição dos escores brutos resulta em uma diferença de 13 unidades de postos de percentil (do 50º ao 63º percentil), enquanto que uma diferença de escore bruto de 9 pontos (de 15 para 24) na extremidade inferior da faixa resulta em uma diferença de apenas 3 unidades de postos de percentil (do 2º ao 5º percentil).

normativa, o problema é de *solo de teste* insuficiente. Nesses casos, os indivíduos em questão não foram adequadamente testados.

Escores padrões

Uma forma de contornar o problema da desigualdade das unidades de percentil, e ainda assim transmitir o sentido dos escores de teste em relação a um grupo normativo ou de referência, é transformar os escores brutos em escalas que expressem a posição dos escores em relação à média em unidades de desvio padrão. Isso pode ser feito por meio de transformações lineares simples. Uma *transformação linear* altera as unidades nas quais os escores são expressos, ao mesmo tempo que deixa inalteradas as inter-relações entre eles. Em outras palavras, o formato da distribuição dos escores de uma escala derivada linearmente para um determinado grupo de testandos é o mesmo que o da distribuição original dos escores brutos. Uma grande vantagem desse procedimento é que normalmente os escores distribuídos de testes com média, desvio padrão e amplitude de escores diferentes podem

> **Advertência**
>
> Assim como nos capítulos anteriores, as fórmulas e os procedimentos estatísticos apresentados aqui são os *essencialmente* necessários para uma compreensão básica das transformações de escore. Embora as operações estatísticas descritas neste livro possam ser e sejam realizadas rotineiramente por programas de computador como o SPSS ou o SAS, as fórmulas e os passos envolvidos devem ser compreendidos de modo a se obter um entendimento básico do sentido de vários escores.

Fundamentos da testagem psicológica **95**

ser comparados de forma significativa depois de serem transformados linearmente em uma escala comum, desde que seja usado o mesmo grupo de referência.

A primeira transformação linear realizada em escores brutos é convertê-los em desvios do escore padrão, ou escores z. Um escore z (ver Apêndice C) expressa a distância entre um escore bruto e a média do grupo de referência em termos do seu desvio padrão. Vamos recordar que a média e o desvio padrão dos escores z são 0 e 1, respectivamente, e que a distribuição dos escores z é bilateralmente simétrica, com metade dos casos em cada lado da média. A posição dos escores z relativa à média é indicada pelo uso de um sinal positivo (ou nenhum sinal) para os escores z que estão acima da média e um sinal negativo para os que estão abaixo dela. Por isso, o sinal de um escore z indica a direção na qual este se desvia da média de um grupo, enquanto que seu valor reflete a distância entre o escore e a média em unidades de desvio padrão. Por exemplo, um escore z de +1,25 indica que o escore bruto original está 1¼ unidade de desvio padrão acima da média do grupo, enquanto que um escore bruto que fica ¾ de unidade de desvio padrão abaixo da média se converte em um escore z de 0,75. Se a distribuição dos escores para a amostra de referência for normal, os escores z podem ser facilmente transformados em percentis consultando-se a Tabela de Áreas da Curva Normal apresentada e explicada no Apêndice C.

O quadro Consulta Rápida 3.3 mostra as formas de transformação linear utilizadas para derivar escores z de escores brutos e transformá-los em outros tipos de escores padrões. Como a transformação de escores brutos em escores z geralmente é a primeira no processo de transformações, os escores z são considerados o tipo mais básico de escore padrão, e muitas vezes são identificados simplesmente como escores padrões. Isso também os distingue de outros tipos familiares de escores

---

CONSULTA RÁPIDA 3.3

Fórmula para transformar escores brutos em escores z:

$$z = \frac{X - \bar{X}}{DP_x}$$

onde

X = Escore bruto
$\bar{X}$ = Média do grupo de referência
DP_x = Desvio padrão (DP) do grupo de referência

Fórmula para transformar escores z em outros escores padrões derivados:

Novo escore padrão = (Escore z)(Novo DP) + Nova média

Exemplo: Para transformar um escore z de +1,00 em um escore de QI como M = 100 e DP = 15,

Escore de QI = (+1,00)(15) + 100 = 115

derivados ou padrão, como os QIs, que se tornaram associados a testes específicos e dos quais trataremos a seguir.

Sistemas adicionais para derivação de escores padrões. Embora os escores z nos permitam saber imediatamente a magnitude e a direção da diferença entre qualquer escore e a média de sua distribuição, eles envolvem valores negativos e decimais. Por isso, geralmente sofrem outras transformações lineares. O objetivo dos sistemas de escore padrão que resultam destas transformações subseqüentes é simplesmente expressar os resultados de teste de forma mais conveniente.

Os números escolhidos como médias e desvios padrões para transformar os escores z em vários outros formatos de escore padrão são arbitrários. No entanto, em virtude de seu uso freqüente nos contextos em que são empregados, esses formatos de escore se tornaram familiares e adquiriram certos significados comumente compreendidos – que podem nem sempre ser justificados – por aqueles que os utilizam. A Figura 3.1 mostra a curva normal com as linhas de base para percentis, escores z e os seguintes sistemas de escore padrão de uso disseminado:

- *Escores-T* ($M = 50$, $DP = 10$), usados em muitos inventários de personalidade, como o Inventário Multifásico Minnesota de Personalidade (MMPI) e o Inventário Psicológico da Califórnia (CPI; *California Psychological Inventory*).
- *Escores da Junta de Seleção para Admissão Universitária (CEBB, College Entrance Examination Board* ($M = 500$, $DP = 100$), usado pelo SAT da Junta Universitária e pelo Serviço de Testagem Educacional para muitos programas de testagem na admissão em escolas técnicas e de graduação, como o *Graduate Record Exam* (GRE).
- *Escores de subtestes das escalas Wechsler* ($M = 10$, $DP = 3$), usados para todos os subtestes das escalas Wechsler, bem como para os subtestes de vários outros instrumentos.
- *QIs de desvio da escala Wechsler* ($M = $ C, $DP = 15$), usados para os escores resumidos de todas as escalas Wechsler e outros testes, incluindo muitos que não denominam seus escores "QI".
- *Índices de Habilidade Escolar Otis-Lennon* ($M = 100$, $DP = 16$), usados no Teste de Habilidade Escolar Otis Lennon (OLSAT, *Otis-Lennon School Ability Test*), que é o título atual da série de testes grupais que começou com a Escala Grupal de Inteligência Otis.

Os índices OLSAT estão incluídos na Figura 3.1, como exemplo de um sistema de escore padrão com média de 100 e desvio padrão diferente de 15, para ilustrar a arbitrariedade da escolha de unidades nos sistemas de escore padrão. Embora a maioria dos sistemas que usa média de 100 opte por 15 como desvio padrão, existem alguns que usam outros desvios padrões, como 12 ou 18. Estas escolhas alternativas podem fazer uma diferença significativa na interpretação dos escores. Por exemplo, se dois testes de distribuição normal – ambos com média 100 – têm desvios padrões de 12 e 15, respectivamente, um escore padrão de 112 no primei-

Pondo em prática

Transformando escores brutos em escores z

1. Suponha que todos os alunos de uma turma de 8ª série foram submetidos a testes de desempenho em estudos sociais, gramática e matemática. Os escores da turma nos três testes tiveram *distribuição normal*, mas os testes apresentaram as seguintes diferenças:

	Número total de itens	Média	DP
Teste de estudos sociais	50	35	5
Teste de gramática	20	15	3
Teste de matemática	100	70	10

2. Suponha também que você tem motivos para desejar comparar os escores de três alunos da turma uns com os outros e com a turma toda. Os três alunos em questão – Alfred, Beth e Carmen – tiveram os seguintes escores:

	Escores brutos		
	Alfred	Beth	Carmen
Teste de estudos sociais	49	38	48
Teste de gramática	15	12	18
Teste de matemática	68	95	75

3. Estes escores não podem ser comparados entre os testes, nem se pode tirar sua média, porque estão em escalas diferentes. Para comparar os escores, mesmo em um único teste, devemos consultar as médias, desvios padrões (DPs) e número de itens de cada teste. Uma forma mais fácil de compará-los é converter os escores brutos em escores z – subtraindo a média do teste respectivo de cada escore bruto e dividindo o resultado pelos desvios padrões correspondentes, como é mostrado na Fórmula do quadro Consulta Rápida 3.3 –, com os seguintes resultados:

	Escores z		
	Alfred	Beth	Carmen
Teste de estudos sociais	+2,80	+0,60	+2,60
Teste de gramática	0,00	-1,00	1+1,00
Teste de matemática	-0,20	+2,50	+0,50
Nota média	+0,87	+0,70	+1,37

4. As transformações lineares dos escores brutos em escores z nos permitem tirar a média das três notas para cada aluno e comparar o desempenho dos alunos em todos os testes entre si e com a classe toda. Além disso, uma vez que supomos distribuições normais para todos os testes, podemos usar a tabela do Apêndice C para traduzir cada escore z em um escore de postos de percentil.

ro teste vai se transformar em um escore z de +1,00 e ficar no 84º percentil, enquanto que no segundo teste um escore padrão de 112 vai se transformar em um escore z de +0,80 e se localizar apenas no 79º percentil.

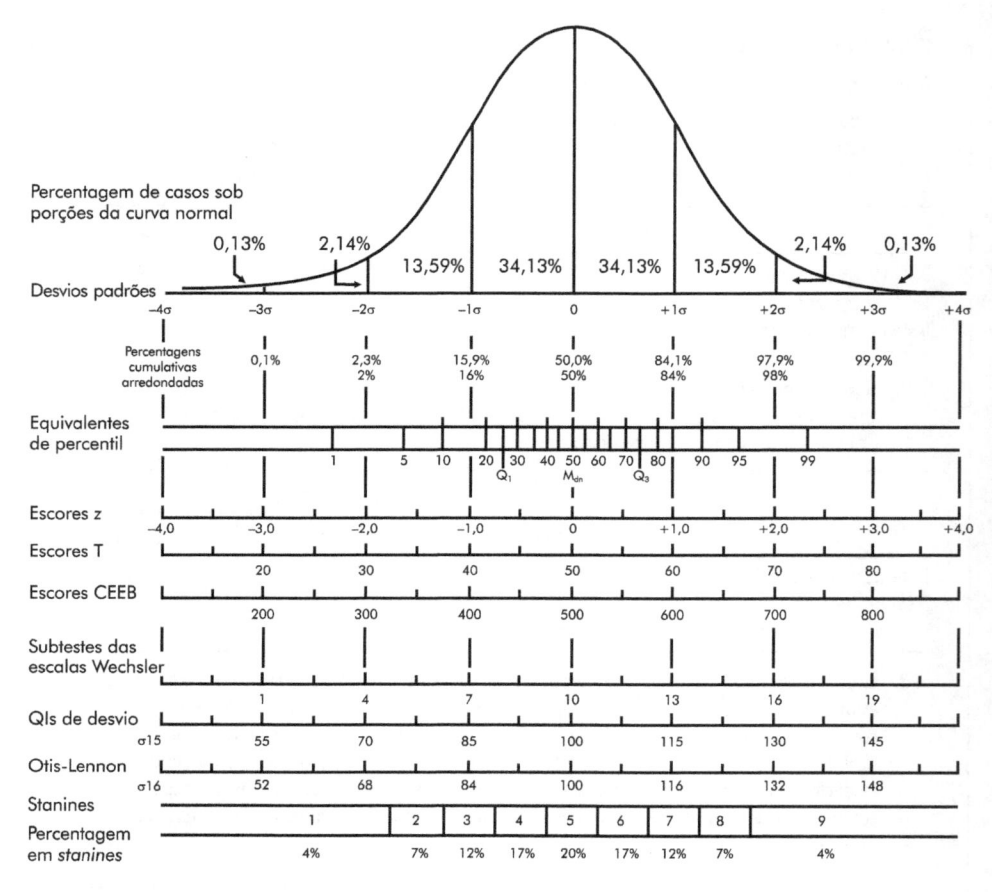

Figura 3.1 A curva normal, percentis e escores padrões selecionados.
Nota: Adaptado de *Test Service Notebook # 148* de The Psychological Corporation

Uma observação sobre QIs de desvio. Os escores conhecidos como *QIs de desvio* foram introduzidos por David Wechsler em 1939 para serem usados com sua primeira escala de inteligência, a Wechsler Bellevue I, que mais tarde se transformou na Escala de Inteligência Wechsler para Adultos (WAIS). Estes escores passaram a ser mais amplamente usados depois que a primeira edição da Escala de Inteligência Wechsler para Crianças (WISC) foi publicada em 1949, e são chamados de *QIs de desvio* para diferenciá-los dos *QIs-razão*, originais usados na Stanford-Binet e outras escalas. Os QIs de desvio são obtidos somando-se os escores de escala que o testando obtém em vários testes e localizando esta soma na tabela normativa apropriada, em vez de se usar a fórmula IM / IC x 100.

A escala de escores do tipo QI de Wechsler foi adotada por muitos outros criadores de testes para expressar os escores totais de vários instrumentos, incluindo a edição mais recente da Stanford-Binet, que usa 15 como unidade de desvio

Pondo em prática

Transformando escores z em diferentes escores padrões

1. Para ilustrar a conversão de escores z em diferentes tipos de sistemas de escore padrão, retornamos ao exemplo anterior dos três alunos de uma turma de 8ª série cujos escores z em três testes de distribuição normal foram os seguintes:

	Escores z		
	Alfred	Beth	Carmen
Teste de estudos sociais	+2,80	+0,60	+2,60
Teste de gramática	0,00	-1,00	+1,00
Teste de matemática	-0,20	+2,50	+0,50

2. Para transformar estes escores z em uma escala mais conveniente, aplicamos a fórmula para convertê-los em escores padrões, apresentada no quadro Consulta Rápida 3.3:

> Novo escore padrão = (Escore z)(Novo DP) + Nova média

3. Usando as médias e desvios padrões apropriados para cada sistema, obtemos os seguintes escores:

	Alfred	Beth	Carmen
Escores T ($M = 50$, $DP = 10$)			
Teste de estudos sociais	78	56	76
Teste de gramática	50	40	60
Teste de matemática	48	75	55
Escores do tipo CEEB ($M = 500$, $DP = 100$)			
Teste de estudos sociais	780	560	760
Teste de gramática	500	400	600
Teste de matemática	480	750	550
QIs da escala Wechsler ($M = 100$, $DP = 15$)			
Teste de estudos sociais	142	109	139
Teste de gramática	100	85	115
Teste de matemática	97	138	108

4. Observe que, como essas são transformações lineares, os escores permanecem exatamente nas mesmas posições em relação uns aos outros, independentemente das diferenças de unidade. Isso pode ser observado mais claramente na relação entre os escores T e os escores CEEB, já que a média e o desvio padrão do CEEB são iguais à média e o desvio padrão do escore T vezes 10; portanto, em nosso exemplo, cada escore CEEB equivale ao escore T correspondente vezes 10.

padrão em vez do desvio padrão original de 16. Entre a variedade de testes que emprega escores padrões com média de 100 e desvio padrão de 15 estão todos os principais instrumentos delineados para avaliar o funcionamento cognitivo geral, como a série de testes Kaufman (*Kaufman-Assessment Battery for Children*, *Kaufman Adolescent and Adult Intelligence Test*, etc), as Escalas de Habilidade Diferencial, o Sistema de Avaliação Cognitiva Das-Naglieri e muitos outros. Embora usem o mesmo tipo de unidade para seus escores globais ou resumidos que os testes Wechsler, todos estes testes mais recentes descartaram o uso do termo QI para designar seus escores. Esta é uma manobra sensata, porque os chamados QIs de desvio *não* são quocientes. Além disso, como pode se notar nos títulos de alguns instrumentos mais novos, os autores dos testes estão abandonando o uso da palavra *inteligência* para designar o constructo avaliado por seus testes, em favor de outros termos mais neutros.

Transformações não-lineares

Nem todas as transformações de escore são lineares. As *transformações não-lineares* são aquelas que convertem uma distribuição de escore bruto em uma distribuição com um formato diferente do da original. Isso pode ser feito por meio de métodos que permitem ao criador de testes maior flexibilidade ao lidar com distribuições de escores brutos do que com as conversões lineares. Embora algumas transformações não-lineares de escores envolvam operações complexas que estão muito além do âmbito deste livro, outras são simples. Por exemplo, a transformação de escores brutos de distribuição normal em escores de postos de percentil, que já consideramos, é uma conversão não-linear. Ela é feita transformando-se cada escore bruto em um escore z e localizando o escore z na Tabela de Áreas da Curva Normal para derivar a proporção ou percentagem da área da curva normal que está abaixo daquele ponto. Nesta seção, discutiremos outros dois tipos muito usados de escores padrões derivados não-linearmente.

Escores padrões normalizados são usados quando uma distribuição de escores se aproxima da distribuição normal mas não chega a se igualar a ela. Para normalizar escores, primeiramente é necessário encontrar a percentagem de pessoas na amostra de referência que se localiza exatamente em cada escore bruto ou abaixo dele (ver, p. ex., a coluna de Percentagem Cumulativa [PC] para a distribuição de 60 escores na Tabela 2.3). A seguir, as percentagens são convertidas em proporções. Essas proporções são então localizadas na Tabela de Áreas da Curva Normal para se obter os escores z correspondentes àquelas áreas (ver Apêndice C). Os escores padrões derivados dessa forma são indistinguíveis daqueles obtidos com a fórmula da transformação linear, mas sempre devem ser identificados como escores padrões normalizados a fim de alertar o usuário do teste para o fato de que tiveram origem em uma distribuição que não era normal. Depois que os escores padrões normalizados são obtidos, podem ser transformados em qualquer um dos outros sistemas de escore padrão convenientes que já discutimos, como os escores T, QIs de desvio ou escores CEEB, usando-se o mesmo procedimento empregado para os escores z linearmente derivados descritos no quadro Consulta Rápida 3.3.

As estaninas foram criadas originalmente pela Força Aérea Americana durante a Segunda Guerra Mundial. A escala do *"standard nine"* (padrão nove), ou estanina, transforma todos os escores de uma distribuição em números de um único dígito de 1 a 9. Este artifício tem a vantagem distinta de reduzir o tempo e o esforço necessários para se digitar os escores no computador para armazenamento e processamento. As transformações para estanina também fazem uso de distribuições de freqüência cumulativa e percentagem cumulativa como as da Tabela 2.3; os escores estanina são alocados a partir da percentagem de casos em faixas de escore determinadas. A Tabela 3.2, Parte A, mostra as percentagens da curva normal dentro de cada unidade de estanina e as percentagens cumulativas usadas para converter escores brutos em estaninas. A Parte B contém alguns exemplos de transformações para estaninas usando alguns escores da Tabela 2.3. A Figura 3.1 mostra a posição dos escores estaninas dentro da curva normal. Como pode ser visto na figura, o estanina 5 engloba os 20% do meio dos escores. A média da escala de estanina é 5 e seu desvio padrão é aproximadamente 2. Embora a escala

---

Pondo em prática

Escores padrões normalizados

Para demonstrar o processo de normalização dos escores de uma distribuição que não se conforma à curva normal, mas se aproxima dela, podemos usar cinco dos escores brutos da distribuição de 60 escores de teste apresentada na Tabela 2.3 do Capítulo 2.
Os escores brutos selecionados arbitrariamente para este exercício são 49, 40, 39, 36 e 29.
Os passos envolvidos nesta conversão são os seguintes:

| Escore bruto → Percentagem cumulativa (PC) → Proporção cumulativa (pc) → Escore z normalizado |

1. O escore bruto e a percentagem cumulativa são localizados na distribuição.
2. A proporção cumulativa é a percentagem cumulativa dividida por 100.
3. Um escore z *normalizado* é obtido na Tabela de Áreas da Curva Normal do Apêndice C encontrando-se a proporção da área da curva que mais se aproxima da proporção cumulativa para um determinado escore. Para escores com proporções cumulativas acima de 0,50, as áreas da porção maior – da coluna (3) da tabela – devem ser usadas para obter os escores z normalizados, que vão portar um sinal negativo. Para escores com proporções cumulativas abaixo de 0,50, as áreas da porção menor – da coluna (4) da tabela – devem ser usadas, e os escores z normalizados resultantes vão ter sinais negativos.
4. Esses procedimentos produzem os seguintes resultados:

Escore bruto	% Cumulativa	cp	Escore z normalizado[a]
49	98,3	0,983	+2,12
40	53,3	0,533	+0,08
39	45,0	0,450	–0,13
36	23,3	0,233	–0,73
29	1,7	0,017	–2,12

[a]Os escores padrões normalizados têm o mesmo significado que os escores padrões derivados linearmente, em termos da posição dos escores brutos originais que representam, em relação a suas distribuições. Eles podem ser transformados em vários outros sistemas de escore padrão, mas sempre devem ser identificados como derivados não-linearmente de um procedimento de normalização.

Tabela 3.2 Convertendo escores brutos em escores estanina

A. Percentagem da curva normal para uso na conversão em estaninas

	Estaninas								
	1	2	3	4	5	6	7	8	9
Percentagem de casos dentro de cada estanina	4	7	12	17	20	17	12	7	4
Percentagem cumulativa em cada estanina	4	11	23	40	60	77	89	96	100

B. Escores de testes selecionados da Tabela 2.3 convertidos em estaninas

Escores selecionados[a]	% cumulativa	Escores estanina
49	98,3	9
47	93,3	8
45	83,3	7
43	71,7	6
41	60,0	5
39	45,0	5
37	30,0	4
35	20,0	3
33	11,7	3
31	5,0	2
29	1,7	1

[a]Ver Tabela 2.3 no Capítulo 2 para a distribuição completa dos 60 escores de teste.

de estanina seja econômica e simples, sua brevidade e simplicidade também resultam em uma certa perda de precisão.

COMPARAÇÕES INTERTESTES

Na maioria das circunstâncias, os escores de testes referenciados em normas não podem ser comparados, a menos que tenham sido obtidos do mesmo teste, usando-se a mesma distribuição normativa. Outro motivo para a falta de comparabilidade dos escores tem origem nas diferenças de unidades das escalas, como os vários tamanhos de unidade de DP discutidos anteriormente em conexão com os QIs de desvio. Além disso, mesmo quando os testes, as normas e as unidades de escala empregados são os mesmos, os escores não necessariamente têm o mesmo significado. Quando são usados no contexto da avaliação individual, deve-se ter em mente que muitos outros fatores alheios ao teste também podem influenciar seus resul-

Fundamentos da testagem psicológica **103**

Não esqueça

1. Escores de teste não podem ser comparados significativamente se
    * os testes ou versões dos testes são diferentes,
    * os grupos de referência são diferentes,
    * as escalas de escore diferem,

    exceto quando os testes, grupos ou escalas foram equacionados intencionalmente. A monografia de Angoff (1984) sobre *Escalas, normas e escores equivalentes* é uma das melhores fontes de informação sobre procedimentos de equacionamento.
2. Mesmo quando os escores de teste se tornaram comparáveis, tanto o contexto no qual a testagem acontece como o histórico dos testandos precisam ser levados em consideração na interpretação dos resultados.

---

tados (p. ex., a origem e a motivação do testando, a influência dos examinadores e as circunstâncias em que os testes são aplicados).

Procedimentos de equacionamento

Independentemente das advertências já feitas na seção anterior, existe uma série de situações nas quais é necessário ou desejável comparar os escores de indivíduos ou grupos ao longo do tempo ou em várias funções psicológicas, em relação a uma norma uniforme. Para estas situações, os criadores e editoras de testes criaram vários meios de se alcançar *alguma* comparabilidade de escores entre testes. Essencialmente, eles foram delineados para colocar os escores em um referencial comum, com o benefício adicional de reduzir o custo e o tempo consideráveis envolvidos na padronização de testes. Muitos procedimentos de equacionamento envolvem detalhes altamente técnicos, descritos na monografia de Angoff (1984) e outras fontes (Petersen et al., 1989). As seguintes descrições abreviadas de algumas abordagens usadas com maior freqüência fornecem explicações básicas sobre o que elas envolvem.

— *Formas alternativas* consistem em duas ou mais versões de um teste que podem ser usadas de forma intercambiável, para os mesmos fins, e administradas de forma idêntica. Criar formas alternativas semelhantes em conteúdo, mas que variam nos itens específicos, é um dos meios mais simples de produzir testes comparáveis. Uma forma mais estrita de comparabilidade pode ser alcançada com o tipo de versão alternativa conhecida como *forma paralela*. Estas formas são equacionadas não apenas em conteúdo e procedimentos, mas também em algumas características estatísticas, como médias dos escores brutos e desvios padrões, bem como índices de fidedignidade e validade. As formas alternativas são especialmente úteis quando uma pessoa tem que ser submetida ao mesmo teste mais de uma vez. Os *efeitos da aprendizagem* (isto é, o aumento do escore que pode ser atribuído à exposição anterior aos itens do teste ou itens semelhantes) entram em jogo quando uma forma alternativa de um teste já realizado é administrada, mas não são tão grandes quanto seriam se a mesma versão fosse administrada mais uma vez.

- *Testes-âncora* consistem em conjuntos comuns de itens administrados a diferentes grupos de examinandos no contexto de dois ou mais testes, e oferecem uma solução diferente ao problema da comparabilidade dos escores de teste. Ter as respostas de mais de um grupo normativo para conjuntos comuns de itens em um mesmo intervalo de tempo permite o uso de procedimentos de equacionamento de escores – baseados em estatísticas derivadas dos itens comuns – que possibilitam extrapolar e comparar os escores de um teste aos de outro, tanto para indivíduos quanto para grupos. Esta técnica pode ser usada quando os criadores de testes desejam realizar comparações de níveis de desempenho em diferentes áreas de habilidade – como compreensão de leitura e expressão escrita – de dois testes diferentes em uma escala uniforme. Mais recentemente, no entanto, esse tipo de comparabilidade passou a ser obtido mais facilmente por meio da normatização simultânea ou de técnicas de teoria da resposta ao item, que serão discutidas mais adiante.
- *Grupos de referência fixos* oferecem um meio de se obter alguma comparabilidade e continuidade nos escores ao longo do tempo. Este método faz uso de testes-âncora embutidos em cada forma sucessiva de um teste, para criar um elo com uma ou mais formas anteriores do mesmo. Deste modo, uma série de testes permanece unida, por meio de uma corrente de itens comuns, aos escores do grupo selecionado como referência fixa para manter a continuidade da escala de escores ao longo do tempo. O SAT da Junta Universitária é o exemplo mais conhecido de um teste que faz uso de grupos fixos de referência. Até abril de 1995, todos os escores SAT eram expressos em termos da média e do desvio padrão dos 11 mil vestibulandos que fizeram o teste em 1941. Nesta escala, um escore de 500 correspondia à média do grupo de referência fixo de 1941, o escore de 400 ficava 1 *DP* abaixo desta média, e assim por diante. Depois de abril de 1995, os escores SAT relatados refletem um *recentramento* da escala de escores nos vestibulandos contemporâneos, de tal modo que um escore de 500 representa o nível médio atual de desempenho no teste. O uso de um grupo de referência fixo no SAT ao longo de várias décadas permitiu a avaliação de aumentos ou diminuições no calibre do desempenho dos vestibulandos em diferentes épocas, como pode ser visto no quadro Consulta Rápida 3.4. Além dos escores padrões recentrados, os escores de postos de percentil dos vestibulandos no SAT ainda podem ser, e ainda são, relatados usando-se o grupo mais recente de formandos do ensino médio como grupo de referência.
- A *normatização simultânea* de dois ou mais testes com a mesma amostra de padronização, muitas vezes referida como *co-normatização*, é outro método usado para se obter a comparabilidade de escores. Ao normatizar

Fundamentos da testagem psicológica **105**

> **CONSULTA RÁPIDA 3.4**
>
> **Alterando os padrões dos grupos de referência por meio do recentramento do SAT**
>
> Entre as décadas de 1940 e 1990, os escores dos vestibulandos nas seções de Expressão Verbal e de Matemática do SAT vinham demonstrando um declínio significativo. Por isso, depois do recentramento realizado na década de 1990, o escore Verbal recentrado de 500 passou a ser equivalente a um escore de 420, quando comparado ao grupo de referência de 1941. Esta mudança representa um declínio de quase 1 unidade de *DP*. O escore recentrado de Matemática de 500 foi considerado equivalente a um escore de 470 para o grupo de referência de 1941. Vários motivos foram propostos para estas mudanças. O mais plausível diz respeito a maior diversidade socioeconômica e étnica dos vestibulandos e a mudanças na qualidade dos currículos escolares do ensino médio entre o início dos anos de 1940 e início dos anos de 1990.

testes ao mesmo tempo e com o mesmo grupo de pessoas, podemos comparar o desempenho de indivíduos ou subgrupos em mais de um teste, usando o mesmo padrão. Esta possibilidade é particularmente útil quando se deseja contrastar níveis relativos de desempenho em duas ou mais funções psicológicas, como níveis de vocabulário expressivo e receptivo ou memória de curto e longo prazo, para o mesmo indivíduo ou subgrupo. O Woodcock-Johnson III (WJ III) oferece um excelente exemplo de co-normatização de duas baterias de testes. Os Testes WJ de Habilidades Cognitivas (WJ III COG) são uma bateria criada para medir funções cognitivas gerais e específicas, enquanto que a bateria Testes de Desempenho WJ III (WJ III ACH) tem como objetivo avaliar os pontos fortes e fracos de uma pessoa em termos acadêmicos. Estas duas baterias foram normatizadas com a mesma amostra grande de indivíduos, cujas faixas etárias iam de pré-escolares a adultos mais velhos, representativa da população dos Estados Unidos, e por isso oferece amplas oportunidades para a comparação de níveis intra-individuais de desempenho em diversos índices de funcionamento cognitivo e habilidades acadêmicas.

Teoria da resposta ao item (TRI)

Uma variedade de procedimentos sofisticados baseados em modelos matemáticos estão cada vez mais substituindo as técnicas tradicionais de equacionamento descritas acima. Estes procedimentos, que remontam à década de 1960 e também são conhecidos como *modelos de traços latentes*, com freqüência são agrupados sob o nome de *teoria da resposta ao item* (TRI). O termo *traço latente* reflete o fato de que estes modelos buscam estimar os níveis de várias habilidades, traços ou constructos psicológicos não-observáveis, subjacentes ao comportamento observável dos indivíduos, demonstrados por suas respostas aos itens dos testes. Ao contrário das técnicas discutidas anteriormente para o equacionamento de testes e escores, os métodos TRI aplicam modelos matemáticos a dados de *itens* de teste derivados de amostras grandes e diversificadas, daí o nome *teoria da resposta ao item*. Estes dados são usados para calibrar os itens de teste em relação a um ou mais parâmetros e derivar estimativas de probabilidade da quantificação de habilidade, ou nível de traço, necessária para responder a cada item de uma certa maneira. Essencialmente, estes modelos colocam pessoas e itens de teste em uma escala comum (Embretson e Reise, 2000).

Outros elementos e procedimentos básicos da TRI serão discutidos mais aprofundadamente no Capítulo 6. No contexto atual, no entanto, o aspecto a ser destacado é que, se satisfizerem certas condições, os modelos TRI podem produzir estimativas de parâmetros de item que são *invariantes* entre populações. Isto significa que estas estimativas não estão necessariamente atreladas ao desempenho de qualquer grupo de referência específico. Em vez disso, os dados das respostas aos itens podem ser interpretados em termos de uma dimensão de habilidade ou traço. Por isso, quando os modelos TRI são aplicados aos conjuntos de respostas aos itens e dados de escores de teste de várias amostras e as premissas dos modelos são satisfeitas, eles podem ser usados de duas formas recíprocas: (a) para estimar a probabilidade de que pessoas com níveis específicos da habilidade ou traço em questão vão responder ao item corretamente ou de uma determinada forma e (b) para estimar os níveis de traço necessários para se obter uma probabilidade especificada de responder ao item de uma maneira específica.

Testagem adaptativa computadorizada

Uma das principais vantagens da metodologia TRI é que ela é idealmente adequada para uso na testagem adaptativa computadorizada (CAT, *computerized adaptive testing*). Quando os indivíduos se submetem a testes adaptativos computadorizados (CATs), seus níveis de habilidade podem ser estimados a partir das respostas aos itens dos testes durante o processo de testagem, e estas estimativas são usadas para selecionar o conjunto subseqüente de itens apropriados aos níveis de habilidade do testando. Embora muitos CATs tenham um número fixo de itens, outros são delineados de tal forma que a testagem pode ser interrompida sempre que uma regra específica de interrupção for satisfeita e níveis de traço ou habilidade tiverem sido estabelecidos com precisão suficiente. Em qualquer caso, os procedimentos de CAT diminuem a duração dos testes e o tempo de testagem significativamente, e também podem reduzir a frustração que muitas pessoas submetidas a testes de papel e lápis podem experimentar quando são expostas a itens consideravelmente acima ou abaixo de seus níveis de capacidade. Programas de testagem em larga escala, como os do Serviço de Testagem Educacional e do Departamento de Defesa dos Estados Unidos têm testado e usado a metodologia CAT por vários anos (Campbell e Knapp, 2001; Drasgow e Olson-Buchanan, 1999). Embora tenha vantagens claras em relação aos testes de papel e lápis de duração fixa – e sua gama de aplicações tenda a se expandir – esta metodologia apresenta alguns problemas novos relacionados à segurança e aos custos do teste e à impossibilidade dos examinandos de revisarem e alterarem suas respostas (Wainer, 2000).

Revisões de testes

Os nomes dos testes podem facilmente apresentar uma fonte de confusão para os usuários que não são suficientemente bem-informados. Julgar o conteúdo do teste apenas por seu título raramente se justifica. Algumas discrepâncias entre os títulos dos testes e o que eles efetivamente avaliam são bastante óbvias: os inventários de personalidade não fazem um verdadeiro inventário da personalidade. Outras não ficam tão aparentes: os testes de aptidão podem ou não testar aptidões, e assim por diante.

Mesmo que tenham o mesmo nome, dois testes podem não ser equivalentes. Muitos passam por revisões de tempos em tempos e conservam o mesmo título, exceto pela adição de um número ou letra que identifica uma versão específica (p. ex., WISC, WISC-R, WISC-III, WISC-IV). Em geral, os testes mais bem-sucedidos e mais amplamente usados têm maior probabilidade de serem revisados do que outros. Os objetivos e a magnitude das revisões podem variar de pequenas mudanças na formação dos itens até grandes reorganizações do conteúdo, forma de pontuação ou procedimentos administrativos.

Um teste que foi modificado de alguma forma não pode ser considerado comparável a uma versão anterior, a menos que a semelhança seja estabelecida empiricamente. Quando a revisão de um teste é pequena e não afeta os escores, a comparabilidade das versões antiga e revisada pode ser estabelecida de forma relativamente fácil. Isso geralmente é feito administrando-se ambas as versões do teste ao mesmo grupo de pessoas. Se as duas versões forem altamente correlacionadas e tiverem médias, desvios padrões e distribuições de escore semelhantes, para a maioria dos objetivos práticos pressupõe-se que sejam equivalentes. Um exemplo típico desta prática é quando testes de lápis e papel, como o MMPI-2, são transferidos para um formato de administração computadorizada sem qualquer alteração em seu conteúdo ou forma de pontuação.

Grandes revisões de testes referenciados em normas, por outro lado, requerem a padronização do teste com uma nova amostra normativa. Por isso, quando as alterações são significativas o bastante para justificar diferenças na escala ou forma de pontuação do teste, na verdade se está lidando com um teste novo, embora este possa manter alguma semelhança ou o mesmo título de versões anteriores. Um exemplo proeminente é a Escala de Inteligência Stanford-Binet (S-B), que foi publicada pela primeira vez em 1916. A quarta e a quinta edições da S-B, publicadas em 1986 e 2003, respectivamente, são totalmente diferentes de suas versões anteriores em quase todos os aspectos, e ao longo do tempo se tornaram mais semelhantes em forma e conteúdo às escalas Wechsler do que à S-B original.

Alterações longitudinais em normas de testes

Quando um teste é revisado e padronizado com uma nova amostra após um período de vários anos, mesmo que as revisões do conteúdo sejam pequenas, as normas de pontuação tendem a se desviar em uma direção ou outra devido a mudanças na população em diferentes períodos de tempo. Uma dessas mudanças, discutida no quadro Consulta Rápida 3.4, é o declínio nos escores médios do SAT entre o grupo de referência fixo testado em 1941 e os vestibulandos da década de 1990. Uma tendência longitudinal surpreendente na direção oposta, conhecida como *efeito Flynn*, foi bem documentada em revisões sucessivas dos principais testes de inteligência (como as escalas Wechsler e S-B) que invariavelmente envolvem a administração das versões antigas e novas com um segmento da nova amostra de padronização para fins comparativos. Dados de revisões de vários testes de inteligência nos Estados Unidos e em outros países – extensamente analisados por J. R. Flynn (1984, 1987) – demonstram uma tendência pronunciada de elevação, a longo prazo, no nível de desempenho necessário para se obter qualquer escore de QI. O efeito Flynn presumivelmente reflete os ganhos populacionais ao longo do tempo no tipo de desempenho cognitivo avaliado pelos testes de inteligência. Uma variedade de fatores – como melhoras na nutrição, cuidados pré-natais e maior complexidade do ambiente – foram propostos como razões para este achado. Ainda assim, o grau em que o efeito Flynn se generaliza para populações no mundo todo – bem como possíveis causas onde ele aparece – continuam a ser objeto de considerável controvérsia (Neisser, 1998).

Um exemplo pertinente de alterações longitudinais no desempenho em testes de personalidade foi observado na renormatização do MMPI (originalmente publicado na década de 1940), que aconteceu na década de 1980 como parte do desenvolvimento do MMPI-2 (Butcher, Dahlstrom, Graham, Tellegen e Kaemmer, 1989).

Pondo em prática

Como o *Efeito Flynn* pode afetar mudanças aparentes nos escores de testes de inteligência: Um exemplo usando a Escala de Inteligência Wechsler para Crianças (WISC)

John obteve um escore de QI Wechsler de 117 na WISC-R aos 9 anos, e um escore de QI Wechsler de 107 na WISC-III aos 13 anos. Este declínio aparentemente significativo em seu desempenho não pode ser aceito sem uma análise.

Um fator que pode explicar em parte o declínio aparente é o efeito Flynn. Este efeito se refere ao nível mais alto de desempenho tipicamente observado nos grupos normativos de versões mais novas dos testes de inteligência geral comparados a suas versões mais antigas – por exemplo, o WISC-III, publicado em 1991, comparado ao WISC-R, publicado em 1974. Segundo o manual do WISC-III, uma amostra de 206 crianças entre 6 e 16 anos de idade foi submetida a ambas as versões em ordem contrabalançada, com intervalos que variaram de 12 a 70 dias entre os dois testes. Seus QIs globais médios foram 108.2 na WISC-R e 102.9 na WISC-III (Wechsler, 1991).

Embora a correlação entre as duas versões da WISC para esta amostra fosse alta (.89), os escores das crianças na WISC-III foram em média mais baixos – com uma diferença de um pouco mais de cinco pontos – do que no WISC-R. A diferença nos escores médios de QI deste grupo indica que as normas dos dois testes são tais que, no todo, qualquer escore de QI representa um nível superior de desempenho no teste mais novo do que no mais antigo.

Naturalmente, muitos fatores, além do efeito Flynn, podem ter contribuído para a diferença entre os dois QIs de John. Os principais são o erro de mensuração em cada escore (ver Capítulo 4) e a possibilidade de que John tenha passado por um declínio efetivo em seu funcionamento intelectual geral devido a alguma doença ou evento de vida.

As alterações no conteúdo do inventário foram relativamente pequenas. Mesmo assim, a mudança das normas originais para as do MMPI-2 resultou em modificações nos níveis de escore consideradas clinicamente significativas em várias escalas, devido a mudanças substanciais no modo como as pessoas dos dois diferentes períodos de tempo respondiam aos itens.

O tipo de mudanças descritas acima são lugar-comum quando se atualizam as amostras normativas. Elas enfatizam a necessidade desta atualização para que se mantenha a atualidade das normas intragrupo. Estas mudanças também explicam por que a documentação que acompanha qualquer tipo de teste referenciado em normas deve oferecer uma descrição completa e precisa da composição das amostras usadas para sua padronização e normatização, incluindo as datas em que as amostras foram montadas. Os documentos dos testes devem incorporar respostas para todas as perguntas listadas no quadro Consulta Rápida 3.2, incluindo uma exposição clara dos passos usados no desenvolvimento do teste e nos procedimentos de administração e pontuação usados durante sua padronização. Os usuários de testes, por sua vez, precisam estar atentos a estas informações e levá-las em consideração ao selecionar testes e interpretar seus escores.

INTERPRETAÇÃO DE TESTES REFERENCIADOS EM NORMAS

No campo da avaliação educacional e ocupacional, os testes costumam ser usados para ajudar a determinar se uma pessoa alcançou um certo nível de competência em um campo de conhecimento ou habilidade no desempenho de uma tarefa. Nestes casos, o referencial para a interpretação do escore do teste deve mudar. Em vez de comparar o desempenho de uma pessoa ao de outras, o desempenho de um indivíduo ou grupo é comparado a um critério ou padrão predeterminado. Quando usado neste contexto, o termo *critério* pode se referir tanto ao conhecimento de um domínio específico de conteúdo, como à competência em algum tipo de ação. Os padrões pelos quais os testes referenciados em critérios são avaliados permanecem tipicamente definidos em termos de níveis especificados de conhecimento ou especialização necessários para se obter a aprovação em um curso, um diploma ou licença profissional, e também podem envolver a demonstração de competência suficiente para realizar um trabalho ou criar um produto. Muitas vezes, mas não sempre, a aplicação dos testes referenciados em critérios envolve o uso de escores de corte, ou faixas de escore que separam a competência da incompetência ou demarcam diferentes níveis de desempenho. Nestes casos, a validade das inferências feitas a partir dos escores precisa ser estabelecida por meio de ligações empíricas entre os escores no teste e o desempenho no critério.

Variedades de interpretação de testes referenciados em critérios

O termo *testagem referenciada em critérios*, popularizado por Glaser (1963), às vezes é usado como sinônimo de *testagem referenciada em domínios*, *em conteúdos* ou *em objetivos*, ou *testagem de competência*. Esta situação produz confusão, em parte devido ao fato de que a interpretação de testes referenciados em critérios faz uso de pelo menos dois conjuntos subjacentes de padrões: (a) aqueles baseados na *quantidade de conhecimento* sobre um domínio de conteúdo, demonstrados em testes objetivos padronizados e (b) os que se baseiam no *nível de competência* em uma área de habilidade, demonstrados pela qualidade do desempenho em si ou do produto que resulta do exercício da habilidade. Ocasionalmente, o termo *testagem referenciada em critérios* também é usado para se referir a interpretações baseadas na relação preestabelecida entre os escores de um teste e os níveis esperados de desempenho em um critério, como uma ação futura ou mesmo outro teste. Neste uso em particular, o "critério" é um resultado específico e pode estar relacionado ou não às tarefas propostas pelo teste. Isto contrasta acentuadamente com os testes referenciados em conteúdos ou baseados no desempenho, nos quais as tarefas são essencialmente amostras de comportamento diretamente relacionadas ao critério. O quadro Consulta Rápida 3.5 lista alguns dos principais aspectos nos quais a testagem referenciada em normas difere da testagem referenciada em critérios, bem como algumas diferenças entre os tipos de testagem referenciada em critérios.

Além dessas distinções, o modo em particular como os testes referenciados em critérios são usados também varia. Às vezes, os critérios são estritamente quantitativos, como quando são determinadas certas percentagens de respostas corretas (p. ex., 80 ou 90%) necessárias para estabelecer a maestria adequada. Em outros casos, os critérios são mais qualitativos e subjetivos. Além disso, às vezes, o desempenho nestes testes é avaliado na base do tudo-ou-nada em relação a se um certo nível de competência foi atingido, e, às vezes, pode haver graduações para níveis intermediários de competência.

Apesar das diferenças de ênfase e nomenclatura entre os testes referenciados em critérios, estes instrumentos têm algumas características em comum. Tipicamente, os testes referenciados em critérios (a) têm por objetivo avaliar o grau em

---

CONSULTA RÁPIDA 3.5

Interpretação de testes referenciados em normas *versus* testes referenciados em critérios

- Os testes *referenciados em normas* buscam localizar o desempenho de um ou mais indivíduos em relação ao constructo que o teste avalia, em um contínuo criado pelo desempenho de um grupo de referência.
- Os testes *referenciados em critérios* buscam avaliar o desempenho dos indivíduos em relação a padrões relacionados ao constructo em si.
- Enquanto na interpretação de testes referenciados em normas o referencial sempre são pessoas, na interpretação de testes referenciados em critérios o referencial pode ser
  - o conhecimento sobre um domínio de conteúdo, demonstrado em testes padronizados objetivos;
  - o nível de competência exibido na qualidade do desempenho ou de um produto.
- O termo *testagem referenciada em critérios* às vezes também é aplicado para descrever a interpretação de testes que usam a relação entre os escores e níveis esperados de desempenho ou posicionamento em um critério como referencial.

que os testandos são proficientes em certas habilidades ou domínios de conhecimento e (b) são pontuados de tal forma que o desempenho de uma pessoa não influencia o resultado relativo das outras. Enquanto os testes referenciados em normas buscam ordenar ou localizar um ou mais indivíduos em relação a outros com respeito ao constructo que avaliam, os testes referenciados em critérios buscam avaliar o desempenho de indivíduos em relação ao constructo em si.

No presente contexto, somente serão discutidos aqueles aspectos da interpretação de testes referenciados em critérios necessários para uma compreensão básica de suas premissas e terminologia. Diversos desses conceitos são revisitados mais detalhadamente no Capítulo 5 em conexão com o tópico da validade, com o qual estão intimamente relacionados. O quadro Consulta Rápida 3.6 lista algumas fontes de informação retiradas da extensa literatura que está disponível sobre vários tipos de testagem referenciada em critérios.

Testando o conhecimento de domínios de conteúdo

Para se usar o conhecimento de domínios de conteúdo como referencial para a interpretação de escores de testes, deve haver um campo ou tema cuidadosamente definido e claramente demarcado a partir do qual derivam-se amostras (isto é, itens ou tarefas) para medir o conhecimento do testando. Além disso, os objetivos a serem avaliados tanto em termos do conhecimento de um domínio de conteúdo e das aplicações deste conhecimento, como dos padrões a serem usados na avaliação desses objetivos devem ter origem em um consenso de especialistas na área. Esta situação é encontrada basicamente no contexto de educação ou de treinamento, onde as matérias e disciplinas tendem a ser divididas em lições, cursos, programas

---

CONSULTA RÁPIDA 3.6

Leituras selecionadas sobre testagem referenciada em critérios

A literatura sobre a testagem referenciada em critérios, que remonta aos anos de 1960, é abundante. Para se aprofundar neste tópico, os leitores podem consultar uma ou mais das seguintes fontes:

- O livro de Cizek (2001), *Setting performance standards*, que se concentra nos aspectos teóricos e práticos do estabelecimento de padrões e suas muitas ramificações.
- O artigo clássico de Popham e Husek (1969) sobre as implicações da mensuração referenciada em critérios.
- O capítulo do livro de Hambleton e Rogers (1991) sobre "Avanços na mensuração referenciada em critérios", que oferece uma introdução útil a este campo de estudos e uma descrição dos avanços técnicos ocorridos entre as décadas de 1960 e 1980.
- A obra organizada por Wigdor e Green (1991) sobre os vários aspectos da avaliação de desempenho no local de trabalho.
- A exposição breve, porém esclarecedora, de Linn (1994) sobre parte da confusão nas várias interpretações do sentido da testagem referenciada em critérios.

As referências completas destes trabalhos estão listadas na seção de referências no final deste livro.

de estudo e outras unidades curriculares às quais os alunos são expostos e das quais se podem colher amostras de áreas de conteúdo e resultados de aprendizagem. Estes testes geralmente são descritos como medidas de "desempenho" e tendem a ter itens – como perguntas de múltipla escolha – que exigem que os testandos selecionem uma resposta ou completem uma tarefa altamente estruturada (como escrever um parágrafo curto sobre um tópico ou resolver um problema matemático).

Quando domínios de conhecimento são o referencial para a interpretação de testes, a questão a ser respondida é "quanto do domínio especificado o testando conhece?", e os escores com freqüência são apresentados na forma de percentagens de respostas corretas. Esse tipo de interpretação de teste referenciado em critérios muitas vezes é descrito como *testagem referenciada em conteúdo ou domínio*. Na verdade, alguns consideram esses dois termos sinônimos de testagem referenciada em critérios. O planejamento desses testes requer o desenvolvimento de uma *tabela de especificações* com células que especifiquem o número de itens ou tarefas a serem incluídas no teste para cada um dos objetivos de aprendizagem e áreas de conteúdo que este quer avaliar. A proporção de itens do teste alocados para cada célula reflete o peso ou a importância designada a cada objetivo e área. O quadro Consulta Rápida 3.7 mostra exemplos de vários objetivos e itens em duas áreas de conteúdo típicas dos testes referenciados em domínios. Exemplos de tabelas de especificações para testes referenciados em conteúdos e informações sobre como prepará-las podem ser encontrados em Gronlund (2003) e Linn e Gronlund (1995, p.119-125).

Avaliação de desempenho

Para fins de tomada de decisões no local de trabalho e no campo da educação, muitas vezes existe a necessidade de determinar ou certificar a competência no desempenho de tarefas que são mais realistas, mais complexas, mais demoradas ou mais difíceis de avaliar do que aquelas típicas da testagem referenciada em conteúdos ou domínios. Este tipo de situação demanda a avaliação do desempenho através de amostras de trabalho, produtos do trabalho ou alguma outra demonstração comportamental de competência e habilidade em situações que simulem o contexto da vida real.

Quando o objetivo de uma avaliação é determinar níveis de competência no contexto em que as habilidades são aplicadas na vida real, o critério na interpretação de testes *referenciados em critérios* é a qualidade do próprio desempenho ou do produto que resulta da aplicação de uma habilidade. Neste referencial, as questões típicas a serem respondidas são "o testando demonstra competência na habilidade em questão?" ou "Qual é a proficiência deste testando ou grupo de testandos no contínuo de competência relevante para esta tarefa em particular?".

Avaliação e pontuação na avaliação de desempenho

À luz das questões que a avaliação de proficiência deve responder, a avaliação do desempenho acarreta um conjunto diferente de procedimentos daqueles usados

Fundamentos da testagem psicológica **113**

CONSULTA RÁPIDA 3.7

Exemplos de objetivos e itens de testes referenciados em domínios

I. Domínio: Aritmética
   A. Área de conteúdo a ser avaliada: Multiplicação de frações
   B. Objetivos a serem avaliados:
      1. Conhecimento dos passos envolvidos na multiplicação de frações
      2. Compreensão dos princípios básicos envolvidos na multiplicação de frações
      3. Aplicação dos princípios básicos à resolução de problemas de multiplicação de frações
   C. Amostras de itens de teste para cada objetivo:
      Item 1. Listar os passos envolvidos na multiplicação de frações.
      Item 2. Desenhar um diagrama para mostrar ¼ de ½ de uma torta.
      Item 3. Quanto é ¾ x ½?

II. Domínio: Vocabulário
   A. Área de conteúdo a ser avaliada: Conhecimento de palavras
   B. Objetivos a serem avaliados:
      1. Definição de palavras
      2. Compreensão do sentido das palavras
      3. Aplicação do conhecimento de palavras na expressão escrita
   C. Amostras de itens de testes para cada objetivo:
      Item 1. O que significa marinheiro?_____
      Item 2. Qual palavra tem o sentido mais aproximado de "marinheiro"?
         a. marinar
         b. marimba
         c. pescador
         d. pirata
         e. andarilho
      Item 3. Faça uma frase usando "marinheiro" em um contexto significativo.

quando se testa o conhecimento em domínio de conteúdo. Em geral, a avaliação de desempenho tende a se concentrar mais pesadamente no julgamento subjetivo. Uma exceção a esta regra ocorre quando os critérios podem ser quantificados em termos de velocidade de desempenho, número de erros, unidades produzidas ou algum outro padrão objetivo. Um exemplo clássico e simples de um tipo objetivo de avaliação de desempenho é o teste de digitação aplicado a pessoas que se candidatam a empregos de escritório, o que exige muita digitação. Mesmo nesse tipo de teste, no entanto, o critério numérico efetivo usado como escore de corte para o desempenho aceitável – por exemplo, 65 palavras por minuto com menos de cinco erros – provavelmente será determinado arbitrariamente. A maioria dos outros tipos de avaliação de desempenho envolve (a) identificar e descrever critérios qualitativos para avaliar um desempenho ou produto e (b) desenvolver um método para aplicar os critérios. Os métodos habituais para avaliar critérios qualitativos envolvem *escalas de mensuração* ou *rubricas de pontuação* (isto é, guias para a pontuação), que descrevem e ilustram as regras e princípios a serem aplicados na mensuração da qualidade de um desempenho ou produto. Um exemplo bem-conhecido deste tipo de procedimento é a pontuação de desempenhos atléticos por juízes especializados em eventos como competições de patinação artística ou salto ornamental.

Testagem de competência. Procedimentos que avaliam o desempenho baseados na demonstração ou não de um nível preestabelecido de maestria do testando individual são conhecidos como *testes de competência*. Muitos destes testes produzem escores do tipo tudo-ou-nada, como *aprovado* ou *reprovado*, baseados em algum nível de critério que separe a competência da não-competência. Um exemplo típico com o qual a maioria dos leitores vai estar familiarizado é o dos testes para a obtenção da carteira de motorista. Neles, o que importa é se os indivíduos são capazes de demonstrar que conhecem as regras do trânsito e sabem lidar com um automóvel em várias situações. Além disso, espera-se que a vasta maioria das pessoas que se submete ao teste de direção será capaz de passar, mesmo se for necessária mais do que uma tentativa, e não há necessidade de fazer distinções entre os testandos em termos de seus níveis de desempenho, além de simplesmente atestar a aprovação ou a reprovação.

Existem algumas situações e habilidades – como pousar um avião em um porta-aviões ou realizar uma neurocirurgia – em que a competência incompleta simplesmente não entra em cogitação. Por outro lado, nos círculos educacionais, a noção de testagem de competência pode ser interpretada de várias formas. Alguns educadores e outros interessados argumentam que todos os estudantes capazes devem atingir a competência completa dos objetivos institucionais prescritos em um nível antes de se graduarem ou passarem para o nível seguinte, independentemente do tempo que isso leve. No entanto, a maioria das pessoas está disposta a admitir que quando a testagem tem por objetivo avaliar a competência das habilidades básicas que são ensinadas nas escolas – como ler, escrever e calcular – claramente existe espaço para vários níveis de realização entre a competência e a não-competência. Nestes casos, o problema passa a ser a determinação de alvos apropriados que se espera que os estudantes atinjam, dentro de um contínuo de desempenho, para serem promovidos ou graduados.

Predição de desempenho

Às vezes, o termo *interpretação de testes referenciados em critérios* é usado para descrever a aplicação de dados empíricos que dizem respeito à ligação entre escores de teste e níveis de desempenho a um critério como o desempenho no trabalho ou o sucesso em um programa acadêmico. Neste contexto, o termo *critério* é usado em um sentido diferente, mais de acordo com as práticas psicométricas tradicionais do que nos exemplos anteriores. Aqui o critério é um resultado a ser estimado ou predito por meio de um teste. Esse tipo de informação constitui a base para o estabelecimento da validade preditiva dos testes, a ser discutida de maneira mais detalhada no Capítulo 5. Não obstante, ela é mencionada neste capítulo porque, quando a relação entre os escores dos testes e os critérios é usada para a seleção ou colocação profissional de indivíduos no contexto de educação, de treinamento ou de emprego, esta relação também pode ser entendida como um referencial para a interpretação do escore. Neste referencial, as perguntas a serem respondidas com a ajuda dos escores de teste são "que nível de desempenho no critério podemos esperar de uma pessoa que obtém este escore?" ou "o desempenho do testando neste teste é suficiente para determinar o nível desejado de desempenho no critério em uma dada tarefa?".

As informações sobre a relação entre os escores e os critérios podem ser apresentadas de várias formas, incluindo coeficientes de correlação e equações de regressão, que são descritos mais extensamente no contexto da validade no Capítulo 5. Para os objetivos atuais, no entanto, dois procedimentos que são especialmente relevantes para o tipo de interpretação de testes referenciados em critérios discutido no parágrafo anterior – quais sejam, as tabelas de expectativa e os gráficos de expectativa – vão servir para esclarecer esta abordagem.

As *tabelas de expectativa* mostram a distribuição dos escores de teste para um ou mais grupos de indivíduos, com tabulação cruzada contra seu desempenho no critério. Pressupondo que exista um grau substancial de correlação entre os escores no teste e as medidas no critério, esta informação pode ser usada para estimar a posição provável no critério de indivíduos que pontuaram em diferentes níveis. Por exemplo, usando informações das turmas anteriores, um professor pode fazer uma tabulação cruzada dos escores nos testes do meio do semestre como preditora e da nota final do curso como critério, como é mostrado na Tabela 3.3. A tabela resultante, baseada em seus escores no meio do semestre, pode informar aos futuros alunos quais poderão ser suas notas finais.

Os *gráficos de expectativa* são usados quando o desempenho no critério no emprego, programa de treinamento ou programa de estudos pode ser classificado como bem-sucedido ou malsucedido. Estes gráficos apresentam a distribuição dos escores para um grupo de indivíduos juntamente com a percentagem de pessoas, em cada intervalo de escore, que tiveram sucesso (ou fracassaram) em termos do critério. Quando a tendência é tal que a percentagem de indivíduos bem-sucedidos é muito maior entre os que tiveram escore alto do que entre os que tiveram escore baixo, gráficos desse tipo podem ser extremamente úteis na tomada de decisões envolvendo seleção.

Tabela 3.3 Tabela de expectativas: Relação entre escores de testes no meio do semestre e notas finais

Escore no meio do semestre	Número de casos	Percentagem que recebe cada nota final			
		D ou F	C	B	A
90 ou mais	9		11	22	67
80 a 89	12	8	25	50	17
70 a 79	13	23	46	31	
60 a 69	3	33	67		
59 ou menos	3	67	33		

Relação entre Referenciais

Não é possível distinguir entre testes referenciados em normas e em critérios simplesmente olhando para exemplares de cada tipo. Na verdade, em grande parte as distinções entre os referenciais para a interpretação dos testes – bem como entre as variedades dentro de cada referencial – são questões de ênfase. Muito embora os escores possam ser expressos de uma variedade de maneiras, fundamentalmente toda a testagem se vale de um referencial normativo.

Os padrões usados na interpretação de escores de testes referenciados em critérios devem se basear em expectativas realistas ou viáveis para a população de testandos na qual o teste é aplicado. Dependendo dos objetivos do teste, pode ser que um número muito pequeno ou muito grande de pessoas seja capaz de satisfazer os critérios, caso em que o teste pode se mostrar pouco útil. Em outras palavras, os critérios se baseiam ao mesmo tempo no objetivo da testagem e também, em certo grau, no desempenho que as pessoas podem obter em uma dada situação.

O uso de escores de corte e outros padrões de desempenho na interpretação referenciada em critérios não significa que as diferenças no desempenho dos indivíduos serão eliminadas ou desconsideradas, e nem impede comparações de escores entre os indivíduos. Por exemplo, mesmo se duas candidatas a um emprego de secretária satisfaçam o critério de 65 palavras por minuto em um teste de digitação, tendo desempenho igual em todos os outros aspectos, aquela que conseguir digitar 90 palavras por minuto terá maior probabilidade de ser escolhida do que aquela que digitar apenas 65.

Da mesma forma, o uso de normas não impede o exame do desempenho no teste, do ponto de vista do conteúdo ou de critérios comportamentais. Ao corrigir provas de sala de aula, por exemplo, professores que escolheram cuidadosamente as questões aplicadas entre o material indicado para um teste podem optar por atribuir notas em forma de letras baseadas nas normas para a turma (na curva das notas) ou nos critérios de desempenho ligados à percentagem de itens respondidos corretamente. Alguns testes padronizados usados no contexto educacional – como os *Iowa Tests Of Basic Skills (ITBS)*, o *Stanford Diagnostics Mathematics Test (SDMT)* e o *Stanford Diagnostic Reading Test (SDRT)* – também tentam fornecer interpretações referenciadas em normas e em critérios. No entanto, as revisões desses testes sugerem que esta tentativa tem sucesso apenas em relação a um determinado tipo de interpretação, mas não a ambas, porque testes referenciados em normas e em critérios requerem uma ênfase um tanto diferente no modo como são construídos. Para mais informações sobre esta questão, consulte as revisões do ITBS, SDMT e SDRT no *13th Mental Measurements Yearbook*, organizado por Impara e Plake (1998).

Como, então, a interpretação de testes referenciada em normas difere da interpretação referenciada em critérios? A diferença fundamental entre as duas está em seus objetivos primários:

- Na testagem referenciada em normas, o objetivo primário é fazer distinções entre os indivíduos em termos da capacidade ou traço avaliado por um teste.

- Na testagem referenciada em critérios, o objetivo primário é avaliar o grau de competência de uma habilidade ou conhecimento em termos de um padrão preestabelecido de desempenho.

Como vimos, estes dois objetivos não são sempre ou necessariamente exclusivos entre si e, em algumas situações, o mesmo instrumento pode ser usado para ambos. Qual dos dois objetivos é o primário é determinado pela meta específica do usuário do teste. Esse objetivo, por sua vez, deve ajudar o usuário a determinar qual abordagem de desenvolvimento de testes é a mais adequada.

Em relação às variedades de interpretação de teste referenciada em critérios, deve estar claro que a distinção entre a avaliação baseada em domínios e a baseada no desempenho também é arbitrária em certo grau. O conhecimento dos domínios de conteúdo deve ser demonstrado através de um comportamento observável no qual uma ou mais habilidades desempenham um papel. Da mesma forma, todo tipo de desempenho requer algum tipo de conhecimento. Além disso, enquanto que em matérias que são elementares e relativamente estruturadas os domínios de conteúdo podem ser mapeados, quando se trata de áreas mais avançadas e menos estruturadas – como conhecimentos que englobam várias disciplinas – esse tipo de divisão se torna difícil ou impossível. Da mesma forma, os limiares de competência podem ser preestabelecidos facilmente em relação a habilidades básicas, mas em campos que envolvem habilidades de nível superior esta determinação de padrões pode não ser aplicável, porque a gama das realizações possíveis é muito mais ampla.

A Interpretação de teste referenciada em critérios na avaliação clínica

Critérios como a competência de uma habilidade ou o conhecimento em um dado campo claramente não são aplicáveis em conexão com instrumentos delineados para avaliar a personalidade. Portanto, o termo *interpretação referenciada em critérios* geralmente não é usado para testes deste tipo. Não obstante, alguns testes relevantes para o funcionamento emocional ou cognitivo são usados por clínicos para ajudar a estabelecer se certos critérios diagnósticos foram satisfeitos. Estes testes usam escores de corte – estabelecidos a partir de dados normativos – para identificar a presença de certos transtornos baseados em ligações estabelecidas por critérios clínicos. Esta aplicação em particular constitui uma interpretação referenciada em critérios, no mesmo sentido que quando a relação entre os escores de teste e os critérios é usada para selecionar ou colocar indivíduos no contexto educacional ou profissional. Estas práticas envolvem a estimativa ou predição de certos resultados. Da mesma forma, esse tipo de interpretação dos testes clínicos depende de evidências de validade relevantes para o critério diagnóstico (ver Capítulo 5). Exemplos de testes que são usados desta forma incluem instrumentos como o Inventário de Depressão de Beck, que pode ajudar a avaliar a intensidade dos transtornos depressivos, e o miniexame do estado mental, que ajuda a identificar o comprometimento cognitivo. Estes testes e outras ferramentas clínicas – como listas de verificação e escalas de mensuração comportamental –, que envolvem o uso de escores de corte e faixas de escore para avaliar o comportamento sintomático de transtornos mentais, também podem ser definidos como referenciados em critérios.

A teoria da resposta ao item como base para a combinação de referenciais

Como seu objetivo é estimar a posição do testando em um traço ou dimensão de habilidade latente, os métodos TRI são bem adequados ao desenvolvimento de testes cujos escores possam ser interpretados em bases normativas e referenciadas em critérios. Embora os dados usados na modelagem TRI sejam derivados do desempenho de amostras de referência, eles podem ser combinados com outros tipos de análise de itens para criar escalas que ofereçam informações de natureza tanto comparativa (isto é, referenciada em normas) quanto substantiva (isto é, referenciada em critérios). Um exemplo recente de como isso pode ser feito é encontrado no trabalho de Primi (2002), que integra a teoria cognitiva e a TRI na construção de uma medida do tipo de habilidade necessária para resolver problemas de matriz geométrica. Outro é o modelo hierárquico da TRI proposto por Janssen, Tuerlinckx, Meulders e De Boeck (2000), que é aplicado a um teste que mede metas de maestria em compreensão de leitura no nível escolar fundamental.

Considerações sociais na testagem referenciada em normas ou critérios

As pressões prevalentes pelo uso da testagem referenciada em critérios para certificar competências e tomar decisões com conseqüências no contexto educacional e ocupacional surgiram de uma insatisfação com a fraqueza percebida na testagem referenciada em normas. Parte desta insatisfação tem origem na visão de que o uso da referência em normas na educação é uma forte causa de declínio dos padrões, uma vez que por pior que seja o desempenho de uma população de estudantes como um todo, em relação a suas próprias normas pelo menos metade deles sempre vai estar acima da média.

Outra fonte de insatisfação com a testagem referenciada em normas se deve ao fato de que, quando usada como base para decisões nos campos educacional e ocupacional, ela muitas vezes coloca membros de grupos de minorias em desvantagem, comparados com indivíduos que podem ter tido mais oportunidades educacionais. No entanto, em uma virada irônica, nas últimas décadas o uso da testagem referenciada em critérios para certificar competências tornou-se objeto de tanta ou mais controvérsia que a testagem referenciada em normas nas arenas profissional e política. Sem dúvida alguma, grande parte da controvérsia a respeito dos tipos de testagem se deve à compreensão equivocada do papel dos testes como ferramentas – e não como árbitros –, bem como a políticas que parecem oscilar entre os dois extremos de uma ênfase exagerada ou oposição total à testagem padronizada naquilo que chamamos de decisões de "críticas" (Jaeger, 1989; Mehrens, 1992; U.S. Department of Education, Office for Civil Rights, 2000; Wigdor e Green, 1991).

Teste a si mesmo

1. Se não for acompanhado de outras informações, um escore bruto alto é
   (a) sem sentido
   (b) mesmo assim sempre melhor do que um escore baixo

2. _____ constituem o referencial mais disseminado para a interpretação de escores de testes.
   (a) domínios de conteúdo
   (b) amostras de trabalho
   (c) critérios
   (d) normas

3. De todas as seguintes normas desenvolvimentais, quais têm aplicação mais universal?
   (a) escalas ordinais baseadas em teorias
   (b) normas de idade mental
   (c) seqüências naturais
   (d) normas baseadas em séries escolares

4. Em relação às amostras usadas para estabelecer normas intragrupo, o requisito mais importante é que elas sejam
   (a) reunidas localmente pela instituição ou organização que vai usá-las
   (b) muito grandes, com milhares de sujeitos
   (c) representativas do grupo para o qual serão usadas
   (d) convenientes de obter no processo de padronização

5. Os conceitos de teto e solo de teste estão mais intimamente relacionados à questão de
   (a) validade dos testes
   (b) dificuldade dos testes
   (c) tipo de escores padrões usados em um teste
   (d) tipo de itens usados em um teste

6. Quando transformado no QI de desvio do tipo da escala de Wechsler, um escore z de –1,00 se tornaria um QI Wechsler de
   (a) 85
   (b) 95
   (c) 105
   (d) 115

7. Qual dos seguintes procedimentos de transformação de escores é o único que se qualifica como uma transformação linear?
   (a) escores padrões normalizados
   (b) de percentis para estaninas
   (c) de escores brutos para escores de percentil
   (d) de escores z para escores T

8. Se um grupo de indivíduos de hoje em dia se submetesse à Escala de Inteligência para Adultos Wechsler original (WAIS) e também à sua última revisão, a WAIS-III, haveria grande chance de que seus escores de QI fossem
   (a) os mesmos em ambos os testes
   (b) mais altos no WAIS-III do que no WAIS
   (c) mais altos no WAIS do que no WAIS-III

9. A característica essencial dos modelos da teoria da resposta ao item é que eles colocam _____ _____ em uma escala comum.
   (a) itens e testes
   (b) itens e pessoas
   (c) pessoas e testes

10. Uma das principais vantagens da metodologia TRI é que ela é idealmente adequada para uso na testagem _____ .
    (a) adaptativa computadorizada
    (b) de lápis e papel
    (c) de personalidade

Respostas: 1.a; 2.d; 3.d; 4.c; 5.b; 6.a; 7.d; 8.c; 9.b; 10.a.

[capítulo **4**]

FUNDAMENTOS EM FIDEDIGNIDADE

O termo *fidedignidade* sugere confiabilidade. Quando decisões de qualquer tipo devem ser tomadas, no todo ou em parte, com base em escores de testes, seus usuários precisam ter certeza de que estes escores são razoavelmente confiáveis. Quando usada no contexto dos testes e medidas, a fidedignidade se baseia na consistência e precisão dos resultados do processo de mensuração. Para terem um certo grau de confiança nos escores, os usuários de testes exigem evidências de que os escores obtidos seriam consistentes, se os testes fossem repetidos com os mesmos indivíduos ou grupos, e de que são razoavelmente precisos.

Enquanto a fidedignidade na mensuração implica consistência e precisão, a falta de fidedignidade implica inconsistência e imprecisão, ambas resultam em erros de mensuração. No contexto da testagem, um *erro de mensuração* pode ser definido como qualquer flutuação nos escores resultante de fatores relacionados aos processos de mensuração que são irrelevantes ao que está sendo medido. A *fidedignidade*, portanto, é a qualidade dos escores de teste que sugere que eles são suficientemente consistentes e livres de erros de mensuração para serem úteis.

Observe que, para serem úteis, os escores de teste não precisam ser totalmente consistentes e livres de erros. Como vimos no Capítulo 1, mesmo nas ciências físicas – algumas das quais se orgulham de uma instrumentação incrivelmente confiável – as mensurações sempre estão sujeitas a um certo grau de erro e flutuação. Nas ciências sociais e comportamentais, as mensurações são muito mais propensas a erro devido à natureza complexa dos constructos e ao fato de que os dados comportamentais, a partir dos quais eles são avaliados, podem ser afetados por muito mais fatores imprevisíveis do que outros tipos de dados (ver quadro Consulta Rápida 5.2, Desconstruindo Constructos, no Capítulo 5). Os escores de testes psicológicos, em particular, são especialmente suscetíveis a influências de diversas fontes – incluindo o testando, o examinador e o contexto no qual a testagem ocorre –, todas podem resultar em uma variabilidade alheia aos objetivos do teste.

VERDADE E ERRO NA MENSURAÇÃO PSICOLÓGICA

Uma das abordagens mais tradicionais ao tópico da fidedignidade na teoria clássica dos testes é a noção do *escore verdadeiro* (Gulliksen, 1950). De certa forma, pode-se dizer que esta idéia representa o Santo Graal da psicometria. Embora os escores verdadeiros não existam na realidade, ainda assim é possível imaginar sua existência: são as entidades hipotéticas que resultariam de mensurações inteiramente livres de erros. Os métodos para estimar a fidedignidade dos escores oferecem um meio de estimar escores verdadeiros, ou pelo menos os limites dentro dos quais estes poderiam se localizar. Os conceitos de fidedignidade e erro nos escores de teste – que obviamente devem ser levados em consideração ao se lidar com qualquer escore – são aplicados de forma paralela, mas um tanto diferente, quando se trata de um ou mais escores de um mesmo indivíduo e quando se lida com escores de grupos.

O conceito do escore verdadeiro nos dados individuais

Na teoria clássica dos testes, o *escore verdadeiro* de um indivíduo é conceitualizado como o escore médio em uma distribuição hipotética que seria obtida se o indivíduo se submetesse ao mesmo teste um número infinito de vezes. Na prática, obviamente, é impossível obter tal escore até mesmo para um único indivíduo, o que dirá para muitos. Ao invés de escores verdadeiros, o que derivamos dos testes são os *escores observados* (isto é, os escores que os indivíduos efetivamente obtêm).

Em relação a um único escore, as idéias apresentadas até este ponto podem ser representadas sucintamente por meio da seguinte equação:

$$X_O = X_{verdadeiro} + X_{erro} \qquad (4.1)$$

que expressa o conceito de que qualquer escore observado (X_O) tem dois componentes: um componente de escore verdadeiro ($X_{verdadeiro}$) e um componente de erro (X_{erro}). De um ponto de vista realista, as magnitudes destes dois componentes sempre serão desconhecidas. Não obstante, em teoria, o componente do escore verdadeiro é entendido como aquela parte do escore observado que reflete a habilidade, traço ou característica avaliada pelo teste. Inversamente, o componente de erro, que é definido como a diferença entre o escore observado e o escore verdadeiro, representa quaisquer outros fatores que possam influenciar o escore observado como conseqüência do processo de mensuração.

Escores verdadeiros em dados de grupo

A importância singular da variabilidade entre os indivíduos já foi discutida no Capítulo 2, no qual foi destacado que a utilidade da testagem psicológica depende da obtenção de algum grau de variabilidade entre os testandos. Sem a variabilidade dos escores, os testes não serviriam como auxílio para a tomada de decisões comparativas entre pessoas. Também devemos recordar que, no mesmo capítulo, a variância de amostra (s^2) foi definida como a quantidade média de variabilidade em um grupo de escores. Com base nesta informação, a Fórmula (4.1) – que diz respeito a um único escore de teste – pode ser extrapolada e aplicada à distribuição dos escores obtidos em uma amostra, ou uma população, da seguinte maneira:

$$\text{Variância de amostra} = s^2 = s_v^2 + s_e^2 \quad (4.2)$$

ou

$$\text{Variância populacional} = \sigma^2 = \sigma_v^2 + \sigma_e^2 \quad (4.3)$$

Ambas as fórmulas expressam a mesma idéia, qual seja, de que a variância em um conjunto de escores observados de uma amostra (s^2) ou população (σ^2) consiste em uma porção de variância verdadeira (s_v^2 ou σ_v^2) e uma porção de variância de erro (s_e^2 ou σ_e^2). A variância verdadeira consiste nas diferenças entre os escores dos indivíduos de um grupo que refletem sua posição na característica avaliada pelo teste. A variância de erro é composta pelas diferenças entre os escores que refletem fatores irrelevantes ao que o teste avalia. As fórmulas (4.2) e (4.3) também implicam que a fidedignidade dos escores aumenta à medida que o componente de erro diminui. De fato, o *coeficiente de fidedignidade* (r_{xx}) – que será discutido mais adiante neste capítulo – pode ser definido como a razão entre a variância verdadeira (s_v^2) e a variância total (s^2), ou,

$$r_{xx} = \frac{s_v^2}{s^2} \quad (4.4)$$

Em outras palavras, se toda a variância nos escores de teste fosse variância verdadeira, a fidedignidade dos escores seria perfeita (1,00). Um coeficiente de fidedignidade pode ser visto como um número que estima a proporção da variância em um grupo de escores que é explicada por erros oriundos de uma ou mais fontes. Nesta perspectiva, a avaliação da fidedignidade de um escore envolve um processo em dois tempos que consiste em (a) determinar quais as possíveis fontes de erro que podem interferir nos escores e (b) estimar a magnitude destes erros.

A RELATIVIDADE DA FIDEDIGNIDADE

Embora a prática de descrever os *testes* como fidedignos seja comum, o fato é que a qualidade da fidedignidade, caso exista, pertence não aos testes, mas aos *escores* deles obtidos. Esta distinção é enfatizada consistentemente pela maioria dos autores que contribuem para a literatura contemporânea sobre a fidedignidade (quadro Consulta Rápida 4.1). Embora possa parecer sutil à primeira vista, esta distinção é fundamental para a compreensão das implicações do conceito de fidedignidade em relação ao uso de testes e à interpretação de seus escores. Se um teste for descrito como fidedigno, sugere-se que sua confiabilidade foi estabelecida perma-

> **CONSULTA RÁPIDA 4.1**
>
> Uma excelente compilação de textos sobre fidedignidade, com explicações mais extensas e detalhadas de muitos tópicos abordados neste capítulo, pode ser encontrada em *Score Reliability: Contemporary Thinking on Reliability Issues*, organizada por Bruce Thompson (2003b).

nentemente, em todos os aspectos, para todos os usos e com todos os usuários. Isso é o mesmo que dizer que um piano bem-afinado sempre vai estar afinado e produzirá sons igualmente bons independentemente do tipo de música tocada ou de quem o tocar. Na verdade, a qualidade do som de um piano é uma função não apenas do instrumento em si como também de variáveis relacionadas à música, ao pianista e ao ambiente (p. ex., a acústica da sala) onde o piano é tocado. Da mesma forma, embora a fidedignidade na testagem dependa, em um grau significativo, das características do teste, a fidedignidade dos escores – que é o que resulta do uso do instrumento e, assim como a música produzida pelo piano, é o que realmente importa – também pode ser afetada por muitas outras variáveis.

Além disso, mesmo aplicada aos escores de teste, a qualidade da fidedignidade é relativa. O escore que uma pessoa obtém em um teste não é fidedigno num sentido absoluto, mas pode ser mais ou menos confiável devido a fatores pertinentes unicamente ao testando (p. ex., fadiga, falta de motivação, influência de drogas, etc.) ou condições da situação de testagem (p. ex., presença de ruídos que causam distração, a personalidade do examinador, a rigidez com que o limite de tempo é observado, etc.). Todos estes fatores podem afetar individual ou conjuntamente o escore obtido em maior ou menor grau, até mesmo ao ponto dos escores se tornarem tão pouco confiáveis que precisem ser descartados. Embora não tenham relação com o teste em si, todas estas questões precisam ser levadas em consideração no processo de avaliação.

Em contraposição, quando a fidedignidade (r_{xx}) é considerada do ponto de vista dos dados de escores obtidos *a partir de uma amostra grande em condições padronizadas*, presume-se que os erros de mensuração que podem afetar os escores individuais de membros da amostra, embora ainda presentes, estejam distribuídos aleatoriamente. Uma vez que os erros aleatórios têm igual probabilidade de influen-

---

Não Esqueça

- A fidedignidade é uma característica dos *escores* de teste, e não dos testes em si.
- A fidedignidade de qualquer mensuração, e dos escores de testes psicológicos em particular, não é absoluta nem imutável. Por isso, as possíveis fontes de erro na mensuração e o grau em que estas influenciam qualquer uso específico de um teste devem ser levados em consideração, estimados e relatados sempre que escores de teste forem empregados (AERA, APA, NCME, 1999).

ciar os escores em direção positiva ou negativa, também se pode presumir que se anulem mutuamente. Mesmo neste caso, no entanto, as estimativas de fidedignidade vão variar de amostra para amostra dependendo de sua composição e das circunstâncias em que a testagem ocorre. Por exemplo, se um teste tem como alvo adultos de 18 a 90 anos, a fidedignidade estimada de seus escores será suscetível à influência de diferentes fatores, dependendo da estimativa ser baseada em dados obtidos das faixas etárias mais velhas, mais jovens ou de um grupo que seja representativo da faixa etária completa para a qual o teste se destina.

Uma observação a respeito de verdade e erro

A necessidade de identificar e investigar os componentes de verdade e erro dos escores é analisada mais detalhadamente na seção a seguir, mas é importante enfatizarmos que estes julgamentos sempre devem ser feitos em relação ao que cada teste pretende avaliar e às circunstâncias nas quais ele é administrado. Por exemplo, os escores de um teste que denotam a velocidade com que os indivíduos são capazes de encaixar 100 peças em um tabuleiro, se aplicados em condições padronizadas, de modo geral iriam refletir os níveis típicos de destreza manual dos testandos de forma bastante fidedigna. Se o mesmo teste for administrado (a) em condições planejadas de modo a distrair os testandos ou (b) em condições que distraíssem sem querer os testandos, ambos os conjuntos de escores iriam refletir níveis de destreza manual sob condições de distração. No entanto, a influência das distrações somente seria vista como uma fonte de variância de erro, ou como redutora da fidedignidade daquilo que os escores pretendem indicar, no segundo caso.

FONTES DE ERRO NA TESTAGEM PSICOLÓGICA

Como vimos, o erro pode influenciar os escores dos testes psicológicos devido a um número enorme de razões, muitas das quais estão fora do âmbito das estimativas psicométricas de fidedignidade. De modo geral, no entanto, os erros que influenciam os escores de teste podem ser categorizados como oriundos de uma ou mais das seguintes três fontes: (a) o contexto no qual a testagem ocorre (incluindo fatores relacionados ao administrador do teste, ao avaliador e ao ambiente, bem como aos motivos da aplicação do teste), (b) o testando e (c) o teste em si. Alguns erros oriundos destas fontes podem ser minimizados ou eliminados desde que práticas apropriadas de testagem sejam observadas pelas partes envolvidas no processo de desenvolvimento, seleção, administração e pontuação dos instrumentos. Outros, como a negligência do testando ou tentativas de manipular a impressão gerada por suas respostas, não podem ser eliminados, mas podem ser detectados por vários mecanismos de checagem embutidos nos testes. As práticas relacionadas ao uso apropriado dos testes – a maioria voltada para a redução do erro nos escores – são discutidas mais detalhadamente no Capítulo 7, que trata de questões relevantes à seleção, administração e pontuação, entre outras.

Para os fins da discussão sobre fidedignidade, podemos pressupor que os usuários, administradores e avaliadores de testes selecionam cuidadosamente os instrumentos mais apropriados, preparam ambientes adequados, estabelecem um bom *rapport* com os testandos e administram e pontuam os escores de acordo com procedimentos padronizados bem-estabelecidos. Além disso, também vamos pressupor que os testandos são motivados e preparados adequadamente para realizar os testes. Quer estas premissas se apliquem ou não a casos específicos, permanece o fato de que os comportamentos que elas acarretam estão sujeitos ao controle de um ou mais indivíduos envolvidos no processo de testagem e não são pertinentes ao teste de forma direta. Se estas premissas estiverem corretas, os erros nos escores que se originam de fontes não relacionadas aos testes podem obviamente ser eliminados ou pelo menos minimizados.

Ao considerarmos a fidedignidade no restante deste capítulo, as fontes de erro discutidas dizem respeito basicamente a fatores que estão fora do controle consciente das partes envolvidas no processo de testagem, ou seja, fatores aleatórios ou casuais. Antes de prosseguirmos, no entanto, devemos observar que o erro de mensuração pode ser sistemático e consistente, bem como aleatório. Assim como uma balança pode acrescentar ou diminuir alguns quilos, um teste pode ter características intrínsecas que afetem todos os testandos. As estimativas tradicionais de fidedignidade podem não detectar este tipo de erro consistente, dependendo de sua fonte, porque se baseiam em métodos criados para detectar inconsistências nos resultados. Erros consistentes e sistemáticos de mensuração afetam não apenas a fidedignidade, mas também a validade dos resultados. Para detectá-los, é preciso comparar os resultados de um instrumento com os de outras ferramentas que avaliem o mesmo constructo, mas não compartilhem o fator que causa o erro consistente. Para detectar o erro no caso de uma balança desregulada, por exemplo, seria necessário pesar a mesma pessoa ou objeto em uma ou mais balanças bem-calibradas.

O quadro Consulta Rápida 4.2 lista algumas possíveis fontes de erro que podem tornar os testes inconsistentes. Esta lista categoriza as fontes de erro avaliadas pelas estimativas tradicionais de fidedignidade juntamente com os tipos de teste aos quais dizem respeito mais diretamente e os coeficientes de fidedignidade tipicamente usados para estimá-las. Uma explicação conceitual de cada fonte de erro e estimativas de fidedignidade é apresentada a seguir, na mesma ordem em que são listadas no quadro Consulta Rápida 4.2. Considerações a respeito de quando e como estes conceitos e procedimentos são aplicados no processo de uso dos testes são discutidas em uma seção subseqüente deste capítulo.

Diferenças entre avaliadores

Diferenças entre avaliadores (ou *entre pontuadores*) é o nome dado aos erros que podem influenciar escores sempre que o elemento da subjetividade desempenha um papel na avaliação de um teste. Presume-se que juízes diferentes nem sempre vão designar exatamente os mesmos escores ou notas ao desempenho em um mesmo teste, mesmo se (a) as instruções de pontuação especificadas no manual do teste forem explícitas e detalhadas e (b) os avaliadores forem conscienciosos ao

CONSULTA RÁPIDA 4.2

Fontes de erro de mensuração com os coeficientes de fidedignidade típicos usados para estimá-las

Fonte de erro	Tipo de teste propenso a cada fonte de erro	Medidas apropriadas para estimar erros
Diferenças entre avaliadores	Testes avaliados com algum grau de subjetividade	Fidedignidade do avaliador
Erro de amostragem de tempo	Testes de traços ou comportamentos relativamente estáveis	Fidedignidade de teste-reteste (r_{tt}), ou coeficiente de estabilidade
Erro de amostragem de conteúdo	Testes para os quais a consistência de resultados é desejada como um todo	Fidedignidade de forma alternativa (r_{11}) ou fidedignidade pelo método das metades (*split-half*)
Inconsistência entre itens	Testes que requerem consistência entre os itens	Fidedignidade pelo método das metades ou medidas mais rígidas de consistência interna, como a fidedignidade de Kuder-Richardson 20 (K-R 20) ou o coeficiente alfa (α)
Inconsistência entre itens e heterogeneidade de conteúdo combinadas	Testes que requerem consistência e homogeneidade entre os itens	Medidas de consistência interna e evidências adicionais de homogeneidade
Erros de amostragem de tempo e conteúdo combinados	Testes que requerem estabilidade e consistência dos resultados como um todo	Fidedignidade de forma alternativa com intervalo

aplicar estas instruções. Em outras palavras, a variabilidade dos escores que se deve a diferenças entre avaliadores não implica negligência nem na preparação das instruções para a pontuação, nem na avaliação do teste, mas sim se refere a variações que têm origem em diferenças no julgamento subjetivo dos avaliadores.

Fidedignidade do avaliador

O método básico para estimar erros devidos a diferenças entre avaliadores consiste em fazer com que pelo menos dois indivíduos diferentes avaliem o mesmo conjunto de testes, para que o desempenho de cada testando gere dois ou mais escores independentes. As correlações entre os conjuntos de escores gerados desta maneira são índices de *fidedignidade do avaliador*. Correlações muito altas e positivas, da ordem de 0,90 ou mais, sugerem que a proporção de erro devida às diferenças entre avaliadores é de 10% ou menos, uma vez que $1 - (\geq 0{,}90) = \leq 0{,}10$.

Erro de amostragem de tempo

O *erro de amostragem de tempo* se refere à variabilidade inerente aos escores de teste como função do fato de serem obtidos em um determinado momento do tempo e não em outro. Este conceito se baseia em duas noções relacionadas, quais sejam: (a) que qualquer constructo ou comportamento avaliado por um teste é passível de flutuação com o tempo e (b) que alguns dos constructos e comportamentos avaliados estão muito menos sujeitos a mudanças ou se alteram em ritmo muito mais lento do que outros. Por exemplo, constructos psicológicos relacionados a habilidades, como compreensão verbal ou aptidão mecânica, geralmente são vistos como menos propensos a flutuações do que constructos relacionados à personalidade, como cordialidade ou empatia. No campo do funcionamento emocional e da personalidade, a diferença entre constructos mais e menos estáveis foi codificada na distinção tradicional entre *traços* – que são entendidos como características relativamente duradouras – e *estados*, que são por definição condições temporárias. Em certo grau, esta distinção também pode ser aplicada às características cognitivas. A habilidade verbal, por exemplo, é considerada muito mais estável em um indivíduo do que sua capacidade de atenção e memória, ambas são mais suscetíveis às influências de condições transitórias ou estados emocionais. De qualquer modo, está claro que, embora se pressuponha que uma certa quantidade de erro de amostragem de tempo está presente em todos os escores de teste, via de regra deve-se esperar que sua influência seja menor naqueles testes que avaliam traços relativamente estáveis.

Fidedignidade de Teste-reteste

Para gerar estimativas da quantidade de erro de amostragem de tempo que afeta os escores de um dado teste, costuma-se administrar o mesmo teste em duas ocasiões diferentes, separadas por um certo intervalo de tempo, a um ou mais grupos de indivíduos. A correlação entre os escores obtidos nas duas administrações é um *coeficiente de fidedignidade de teste-reteste* (ou *estabilidade*) (r_{tt}) e pode ser vista como um índice do grau em que os escores podem flutuar como resultado de erro de amostragem de tempo. Quando este procedimento é usado, o intervalo de tempo entre as duas administrações do teste sempre tem que ser especificado, pois obviamente vai afetar a estabilidade dos escores. Na realidade, no entanto, existem muitos fatores que podem afetar de modo diferente os escores de testes derivados de um grupo de pessoas em duas ocasiões distintas. Por isso, não existe um intervalo fixo que possa ser recomendado para todos os testes. Se o intervalo for muito curto, por exemplo, os testandos podem se lembrar das respostas que deram na primeira ocasião, o que pode afetar seus escores na repetição. Por outro lado, se o intervalo for longo demais, sempre existe a possibilidade de que experiências

Fundamentos da testagem psicológica **129**

intervenientes – incluindo passos que os testandos possam ter dado como reação à primeira administração – venham a afetar os escores da segunda ocasião. Além destas considerações, os usuários de testes também devem avaliar os coeficientes de estabilidade do ponto de vista das expectativas teóricas pertinentes aos traços e comportamentos avaliados pelo teste. Um exemplo seriam as diferenças na taxa de mudanças que podem ser esperadas como função da idade dos testandos. A compreensão da leitura, por exemplo, pode mudar muito rapidamente em crianças pequenas, mas deve se manter estável durante a vida adulta, a menos que seja afetada por alguma circunstância incomum – como um treinamento especial ou uma lesão cerebral.

Erro de amostragem de conteúdo

Erro de amostragem de conteúdo é o termo usado para indicar a variabilidade irrelevante aos traços que pode influenciar os escores de teste como resultado de fatores fortuitos relacionados ao conteúdo de itens específicos. Um exame simples de como o erro de amostragem de conteúdo pode influenciar escores é apresentado no quadro Consulta Rápida 4.3. Esta ilustração é um tanto limitada porque diz respeito a um erro resultante de falhas na construção do teste e que, portanto, poderia ser evitado com facilidade. No exemplo, a seleção dos itens feita pelo pro-

---

CONSULTA RÁPIDA 4.3

Uma ilustração simples de erro de amostragem de conteúdo resultante de falhas na construção de um teste

Tomemos o caso de um teste de sala de aula referenciado no domínio que busca avaliar o conhecimento de *todo* o material contido em cinco capítulos de um livro. Suponhamos que o professor que prepara o teste desenvolva a maioria dos itens a partir do conteúdo de apenas três capítulos, deixando de incluir itens dos dois capítulos restantes. Suponhamos ainda que vários alunos também tenham se concentrado em apenas três capítulos ao estudarem para o teste.

O erro de amostragem de conteúdo nos escores deste teste resultaria primordialmente da amostragem irregular do material que ele deveria cobrir. *Não havendo outras falhas,* as conseqüências da amostragem incorreta de conteúdo por parte do professor seriam as seguintes: (a) aqueles alunos que estudaram os mesmos três capítulos dos quais foi retirado o conteúdo do teste teriam escore próximo de 100%; (b) aqueles que se concentraram em dois destes capítulos e um dos outros teriam notas de cerca de 67%, e (c) aqueles que tiveram o azar de se concentrar em apenas um dos capítulos "certos" e nos dois capítulos que não foram incluídos no teste teriam escores de aproximadamente 33%.

Se assumimos que todos os alunos que estudaram apenas três dos cinco capítulos tinham dominado 60% do material que o teste deveria cobrir, seus escores verdadeiros deveriam ter aproximadamente esta percentagem. As discrepâncias entre os escores obtidos e seu verdadeiro nível de competência do material é o erro de amostragem de conteúdo. Neste caso em particular, o erro nos escores reduziria não apenas a confiabilidade dos escores como também sua validade.

fessor resulta em uma cobertura inadequada do conteúdo de conhecimento que o teste pretende avaliar. Conseqüentemente, uma boa parte da variabilidade dos escores não está relacionada, por parte dos alunos, ao nível de competência do material tornando seus escores não apenas menos confiáveis mas também menos válidos do que poderiam ser. Um exemplo mais típico são casos em que – por razões que fogem ao controle do desenvolvedor – o conteúdo específico de um teste favorece ou prejudica alguns testandos, devido a suas experiências de vida diferentes. Por exemplo, um teste que visa avaliar a compreensão da leitura pode acidentalmente incluir diversas passagens que são conhecidas por alguns testandos e não por outros. Obviamente, os testandos familiarizados com as passagens poderão responder às perguntas baseadas nelas com mais facilidade e rapidez do que o resto, devido à sua maior familiaridade com o material, mais do que a um nível mais alto de realização em compreensão de leitura.

Fidedignidade de forma alternativa

Os *procedimentos de fidedignidade de forma alternativa* procuram estimar a quantidade de erro nos escores de teste que pode ser atribuída ao erro de amostragem de conteúdo. Para investigar este tipo de fidedignidade, duas ou mais formas diferentes de um teste – com objetivos idênticos, mas conteúdo específico diferente – precisam ser preparadas e administradas ao mesmo grupo de sujeitos. Os escores dos testandos em cada versão são então correlacionados para se obter *coeficientes de fidedignidade de forma alternativa* (r_{1I}). Já que é improvável que os mesmos fatores do acaso que favoreçam alguns testandos, e não outros, venham a afetar as diferentes formas do teste, correlações altas e positivas (p. ex., 0,90 ou mais) entre escores nas várias formas podem ser tomadas como indicação de que o erro de amostragem de conteúdo não exerce grande influência nos escores (p. ex., 10% ou menos). A fidedignidade de forma alternativa com intervalo, uma variação deste procedimento usada para avaliar os efeitos combinados da amostragem de tempo e conteúdo, é discutida mais adiante nesta seção.

Não esqueça

A expressão *não havendo outras falhas*, que aparece no quadro Consulta Rápida 4.3 e em outras partes deste livro, é um artifício retórico para sugerir que todas as considerações pertinentes, além do conceito em discussão no momento, devem ser desconsideradas temporariamente para fins de isolamento e esclarecimento da questão em destaque.

É importante lembrarmos, no entanto, que a premissa de que "não há outras falhas" raramente é realista na testagem, assim como em outros aspectos da vida. A expressão tem por objetivo (a) alertar o leitor para a possibilidade de que várias outras coisas precisam ser levadas em conta, além do conceito específico em discussão, e (b) estimular o leitor a refletir sobre quais elas podem ser.

Fidedignidade pelo método das metades (split-half)

O desenvolvimento de formas alternativas de um teste, ou a administração do mesmo teste duas vezes, costuma envolver problemas teóricos e práticos que dificultam esses cursos de ação. Uma solução é simplesmente administrar um teste a um grupo de indivíduos e criar dois escores para cada pessoa, dividindo o teste pela metade.

Como dividir um teste pela metade. A melhor forma de dividir os testes para calcular coeficientes de fidedignidade pelo método das metades depende de seu delineamento. Em particular, é imperativo considerar duas possibilidades: (a) se alguns itens diferem sistematicamente de outros ao longo de todo o teste e (b) se a velocidade tem um papel significativo no desempenho dos testandos. Ambas as condições podem ter efeitos profundos na magnitude dos coeficientes de fidedignidade das metades.

1. *Diferenças sistemáticas entre itens* podem ocorrer devido a várias razões. Por exemplo, muitos testes de habilidades começam com os itens mais fáceis e se tornam progressivamente mais difíceis, ou são divididos em partes ou subtestes que cobrem conteúdos diferentes. Ainda outros, como o Teste Wonderlic de Pessoal, são estruturados em *formato de coletânea em espiral*, de modo que itens ligados a tarefas verbais, numéricas, espaciais e analíticas se alternem sistematicamente. Muitos inventários de personalidade também são arranjados de modo que itens de diferentes escalas reapareçam ao longo do teste.
2. *Quando o desempenho no teste depende primariamente da velocidade,* os itens geralmente são formulados num nível de dificuldade baixo o bastante para que todos os testandos possam completá-los corretamente, mas são fixados limites de tempo para que a maioria deles não consiga terminar o teste. Por exemplo, testes de aptidão administrativa muitas vezes incluem tarefas que exigem que os testandos examinem uma longa lista de pares de números, letras ou símbolos em um período de tempo breve e indiquem se cada par é ou não idêntico. Neste tipo de teste de alta velocidade, os escores dependem primariamente do número de itens completados, mais do que do número de respostas corretas. Como a maioria dos testandos vai apresentar um desempenho perfeito ou quase perfeito em todos os itens, qualquer divisão de tal teste em termos de itens – bem como qualquer medida de consistência interna – vai produzir coeficientes próximos da perfeição.

O quadro Consulta Rápida 4.4 apresenta algumas possíveis soluções para o problema de como dividir vários tipos de testes. Depois que isso é feito, a correlação entre os escores nas duas metades (r_{hh}) é usada para derivar um *coeficiente de fidedignidade pelo método das metades (split-half)*. Como na verdade estima a consistência dos escores nos dois meios-testes, a *fórmula de Spearman-Brown (S-B)* é

> **CONSULTA RÁPIDA 4.4**
>
> **Algumas soluções para o problema de como dividir um teste pela metade**
>
> - Uma regra básica para dividir testes de vários tipos para o cálculo de coeficientes de fidedignidade pelo método das metades é *dividir o teste nas duas metades mais comparáveis*. Embora isso possa ser feito de muitas formas, costuma-se fazer uma divisão em pares e ímpares, com os itens pares (2, 4, 6, etc) e ímpares (1, 3, 5, etc) compondo as duas metades.
> - Quando a velocidade tem um papel no desempenho no teste, qualquer estimativa de fidedignidade obtida com uma única administração – como o método das metades – vai produzir resultados espúrios altos. Isso ocorre porque, para testes significativamente acelerados, a fidedignidade dos escores é primariamente uma função da consistência da velocidade com que os testandos realizam o teste, em oposição à consistência do calibre de suas respostas. Assim, para testes acelerados, uma possível solução é usar *métodos de fidedignidade com dupla administração*, como o de teste-reteste ou de formas alternativas. Outra é dividir o teste em termos de metades, com tempos contados separadamente, e então calcular o coeficiente de fidedignidade do mesmo modo que no habitual método das metades.
> - *Por que isso é importante para um potencial usuário de testes?* Se o método usado para calcular estimativas da consistência interna dos escores não for apropriado ao delineamento do teste, os coeficientes de fidedignidade resultantes serão enganosos. Os potenciais usuários de testes que estão considerando a questão da fidedignidade no processo de seleção de um teste precisam atentar para estas questões.

aplicada ao r_{hh} para se obter a estimativa para o teste completo. Esta fórmula se baseia na proposição da teoria clássica dos testes de que um número maior de observações vai produzir um resultado mais confiável do que um número menor. Em outras palavras, não havendo outras falhas, um escore baseado em um teste mais longo vai estar mais próximo do escore verdadeiro do que outro baseado em um teste mais curto. A versão geral da fórmula S-B é

$$r_{S\text{-}B} = \frac{nr_{xx}}{1 + (n-1)r_{xx}} \qquad (4.5)$$

em que

$r_{S\text{-}B}$ = a estimativa de um coeficiente de fidedignidade de Spearman-Brown,
n = o multiplicador pelo qual a extensão do teste deve aumentar ou diminuir, e
r_{xx} = o coeficiente de fidedignidade obtido com a extensão original do teste.

Esta fórmula pode ser usada para estimar que aumentar um teste ou diminuí-lo a qualquer fração de seu tamanho original terá efeito no coeficiente obtido. Por exemplo, se o r_{xx} obtido para um teste de 30 itens for 0,80 e desejarmos estimar qual seria o coeficiente de fidedignidade se o teste fosse aumentado para 90 itens, acrescentando-se 60 itens *comparáveis*, descobriríamos que n seria 3 e $r_{S\text{-}B}$ seria 0,92. Se quiséssemos encurtar o mesmo teste para 15 itens, n seria ½ e $r_{S\text{-}B}$ diminuiria para

0,67. Quando aplicada a um coeficiente de fidedignidade pelo método das metades (r_{hh}), que envolve estimar a fidedignidade do teste como um todo baseado na correlação entre suas duas metades, a fórmula de S-B pode ser simplificada da seguinte maneira:

$$r_{S-B} = \frac{2r_{hh}}{1 + r_{hh}} \quad (4.6)$$

Inconsistência entre itens

A *inconsistência entre itens* se refere a erros nos escores que resultam de flutuações nos *itens* ao longo do teste, em oposição ao erro de amostragem de conteúdo que emana da configuração particular dos itens incluídos no teste como um todo. Embora as inconsistências possam ficar aparentes, em um exame cuidadoso do conteúdo dos itens – e dos processos cognitivos que podem estar em jogo ao se responder aos diferentes itens de um teste –, do ponto de vista estatístico, elas se manifestam em correlações baixas entre eles. Estas inconsistências podem se dever a uma variedade de fatores (incluindo erro de amostragem de conteúdo), muitos dos quais são fortuitos e imprevisíveis, e também podem resultar da heterogeneidade do conteúdo.

Heterogeneidade de conteúdo

A *heterogeneidade de conteúdo* resulta da inclusão de itens, ou conjuntos de itens, que exploram o conhecimento de conteúdos ou funções psicológicas que diferem daquelas exploradas por outros itens no mesmo teste. Este fator está em grande parte sob o controle dos criadores de testes, que devem determinar o grau de heterogeneidade do conteúdo do teste com base em seus objetivos e no tipo de população para o qual ele se destina. Se um teste é delineado com a finalidade de obter amostras de conteúdo heterogêneo, esta heterogeneidade não pode ser considerada uma fonte de erro. A heterogeneidade no conteúdo ou nas funções cognitivas exploradas pelos diferentes itens é fonte de erro somente quando o teste pretende ser homogêneo em um ou mais aspectos ao longo de todos os seus itens. O quadro Consulta Rápida 4.5 mostra alguns conjuntos de itens que variam em termos de heterogeneidade.

Medidas de consistência interna

Medidas de consistência interna são procedimentos estatísticos que procuram avaliar a extensão da inconsistência entre os itens de um teste. Os coeficientes de fidedignidade pelo método das metades realizam esta tarefa em certa medida. No entanto, mesmo um teste muito curto pode ser dividido de várias formas diferentes – por exemplo, um teste de quatro itens pode ser dividido de três formas diferentes; um

Não Esqueça

Desconstruindo a heterogeneidade e a homogeneidade

Na testagem psicológica, os conceitos de homogeneidade e heterogeneidade são usados em referência à composição de: (a) amostras de comportamento ou itens que formam um teste e (b) grupos de testandos, como amostras de padronização ou populações. Uma vez que ambos estes aspectos podem afetar *todas* as funções estatísticas usadas para avaliar testes (ver, p. ex., a seção sobre restrição de amplitude e correlação, bem como a Figura 2.7 do Capítulo 2), é importante recordar o seguinte:

- *Heterogeneidade e homogeneidade sempre são termos relativos.* Qualquer entidade que seja composta de elementos separados é heterogênea se seus elementos são desiguais em algum aspecto. Portanto, qualquer grupo composto de constituintes multidimensionais, como pessoas ou itens de teste, é heterogêneo em algum aspecto. Seguindo a mesma lógica, nenhum destes grupos é homogêneo em todos os aspectos.
- *Para se caracterizar um grupo como heterogêneo ou homogêneo é necessário decidir qual variável ou variáveis vão servir como base para avaliar a semelhança ou a diferença.* Por exemplo:
- *Os itens de um teste* podem ser heterogêneos em relação a conteúdo e formato – se alguns consistem em palavras e outros consistem em números, ou se alguns são apresentados oralmente e outros o são por escrito –, mas homogêneos em relação à função cognitiva se todos eles envolvem a memória (p. ex., recordar palavras e números).
- *Um grupo de pessoas* pode ser heterogêneo em relação a idade e sexo, se inclui homens e mulheres entre 17 e 45 anos, mas homogêneo em relação ao nível de escolaridade, se incluir apenas calouros de universidade.

---

teste de seis itens, de 10 formas, etc. – e cada uma delas pode produzir uma correlação diferente entre as metades. Um modo de superar este problema logístico é fazer uma divisão entre pares e ímpares – com metade do teste consistindo em itens pares e metade em itens ímpares – ou qualquer outra divisão que resulte em duas metades mais comparáveis (ver o quadro Consulta Rápida 4.4).

Outra solução é oferecida por fórmulas que levam em conta a correlação entre itens (isto é, a correlação entre o desempenho em *todos os itens* de um teste). As duas fórmulas usadas com maior freqüência para calcular a consistência entre itens são a fórmula *Kuder-Richardson 20 (K-R 20)* e o *coeficiente alfa (α)*, também conhecido como *alfa de Cronbach* (Cronbach, 1951), que é simplesmente um caso mais geral do postulado da K-R 20. Tanto a K-R 20 como o coeficiente alfa requerem uma única administração do teste a um grupo de indivíduos. A magnitude dos coeficientes K-R 20 e alfa é uma função de dois fatores: (a) o número de itens do teste e (b) a razão entre a variabilidade no desempenho dos testandos em todos os itens e a variância total nos escores do teste. Não havendo outras falhas, a magnitude da K-R 20 e do coeficiente alfa serão mais altas: (a) à medida que o número de itens aumenta e (b) à medida que a razão entre a variância nos itens do teste e a variância total deste diminui. Conceitualmente, tanto a K-R 20 como o coeficiente alfa produzem estimativas de fidedignidade equivalentes à média de todos os coeficientes das metades possíveis que resultariam de todas as possíveis formas de se dividir o teste. Assim sendo, representam uma estimativa combinada do erro de

CONSULTA RÁPIDA 4.5

Exemplos de conjuntos de itens do conteúdo mais heterogêneo ao menos heterogêneo

Conjunto (A)

Item 1:   Qual é o próximo número na seguinte série?
          3   6   12   24   _____

Item 2:   Qual dos cinco itens listados difere mais dos outros quatro?
          Porco   Vaca   Galinha   Atum   Vitela

Item 3:   Um trem percorre 12m em meio segundo. Nesta mesma velocidade, que distância vai percorrer em quatro segundos?

Conjunto (B)

Item 1:   4 + 10 = _____
Item 2:   Se uma dúzia de ovos custa $ 1,03, quanto vão custar três dúzias?
Item 3:   O preço de um item é reduzido em 60% durante uma liquidação. Em que percentagem ele deve ser aumentado para voltar ao preço original?
          60%   80%   100%   120%   150%

Conjunto (C)

Item 1:   4 x 5 = _____
Item 2:   7 x 11 = _____
Item 3:   15 x 15 = _____

- *O conjunto A é o mais heterogêneo:* Os itens diferem em termos de domínios de conteúdo, formatos e habilidades exigidas.
- *O conjunto B vem a seguir:* Os itens são do mesmo domínio de conteúdo (matemática), mas diferem em formato e habilidades exigidas (isto é, adição, multiplicação e frações em matemática *mais habilidades básicas de leitura).*
- *O conjunto C é o mais homogêneo:* Seus itens têm em comum o domínio de conteúdo, o formato e as habilidades exigidas (compreensão da operação de multiplicação e seus símbolos).

---

amostragem de conteúdo, bem como da sua heterogeneidade. Portanto, a menos que um teste seja altamente homogêneo, as fidedignidades da K-R 2 e do coeficiente alfa serão mais baixas do que qualquer um dos coeficientes calculados pelo método das metades. O quadro Consulta Rápida 4.6 contém a fórmula K-R 20 e uma versão da fórmula do coeficiente alfa, juntamente com uma explicação básica de seus componentes e de sua aplicabilidade.

Uma vez que a K-R 20 e o coeficiente alfa dependem muito da quantidade de variabilidade entre os itens de um teste, fica óbvio que qualquer falta de uniformidade, como a heterogeneidade de conteúdo, vai diminuir estes coeficientes. Por exemplo, suponhamos que fossem calculados coeficientes de consistência interna para três testes de igual extensão – compostos por itens como os apresentados nos conjuntos A, B e C do quadro Consulta Rápida 4.5. Se isso fosse feito, o teste semelhante à mistura de itens do Conjunto A em termos de heterogeneidade teria

> **CONSULTA RÁPIDA 4.6**
>
> Fórmulas para cálculo da consistência interna
>
> **Fórmula Kuder-Richardson 20 (K-R 20)**
>
> $$r_{K-R\,20} = \left(\frac{n}{n-1}\right) \frac{s_t^2 - \sum pq}{s_t^2}$$
>
> em que
>
> n = número de itens do teste
> S^2T = variância dos escores totais
> $\sum pq$ = soma de p vezes q para cada item do teste
> P = proporção de pessoas que passam em cada item ou o respondem em uma direção específica
> Q = proporção de pessoas que são reprovadas em cada item ou o respondem na direção oposta
>
> A fórmula $r_{K-R\,20}$ se aplica a testes cujos itens são avaliados como certos ou errados, ou de qualquer outra forma dicotômica, como verdadeiro ou falso, se todos os itens forem formulados de tal modo que o sentido de cada alternativa é uniforme ao longo de todo o teste.
>
> **Coeficiente alfa (α) ou alfa de Cronbach**
>
> $$\alpha = \left(\frac{n}{n-1}\right) \frac{s_t^2 - \sum (s_i^2)}{s_t^2}$$
>
> em que
>
> n = número de itens do teste
> S_t^2 = variância dos escores totais
> $\sum (S_i^2)$ = soma das variâncias dos escores de itens
>
> Esta fórmula do coeficiente alfa e uma variação de item padronizado conhecida como *alfa*, que usa a correlação média entre itens em vez das variâncias de escores de itens e do escore total, são usadas para testes cujos itens têm múltiplas respostas possíveis (p. ex., *concordo totalmente, concordo, discordo* e *discordo totalmente*). Cortina (1993) faz uma extensa discussão do significado das fórmulas do coeficiente alfa e os vários fatores que podem afetar seus resultados.

a consistência interna mais baixa, porque as diferenças entre a maestria dos testandos nas várias habilidades e domínios de conteúdo explorados pelos itens estariam refletidas em seu desempenho. O teste com os itens mais homogêneos, ou seja, itens como os do Conjunto C, teria o coeficiente mais alto.

Por que isto é importante? Quando um teste é delineado intencionalmente, de modo a incluir itens diversos em termos de uma ou mais dimensões, a K-R 20 e o coeficiente alfa vão superestimar o erro de amostragem de conteúdo, sendo por isso inadequados. Dependendo do delineamento do teste, e com base no exame de seu conteúdo, itens homogêneos podem ser colocados em subtestes ou segregados de alguma outra forma para permitir o cálculo de medidas separadas de consistência entre itens e entre grupos de itens semelhantes. Por outro lado, quando a homogeneidade entre todos os itens é desejada, a magnitude da K-R 20 ou do coeficiente alfa é um índice do grau em que seu objetivo foi atingido. Na verdade, a diferença entre a magnitude do coeficiente de fidedignidade calculado pelo método das metades mais apropriado e os coeficientes K-R 20 ou alfa pode ser tomada como uma indicação da quantidade de heterogeneidade dos itens de um teste. Quanto mais próximas as duas estimativas estiverem, mais homogêneo será o conteúdo.

Técnicas de análise fatorial também podem ser usadas para investigar a heterogeneidade e a possível multidimensionalidade de itens de teste. Estas técnicas, discutidas mais longamente no Capítulo 5, são usadas para detectar semelhanças entre um conjunto de variáveis – como respostas a itens – com base na inter-relação de seus padrões de variabilidade entre um ou mais grupos de testandos.

Erros de amostragem de tempo e conteúdo combinados

Erros de amostragem de tempo e de conteúdo podem ser estimados de forma combinada para testes que requerem ao mesmo tempo estabilidade e consistência de resultados. Como veremos mais adiante, também é possível estimar os efeitos combinados de outras fontes de erro em escores de testes através de outros meios. No entanto, o delineamento da forma alternativa com intervalo oferece um bom método para se estimar erros de amostragem de tempo e conteúdo com um único coeficiente.

Fidedignidade de forma alternativa com intervalo

Coeficientes de fidedignidade de forma alternativa com intervalo podem ser calculados quando duas ou mais formas alternativas do mesmo teste são administradas em duas ocasiões diferentes, separados por um certo intervalo de tempo, a um ou mais grupos de indivíduos. Assim como na fidedignidade de teste-reteste, o intervalo entre as duas administrações precisa ser especificado claramente, juntamente com a composição das amostras e outras condições que podem afetar a magnitude dos coeficientes obtidos. Se as duas formas de um teste são administradas em sucessão próxima ou imediata, o coeficiente de forma alternativa resultante será basicamente uma função da fidedignidade entre as formas. Com intervalos mais longos entre as administrações, a variância de erro nos escores vai refletir não só as flutuações de tempo como o erro de amostragem de conteúdo do teste.

Uma observação sobre efeitos da prática. Uma conseqüência inevitável de se usar o mesmo teste ou formas alternativas de um teste repetidamente com os mesmos sujeitos é que isso introduz uma fonte adicional de variabilidade, indesejada nos escores devido a *efeitos da prática*. Naturalmente, a duração do intervalo entre as administrações afeta o grau no qual os escores da segunda administração ou das administrações subseqüentes vão estar sujeitos a esses efeitos. Com intervalos curtos, os efeitos da prática podem ser muito significativos, especialmente quando os itens do teste envolvem tarefas novas que exigem que os testandos aprendam certas estratégias de solução de problemas com probabilidade de serem relembradas. Os métodos de administração única para estimar a fidedignidade dos escores, como a técnica das metades e o coeficiente alfa, não são vulneráveis aos efeitos da prática, enquanto procedimentos de administração dupla, como o teste-reteste e a fidedignidade de forma alternativa geralmente o são. Quando os indivíduos diferem na quantidade de melhora demonstrada na retestagem devido à prática, as correlações obtidas entre as duas administrações devem ser reduzidas. Mais importante, no entanto, é o fato de que, quando os testes são administrados repetidamente para fins de avaliação de mudança ao longo do tempo, como nos estudos longitudinais, os efeitos da prática podem ser uma variável complicadora significativa, que deve ser levada em consideração (Kaufman e Lichtenberger, 2002, p. 163-165).

FIDEDIGNIDADE NO USO DE TESTES

A fidedignidade dos escores é uma consideração perene na testagem psicológica, devido à possibilidade sempre presente de que erros de várias fontes influenciem os resultados de testes. No entanto, o modo como a fidedignidade é considerada difere em vários pontos do processo do desenvolvimento de um teste, bem como em sua aplicação. Do ponto de vista de um usuário de testes, que é o mais pertinente para nossos objetivos, as estimativas de fidedignidade devem ser cuidadosamente consideradas e aplicadas nos estágios de (a) seleção do teste e (b) interpretação dos escores. O Capítulo 7 trata destas questões mais detalhadamente, mas como os usos das estimativas estatísticas de fidedignidade são apresentados neste capítulo, as diferentes maneiras como esta é considerada em cada estágio serão introduzidas agora para proporcionar um contexto para a discussão futura.

Considerações sobre a fidedignidade na seleção de testes

Quando precisam escolher que teste usar para um dado objetivo, os usuários devem se voltar para os dados que já foram coletados a respeito da fidedignidade dos escores de cada instrumento específico. Estes dados geralmente podem ser encontrados nos manuais, guias e artigos preparados pelos autores ou criadores dos testes, mas também podem aparecer na literatura psicológica como resultado do trabalho de investigadores independentes. Tipicamente, os dados sobre fidedignidade são apresentados na forma de coeficientes de correlação. Devido ao uso generalizado do coeficiente r de Pearson para se avaliar a fidedignidade e a validade dos escores de teste, os aspectos essenciais deste método correlacional, incluindo suas limitações (discutidas no Capítulo 2), devem ser plenamente compreendidos antes de nos aprofundarmos nesses tópicos. Um fato particularmente relevante a ser lembrado é que a magnitude dos coeficientes de correlação depende, em certo grau, da variabilidade das amostras com as quais eles foram calculados (ver a seção dobre Restrição da Amplitude e Correlação no Capítulo 2).

    Os vários tipos de coeficientes que podem ser calculados para se estimar erros de mensuração, juntamente com as fontes mais pertinentes de erro, já foram descritos, ainda que de forma abstrata. No momento de selecionarem um teste, os

Fundamentos da testagem psicológica **139**

usuários em potencial precisam aplicar estas noções às situações particulares nas quais desejam empregar essa ferramenta. O quadro Consulta Rápida 4.7 lista os passos básicos envolvidos na seleção de um teste do ponto de vista da fidedignidade, e uma discussão mais extensa destas considerações é apresentada nos parágrafos a seguir. Como advertência preliminar, deve-se observar que, ao avaliarmos as características psicométricas de um teste – seja em relação à fidedignidade, validade, dados normativos ou qualquer outro aspecto técnico de um instrumento – não há regras fixas aplicáveis a todos os testes ou seus usos.

CONSULTA RÁPIDA 4.7

Considerações sobre fidedignidade na seleção de testes

Passo 1 Determinar as fontes potenciais de erro que podem influenciar os escores dos instrumentos sob revisão.
Passo 2 Examinar os dados de fidedignidade disponíveis para esses instrumentos, incluindo os tipos de amostras das quais foram obtidos.
Passo 3 Avaliar os dados de fidedignidade à luz de todos os outros atributos dos testes em questão, como dados normativos e válidos, limitações de custo e tempo, etc.
Passo 4 Não havendo outras falhas, selecionar o teste que prometa produzir os escores mais fidedignos para os fins e a população em questão.

Avaliando possíveis fontes de erro em escores de testes

A precaução primordial para minimizar o erro em escores de teste é aderir estritamente a procedimentos padronizados para sua administração e avaliação (ver Capítulo 7). Além disso, os usuários de testes precisam avaliar a possível relevância de cada uma das fontes de erro listadas no quadro Consulta Rápida 4.2, tendo em vista as escolhas disponíveis de instrumentos e os objetivos para os quais eles podem ser empregados. Por exemplo:

• Se a avaliação de um teste envolve julgamentos subjetivos, a fidedignidade do avaliador deve ser considerada.
• Se um teste vai ser usado para avaliar mudanças ao longo do tempo, como uma possível melhora resultante de uma intervenção terapêutica, a estimativa do erro de amostragem de tempo – bem como de possíveis efeitos da prática – nos escores dos instrumentos sob consideração é essencial.
• Se existe a possibilidade de que uma pessoa tenha que ser retestada em um momento posterior para confirmar ou ratificar achados prévios, a disponibilidade de uma forma alternativa do teste, com alto escore de fidedignidade de forma alternativa com intervalo, seria altamente desejável.
• Se são desejadas homogeneidade e consistência ao longo de todo o teste, deve-se buscar um coeficiente alfa ou K-R-20 alto.

Avaliando dados de fidedignidade

Os coeficientes de fidedignidade fornecem algumas informações aos usuários de testes a respeito da magnitude do erro que podem influenciar os escores a partir de várias fontes. No entanto, ao avaliarmos dados de fidedignidade, devemos ter em mente o fato de que estas estimativas são afetadas pelas características da amostra com a qual foram calculadas e podem ser ou não generalizáveis para outros grupos de testandos. Entre outras coisas, isso significa que pequenas oscilações na magnitude dos coeficientes de diferentes testes provavelmente não têm a mesma significância que outras considerações. Além disso, à luz da variedade de fatores que podem influenciar a fidedignidade dos escores de testes, existe um reconhecimento crescente de que os investigadores devem incluir rotineiramente dados sobre a fidedignidade dos escores de suas próprias amostras ao relatarem os resultados de seus estudos de pesquisa (Baugh, 2003; Onwuegbuzie e Daniel, 2002).

Quando um teste se destina a ser usado em avaliações individuais, e não em pesquisas que envolvem dados de grupos, a importância de se examinar criticamente as informações publicadas sobre a fidedignidade, antes de selecionar um instrumento, é ainda maior. Além de avaliar as amostras com as quais os dados foram obtidos em relação a tamanho, representatividade e variabilidade, os usuários de testes devem ponderar se os coeficientes disponíveis são os mais apropriados para o tipo de instrumento em questão e para os usos pretendidos do teste. Além disso, se um teste é composto de subtestes ou outras partes cujos escores devem ser interpretados isoladamente ou em combinação, as estimativas de fidedignidade para cada escore parcial devem estar disponíveis, além das estimativas para o escore total.

De certa forma, um coeficiente de fidedignidade pode ser descrito como a correlação do teste consigo mesmo. Embora não seja totalmente precisa, esta descrição é um lembrete de que os coeficientes de fidedignidade se baseiam em dados – como duas administrações do mesmo teste, duas versões do mesmo teste, correlações entre itens, etc. – que *precisam ser* altamente consistentes. Estimativas baixas de fidedignidade (abaixo de 0,70) sugerem que o escore derivado de um teste pode não ser muito confiável. Por isso, embora não haja um limiar mínimo para que um coeficiente de fidedignidade seja considerado adequado para todos os fins, entende-se que, não havendo outras falhas, quanto mais alto o coeficiente, melhor. A maioria dos usuários de testes buscam coeficientes pelo menos da faixa de 0,80 ou mais.

Avaliando dados de fidedignidade de escores à luz de outros atributos

As decisões relativas à seleção de testes devem ser feitas caso a caso, levando em consideração todas as características dos instrumentos disponíveis, bem como os requisitos da situação específica na qual os escores serão usados. Embora fundamental, a fidedignidade dos escores não é de forma alguma a única consideração na seleção de um teste. Além da questão da fidedignidade, os dados de validade (Capítulo 5) e a disponibilidade de informações normativas ou referenciadas em critérios para a interpretação dos escores (Capítulo 3) são de suprema importância. Embora considerações práticas – como custos, facilidade de administração e avaliação, limitações de tempo, etc – necessariamente tenham um papel na seleção dos testes, quando o uso destes provavelmente tiver um impacto significativo nos testandos, estas considerações não devem ser os fatores determinantes na escolha do instrumento.

Avaliação de erros de múltiplas fontes

A maioria dos escores de teste são suscetíveis a erros de mensuração oriundos de mais de uma fonte. Na teoria clássica dos testes, esta possibilidade realista é acomodada por (a) métodos que estimam a influência combinada de duas fontes, como a fidedignidade de forma alternativa com intervalo, que estima tanto o erro de amostragem de tempo como o de conteúdo ou (b) pela soma das quantidades de variância de erro estimadas por todos os coeficientes de fidedignidade pertinentes para se chegar a uma estimativa de variância de erro total. Ambas as estratégias dependem do fato de que os coeficientes de fidedignidade podem ser interpretados como estimativas da proporção de variância do escore atribuíveis a erros de várias fontes (ver Fórmula [4.4]). Por exemplo, se o coeficiente de fidedignidade de forma alternativa com intervalo de um teste é de 0,75, 75% da variância do escore podem ser interpretados como variância verdadeira e 25% (1 – 0,75 = 0,25) podem ser atribuídos à influência combinada de erro de amostragem de tempo e de conteúdo. Se os escores podem ser afetados por várias fontes de erro, as estimativas de fidedignidade que avaliam o erro de diferentes fontes podem ser combinadas. O quadro Consulta Rápida 4.8 descreve esta análise de fontes de variância de erro para os escores do subteste de Vocabulário da WAIS-III (Psychological Corporation, 1997).

Teoria da generalizabilidade

Uma abordagem alternativa à fidedignidade que busca ser mais abrangente do que a que discutimos até agora passou a ser conhecida como *teoria da generalizabilidade*, ou simplesmente *teoria G* (Cronbach, Gleser, Nanda e Rajaratnam, 1972). A teoria da generalizabilidade é uma extensão da teoria clássica dos testes que usa métodos da análise de variância (ANOVA) para avaliar os efeitos combinados de múltiplas fontes de variância de erro em escores de teste simultaneamente.

Uma vantagem distinta da teoria G – comparada ao método para combinar estimativas de fidedignidade ilustrado no quadro Consulta Rápida 4.8 – é que ela também permite a avaliação dos efeitos de interação de diferentes tipos de fontes de erro. Por isso, é um procedimento mais completo para identificar o componente de variância de erro que pode influenciar os escores. Por outro lado, para se aplicarem os delineamentos experimentais requeridos pela teoria G, é necessário obter múltiplas observações do mesmo grupo de indivíduos em todas as variáveis independentes que podem contribuir para a variância de erro em um dado teste (p. ex.,

CONSULTA RÁPIDA 4.8

Análise de múltiplas fontes de variância de erro em escores de um único teste

O subteste de Vocabulário da Escala de Inteligência Wechsler para Adultos – Terceira Edição (WAIS-III) consiste em uma série de palavras de dificuldade crescente que são lidas para o testando pelo examinador e simultaneamente apresentadas visualmente em um livreto de estímulos. As definições do testando, fornecidas oralmente, são registradas literalmente e imediatamente pontuadas pelo examinador, usando uma escala de 2, 1 ou 0 pontos, dependendo da qualidade das respostas. Ao avaliarem as respostas, os examinadores são guiados por uma ampla familiaridade com as amostras de respostas fornecidas no manual para cada uma das palavras – nos três níveis de pontuação – bem como pelas definições dicionarizadas de cada palavra (Psychological Corporation, 1997).

O escore total para o subteste de Vocabulário é a soma dos pontos obtidos pelo examinando em todos os itens (palavras). Um escore deste tipo está sujeito a erros de amostragem de tempo e conteúdo, bem como à possibilidade de diferenças entre avaliadores. As estimativas médias de fidedignidade oferecidas no manual da WAIS-III (que pode ser consultado por aqueles que desejarem informações mais detalhadas) para o subteste de Vocabulário são as seguintes:

Fonte de erro/ Tipo de fidedignidade	Coeficiente médio	Proporção e percentagem(%) de variância de erro
Amostragem de tempo/ estabilidade (teste-reteste)	0,91	1 – 0,91 = 0,09 (9%)
Amostragem de conteúdo/ consistência interna	0,93	1 – 0,93 = 0,07 (7%)
Diferenças entre avaliadores/ pontuadores	0,95	1 – 0,95 = 0,05 (5%)
Variância de erro total medida		0,9 + 0,7 + 0,5 = 0,21 (21%)
Variância verdadeira estimada		1 – 0,21 = 0,79 (79%)

A partir dos cálculos acima, deve ficar evidente que utilizar uma estimativa de fidedignidade de *fonte única* para um teste do tipo exemplificado pelo subteste de Vocabulário da WAIS-III produziria uma impressão altamente enganosa da possível quantidade de erro em seus escores. Além disso, este exemplo aponta que, para que escores que estão sujeitos a múltiplas fontes de erro sejam suficientemente confiáveis, as estimativas de fidedignidade para cada fonte, de maneira isolada, precisam ser bastante altas, na faixa de 0,90 ou mais.

Ver Exemplo 1: Aplicando o EMP no texto para uma aplicação específica desta análise de múltiplas fontes de erro e seus efeitos na fidedignidade de um escore do subteste de Vocabulário da WAIS-III.

escores em todas as ocasiões, por todos os avaliadores, entre formas alternativas, etc). De modo geral, no entanto, quando isto é viável, os resultados fornecem uma estimativa melhor da fidedignidade dos escores do que as abordagens descritas anteriormente. Apesar da teoria G ter sido introduzida originalmente no início dos anos de 1960, poucos autores de testes a aplicaram ao desenvolverem novos instrumentos. No entanto, à medida que a familiaridade com esta técnica se disseminar, ela deverá ganhar popularidade. Os leitores que quiserem conhecer os procedimentos básicos da teoria G devem consultar uma introdução breve apresentada por Thompson (2003a), que inclui um exemplo simples de cálculo. Um tratamento mais abrangente e detalhado do referencial conceitual e dos aspectos estatísticos da teoria da generalizabilidade pode ser encontrado na obra de Robert Brennan sobre este tópico (2001).

Abordagem da fidedignidade na teoria da resposta ao item

Métodos mais sofisticados para estimar a fidedignidade estão disponíveis na teoria da resposta ao item (TRI) (apresentada no Capítulo 3 e discutida mais extensamente no Capítulo 6). Uma explicação completa dos aspectos técnicos dos modelos da TRI está além do âmbito deste texto, mas as vantagens que estes modelos oferecem, especialmente para a testagem em larga escala e a testagem adaptativa computadorizada, têm estimulado seu desenvolvimento e aplicação nas últimas décadas. Com os métodos da TRI, a fidedignidade e o erro de mensuração são abordados desde o ponto de vista da função de informação de itens individuais do teste, em oposição ao teste como um todo. Como o nível de dificuldade e o poder discriminativo de itens individuais – em relação ao traço avaliado pelo teste – podem ser calibrados mais cuidadosamente pelos métodos da TRI, as informações oferecidas pela resposta de cada testando são mais precisas e, por isso, mais fidedignas. No tipo de testagem adaptativa computadorizada permitida por estes métodos, a seleção do item mais apropriado a ser apresentado aos testandos é determinada por suas respostas anteriores. Usando a metodologia TRI e a testagem adaptativa, a fidedignidade adequada pode ser obtida com erro de mensuração mínimo em testes mais curtos do que os tradicionais (que apresentam o mesmo conteúdo fixo a todos os testandos), desde que um banco de itens suficientemente extenso e inclusivo esteja disponível. Este é apenas um dos muitos aspectos fundamentais em que a versão de mensuração baseada no modelo conhecido como TRI difere das regras e premissas da teoria clássica dos testes (Embretson e Reise, 2000, p.13-39).

CONSIDERAÇÕES SOBRE A FIDEDIGNIDADE NA INTERPRETAÇÃO DE TESTES

Depois que um teste foi escolhido, administrado e avaliado, os dados de fidedignidade são aplicados no processo da interpretação do teste para duas finalidades distintas porém relacionadas. A primeira é reconhecer e quantificar a margem de erro nos escores obtidos. A segunda é avaliar a significância estatística da diferença entre os escores obtidos para ajudar a determinar a importância destas diferenças em termos do que os escores representam.

Quantificando o erro nos escores de teste: O erro de mensuração padrão (EMP)

Na interpretação de qualquer escore – ou média de escores – de um teste, os dados de fidedignidade são usados para derivar os limites inferiores e superiores da faixa dentro da qual os escores verdadeiros dos testandos provavelmente se encaixarão. Um intervalo de confiança é calculado para um escore obtido a partir da fidedignidade estimada dos escores dos testes em questão. O tamanho do intervalo depende do nível de probabilidade escolhido.

Exemplo 1: Aplicando o EMP

A fidedignidade estimada dos escores do subteste de Vocabulário da WAIS-III descrita no quadro Consulta Rápida 4.8 – após a subtração da variância estimada de erro de três fontes relevantes – é de 0,79. Como todos os subtestes da Wechsler, o subteste de Vocabulário têm escores escalonados que podem ir de 1 a 19, com $M = 10$ e $DP = 3$. Para ilustrar a aplicação mais básica dos dados de fidedignidade, vamos supor que uma testanda chamada Maria obtém um escore de 15 no subteste de Vocabulário da WAIS-III.

Passo 1. Para obtermos um intervalo de confiança para o escore de 15 obtido por Maria (Xa), precisamos do *erro de mensuração padrão (EMP) para o subteste* de Vocabulário. O EMP é uma função estatística que representa o desvio padrão da distribuição hipotética que teríamos se Maria realizasse este subteste um número infinito de vezes. Como já foi mencionado neste capítulo, a média desta distribuição hipotética seria o *escore verdadeiro* de Maria no subteste de Vocabulário. Um exame da fórmula no quadro Consulta Rápida 4.9 revela que o EMP é uma função do coeficiente de fidedignidade dos escores do teste em questão, que é expresso em termos da unidade de desvio padrão deste, e, por isso, seu tamanho não pode ser tomado por si só como um índice de fidedignidade. Testes com unidades grandes de desvio padrão, como o SAT ($DP = 100$), terão EMPs muito maiores do que testes com unidades pequenas de desvio padrão, o que é o caso dos subtestes da escala Wechsler ($DP = 3$), mesmo que seus coeficientes de fidedignidade sejam iguais em magnitude.

Passo 2. Como não podemos obter múltiplos escores no subteste de Vocabulário para Maria nem fazer sua média para encontrar uma estimativa de seu escore verdadeiro, devemos optar por um escore disponível que possa ser colocado no centro do intervalo a ser criado pelo EMP. Aqui surgem duas possibilidades: (a) podemos usar o escore obtido, X_o, como estimativa do escore verdadeiro de Maria, ou (b) podemos estimar seu escore verdadeiro (T') com a seguinte fórmula, baseada em Dudek (1979):

$$T' = r_{xx}(X_o - M) + M \qquad (4.7)$$

em que

T' = o escore verdadeiro estimado do indivíduo

Fundamentos da testagem psicológica

CONSULTA RÁPIDA 4.9

Fórmula do erro de mensuração padrão (EMP)

$$EMP = DP_t \sqrt{1 - r_{xx}}$$

em que

DP_t = desvio padrão do teste
r_{xx} = coeficiente de fidedignidade

Fórmulas do erro padrão da diferença entre dois escores (EPdif)

Fórmula EPdif 1:

$$EP_{dif} = DP \sqrt{2 - r_{11} - r_{22}}$$

onde

DP = desvio padrão do Teste 1 e do Teste 2
r_{11} = estimativa de fidedignidade para os escores do Teste 1
r_{22} = estimativa de fidedignidade para os escores no Teste 2

Fórmula EPdif 2:

$$EP_{dif} = \sqrt{(EMP_1)^2 + (EMP_2)^2}$$

em que

EMP1 = erro de mensuração-padrão do Teste 1
EMP2 = erro de mensuração-padrão do Teste 2

A Fórmula EP_{dif} 1 é usada quando os dois escores comparados são expressos na mesma escala, e a Fórmula EP_{dif} 2 é usada quando as escalas são diferentes.

r_{xx} = a fidedignidade estimada dos escores do teste
X_o = o escore obtido pelo indivíduo
M = a média da distribuição dos escores do teste

No caso de Maria, como $X_o = 15$, $r_{xx} = 0,79$ e $M = 10$ para o subteste de Vocabulário, assim como para todos os escores de subtestes da Wechsler, seu escore verdadeiro estimado é 14 ($T' = (0,79) (15-10) + 10 + 13,95$, ou 14). Observe que, uma vez que seu escore está acima da média, *seu escore verdadeiro estimado é mais baixo do que o escore obtido.* Em contraste, um escore obtido de 5 no mesmo subteste – que se desvia tanto da média quanto o de Maria, mas na direção oposta – resultaria em um escore verdadeiro estimado de 6, que é *mais alto* do que X_o (se $X_o = 5$, $T' = (0,79) (5-10) + 10 = 6,05$, ou 6). O motivo para essa diferença nas estimativas de escore verdadeiro para escores obtidos acima ou abaixo da média é que o procedimento de estimativa leva em conta o efeito da regressão em direção à média. Pelo mesmo raciocínio, se $X_o = M$, a melhor estimativa de escore verdadeiro seria a própria média.

146 Susana Urbina

Passo 3. A necessidade ou não de se calcular *T'* para criar um intervalo de confiança depende de quanto um escore obtido se desvia da média. Se o escore obtido está próximo da média, o escore verdadeiro estimado não vai diferir muito; por outro lado, se os escores obtidos se aproximam dos extremos, calcular escores verdadeiros estimados mais próximos da média se torna mais aconselhável. De qualquer forma, o Passo 3 envolve o cálculo do *EMP*. Usando a fórmula do quadro Consulta Rápida 4.9, constatamos que $EMP = 3\sqrt{1 - 0{,}79} = 1{,}37$. Já que este *EMP*, como os outros erros padrões descritos no Capítulo 2, representa o desvio padrão de uma distribuição hipotética de escores considerada normal, podemos interpretá-lo em termos das freqüências da curva normal. Devemos recordar do Capítulo 3 em que aproximadamente 68% da área sob a curva normal estão incluídos dentro de ± 1 *DP* da média, 95% estão dentro de ±1,96 *DPs*, etc. Aplicando estas percentagens ao escore verdadeiro estimado (*T'*) de 14 de Maria, e aplicando o *EMP* obtido de 1,37, podemos dizer que (a) há uma chance de 68/100, ou $p = 0{,}32$, de que o escore verdadeiro de Maria se localize no intervalo de 14 ± 1,37, ou seja, entre 13 e 15; e (b) há uma chance de 95/100, ou $p = 0{,}05$, de que seu escore verdadeiro esteja dentro de 14 ± (1,37) (1,96), ou seja, entre 11 e 17.

Interpretando a significância das diferenças entre escores

Com freqüência os objetivos da avaliação acarretam comparações (a) entre dois ou mais escores obtidos pelo mesmo indivíduo em diferentes partes de uma bateria de testes, como quando se comparam níveis de desempenho em diferentes domínios, ou (b) entre os escores de duas ou mais pessoas no mesmo teste, para fins de avaliar seus méritos ou características relativas. Em ambos os casos, os dados de fidedignidade podem ser usados para derivar afirmações sobre a probabilidade de que as diferenças obtidas entre escores – e o que estes representam – possam se dever ao acaso. A função estatística usada para esta finalidade é o *erro padrão da diferença entre escores*, ou EP_{dif}, que pode ser calculado usando-se uma das duas fórmulas listadas no quadro Consulta Rápida 4.9, dependendo se os escores a serem comparados estão expressos na mesma escala (Fórmula 1) ou não (Fórmula 2). Independentemente da fórmula usada, o EP_{dif} vai ser maior do que o *EMP* dos dois escores envolvidos na comparação, porque a avaliação das diferenças entre os escores tem que levar em conta o erro presente em ambos.

Exemplo 2: Aplicando o EP_{dif}

Para ilustrar o uso do erro padrão da diferença entre escores, vamos supor que desejamos estimar a significância estatística da diferença entre os escores obtidos por Maria em dois subtestes da WAIS-III: seu escore de 15 no subteste de Vocabulário e seu escore de 10 no subteste de Informação. O subteste de Vocabulário é descrito no quadro Consulta Rápida 4.8; o subteste de Informação avalia o conhecimento sobre eventos comuns, objetos, lugares e pessoas.

Passo 1. Já que queremos estimar a significância de uma diferença entre dois escores obtidos, o primeiro passo é calcular esta diferença. Neste caso, 15 – 10 = 5. Existe uma diferença de 5 pontos entre o escore de Maria no subteste de Vocabulário e seu escore no subteste de Informação. De posse desta informação, podemos a seguir avaliar se a diferença obtida é estatisticamente significativa (isto é, se não aconteceu por acaso).

Passo 2. Precisamos calcular o erro padrão da diferença entre escores nos subtestes de Vocabulário e Informação da WAIS-III. Como os dois subtestes são expressos na mesma escala de escores ($M = 10$ e $DP = 3$), podemos usar a Fórmula 1 do quadro Consulta Rápida 4.9. Isso requer que conheçamos os coeficientes de fidedignidade para os escores dos subtestes. O coeficiente combinado para Vocabulário é 0,79, conforme o estimado no quadro Consulta Rápida 4.8. Para o subteste de Informação, o coeficiente é estimado em 0,85, baseado na combinação dos coeficientes de consistência interna e estabilidade de 0,91 e 0,94 respectivamente, disponíveis no *Manual Técnico da WAIS-III/WMS-III* (Psychological Corporation, 1997). Portanto, o erro padrão da diferença entre os escores nos subtestes de Vocabulário e Informação é

$$EP_{dif} = 3\sqrt{2 - 0{,}79 - 0{,}85} = 1{,}80$$

Passo 3. Para determinar a significância estatística da diferença de cinco pontos entre os escores obtidos, dividimos esta diferença pelo EP_{dif} e obtemos um valor crítico de 5/1,80 = 2,78.

*Passo 4. Consul*tando a Tabela de Áreas da Curva Normal no Apêndice C, para um valor z de 2,78, constatamos que a área na porção menor que é cortada por este valor z é de 0,0027. Como não havia motivos para pressupormos que algum dos escores nos subtestes (Vocabulário ou Informação) seria mais alto do que o outro, um teste bilateral de significância para a hipótese nula de nenhuma diferença entre os escores é apropriado. Assim, multiplicamos 0,0027 por 2 e obtemos 0,0054, que indica que a probabilidade de que os escores de Maria nos dois subtestes difiram em cinco pontos devido ao acaso é de 5,4 em 1000. Dado este alto nível de significância para a diferença, não havendo outras falhas, podemos inferir com segurança que realmente existe uma diferença: o conhecimento vocabular de Maria, medido pelo subteste de Vocabulário da WAIS-III, provavelmente excede seu conhecimento de informações gerais a respeito de eventos comuns, lugares, objetos e pessoas, conforme medido pelo subteste de Informação.

Por que é importante criar intervalos de confiança para escores obtidos e para diferenças entre eles? Duas razões básicas podem ser citadas em resposta a esta pergunta. A primeira é que os intervalos de confiança para escores obtidos nos lembram que os escores de teste não são tão precisos quanto sua natureza numérica pode sugerir. Por isso, sempre que decisões importantes devem ser tomadas com a ajuda de escores de teste, especialmente quando são usados escores de corte, é preciso considerar seriamente o erro de mensuração quantificado pelo *EMP*. A segunda razão, que está relacionada à primeira, é que os intervalos de confiança evitam que designemos um sentido indevido a diferenças de escore que podem ser insignificantes à luz do erro de mensuração. Reconhecendo a importância desses fatos, muitos manuais de testes incluem tabelas listando os erros padrões de mensuração para seus escores, bem como as faixas numéricas para cada escore possível que podem ser derivadas de um teste, juntamente com os níveis de confiança para cada faixa de escore. Por exemplo, para um QI Total obtido de 110 na WAIS-III, o intervalo de nível de confiança de 90% fica entre 96 e 113. (Wechsler, 1997, p.198). A disponibilidade desta informação nos manuais de teste encoraja os usuários a aplicar intervalos de confiança na interpretação dos escores sem ter que calculá-los. No entanto, cabe ao usuário determinar se os números publicados são aplicáveis e significativos em cada caso do uso do teste.

A Tabela 4.1 e a Figura 4.1 ilustram como os dados de fidedignidade de escores e o *EMP* podem ser usados na análise de 4 – de um total de 14 – escores de subtestes que se pode obter com a WAIS-III. Além dos escores de Maria nos subtestes de Vocabulário e Informação, já utilizados nos exemplos anteriores, dois outros escores fictícios em subtestes da WAIS-III, Aritmética e Dígitos, foram acrescentados ao seu perfil. Estes subtestes foram selecionados porque as habilidades primárias que avaliam – habilidade quantitativa e memória auditiva de curto prazo, respectivamente – são suficientemente singulares para tornar uma comparação entre eles e os outros dois escores interessante e plausível. As faixas de erro calculadas no intervalo de confiança de 90%, baseado nos *EMP*s para os respectivos subtestes, são apresentadas na Tabela 4.1. Os *EMP*s, por sua vez, foram calculados com base em combinações de *todos* os números pertinentes de fidedignidade apresentados no *Manual Técnico da WAIS-III/WMS-III* (Psychological Corporation, 1997) para cada um dos quatro subtestes. Esta prática mais rigorosa se contrapõe ao uso dos *EMP*s (menores), baseados em apenas uma estimativa de fidedignidade, que são fornecidos nas tabelas do manual do teste para os escores-índice e de QI da WAIS-III (ver Wechsler, 1997, p.195-202). A Figura 4.1 mostra os dados da Tabela 4.1 em forma gráfica. O exame desta figura rapidamente revela que, quando o *EMP* é levado em consideração, as faixas prováveis dos escores de Maria se sobrepõem consideravelmente, o que significa que parte da diferença entre os escores obtida pode ser devida a erro de mensuração. Ao mesmo tempo, este tipo de análise de perfil permite ao usuário do teste explorar *hipóteses* a respeito do possível sentido das diferenças no desempenho de Maria nas habilidades exploradas pelos subtestes cujas faixas de erro não se sobrepõem (isto é, Vocabulário e Informação, Aritmética e Dígitos e Dígitos e Informação). Por exemplo, Maria aparentemente tem um relativo potencial em capacidade memória de curto prazo e vocabulário, enquanto que seu estoque de informações gerais pode ser um ponto relativamente fraco. Naturalmente, quaisquer conclusões baseadas nestas diferenças estão sujeitas à confirmação ou revisão à luz de dados adicionais. Não obstante, quando uma avaliação psicológica exige a avaliação dos potenciais e pontos fracos de um indivíduo, seja na área intelectual ou em outro aspecto – interesses vocacionais, por exemplo –, este tipo de análise exploratória, embora não seja definitiva, pode ser bastante útil.

O erro padrão da diferença entre escores (EP_{dif}) discutido antes serve a um propósito semelhante ao das análises de perfil mostradas na Figura 4.1. Ele fornece dados a respeito de discrepâncias de escore que podem ter significância prática ou psicológica. Tipicamente, os valores do EP_{dif} – também encontrados em muitos

Tabela 4.1 Perfil dos escores obtidos por Maria em quatro subtestes da WAIS-III com *EMP*s e faixas de erro no nível de confiança de 90%

Subteste WAIS-III	Escore obtido por Maria (X_o)	Coeficiente de fidedignidade estimado[a]	EMP^b (1,64)[c] = faixa de erro	Faixa de erro ± do X_o de Maria no nível de confiança de 90%
Vocabulário	15	0,79	1,37(1,64) = 2,25	15 ± 2,25 = 12,75 a 15,25
Aritmética	12	0,74	1,53(1,64) = 2,51	12 ± 2,51 = 9,49 a 14,51
Dígitos	17	0,83	1,24(1,64) = 2,03	17 ± 2,03 = 14,97 a 19,03
Informação	10	0,85	1,16(1,64) = 1,90	10 ± 1,90 = 8,10 a 11,90

Nota: WAIS-III = Escala Wechsler de Inteligência para Adultos-Terceiro Edição; *EMP* = erro de mensuração padrão; X_o = escore observado; *DP* = desvio padrão.
[a]Fidedignidade estimada após subtração de todas as estimativas pertinentes de variância de erro, como no exemplo do quadro Consulta Rápida 4.8.
[b]$EMP = DP\sqrt{1 - r_{xx}}$
[c]1,64 é o valor z para p = 0,10 (90% de nível de confiança).

Subtestes WAIS-III	Escores escalonados nos subtestes
	1 2 3 4 5 6 7 8 9 10 11 12 13 14 15 16 17 18 19
Vocabulário	
Aritmética	
Dígitos	
Informação	

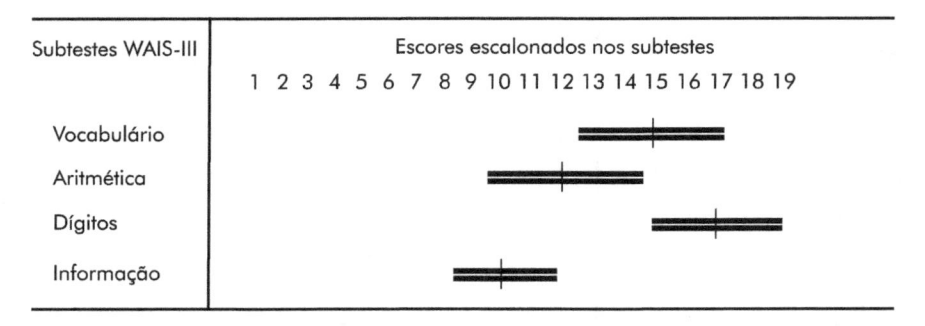

Figura 4.1 Perfil gráfico dos escores de Maria nos subtestes WAIS-III, ilustrando o uso de faixas de erro na Tabela 4.1.

manuais de testes – são usados para avaliar a significância estatística das diferenças obtidas entre escores que são de interesse especial. Os manuais das edições recentes das escalas Wechsler, por exemplo, rotineiramente incluem tabelas com as diferenças de pontos nos escores índice e QIs (QI Verbal e QI de Desempenho) necessários para significância estatística nos níveis de confiança de 90 e 95%. Reconhecendo que uma diferença *estatisticamente* significativa pode não o ser no aspecto psicológico, os autores destes manuais – e também os de outros testes – também fornecem tabelas que mostram as freqüências com que diferenças de escore de várias magnitudes foram encontradas entre as amostras de padronização dos testes em questão. Esta informação contempla a questão de como podem ser raras ou comuns as diferenças entre a amostra normativa. Sua importância deriva da premissa (nem sempre justificada, mas merecedora de reflexão) de que, se diferenças de uma certa magnitude ocorrem freqüentemente, elas provavelmente têm menos significância interpretativa do que aquelas que ocorrem raramente.

O EP_{dif} também pode, é claro, ser usado para calcular a probabilidade de que uma diferença obtida entre os escores de dois indivíduos no mesmo teste possa ser devida a erro de mensuração. Por exemplo, em decisões de seleção educacional ou profissional tomadas com a ajuda de testes, as diferenças entre os escores dos candidatos podem ser avaliadas em termos de significância à luz do EP_{dif}, além de outros fatores relevantes. Mais uma vez, assim como na análise de perfil, este pro-

---

Não esqueça

O uso de erros de mensuração padrão (*EMPs*) para escores de teste e erros padrões para diferenças entre escores (EP_{dif}), ambos derivados de estimativas de fidedignidade dos escores, são informações essenciais porque

1. os *EMPs* fornecem intervalos de confiança para escores obtidos que alertam os usuários dos testes para o fato de que os escores estão sujeitos a flutuações devidas a erros de mensuração, e
2. os intervalos de confiança obtidos com o uso de estatísticas de EP_{dif} evitam a supervalorização das diferenças de escore, que podem ser insignificantes à luz do erro de mensuração.

cesso chama atenção para o fato de que as diferenças de escore não podem ser tomadas por seu valor nominal.

A relação entre fidedignidade e validade

Na perspectiva psicométrica, as evidências de fidedignidade de escores são consideradas uma condição necessária, porém não suficiente, para a validade (Sawilowsky, 2003). Na verdade, como veremos no próximo capítulo, os dois conceitos estão intrinsecamente relacionados se a fidedignidade do escore pode ser entendida como uma evidência mínima para obtenção de uma medida válida de amostra de comportamento.

Os profissionais da avaliação geralmente concordam que as evidências de fidedignidade de escores não são base suficiente para se fazer inferências válidas quanto ao sentido destes. No entanto, existem algumas discordâncias quanto à extensão em que as evidências de fidedignidade são consideradas *essenciais* para uma avaliação válida de todos os tipos de amostra de comportamento que podem ser coletadas por meio de testes. Por exemplo, quando os escores são derivados de amostras de comportamento singulares ou idiossincráticas, elas podem não ser repetíveis ou consistentes. Testes que revelam o nível ótimo de desempenho do indivíduo, como amostras de trabalho ou portifólios, podem produzir resultados válidos e fidedignos em termos de precisão, mas não em termos de consistência ou estabilidade (Moss, 1994). Da mesma forma, instrumentos administrados individualmente, como muitas escalas de inteligência ou técnicas projetivas, são altamente suscetíveis a influências oriundas da qualidade do *rapport* entre o examinador e o testando, bem como outros fatores motivacionais e situacionais. No contexto da avaliação individual, estes instrumentos podem fornecer noções válidas de aspectos da constituição psicológica de uma pessoa que poderiam não ser reproduzidas com um examinador diferente ou em circunstâncias diferentes, mesmo se procedimentos de padronização forem rigidamente observados (Masling, 1960; McClelland, 1958; Smith, 1992).

CONCLUSÃO

O uso de testes psicológicos seria grandemente simplificado se os coeficientes de fidedignidade e os *EMPs* pudessem ser tomados por seu valor nominal ao se avaliar escores. Como este capítulo atesta, porém, a fidedignidade dos escores é um julgamento relativo baseado tanto nos dados psicométricos quanto no contexto em que os testes são administrados. Veremos no Capítulo 5 que o mesmo se aplica à validade dos dados de escores. Portanto, embora a disponibilidade de dados psicométricos apropriados sobre fidedignidade seja um pré-requisito básico para qualquer uso de escores de teste, o contexto no qual a testagem psicológica acontece também é uma consideração fundamental na interpretação dos escores obtidos por indivíduos ou grupos. À medida que o potencial de impacto das decisões a serem tomadas com o auxílio dos escores de teste aumenta, ambos os fatores assumem maior importância.

Teste a si mesmo

1. Um escore verdadeiro é
   (a) uma entidade hipotética
   (b) uma entidade real
   (c) igual ao escore observado
   (d) igual ao escore observado mais o erro

2. Se a fidedignidade de um teste é bem estabelecida, os usuários podem pressupor que os escores obtidos com aquele teste serão confiáveis. Verdadeiro ou Falso?

3. Quais das seguintes fontes de erro em escores de teste *não* é avaliada pelas estimativas tradicionais de fidedignidade?
   (a) diferenças entre avaliadores
   (b) amostragem de tempo
   (c) amostragem de conteúdo
   (d) desvios dos procedimentos padronizados

4. Coeficientes de fidedignidade _____ são usados para estimar erro de amostragem de tempo em escores de teste.
   (a) de teste-reteste
   (b) de forma alternativa
   (c) de avaliador
   (d) calculados pelo método das metades

5. Qual dos seguintes tipos de coeficiente de fidedignidade resulta em uma estimativa combinada de erros oriundos de duas fontes diferentes?
   (a) de avaliador
   (b) de teste-reteste
   (c) de forma alternativa
   (d) de forma alternativa com intervalo

6. Não havendo outras falhas, os escores obtidos em testes mais longos são _____ os obtidos em testes comparáveis porém mais curtos.
   (a) menos confiáveis do que
   (b) mais confiáveis do que
   (c) tão confiáveis quanto

7. A magnitude de um coeficiente de fidedignidade tem maior probabilidade de ser afetada por _____ do que por _____ da amostra com a qual é calculada.
   (a) tamanho/heterogeneidade
   (b) heterogeneidade/tamanho

8. Uma das vantagens distintas da teoria da generalizabilidade em relação às abordagens tradicionais da fidedignidade dos escores é que ela

    (a) requer um número menor de observações
    (b) resulta em componentes de erro menores
    (c) permite a avaliação de efeitos de interação
    (d) usa métodos estatísticos menos complicados

9. Suponha que um aluno obtém um escore de 110 em um teste com $M = 100$, $DP = 20$ e fidedignidade estimada em 0,96. Existe uma chance de 68 em 100 de que o escore verdadeiro do aluno fique em algum ponto entre

    (a) 100 e 110
    (b) 102 e 112
    (c) 106 e 114
    (d) 110 e 120

10. O erro de mensuração padrão do Teste A é 5, e o do Teste B é 8. O erro padrão da diferença para a comparação de escores dos dois teste será

    (a) menor que 8
    (b) menor que 5
    (c) entre 5 e 8
    (d) maior do que 8

Respostas: 1. a; 2. b; 3. d; 4. a; 5. d; 6. b; 7. b; 8. c; 9. c; 10. d.

[capítulo **5**]

FUNDAMENTOS EM VALIDADE

Os testes psicológicos existem para nos ajudar a fazer inferências a respeito de pessoas e seu comportamento. A validade – que é, sem dúvida alguma, a questão mais fundamental relativa aos escores de testes e seus usos – depende das evidências que podemos reunir para corroborar qualquer inferência feita a partir de resultados de testes. A primazia das considerações sobre a validade é reconhecida nos *Padrões de Testagem* atuais pela colocação deste tópico no primeiro capítulo, que define *validade* como "o grau em que todas as evidências acumuladas corroboram a interpretação pretendida dos escores de um teste para os fins propostos" (AERA, APA, NCME, 1999, p.11). Nesta definição estão implícitas três idéias relacionadas que refletem a visão atual dos profissionais da testagem a respeito deste conceito central e multifacetado:

1. A validade dos escores de teste resulta das evidências acumuladas que corroboram sua interpretação e seu uso. Portanto, a validade sempre é uma questão de grau, e não uma determinação do estilo tudo-ou-nada. A *validação* – o processo por meio do qual as evidências de validade são coletadas – começa com uma afirmação explícita do referencial conceitual e dos fundamentos teóricos de um teste feita por seu criador, mas é, por natureza, aberta porque inclui todas as informações que se somam à nossa compreensão dos resultados do teste.
2. À medida que a compreensão teórica e as evidências empíricas para interpretações dos escores de um teste se acumulam, a validade das inferências (isto é, hipóteses) feitas a partir delas para vários objetivos pode aumentar ou diminuir. Um corolário para esta noção, incluído nos *Padrões de Testagem* (AERA, APA, NCME, 1999), é "a validação é de responsabilidade conjunta do desenvolvedor do teste [que fornece as evidências e a fundamentação teórica para seu uso pretendido] e do usuário [que avalia as evidências disponíveis no contexto em que o teste vai ser usado]" (p.11).

3. Devido às muitas diferentes finalidades possíveis dos escores de teste, as bases confirmatórias para sua interpretação podem ser derivadas de uma variedade de métodos. As contribuições para evidências de validade de escores podem ser feitas por qualquer pesquisa sistemática que corrobore ou acrescente algo ao seu sentido, independentemente de quem a conduz ou quando ela ocorre. Desde que existam evidências científicas sólidas para um uso proposto dos escores de um teste, usuários qualificados são livres para empregá-los para seus fins, independentemente destes terem sido previstos pelos desenvolvedores do teste. Esta proposição ajuda a explicar a natureza multifacetada da pesquisa de validação, bem como seus achados muitas vezes redundantes e, às vezes, conflitantes. Também explica a longevidade de alguns instrumentos, como o MMPI e as escalas Wechsler, sobre os quais foi acumulada uma vasta literatura – que engloba numerosas aplicações em uma variedade de contextos – ao longo de décadas de pesquisa básica e aplicada.

O leitor atento pode já ter concluído que a validade, assim como a fidedignidade, não é uma qualidade que caracteriza abstratamente os testes ou qualquer teste específico ou seus dados. Mais do que isso, a validade é uma questão de *julgamento* que diz respeito aos escores de teste, como são empregados para um determinado objetivo em um dado contexto. Por isso, o processo de validação é semelhante à testagem de hipóteses, incluindo as noções de sentido e fidedignidade dos escores, discutidas nos dois capítulos anteriores, bem como os modos como as aplicações dos dados de teste à pesquisa e à prática psicológica podem ser justificados, que será o tópico abordado no presente capítulo. O quadro Consulta Rápida 5.1 lista algumas das contribuições mais significativas ao tópico da validade dos anos de 1950 aos 1990.

CONSULTA RÁPIDA 5.1

Consultas básicas em validade

Samuel Messick articulou suas idéias sobre a validade mais explicitamente em um capítulo de *Educational Measurement* (3.ed., p.13-103), uma obra notável organizada por Robert L. Linn e publicada conjuntamente pelo Conselho Americano de Educação e a Mcmillan em 1989. O capítulo de Messick sobre a validade e seus outros trabalhos sobre este tópico (Messick, 1988, 1995) influenciaram diretamente seu tratamento na versão atual dos *Padrões de Testagem* (AERA, APA, NCME, 1999). Outras contribuições-chave que são amplamente reconhecidas como formadoras na evolução dos conceitos teóricos da validade incluem as seguintes:

- Cronbach, L.J., e Meehl, P.E. (1955). Construct validity in psychological tests. *Psychological Bulletin, 52,* 281-302.
- Loevinger, J. (1957). Objective tests as instruments of psychological theory [Monograph Supplement}. *Psychological Reports, 3,* 635-694.
- Embretson, S. (1983). Construct validity: Construct representation versus nomothetic span. *Psychological Bulletin, 93,* 179-197.
- Cronbach, L.J. (1988). Five perspectives on validity argument. In H. Wainer e H.I. Braun (Orgs), *Test Validity* (pp. 3-17). Hillsdale, NJ; Erlbaum.

> **Não esqueça**
>
> Talvez nenhum teórico tenha influenciado mais a reformulação do conceito de validade do que Samuel Messick. Segundo Messick (1989, p.13), "a validade é um julgamento avaliativo integrado do grau em que as evidências empíricas e a fundamentação teórica corroboram a *adequação* e a *propriedade* de *inferências* e ações baseadas em escores de teste ou outros modos de avaliação".

PERSPECTIVAS HISTÓRICAS SOBRE A VALIDADE

O advento da testagem psicológica moderna aconteceu mais ou menos ao mesmo tempo em que a psicologia estava se tornando uma disciplina científica estabelecida. Ambos os campos datam seu início do final do século XIX e primeiras décadas do século XX. Como resultado desta coincidência histórica, nossa compreensão da natureza, funções e metodologia dos testes e mensurações psicológicas evoluiu ao longo do século passado juntamente com o desenvolvimento e a sofisticação crescente da ciência psicológica.

Em seu início, a psicologia científica era primariamente dedicada ao estabelecimento de leis psicofísicas, utilizando a investigação experimental da relação funcional entre estímulos físicos e as respostas sensoriais e perceptivas que eles despertavam nos humanos. A psicologia teórica consistia basicamente em especulações de natureza filosófica, até o primeiro quarto do século XX. Nenhuma destas afirmações sugere que as contribuições dos pioneiros da psicologia não foram valiosas (Boring, 1950; James, 1890). Não obstante, contra este pano de fundo, os primeiros testes psicológicos passaram a ser vistos, um tanto ingenuamente, como ferramentas científicas que mediam um catálogo cada vez maior de habilidades mentais e traços de personalidade, da mesma forma que os psicofisicistas estavam medindo as respostas auditivas e visuais e outras reações sensoriais e perceptivas a estímulos como sons, luzes e cores de vários tipos e intensidades. Além disso, como vimos no Capítulo 1, o sucesso da Stanford-Binet e da Army Alpha em auxiliar na tomada de decisões práticas a respeito de indivíduos no contexto da educação e do emprego levou a uma rápida proliferação dos testes nas primeiras duas décadas do século XX. A ampla gama de aplicações para as quais estes instrumentos foram usados logo superou os fundamentos científicos e teóricos disponíveis para eles na época. Em suma, muitos dos primeiros testes psicológicos foram desenvolvidos e usados sem o benefício da teoria psicométrica, princípios éticos e diretrizes práticas que começariam a se acumular em décadas posteriores (von Mayrhauser, 1992).

A definição clássica da validade

O reconhecimento desse estado de coisas na profissão resultou nas primeiras tentativas de delinear as características que iriam distinguir um bom teste de um teste ruim. Assim, a primeira definição de *validade* como "o grau em que um teste mede o que pretende medir" foi formulada em 1921 pela Associação Nacional dos Diretores de Pesquisa Educacional (T.B. Rogers, 1995, p.25) e foi ratificada por muitos especialistas em testagem – incluindo Anne Anastasi em todas as edições de sua influente obra *Psychological Testing* (1954-1988), bem como Anastasi e Urbina (1997, p.8). A visão de que "a validade de um teste diz respeito a *o que* o teste mede e *com que eficácia* ele o faz" (Anastasi e Urbina, p. 113) ainda é considerada por muitos como a essência da questão da validade. Apesar de sua aparente simplicidade, esta visão traz uma série de problemas, especialmente quando vista da perspectiva dos *Padrões de Testagem* atuais (AERA, APA, NCME, 1999) e do esforço que ainda existe para definir alguns dos constructos mais básicos do campo da psicologia.

Aspectos problemáticos da visão tradicional da validade

As questões levantadas pela definição clássica da validade giram em torno de suas premissas implícitas, porém claras, de que

1. a validade é uma propriedade dos testes, e não das interpretações de seus escores;
2. para serem válidos, os escores de teste devem medir algum suposto constructo diretamente;
3. a validade de um escore é, pelo menos em certo grau, uma função da compreensão do autor ou desenvolvedor do teste a respeito do constructo que ele pretende medir.

Embora essas premissas possam ser justificáveis em alguns casos, definitivamente não o são em todos. A primeira premissa, por exemplo, se sustenta somente se os dados de validação corroborarem a finalidade pretendida do teste *e* este for usado especificamente para esta finalidade e com o tipo de população para a qual os dados de validade tiverem sido coletados. A segunda e a terceira premissas se justificam apenas para testes que medem comportamentos que podem ser ligados a constructos psicológicos de maneira bastante inequívoca, como certas funções de memória, velocidade e precisão no desempenho de várias tarefas de processamento cognitivo ou extensão de conhecimentos sobre um universo de conteúdo bem definido. Elas não são necessariamente defensáveis para (a) testes delineados para avaliar constructos teóricos complexos ou multidimensionais sobre os quais ainda há muita discussão, como a inteligência ou o autoconceito; (b) testes desenvolvidos com base em relações estritamente empíricas – em oposição a teóricas ou lógicas – entre escores e critérios externos, como o MMPI original; (c) técnicas cujo objetivo é revelar aspectos encobertos ou inconscientes da personalidade, como os instrumentos projetivos. Para instrumentos desta natureza, o que está sendo medido é o comportamento que pode ser ligado mais ou menos diretamente aos constructos que são de real interesse, primariamente por uma rede de evidências correlacionais. O quadro Consulta Rápida 5.2 define os vários sentidos da palavra *constructo* e pode ajudar a esclarecer as distinções feitas acima, bem como as que surgirão mais adiante neste capítulo.

Fundamentos da testagem psicológica

> **CONSULTA RÁPIDA 5.2**
>
> ### Desconstruindo constructos
>
> Como o termo *constructo* é usado com tanta freqüência neste capítulo, um esclarecimento do seu sentido é necessário. De modo geral, um *constructo* é qualquer coisa criada pela mente humana que não seja diretamente observável. Os constructos são abstrações que podem se referir a conceitos, idéias, entidades teóricas, hipóteses ou invenções de muitos tipos.
>
> Na psicologia, o termo *constructo* é aplicado a conceitos como traços, e às relações teóricas entre conceitos que são inferidas de observações empíricas consistentes de dados comportamentais. Os constructos psicológicos diferem amplamente em termos de
>
> - sua amplitude e complexidade,
> - sua aplicabilidade potencial e
> - grau de abstração necessário para inferi-los a partir dos dados disponíveis.
>
> Como regra, constructos de definição estrita requerem menos abstração, mas têm uma gama menor de aplicações. Além disso, como é mais fácil obter consenso a respeito de constructos estritos, simples e menos abstratos, estes também são avaliados com mais facilidade do que constructos mais amplos e multifacetados que podem ter adquirido sentidos diferentes em vários contextos, culturas e períodos históricos.
>
> *Exemplos:*
>
> - Enquanto a *destreza manual* é um constructo que pode ser relacionado prontamente a dados comportamentais específicos, a *criatividade* é muito mais abstrata. Por isso, quando é necessário avaliar esses traços, determinar quem tem mais destreza manual é muito mais fácil do que determinar quem é mais criativo.
> - A *introversão* é um constructo mais simples e de definição mais estrita do que a *conscienciosidade*. Embora esta seja potencialmente útil na predição de uma gama mais ampla de comportamentos, ela também é mais difícil de avaliar.
>
> *Sinônimos:* os termos *constructo* e *variável latente* muitas vezes são usados de forma equivalente. Uma *variável latente* é uma característica que presumivelmente subjaz a um fenômeno observado, mas não é diretamente mensurável ou observável. Todos os traços psicológicos são variáveis latentes, ou constructos, assim como as denominações dadas a fatores que emergem de pesquisas de análise fatorial, como compreensão verbal ou neuroticismo.

A idéia de que a validade dos escores é uma função do grau em que os testes medem o que pretendem medir também leva a uma certa confusão entre a consistência ou precisão das mensurações (isto é, sua fidedignidade) e sua validade. Como vimos no Capítulo 4, se um teste mede *bem* o que pretende medir, seus escores podem ser considerados fidedignos (consistentes, precisos ou confiáveis), mas não serão necessariamente válidos no sentido contemporâneo mais amplo do termo. Em outras palavras, os escores de teste podem ser relativamente livres de erros de mensuração, e ainda assim não ser muito úteis como base para as inferências que precisamos fazer.

Além disso, a implicação de que um escore reflete o que o autor do teste pretende que ele reflita tem sido uma fonte de mal-entendidos. Um deles diz respeito aos títulos dos testes, que jamais deveriam ser – mas muitas vezes são – aceitos sem questionamento. Os títulos variam dos muito precisos e empiricamente defensáveis àqueles que meramente refletem as intenções (não-realizadas) dos autores ou as preocupações de comercialização das editoras. Um segundo problema ainda mais importante ligado à noção de que escores válidos refletem a finalidade expressa dos testes é que eles podem levar a definições empíricas superficiais, ou fáceis, de constructos psicológicos. Possivelmente o exemplo mais famoso disto seja a definição de E. G. Boring, de 1923, da *inteligência* como "o que quer que seja que os testes de inteligência medem" (citado por Sternberg, 1968, p.2).

Como resultado desses mal-entendidos, o campo da testagem psicológica está sobrecarregado de instrumentos – que pretendem medir constructos maldefinidos ou efêmeros – cujas promessas superam muito o que eles podem realmente fazer, cujo uso na pesquisa psicológica impede ou retarda o progresso da disciplina e cuja existência, por associação, diminui a imagem do campo como um todo. Medidas antigas de masculinidade-feminilidade são um bom exemplo deste tipo de problema (Constantinople, 1973; Lenney, 1991; Spence, 1993), embora haja muitos outros.

Talvez a conseqüência mais significativa da definição tradicional de validade é que esta passou a ser associada aos testes e ao que eles pretendem medir, e não aos *escores* de teste e às interpretações que se podem basear neles. Por implicação, então, qualquer evidência rotulada como *validade de teste* passou a ser vista como prova de que o teste em questão era válido e digno de uso, independentemente da natureza da ligação entre os dados dos escores e as inferências que se pretendessem fazer a partir deles. Conseqüentemente, numerosos estudos na literatura psicológica usaram escores de um único instrumento para classificar participantes de pesquisas em grupos experimentais, muitos clínicos se valeram exclusivamente de escores de teste para diagnósticos e planejamento de tratamentos e um número desconhecido de decisões no contexto educacional e de emprego foram baseadas em escores de corte de um único teste. Com muita freqüência, escolhas como estas são feitas sem consideração à sua adequação ao contexto específico, ou sem referência a fontes adicionais de dados, e justificadas simplesmente com o argumento de que o teste em questão é considerado "uma medida válida de ..." qualquer coisa que seu manual afirme.

Um marco importante na evolução do conceito da validade foi a publicação de *Technical Recommendations for Psychological Tests and Diagnostic Techniques* (Recomendações técnicas para testes psicológicos e técnicas diagnósticas; APA, 1954), o primeiro da série de padrões de testagem que foram rebatizados, revisados e atualizados em 1955, 1966, 1974, 1985 e, mais recentemente, em 1999 (AERA, APA, NCME). Com cada revisão subseqüente, os *Padrões de Testagem* – discutidos no Capítulo 1 – buscaram promover práticas sólidas para a construção e o uso de testes e esclarecer as bases para a avaliação da qualidade dos testes e práticas de testagem.

O *Technical Recommendations,* publicado em 1954, introduziu uma classificação da validade em quatro categorias que serão discutidas mais adiante neste capítulo: validade de conteúdo, validade preditiva, validade concorrente e validade de constructo. Subseqüentemente, os *Padrões* de 1974 reduziram estas categorias a três, englobando a validade preditiva e a concorrente na rubrica da validade relacionada ao critério, e especificaram ainda que a validade de conteúdo, a validade relacionada ao critério e a validade de constructo são *aspectos* e não *tipos* de validade. No mesmo ano, os *Padrões* também introduziram a noção de que a validade "se refere à adequação das inferências feitas a partir de escores de teste ou outras formas de avaliação" (AERA, APA, NCME, 1974, p.25).

Apesar das especificações propostas pelos *Padrões* de 1974 há mais de um quarto de século, a divisão da validade em três tipos (que passaram a ser conhecidos como a *visão tripartite* da validade) tornou-se muito arraigada, sobrevivendo até hoje em muitos manuais e revisões de testes, bem como em grande parte das pesquisas conduzidas sobre instrumentos psicométricos. Não obstante, revisões sucessivas dos *Padrões* – especialmente a atual – acrescentaram estipulações que esclarecem cada vez melhor que qualquer classificação usada para os conceitos de validade deve estar ligada ao tipo de evidências citadas para a interpretação dos escores de teste, e não aos testes em si. Com isso em mente, nos voltamos agora para a consideração da visão prevalente da validade como um conceito unitário e para as várias fontes de evidências que podem ser usadas na avaliação de possíveis interpretações de escores para finalidades específicas. Mais informações sobre a evolução da validade e conceitos relacionados, ver Anastasi (1986), Angoff (1988) e Landy (1986).

PERSPECTIVAS ATUAIS SOBRE A VALIDADE

Desde os anos de 1970 até o presente, tem havido um esforço coordenado entre os profissionais da testagem para refinar e revisar a noção de validade e fornecer uma teoria unificadora que englobe as muitas linhas de evidências das quais os escores de teste derivam sua significância e sentido. Um tema consistente desse esforço tem sido a integração de quase todas as formas de evidência de validade como aspectos da validade de constructo (Guion, 1991; Messick 1980, 1988, 1989; Tenopyr, 1986). Isso, por sua vez, estimulou um reexame do sentido de *constructo* – definido em termos gerais no quadro Consulta Rápida 5.2 – aplicado especificamente no contexto da validade na testagem e avaliação psicológica (Braun, Jackson e Wiley, 2002; Embretson, 1983).

A função integrativa dos constructos na validação de testes

Na testagem psicológica, o termo *constructo* é usado, muitas vezes indistintamente, de duas formas:

1. Para designar os *traços, processos, reservas de conhecimento* ou *características* cuja presença e extensão desejamos determinar por meio das amostras específicas de comportamento coletadas pelos testes. Nesse sentido da palavra, um constructo é simplesmente aquilo que o autor do teste pretende medir – isto é, qualquer entidade hipotética derivada da teoria psicológica, da pesquisa ou observação do comportamento, como ansiedade, assertividade, capacidade de raciocínio lógico, flexibilidade, etc.
2. Para designar as inferências que podem ser feitas a partir dos escores de teste. Quando usado desta forma, o termo *constructo* se refere a uma interpretação específica de dados de teste, ou qualquer outro dado

comportamental – como a presença de depressão clínica ou uma alta probabilidade de sucesso em alguma iniciativa –, que pode ser feita a partir de uma rede de relações teóricas e empíricas preestabelecidas entre os escores e outras variáveis.

Diversos teóricos tentaram explicar como esses dois sentidos se relacionam à noção de validade de escore de teste. Uma das primeiras formulações foi a classificação da validade de Cronbach (1949) da validade em dois tipos, quais sejam, lógica e empírica. Subseqüentemente, em um trabalho influente em co-autoria com Meehl, em 1955, Cronbach sugeriu o uso do termo *validade de constructo* para designar a *rede nomológica*, ou rede de inter-relações entre os elementos teóricos e observáveis que dão suporte a um constructo. Em uma tentativa de esclarecer como esses dois sentidos podiam ser distinguidos no processo de desenvolvimento, construção e avaliação dos testes, Embretson (1983) propôs uma separação entre dois aspectos da pesquisa de validação de constructos, quais sejam, a *representação de constructo* e o *intervalo nomotético*. Segundo Embretson (p.180), a pesquisa de *representação de constructo* "busca identificar os mecanismos teóricos que embasam o desempenho em uma tarefa". Na perspectiva do processamento de informação, a meta da representação de constructo é a *decomposição da tarefa*. O processo de decomposição da tarefa pode ser aplicado a uma variedade de tarefas cognitivas, incluindo inferências interpessoais e julgamentos sociais, e acarretar um exame das respostas do teste do ponto de vista dos processos, estratégias e reservas de conhecimento envolvidas em seu desempenho. O *intervalo nomotético*, por outro lado, "diz respeito à rede de relações de um teste com outras medidas" (Embretson, p.180), isto é, refere-se à força, freqüência e padrão de relações significativas entre escores de teste e outras medidas dos mesmos traços – ou traços diferentes –, entre escores de testes e medidas de critério, etc.

Embretson (1983) descreveu outras características dos conceitos de representação de constructo e intervalo nomotético que ajudam a esclarecer as diferenças entre esses dois aspectos da pesquisa de validação de constructo. Duas questões destacadas por ela pertinentes à distinção entre as funções dos dois tipos de pesquisa são particularmente úteis quando se considera o papel das fontes de evidência de validade:

1. *A pesquisa de representação de constructo busca primariamente identificar diferenças nas tarefas de um teste, enquanto que a pesquisa de intervalo nomotético tem como foco as diferenças entre os testandos.* Na pesquisa de representação de constructo, um processo, estratégia ou reserva de conhecimento identificado pela decomposição de tarefa (p. ex., codificação fonética, raciocínio seqüencial ou habilidade de compreender textos de nível elementar) podem ser considerados essenciais ao desempenho em uma tarefa do teste, mas não produzir diferenças sistemáticas em uma população de testandos composta de leitores. Por outro lado, para investigar o intervalo nomotético dos escores (isto é, a rede de relações entre eles e outras medidas), é necessário ter dados sobre diferenças individuais e variabilidade entre os testandos. Isso reforça a importância crucial

da variabilidade de escores para a derivação de informações que possam ser usadas para se fazer determinações ou tomar decisões a respeito de pessoas, o que foi discutido nos Capítulos 2 e 3. Se os escores de um grupo de pessoas, por exemplo, em um teste delineado para avaliar a habilidade de compreender textos de nível elementar devem ser correlacionados com alguma outra coisa – ou usados para determinar qualquer coisa além do fato de essas pessoas, como grupo, possuírem ou não esta habilidade – é preciso haver alguma variabilidade nos escores.

2. *A validação do aspecto de representação de constructo das tarefas de um teste é independente das evidências confirmatórias que podem ser coletadas em termos do intervalo nomotético dos escores, e vice-versa.* Em outras palavras, embora possamos saber precisamente quais processos estão envolvidos no desempenho das tarefas de um teste, na ausência de correlações significativas com comportamentos ou medidas extra-teste relevantes, seus escores podem ter uso limitado. Seguindo o mesmo raciocínio, é possível obter uma forte rede de relações entre escores de teste e outras medidas sem ter uma noção clara do constructo que esses escores representam. O exemplo usado por Embretson (1983) é o dos escores em testes de inteligência, que têm um forte intervalo nomotético (na medida que se correlacionam com consistência mais ou menos forte com uma variedade de outras medidas), mas ainda assim têm bases teóricas relativamente pouco claras.

Não esqueça

As pessoas fazem inferências a partir de observações e amostras de comportamento o tempo todo. Por exemplo, se escutamos alguém falar com muitos erros gramaticais, podemos inferir que esta pessoa tem baixo nível de escolaridade. Se uma pessoa chega invariavelmente na hora marcada, podemos inferir que ela é pontual. Algumas de nossas inferências são corretas, e algumas não. Algumas são importantes, e outras não.

Se as inferências que fazemos são importantes o bastante para desejarmos determinar sua correção, ou seja, validá-las, precisamos

1. definir nossos termos inequivocamente (p. ex., o que queremos dizer com "escolaridade"? "Chegar sempre na hora marcada" representa plenamente o conceito de pontualidade?);
2. investigar a fidedignidade de nossas observações (p. ex., a pessoa sempre comete erros gramaticais, ou apenas em algumas circunstâncias? Nosso amigo chega na hora marcada em todos os seus compromissos, ou apenas naqueles que tivemos oportunidade de observar?);
3. decidir se existem evidências suficientes para justificar as inferências que queremos fazer com base em nossas definições e nos dados disponíveis (p. ex., chegar na hora marcada em todos os compromissos é base suficiente para se julgar a pontualidade de uma pessoa), ou se precisamos corroborar nossas inferências com mais dados (p. ex., a pessoa demonstra outros indicadores daquilo que queremos dizer com "baixo nível de escolaridade"?).

Os testes psicológicos são ferramentas criadas para ajudar a refinar e quantificar observações comportamentais para fins de interferências a respeito de indivíduos, grupos ou constructos psicológicos. Fundamentalmente, os escores de testes psicológicos são válidos se podem nos ajudar a fazer inferências precisas.

O esquema conceitual exposto por Embretson (1983) mantém a noção de validação de constructo como uma forma unitária e abrangente de expressar a abordagem científica da integração de qualquer evidência relacionada com o sentido ou interpretação dos escores de teste. Ao mesmo tempo, fornece uma base para a distinção entre (a) as fontes de evidência da validade de escores de teste ligadas primariamente à identificação do que estamos medindo (isto é, representação do constructo) e (b) aquelas que lidam principalmente com as inferências que podemos fazer a partir do que estamos medindo (isto é, intervalo nomotético). Deve-se observar que estas fontes de evidências podem ser, e muitas vezes são, inter-relacionadas e que ambas envolvem elementos teóricos e observáveis, bem como modelos ou postulados a respeito das inter-relações entre seus elementos.

FONTES DE EVIDÊNCIAS DE VALIDADE

Em geral, a essência dos julgamentos a respeito da validade dos escores de teste está centrada no relacionamento entre aquilo que os escores representam e as perguntas que os usuários de testes querem responder com seu uso. As perguntas que fazemos determinam o tipo de evidência de que precisamos, bem como as relações lógicas – indutivas e dedutivas – que devem ser estabelecidas para contemplar as questões de (a) o que estamos medindo com os testes e (b) que inferências podemos fazer a partir de seus escores. Nesse ponto também deve estar claro que quanto maior a significância ou o impacto potencial das respostas que queremos, mais convincentes precisam ser as evidências. No restante deste capítulo, vamos discutir os tipos de evidências necessárias para a validação de inferências feitas a partir de escores de teste, com o entendimento de que a interpretação proposta de um escore determina o referencial conceitual para sua validação. A Tabela 5.1 apresenta uma lista das principais categorias em que os aspectos da validade podem ser classificados, juntamente com as principais fontes de evidências para cada uma delas, que serão discutidas no restante deste capítulo. É importante reconhecer desde o início que nem os aspectos da validade, nem as fontes ou os tipos de evidências associados a eles são mutuamente exclusivos. As estratégias de validação devem, na verdade, incorporar tantas fontes de evidências quantas forem possíveis ou apropriadas à finalidade de um teste.

Evidências de validade baseadas no conteúdo do teste e processos de resposta

Alguns testes psicológicos são delineados para coletar amostras de comportamento que podem ser mais ou menos relacionadas diretamente às inferências que desejamos fazer a partir de seus escores. De modo geral, esses instrumentos se encaixam na categoria de testes referenciados no critério ou conteúdo, já discutidos mais aprofundadamente no Capítulo 3. A maioria desses testes é usada no contexto educacional e ocupacional, embora também possa ser aplicada em campos (p. ex.,

Tabela 5.1 Aspectos da validade de constructo e fontes de evidências relacionadas

Aspecto da validade do constructo	Fontes de evidências[a]
Relacionada ao conteúdo	Relevância e representatividade do conteúdo do teste e dos processos de resposta às tarefas Validade de face (isto é, aparência superficial)
Padrões de convergência e divergência	Consistência interna de resultados do teste e outras medidas de fidedignidade Correlações entre testes e subtestes Matriz multitraço-multimétodo Diferenciação de escores de acordo com diferenças esperadas com base na idade e outras variáveis de *status* Resultados experimentais (isto é, correspondência entre escores de teste e os efeitos preditos de intervenções experimentais ou hipóteses baseadas em teorias) Análise fatorial exploratória Técnicas de modelagem de equação estrutural
Relacionada ao critério	Precisão das decisões baseadas na validação concorrente (isto é, correlações entre escores de teste e critérios existentes) Precisão de decisões ou predições baseadas na validação preditiva (isto é, correlações entre escores de testes e critérios preditos)

[a]Ver Capítulo 5 para explicações dos termos

avaliação neuropsicológica) em que é necessário determinar se uma pessoa é capaz ou incapaz de realizar tarefas de significância diagnóstica. Esses testes ou são compostos de itens que colhem amostras de conhecimento de um domínio de conteúdo definido ou requerem que os testandos demonstrem que possuem uma determinada habilidade ou competência. Os procedimentos de validação para testes deste tipo são o aspecto mais simples e de maior consenso no desenvolvimento de testes, porque as evidências a partir das quais as inferências serão feitas podem ser defendidas com argumentos lógicos e relações demonstráveis entre o conteúdo do teste e o constructo que este pretende representar.

As evidências de validade de escores derivadas do conteúdo de um teste podem ser embutidas em um novo instrumento, desde o início, pela escolha de seus itens ou tarefas. O requisito primário para o desenvolvimento de testes deste tipo é uma especificação cuidadosa dos domínios de conteúdo, processos cognitivos, habilidade ou tipos de desempenho dos quais serão coletadas amostras e de sua importância ou peso relativo.

- No contexto educacional, exemplos destas especificações podem ser encontrados nos currículos escolares, ementas de cursos, bibliografias e qualquer outro material que delineie, defina ou priorize os objetivos das experiências educacionais ou de treinamento tanto em termos do conhecimento de conteúdos quanto das capacidades de desempenho. O processo de delimitar o domínio de conhecimento e determinar os resultados desejados da instrução está dentro da esfera de ação dos professores, instrutores e outros especialistas que determinam currículos ou escrevem os livros que servem como texto básico em várias disciplinas.

- No contexto ocupacional, as especificações da habilidade ou domínio de conteúdo que um teste vai avaliar se baseiam em análises de função (*job analyses*). Análise de função se refere a qualquer um de vários métodos que buscam descobrir a natureza de um dado emprego pela descrição dos elementos, atividades, tarefas e deveres a ele relacionados (Brannick e Levine, 2002). A metodologia da análise de função tem uma variedade de aplicações no manejo de recursos humanos, incluindo avaliações de desempenho e determinação de necessidades de treinamento, entre outras. No contexto da seleção e classificação ocupacional, as análises de função – baseadas em informações de empregadores, supervisores e/ou colegas – são usadas para delinear as habilidades e reservas de conhecimento necessárias para o desempenho no trabalho.
- Na avaliação neuropsicológica, as especificações dos processos e capacidades cognitivas a serem avaliadas derivam do conhecimento teórico e empírico sobre as ligações entre o sistema nervoso central e as funções comportamentais. A natureza do conteúdo das ferramentas de avaliação neuropsicológica se baseia em evidências clínicas e científicas acumuladas a respeito das relações entre mente e comportamento.

O quadro Consulta Rápida 3.7, no Capítulo 3, lista alguns exemplos simples de objetivos e itens típicos de testes referenciados no domínio. Exemplos mais extensos, incluindo tabelas de especificações para testes referenciados no conteúdo e orientação a respeito de sua preparação, estão disponíveis em Gronlund (2003) e Linn e Gronlund (1995, p.119-125). Independentemente do contexto em que um teste referenciado no conteúdo é aplicado, após a especificação dos conhecimentos, habilidades ou processos a serem medidos através dele os procedimentos de validação do conteúdo envolvem a revisão crítica e o exame do conteúdo do teste a partir de duas perspectivas. A primeira é a *relevância* do conteúdo apresentado pelo teste para o domínio específico, e a segunda é a sua *representatividade* em relação às especificações do domínio que ele pretende cobrir. Embora dependa de um consenso de especialistas no assunto em questão, a questão da relevância também pode ser corroborada por achados empíricos, como diferenças nos escores de estudantes em séries sucessivas ou de indivíduos em vários estágios do processo de treinamento. Os autores e criadores de testes devem respaldar suas afirmações de validade relacionada ao conteúdo dos escores em manuais, livros técnicos e outras fontes de documentação confirmatória para testes. Quando a base primária das evidências de validação de um instrumento está centrada no conteúdo, habilidade ou processos cognitivos específicos que ele avalia, é necessária uma descrição dos procedimentos sistemáticos usados para garantir a relevância e a representatividade destes para os domínios-alvo do teste. O quadro Consulta Rápida 4.3 apresenta um exemplo de como a representatividade inadequada da cobertura de conteúdo tanto pode minar a fidedignidade quanto a validade dos escores de testes referenciados no conteúdo.

Testagem educacional

Escores que derivam sua validade de uma conexão direta e demonstrável entre o conteúdo do teste e as especificações usadas em seu desenvolvimento abundam em todos níveis da educação e do treinamento nos quais os resultados da instrução podem ser definidos sem ambigüidade. Quase todos os testes de sala de aula criados por professores se encaixam nessa categoria, assim como muitos testes padronizados publicados pela ETS, a ACT e organizações semelhantes. O primeiro objetivo destes instrumentos é medir a realização educacional – isto é, o que os estudantes aprenderam através da escolarização. Os escores destes testes podem responder mais diretamente a perguntas como "quanto de um domínio específico o aluno registrou?" ou "que grau de competência ou proficiência o testando atingiu na habilidade em questão?". Instrumentos referenciados no conteúdo ou domínio podem ser aplicados a uma variedade de decisões, incluindo atribuição de notas em uma disciplina, fornecimento de créditos através de exames, colação de grau ou distribuição de diplomas após um programa de estudos, certificação ou licenciamento de indivíduos para a prática profissional em um determinado campo, ou mesmo determinação da prontidão para passar a um nível mais avançado de treinamento. Tipicamente, as decisões baseadas nestes testes dependem dos níveis de maestria demonstrados pelos testandos, que, por sua vez, podem ser medidos em termos de notas de percentagem, ordens de percentil em comparação com grupos normativos apropriados ou determinações simples de aprovação ou reprovação com base em critérios preestabelecidos, como foi discutido no Capítulo 3. O quadro Consulta Rápida 5.3 lista alguns exemplos típicos de testes educacionais padronizados, juntamente com os objetivos para os quais eles foram desenvolvidos (isto é, o conhecimento e as habilidades que eles pretendem avaliar) e suas aplicações básicas. Amostras de questões e descrições mais elaboradas desses testes estão disponíveis nos *sites* da Internet listados na última coluna.

Testagem ocupacional

Muitos instrumentos usados para selecionar ou determinar o cargo mais adequado para candidatos a empregos consistem em amostras ou simulações de trabalho que exigem o desempenho de tarefas que compõem o emprego (p. ex., testes de digitação) ou amostras de comportamento que podem ser ligadas diretamente ao desempenho profissional por meio de análises de função. Alguns desses testes são desenvolvidos nas próprias empresas por seus funcionários e usam normas ou critérios de desempenho locais. Outros são instrumentos padronizados que oferecem escores normativos para indivíduos em várias ocupações e medem constructos de vários graus de amplitude. Numerosos exemplos destes testes podem ser encontrados na seção Vocações do Índice por Classificação de Assunto do *Tests in Print VI* (Murphy et al., 2002). Dois exemplos que podem ser usados para ilustrar a diversidade entre testes desse tipo são descritos no quadro Consulta Rápida 5.4.

CONSULTA RÁPIDA 5.3 Exemplos de testes educacionais padronizados que usam evidências baseadas no conteúdo como principal fonte de validação

Título do teste	Objetivo principal	Aplicações primárias	Site da Internet com descrição e amostras do teste
Test of English as a Foreign Language (TOEFL)	Avaliar a proficiência em inglês de pessoas cuja língua nativa não seja o inglês	Determinar se estudantes estrangeiros possuem conhecimento suficiente de inglês para serem admitidos em faculdades americanas	http://www.toefl.org
College-Level Examination Program (CLEP) Introductory Psychology Test	Medir o conhecimento dos materiais habitualmente ensinados em disciplina introdutória de psicologia em um semestre	Determinar se os estudantes têm conhecimento suficiente de psicologia introdutória para receber um crédito universitário através de exame	http://www.collegeboard.com/clep
ACT Assessment Science Reasoning Test	Medir as habilidades de interpretação, análise, avaliação, raciocínio e solução de problemas necessárias no campo das ciências naturais, incluindo biologia, química, física e ciências espaciais	Avaliar o conhecimento e as habilidades adquiridas por um estudante para determinar sua capacidade para assumir empregos de nível universitário	http://www.act.org
National Assessment of Educational Progress (NAEP)	Medir conhecimentos e habilidades em leitura, matemática, ciências, escrita, história dos EUA, geografia e artes	Fornecer informações a respeito do desempenho de populações e subgrupos de estudantes em todos os EUA e estados participantes	http://nces.ed.gov

Fundamentos da testagem psicológica 169

Exemplos de testes ocupacionais padronizados que usam evidências baseadas no conteúdo como fonte de validação

Título do teste	Constructo avaliado	Descrição	Aplicação primária
Crawford Small Parts Dexterity Test (CSPDT)[a]	Coordenação visual-manual e destreza motora fina	O CSPDT consiste em duas tarefas: (a) trabalhar com pinças inserindo pequenos alfinetes nos orifícios de uma bandeja e depois colocar pequenos aros sobre as partes projetadas dos alfinetes; (b) inserir parafusos na bandeja e depois apertá-los com uma chave de fenda. A velocidade do desempenho é o principal fator na avaliação deste teste.	Usado para determinar se um indivíduo tem a destreza manual necessária para qualquer emprego que envolva trabalho de precisão com as mãos, como entalhes ou conserto de relógios.
Clerical Abilities Battery (CAB)[a]	Diversos componentes de uma ampla gama de ocupações administrativas identificadas pela análise de função de comportamentos administrativos gerais	O CAB tem sete subtestes auto-explicativos: Arquivamento, Comparação de Informações, Cópia de Informações, Uso de Tabelas, Revisão, Habilidades Básicas em Matemática e Raciocínio Numérico.	Usado para recrutamento e avaliação de funcionários administrativos. Em uma revisão do *Mental Measurements Yearbook*, Randhawa (1992) afirma que a amostragem e a amplitude das tarefas dos subtestes do CAB não são suficientemente representativas, e sugere que são necessários mais dados de padronização, fidedignidade e validade preditiva. No entanto, ele admite que o processo de desenvolvimento e o formato da bateria são adequados e fornecem as bases para uma ferramenta potencialmente excelente.

[a]Publicado por Psychological Corporation (http://www.PsychCorp.com).

CONSULTA RÁPIDA 5.4

Em parte devido ao custo e à dificuldade envolvida no desenvolvimento e na validação de instrumentos de avaliação de habilidades no nível local, a organização ACT (antigo *American College Testing Program*) (www.act.org) iniciou um programa conhecido como sistema *WorkKeys* que combina um número de componentes voltados para auxiliar companhias a recrutar, selecionar, contratar e treinar empregados. O componente de perfil de cargo permite aos funcionários ou seus supervisores, em consulta com especialistas da ACT, selecionar as tarefas mais importantes para um dado emprego e identificar as habilidades e níveis de habilidade necessários para o sucesso no seu desempenho. O aspecto de avaliação do WorkKeys fornece instrumentos padronizados para avaliar os níveis de habilidade dos candidatos ou funcionários em várias áreas críticas, como Tecnologia Aplicada, Redação Comercial, Localização de Informações, Capacidade de Escuta e Trabalho em Equipe, entre outras. A avaliação de habilidades na Localização de Informações, por exemplo, apresenta questões em quatro níveis sucessivos de complexidade e mede habilidades que vão de encontrar informações constantes em gráficos elementares – como formulários simples, gráficos de barras e plantas – a tirar conclusões a partir de informações apresentadas em tabelas, gráficos e plantas muito detalhadas, etc. Com base em comparações das informações oferecidas por estas ferramentas de avaliação de habilidades e os níveis mínimos de habilidade requeridos nos perfis de cargo, os empregadores podem avaliar as qualificações dos candidatos ou as necessidades de treinamento de seus funcionários.

Evidências de validade de conteúdo em outros contextos de avaliação

O grau em que os itens de testes são relevantes e representativos de um constructo pode ser uma fonte adicional de evidências de validade para instrumentos em praticamente qualquer campo. Por exemplo:

- *Na avaliação neuropsicológica,* como já foi mencionado, as especificações dos processos cognitivos e da capacidade de comportamento a serem avaliadas são derivadas do conhecimento teórico e empírico bem estabelecido das relações entre funções cognitivas ou comportamentais e as bases neurológicas presumíveis destas funções. Assim sendo, em grande parte, o processo da avaliação neuropsicológica se vale do conhecimento especializado das evidências científicas acumuladas a respeito das relações entre a mente e o comportamento. Uma bateria neuropsicológica adequada deve incluir itens que exploram uma gama de comportamentos suficientemente ampla e representativa para coletar evidências de capacidade ou comprometimento funcional nos vários sistemas que pretende avaliar (ver, p. ex., Franzen, 2000; Lezak, 1995). O *Boston Diagnostic Aphasia Examination* (Goodglass, Kaplan e Barresi, 2001), por exemplo, fornece uma amostragem sistemática de diversas funções de comunicação, tais como compreensão auditiva e expressão oral, para auxiliar no diagnóstico de síndromes afásicas e transtornos da linguagem.
- *Na avaliação da personalidade,* muitas ferramentas de auto-relato – como listas de itens, inventários e levantamentos de atitudes ou opiniões – se

valem em grande parte do conteúdo de seus itens para ajudar a gerar hipóteses ou fazer inferências a respeito dos constructos particulares que pretende avaliar. Procedimentos de observação estruturados, bem como vários inventários usados para coletar dados baseados nos relatos de pares, pais, cônjuges, professores e outros observadores também usam o conteúdo de itens como fonte básica de evidências de validade. Da mesma forma, testes psicológicos delineados para auxiliar no diagnóstico de transtornos psiquiátricos muitas vezes incluem itens, ou podem até ser compostos inteiramente por eles, que refletem aspectos sintomáticos críticos das síndromes que pretendem diagnosticar. Mais uma vez, a relevância e a representatividade dos itens destes instrumentos é de importância crucial para determinar sua utilidade para fins diagnósticos. Exemplo de testes deste tipo incluem o *Inventário de Depressão de Beck (BDI)*, o *State-Trait Anxiety Inventory (STAI)*, a *Symptom Checklist-90-Revised (SCL-90-R)* e o *Attitudes Toward Women Scale (AWS;* Spence e Helmreich,1972).

Evidências de validade do ponto de vista dos testandos

A relevância e a representatividade do conteúdo dos testes também é pertinente em relação a uma questão que é menos substantiva do que a validade dos escores, mas que mesmo assim é bastante importante. A *validade aparente* se refere à aparência superficial daquilo que o teste mede na perspectiva de um testando ou de qualquer outro observador leigo. Todos os instrumentos discutidos até agora têm alguma validade aparente quando usados nos contextos que têm sido discutidos. Para os testandos, eles parecem estar em consonância com as finalidades educacionais, ocupacionais, clínicas ou investigativas expressas das situações de avaliação nas quais são tipicamente aplicados. Embora a validade aparente não seja necessariamente uma indicação de validade na perspectiva psicométrica, ela não deixa de ser uma característica desejável dos testes, porque promove o *rapport* e a aceitação da testagem e de seus resultados por parte dos testandos. Se o conteúdo de um teste parece ser impróprio ou irrelevante, a disposição dos testandos em cooperar com o processo de testagem pode ser minada. Por isso, os criadores de testes precisam levar em conta a aparência de validade na perspectiva de todas as partes envolvidas – incluindo os testandos e outros leigos – e, sempre que possível, incorporar conteúdos que pareçam relevantes e apropriados às situações nas quais o teste deverá ser usado.

Evidências de validade baseadas na exploração de padrões de convergência e divergência

Quando vai além dos relacionamentos diretos e bastante claros entre o conteúdo do teste e as reservas de conhecimento, habilidades e processos funcionais que eles pretendem avaliar, a interpretação dos escores começa a depender de fontes cada vez mais indiretas de evidências de validade. Isso se aplica especialmente aos testes na área da personalidade, não apenas porque os constructos que eles avaliam geralmente são mais teóricos e abstratos do que os avaliados por testes cognitivos, mas também porque as respostas dos testandos às ferramentas de avaliação da personalidade são influenciadas por muito mais determinantes de situação e de estilo pessoal do que as respostas a testes cognitivos.

Existe um número grande e sempre crescente de métodos que podem ser usados para melhorar o sentido dos escores de teste para além da relevância e da representatividade de seu conteúdo. O denominador comum de todos estes procedimentos é sua produção de evidências na forma de padrões de convergência e divergência entre os escores de teste e outras variáveis (ver Tabela 5.1). Embora uma explicação detalhada desses métodos esteja muito além do âmbito deste livro, uma descrição básica dos procedimentos encontrados com maior freqüência é justificada.

A fidedignidade dos escores como fonte de evidência de validade

As investigações sobre a fidedignidade dos escores de teste do ponto de vista da estabilidade, diferenças entre avaliadores, erro de amostragem de conteúdo e sua heterogeneidade podem fornecer evidências a respeito da coesão, ou distintividade, do conteúdo de um teste. Como foi discutido no Capítulo 4, a fidedignidade de um escore pode por si só ser vista como evidência preliminar da obtenção de uma medida confiável de amostra de comportamento, podendo contribuir com evidências indiretas da validade de um escore de teste. Se, por exemplo, o teste for delineado para avaliar um constructo unidimensional, como a habilidade de soletrar, altos coeficientes de consistência interna iriam confirmar a alegação de unidimensionalidade. Da mesma forma, se for obtida uma consistência de escores entre diferentes avaliadores, pode-se supor que todos eles estão empregando os mesmos critérios e, assim, provavelmente avaliando as mesmas características. Se o constructo que está sendo avaliado for estável – por exemplo, um traço ou tipo de personalidade – uma alta fidedignidade de teste-reteste nos escores seria um pré-requisito essencial para evidências de validade.

Correlações entre testes e subtestes

Um modo simples e freqüentemente usado para coletar evidências de que um teste em particular mede o constructo que pretende medir é estabelecer altas correlações entre seus escores e os de outros instrumentos que também avaliam o mesmo constructo. Um dos exemplos mais básicos deste tipo de procedimento ocorre quando os testes são revisados e renormatizados. Nestes casos, os manuais quase invariavelmente citam altas correlações entre as edições anteriores e as novas como evidência de que ambas estão medindo os mesmos constructos. Isto se assemelha ao cálculo de correlações entre formas alternativas de um teste para estabelecer a fidedignidade ou consistência de escore entre as diferentes formas. Podemos recordar do Capítulo 3, no entanto, que mesmo se as correlações entre a versão antiga e a versão revisada de um teste forem muito altas, os escores normativos para as versões repadronizadas tendem a flutuar em uma direção ou outra devido a mudanças na população em diferentes períodos de tempo.

De forma semelhante, os criadores de testes tipicamente apresentam correlações entre os escores de seus testes e os de instrumentos comparáveis como evidência de validade de escores. Por exemplo, todos os manuais das principais escalas de inteligência individual citam correlações entre seus escores e os de outros instrumentos bem estabelecidos do mesmo tipo. Examinando esses dados podemos constatar, por exemplo, que a correlação entre o QI Total da WAIS-III e o escore global composto da Stanford-Binet-IV (SB-IV), calculada para uma amostra de 26 indivíduos que se submeteram a ambos os testes, foi de 0,88 (Psychological Corporation, 1997, p.84), ou que a correlação obtida entre os escores compostos da SB-IV e do *Kaufman Adolescent e Adult Intelligence Scale* (KAIT) para uma amostra de 72 indivíduos testados com ambos os instrumentos foi de 0,87 (Kaufman e Kaufman, 1993, p.100). Coeficientes de correlação deste tamanho são típicos das principais escalas de inteligência e servem para corroborar o fato de que boa parte da variância de escores nestes testes é compartilhada.

Também podem ser obtidos coeficientes de correlação entre escores em subtestes de escalas diferentes. Exemplos típicos disso seriam as correlações entre os escores de várias escalas de depressão, como, por exemplo, da escala de Depressão do MMPI-2 e da escala de Distimia (r = 0,68) do *Millon Clinical Multiaxial Inventory-III* (MCMI-III), ou os escores do Inventário de Depressão de Beck e os da escala de Depressão Maior do MCMI-III (r = 0,71; Millon, Millon e Davis, 1994, p.126, 129). Como seria de se esperar, coeficientes de correlação calculados entre vários tipos de testes e subtestes são citados em profusão em manuais de teste e na literatura psicológica, embora esses índices com freqüência não sejam muito convincentes ou informativos.

As correlações entre testes são tão abundantes porque os dados para estudos correlacionais em pequenas amostras de conveniência são fáceis de coletar, especialmente para os testes de lápis e papel, que podem ser administrados facilmente a grupos. Correlações obtidas dessa forma podem, é claro, variar de zero a ±1,00, dependendo dos escores em questão e da natureza das amostras usadas (cf. Capítulo 2, especialmente a seção sobre Restrição da Amplitude e Correlação). Embora o sentido de qualquer coeficiente isolado esteja aberto a interpretações, se forem acumulados dados suficientes demonstrando correlações consistentemente altas ou baixas entre as medidas, alguns padrões de convergência e divergência poderão ser discernidos. Esses padrões informam aos usuários dos testes a quantidade aproximada de variância comum ou compartilhada entre conjuntos de escores e, indiretamente, o sentido dos escores em si. Correlações consistentemente altas entre medidas delineadas para avaliar um dado constructo – tais como as correlações citadas nos parágrafos anteriores entre escalas de depressão – podem ser tomadas como evidências de *validade convergente*, isto é, evidências da semelhança ou identidade dos constructos avaliados. Seguindo o mesmo raciocínio, as evidências de *validade discriminante*, baseadas em correlações consistentemente baixas entre medidas que devem diferir, também podem ser usadas para substanciar a identidade dos constructos que elas exploram. Um exemplo desse tipo de padrão divergente pode ser visto nas correlações entre escores na escala Bipolar, Maníaca do MCMI-III e a escala de Depressão do MMPI-2 (r = 0,06), bem como entre os escores da escala de Depressão Maior do MCMI-III e a escala de Hipomania do MMPI-2 (r = 0,08), ambas calculadas com uma amostra de 132 indivíduos (Millon, Millon e Davis, 1994, p.129-130).

A Matriz Multitraços-Multimétodos

Em um esforço para organizar a coleta e a apresentação de dados de validação convergentes e discriminantes, D.T. Campbell e Fiske (1959) propuseram um delineamento denominado *matriz multitraços-multimétodos* (MTMMM). Esta abordagem se refere a uma estratégia de validação que requer a coleta de dados sobre dois ou mais traços distintos (p. ex., ansiedade, afiliação e dominância) por dois ou mais métodos diferentes (p. ex., questionários de auto-relato, observações comportamentais e técnicas projetivas). Depois que esses dados são coletados e todas as suas intercorrelações são calculadas, eles podem ser apresentados na forma de uma matriz, como a da Tabela 5.2. As matrizes multitraços-multimétodos exibem (a) coeficientes de fidedignidade para cada medida, (b) correlações entre escores no mesmo traço avaliados por diferentes métodos (isto é, dados de validade convergente) e (c) correlações entre escores em traços diferentes medidos pelos mesmos métodos, bem como (d) entre escores em traços diferentes avaliados por métodos diferentes (ambos constituem dados de validade discriminante). A Tabela 5.2 é um MTMMM hipotético com um padrão de resultados que seria considerado exemplar para este tipo de delineamento de validação. A matriz desta tabela mostra:

- os coeficientes mais altos, que são indicativos de fidedignidade de escore adequada (entre parênteses), na diagonal principal;

Tabela 5.2 Uma matriz multitraços-multimétodos hipotética (MTMMM)

Método	Traço	Auto-Relato			Observação			Projetiva		
		Ans	Afi	Dom	Ans	Afi	Dom	Ans	Afi	Dom
Auto-Relato	Ans	(0,90)								
	Afi	0,45	(0,88)							
	Dom	0,35	0,38	(0,80)						
Observação	Ans	**0,60**	0,23	0,10	(0,92)					
	Afi	0,25	**0,58**	-0,08	0,47	(0,93)				
	Dom	0,12	-0,12	**0,55**	0,30	0,32	(0,86)			
Projetiva	Ans	**0,56**	0,22	0,11	**0,65**	0,40	0,31	(0,94)		
	Afi	0,23	**0,57**	0,05	0,38	**0,70**	0,29	0,44	(0,89)	
	Dom	0,13	-0,10	**0,53**	0,19	0,26	**0,68**	0,40	0,44	(0,86)

Nota: Ans = ansiedade; Afi = afiliação; Dom = dominância. Os coeficientes de fidedignidade estão entre parênteses, ao longo da diagonal principal. Os coeficientes de validade (mesmo traço avaliado por diferentes métodos) estão em negrito. Todos os outros coeficientes são índices da validade discriminante de escores de traços diferentes avaliados por um único método (representando a variância com o mesmo método em itálico) e traços diferentes avaliados por métodos diferentes (letra simples).

- os coeficientes mais altos seguintes – em negrito – entre medidas do mesmo traço feitas com métodos **diferentes**, indicando convergência entre seus escores;
- os coeficientes mais alto seguintes – em *itálico* – entre medidas de traços *diferentes* avaliados pelo *mesmo* método, indicando que uma boa quantidade da variância nos escores se deve aos métodos empregados;
- os menores coeficientes – em letra simples – entre medidas de traços diferentes avaliados por métodos diferentes, indicando que as medidas realmente discriminam bem entre traços distintos.

O delineamento MTMMM é ideal para investigar padrões de convergência e divergência entre escores de testes e dados coletados com outros tipos de instrumentos de avaliação. No entanto, ele constitui um padrão de validação um tanto rigoroso que costuma ser difícil de atingir, especialmente para instrumentos de avaliação da personalidade, cujos escores são propensos a exibir um alto índice de *variação devida ao método* (isto é, variabilidade relacionada a características inerentes a suas metodologias). Além disso, o delineamento MTMMM não é aplicado em sua forma completa com muita freqüência, porque coletar informações através de múltiplos métodos é bastante trabalhoso (Terrill, Friedman, Gottschalk e Haaga, 2002). Não obstante, variações mais simples do esquema MTMMM, baseadas em escores de testes que tanto medem constructos semelhantes quanto diferentes, ainda que por métodos semelhantes, estão sendo cada vez mais empregadas no processo de validação de testes. Além disso, alguns instrumentos têm características que facilitam a coleta de dados de diferentes fontes, que podem então ser usados para estudar padrões de convergência e discriminação. Por exemplo, o *Revised NEO Personality Inventory* (NEO PI-R) fornece versões paralelas dos mesmos conjuntos de itens – Forma S para auto-relatos e Forma R para avaliações feitas por observadores como pares ou cônjuges – que podem ser usadas para correlacionar e comparar cores derivados de ambas as fontes (Costa e McCrae, 1992, p.48-50).

Diferenciação de idade

Resultados de testes consistentes com tendências desenvolvimentais bem estabelecidas entre faixas etárias costumam ser vistos como evidências de validade dos escores. Na verdade, o critério da diferenciação de idade é uma das fontes mais antigas de evidências para a validação de testes de habilidade. Podemos recordar do Capítulo 1 que o sucesso das escalas Binet-Simon originais foi medido basicamente por estudos que provaram que suas amostragens das funções cognitivas produziam resultados que podiam ser usados para descrever quantitativamente os níveis de habilidade das crianças, em termos de faixas etárias às quais seu desempenho correspondia. Na maioria dos testes de habilidade, o desempenho das crianças e adolescentes das amostras normativas mostra tipicamente uma tendência ascendente em idades cronológicas sucessivas. No outro extremo do espectro etário, observa-se um declínio do desempenho entre amostras de adultos mais velhos em instrumentos que medem habilidades que tendem a diminuir com a idade, como testes de memória e testes que avaliam a velocidade de desempenho. A diferenciação de idade também é evidente em estudos cuidadosamente delineados sobre tendências de longo prazo no desempenho de indivíduos de várias idades em testes de habilidade mental, como o *Seattle Longitudinal Study* (Schaie, 1994). Os aumentos ou declínios em escores consistentes com expectativas relacionadas à idade fornecem evidências de que é necessário, ainda que não suficiente, mostrar que um teste está medindo os constructos de habilidade que foi delineado para medir.

Resultados experimentais

Outra fonte indireta de evidências que pode ser útil na validação de escores é fornecida por investigações que usam escores de testes psicológicos como variável dependente para avaliar os efeitos de intervenções experimentais. Na área da testagem de habilidades, estas evidências derivam primariamente de diferenças entre os escores pré e pós-teste, após intervenções com o objetivo de remediar deficiências ou melhorar o desempenho em várias habilidades cognitivas e intelectuais. Por exemplo, se os escores em um teste do desenvolvimento conceitual básico em crianças pequenas (p. ex., o *Bracken Basic Concept Scale-Revised*) mostrassem um aumento significativo para um grupo exposto a um programa de reforço de curto prazo – comparado a nenhuma mudança para um grupo pareado que não participasse do programa –, a mudança nos escores poderia ser vista como evidência de sua validade, bem como da eficácia do programa. Contrastes pré e pós-teste semelhantes costumam ser usados para documentar a validade de escores derivados de ferramentas de avaliação da personalidade. Um exemplo desse tipo de estudo de validação pode ser encontrado no manual do *Quality of Life Inventory* (QOLI; Frisch, 1994, p.15-16), uma ferramenta para a avaliação de níveis de satisfação com a vida e bem-estar subjetivo que pode ser usada – entre outras coisas – para medir a eficácia do aconselhamento ou intervenções psicoterapêuticas.

Análise fatorial

Uma forma de lidar com o número imenso de constructos explorados pelos testes existentes – e com o número maciço de correlações que podem ser obtidas de seus escores globais, escores de subtestes e escores de itens – é através de uma série de procedimentos estatísticos conhecidos coletivamente como *análise fatorial* (AF). A principal meta da análise fatorial é reduzir o número de dimensões necessárias para se descrever dados derivados de um grande número de medidas. Ela é feita por meio de uma série de cálculos matemáticos, baseados na álgebra matricial, que buscam extrair padrões de intercorrelação entre um conjunto de variáveis.

Existem dois modos básicos de conduzir análises fatoriais. A abordagem original é de natureza exploratória, e por isso é conhecida como *análise fatorial exploratória*, ou AFE. Seu objetivo é descobrir quais fatores (isto é, variáveis latentes ou constructos) subjazem às variáveis em análise. Uma abordagem mais recente é denominada *análise fatorial confirmatória* (AFC) porque busca testar hipóteses ou confirmar teorias a respeito de fatores presumidamente existentes. Ambas as abordagens podem ser usadas na análise de dados de testes psicológicos, bem como em muitos outros tipos de conjuntos de dados. As análises confirmatórias são mais sofisticadas do ponto de vista metodológico e serão discutidas mais adiante neste capítulo como um subconjunto das técnicas para análise de estruturas de covariância conhecidas como modelagem de equação estrutural.

Quais são os passos envolvidos na análise fatorial dos escores de testes psicológicos? As análises fatoriais exploratórias começam com uma *matriz de correlação*, uma tabela que exibe as intercorrelações entre os escores obtidos por uma amostra de indivíduos em uma ampla variedade de testes (ou subtestes ou itens). O fato de este ser o ponto de partida da AFE é importante para a compreensão dos resultados das pesquisas em análise fatorial, porque aponta duas características cruciais da AF que muitas vezes são esquecidas. Ambas as características dizem respeito a limitações da aplicabilidade dos resultados oriundos de qualquer AFE isolada, quais sejam, os resultados dependem em grande parte (a) da escolha das medidas incluídas na análise, e (b) da composição específica da amostra cujos escores fornecem dados para a análise.

A Tabela 5.3, Parte A, mostra um exemplo de uma matriz de correlação simples. Essa matriz foi derivada dos escores obtidos por 95 estudantes universitários

Tabela 5.3

A. Matriz de correlação: intercorrelações de escores em cinco subtestes do Beta III para 95 estudantes universitários

Subteste	Codificação	Completar desenhos	Checagem administrativa	Absurdos em desenhos	Raciocínio matricial
Codificação	1,00	0,13	0,62**	0,20	0,05
Completar desenhos		1,00	0,09	0,21*	0,11
Checagem administrativa			1,00	0,18	0,20
Absurdos em desenhos				1,00	0,31**
Raciocínio matricial					1,00

Nota: Os dados são de Urbina e Ringby (2001).
*p= .05 **p= .01

B. Matriz fatorial para os dois fatores extraídos da análise fatorial exploratória (AFE) de cinco subtestes do Beta III[a]

Subteste	Cargas no fator 1	Cargas no fator 2
Codificação	**0,90**	0,06
Completar desenhos	0,07	**0,54**
Checagem administrativa	**0,88**	0,14
Absurdos em desenhos	0,15	**0,75**
Raciocínio matricial	0,02	**0,73**

Nota: Os números em negrito indicam as cargas mais altas nos dois fatores transformados por rotação varimax.
[a]Os fatores 1 e 2 respondem por 61% da variância nos escores dos subtestes; os 39% restantes da variância são explicados por fatores específicos de cada subteste e pela variância de erro.

nos cinco subtestes do Beta III, um teste não-verbal de habilidade intelectual derivado do *Army Beta* (ver Capítulo 1). Os dados fazem parte de um estudo sobre diferenças de gênero em habilidades cognitivas (Urbina e Ringby, 2001).

Os passos seguintes na análise fatorial dependem da escolha específica das técnicas empregadas pelo investigador. Diversos procedimentos diferentes podem ser usados para conduzir essas análises e para extrair fatores (Bryant e Yarnold, 1995; Comrey e Lee, 1992). Uma discussão dos procedimentos de análise fatorial está além de nossos objetivos, pois iria envolver o aprofundamento em questões técnicas, como métodos para a extração e rotação de fatores, que são bastante complexas. Mesmo assim, o fato de existirem várias abordagens da análise fatorial deve ser observado e registrado porque podemos chegar a diferentes soluções, dependendo das premissas e métodos usados. As diferenças nas soluções geralmente dizem respeito ao número de fatores extraídos e à sua relativa independência mútua. Para mais informações sobre esta e outras questões relacionadas à metodologia da análise fatorial, ver Russel (2002).

O produto final das análises fatoriais é uma *matriz fatorial*, uma tabela que lista as cargas de cada uma das variáveis originais nos fatores extraídos com as análises. As *cargas fatoriais* são correlações entre as medidas originais na matriz de correlação e os fatores que foram extraídos. A Parte B da Tabela 5.3 mostra a matriz fatorial para os dois fatores extraídos de uma análise fatorial dos dados na matriz de correlação da Parte A da mesma tabela. Esta matriz fatorial indica que os dois subtestes (Codificação e Checagem Administrativa) têm cargas muito altas no Fator 1 e cargas insignificantes no Fator 2, enquanto que os outros três subtestes (Completar Figuras, Absurdos em Desenhos e Raciocínio Matricial) mostram o padrão inverso em suas cargas fatoriais.

Interpretando os resultados de análises fatoriais. Depois de obtidas, as matrizes fatoriais podem ser examinadas para se determinar a natureza dos fatores que explicam a maior parte da variância do conjunto original de dados. Os fatores em si são identificados a partir da lógica indutiva. Para identificar e nomear os fatores, devemos examinar as características distintivas das medidas com carga maior e menor em cada um dos fatores da matriz. Em nosso exemplo, a matriz fatorial da Tabela 5.3 sugere que o primeiro fator envolve a *velocidade de desempenho*, porque os dois subtestes que têm carga mais pesada naquele fator envolvem tarefas extremamente simples com limites de tempo muito breves. O segundo fator têm cargas altas nos três subtestes restantes, envolvendo problemas que requerem raciocínio baseado em estímulos *gráficos* ou *pictóricos*. Este padrão de matriz fatorial coincide com os derivados das análises fatoriais exploratória e confirmatória dos dados da amostra de padronização do Beta III, que são apresentados em seu manual. Os Fatores 1 e 2 são denominados "Velocidade de Processamento" e "Raciocínio Não-Verbal", respectivamente (Kellog e Morton, 1999).

A análise fatorial foi desenvolvida por psicólogos na tentativa de investigar as bases das inter-relações entre escores de teste, e entre escores de vários tipos de testes de habilidade em particular. No entanto, as técnicas de AF foram prontamente aplicadas a dados de testes de personalidade e descrições de traços de personalidade. A história da AF, tanto na área das habilidades como na da personalidade, sempre esteve carregada de controvérsias a respeito da adequação de seus vários métodos e das extrapolações que podem ou não ser feitas a partir de seus resultados (Cowles, 2001, Capítulo 11).

No campo das habilidades cognitivas, parte da controvérsia se concentrou no fator geral da habilidade mental, ou *g* (originalmente postulado por Charles Spearman), especialmente em questões relacionadas à sua significância e hereditariedade (Jensen, 1998). Teorizações adicionais e pesquisas básicas neste campo trataram principalmente de questões pertinentes à natureza, número e organização dos traços intelectuais. Uma excelente compilação de boa parte da literatura sobre a análise fatorial das habilidades cognitivas humanas, juntamente com uma teoria hierárquica amplamente aceita da organização dos traços cognitivos, pode ser encontrada no livro de John Carroll (1993) sobre este tema.

No campo da avaliação da personalidade, a análise fatorial foi aplicada à tarefa de identificar e medir as principais dimensões necessárias para uma descrição abrangente da personalidade, uma questão sobre a qual também tem havido grandes discordâncias. Dentro desta área, duas tradições separadas de pesquisa em análise fatorial surgiram independentemente. Uma delas centrou-se desde o início no uso de dados de questionários de personalidade. A outra – conhecida como a tradição *léxica* – começou reduzindo a miríade de palavras usadas para descrever os atributos da personalidade a um número mais manejável por meio da combinação de sinônimos. Isso foi seguido por uma tentativa de identificar as dimensões primárias da personalidade pelas intercorrelações e análises fatoriais de classificações em vários traços atribuídos a grupos heterogêneos de indivíduos por seus associados, bem como por dados de questionários de auto-relato. Mais recentemente, as pesquisas em ambas as tradições se aproximaram e chegaram a um certo grau de consenso. O modelo prevalente se concentra no uso de um padrão hierárquico de análise para simplificar a coleta de dados de graus variáveis de generalidade pertinentes ao funcionamento da personalidade, e passou a ser conhecido como *modelo de cinco fatores* (*MCF*; Carroll, 2002; Costa e McCrae, 1992; Digman, 1990; Wiggins e Pincus, 1992).

Apesar de seus problemas e limitações, a tradição da análise fatorial tem sido extraordinariamente fértil para a testagem psicológica e, de modo mais geral, para a teorização psicológica. A longevidade destes métodos, bem como seu contínuo refinamento, criaram um rico acervo de ferramentas e dados a partir dos quais continuamos a ampliar nossa compreensão dos traços e testes psicológicos. O quadro Consulta Rápida 5.5 apresenta alguns dos benefícios que podem ser derivados da AF, bem como suas principais limitações.

― **Não esqueça** ─────────────────────────

Fatores não são entidades "reais", embora muitas vezes sejam discutidos como se fossem. Eles são simplesmente constructos ou variáveis latentes que podem ser inferidos a partir dos padrões de covariância revelados por análises estatísticas.

CONSULTA RÁPIDA 5.5

Parte I: Benefícios da análise fatorial

Validação de constructos: Agrupando grande número de medidas e examinando os fatores que parecem ser responsáveis pela variância compartilhada por elas, podemos aprender mais a respeito da composição das tarefas que compõem os testes psicológicos e da organização dos traços, em termos de sua generalidade e especificidade.

Aplicação prática: Quando uma bateria é composta de um grande número de testes, os resultados da análise fatorial fornecem um meio de simplificar a interpretação e o relato dos escores dos subtestes. Isto é feito por meio de escores fatoriais, que essencialmente são índices que agregam os escores de subtestes a um número menor de categorias coesas de constructos derivadas da análise fatorial.

Parte II: Limitações da análise fatorial

A interpelação isolada dos resultados de qualquer estudo de análise fatorial não pode ir além dos dados usados na análise, seja em termos do que está sendo medido ou de sua generalizabilidade para outras populações.

O que está sendo medido? Tanto o manual do Beta III (um teste que pretende medir a habilidade intelectual não-verbal) como a análise mostrada na Tabela 5.3 sugerem que os cinco subtestes do Beta III podem ser configurados em dois grupos com uma boa quantidade de variância comum. O exame das tarefas envolvidas nos cinco subtestes confirma que os dois fatores são não-verbais. No entanto, esses dados não podem revelar se ou em que grau esses fatores capturam os aspectos essenciais da habilidade intelectual não-verbal.

Generalizabilidade dos resultados da análise fatorial: os dados correlacionais derivados de 95 estudantes universitários (Urbina e Ringby, 2001) apresentados na Tabela 5.3 produzem resultados semelhantes aos obtidos pelo grupo de padronização do Beta III, uma amostra muito maior (N = 1260) e bem mais representativa da população americana. Embora esta convergência de resultados corrobore a estrutura de fatores obtida em ambas as investigações, ela deixa em aberto a questão de se esta estrutura pode ser generalizada para outras populações, como pessoas de diferentes culturas, indivíduos com deficiências auditivas ou visuais não corrigidas ou qualquer outro grupo cujo histórico de experiências difere significativamente do das amostras usadas nas duas análises em questão.

Técnicas de modelagem de equação estrutural

A análise fatorial exploratória é apenas um dos diversos tipos de técnicas estatísticas multivariadas que permitem aos investigadores examinar as relações entre múltiplas medidas para tentar determinar os constructos subjacentes que explicam a variabilidade observada. A maior disponibilidade de computadores e *softwares* poderosos nas últimas décadas aumentou muito a facilidade com que as técnicas de análise fatorial – e outros métodos sofisticados de análise de dados correlacionais multivariados, tais como análises regressivas múltiplas – podem ser usadas para investigar variáveis latentes (isto é, constructos) e as possíveis ligações causais diretas e indiretas ou rotas de influência entre elas.

Um conjunto de procedimentos de rápida evolução que pode ser usado para testar a plausibilidade de hipóteses de inter-relações entre constructos, bem como as relações entre os constructos e as medidas usadas para avaliá-los, é conhecido como *modelagem de equação estrutural* (MEE). A idéia essencial da MEE é criar um ou mais modelos – baseados em teorias, achados prévios ou análises exploratórias anteriores – das relações entre um conjunto de constructos ou variáveis latentes e comparar as estruturas ou matrizes de co-variância implicadas pelos modelos com as matrizes de co-variância efetivamente obtidas com um novo conjunto de dados. Em outras palavras, as relações obtidas com dados empíricos em variáveis que avaliam os vários constructos (fatores ou variáveis latentes) são comparadas às relações preditas pelos modelos. A correspondência entre os dados e os modelos é avaliada por estatísticas, apropriadamente denominadas estatísticas de *qualidade de ajuste*. A MEE oferece diversas vantagens em relação à análise regressiva tradicional, que derivam basicamente de duas características: (a) a MEE se baseia na análise de *estruturas de covariância* (isto é, padrões de comparação entre variáveis latentes ou constructos) que podem representar as influências diretas e indiretas de variáveis umas sobre as outras e (b) a MEE usa tipicamente múltiplos indicadores para as variáveis dependentes e independentes nos modelos, fornecendo assim um modo de explicar o erro de mensuração em todas as variáveis observadas. Os leitores que desejarem se aprofundar no tópico da MEE e em técnicas relacionadas, como análise de trajetória, podem consultar uma ou mais das fontes sugeridas no quadro Consulta Rápida 5.6.

No que diz respeito à validação de testes psicológicos, as técnicas de MEE são usadas para a exploração sistemática de constructos e teorias psicológicas por meio de pesquisas que empregam a testagem como um método de coleta de dados para um ou mais indicadores de um modelo. A MEE pode fornecer evidências confirmatórias da fidedignidade dos escores de teste, bem como de sua utilidade como medida de um ou mais constructos de um modelo. No entanto, presentemente, a aplicação mais extensa das técnicas de MEE na validação de escores de teste se dá através da análise fatorial confirmatória.

A *análise fatorial confirmatória* (AFC), mencionada rapidamente em uma seção anterior, envolve a especificação *a priori* de um ou mais modelos das relações

---

CONSULTA RÁPIDA 5.6

Fontes de informação sobre a modelagem de equação estrutural (MEE)

- Para uma boa introdução à MEEa que não pressupõe o conhecimento de métodos estatísticos além da análise regressiva, ver:
  Raykov, T., Marcoulides, G.A. (2000). *A first course in structural equation modeling*. Mahwah, NJ: Erlbaum.
- Uma apresentação mais avançada da MEE que inclui contribuições de muitas das principais autoridades nesta metodologia pode ser encontrada em:
  Bollen, K.A., Long, J.S. (Eds.). (1993). *Testing structural equation models*. Newbury Park, CA: Sage.
- A Internet é uma excelente fonte de informações sobre muitos tópicos, incluindo técnicas de MEE que estão sendo usadas em vários campos. Um dos melhores pontos de partida é o *site* criado e mantido por Ed Rigdon, professor do Departamento de *Marketing* da Georgia State University:
  http://www.gsu.edu/~mkteer/sem.html

entre escores de teste e os fatores ou constructos que eles devem avaliar. Na AFC, assim como em todas as outras técnicas de MEE, a direção e a força das interrelações estimadas por vários modelos são testadas em comparação com resultados obtidos de dados reais em termos de qualidade de ajuste. Estas análises foram facilitadas pelo desenvolvimento de programas de computador – como o LISREL (Jöreskog e Sörbom, 1993) – que geram valores para os modelos hipotéticos que podem então ser testados em comparação com os dados reais.

Os exemplos desse tipo de trabalho estão se tornando cada vez mais abundantes tanto na literatura psicológica quanto nas seções de validade dos manuais de teste. As análises fatoriais confirmatórias conduzidas com os dados da amostra de padronização da WAIS-III (Psychological Corporation, 1997, p.106-110) são típicas dos estudos que buscam fornecer evidências de validade para escores de testes psicológicos. Nessas análises, quatro modelos estruturais possíveis – um de dois, um de três, um de quatro e um de cinco fatores – foram avaliados sucessivamente e comparados a um modelo geral de um fator para determinar qual deles oferecia o melhor ajuste para os dados da amostra total e na maior parte das faixas etárias do grupo normativo da WAIS-III. Os resultados da AFC indicaram que o modelo de quatro fatores oferecia a melhor solução geral e confirmaram os padrões obtidos anteriormente com análises fatoriais exploratórias dos mesmos dados. Esses resultados, por sua vez, foram usados como base para determinar a composição dos quatro escores-índice (Compreensão Verbal, Organização Perceptiva, Memória de Trabalho e Velocidade de Processamento) que podem servir para organizar os resultados de 11 dos 14 subtestes da WAIS-III em domínios separados do funcionamento cognitivo.

Em contraste com esse tipo de AFC conduzida com os dados da WAIS-III, outros estudos de AFC envolvem um trabalho mais básico voltado para o esclarecimento da organização dos traços cognitivos e específicos de personalidade. Um exemplo desse tipo de estudo pode ser encontrado na descrição de Gustafsson (2002) de sua reanálise de dados coletados por Holzinger e Swineford nos anos 30 com um grupo de estudantes de 7ª e 8ª séries (N = 301) que foi testado com uma bateria de 24 testes delineados para explorar habilidades em cinco áreas amplas (expressão, espaço, memória, velocidade e dedução matemática). Usando dois modelos diferentes de AFC, Gustafsson encontrou suporte para a hipótese de sobreposição entre os fatores *G* (inteligência geral) e *Gf* (inteligência fluida ou capacidade de raciocínio), que havia sido sugerida pelas análises feitas nos anos de 1930. Gustafsson também usou contrastes nos padrões de resultados da análise fatorial original feita nos anos de 1930 e suas AFCs contemporâneas para ilustrar as implicações significativas de várias abordagens de mensuração, bem como da composição da amostra, para a validação de constructo dos escores de testes de habilidade.

A análise fatorial confirmatória e outras técnicas de modelagem estrutural ainda estão evoluindo e estão muito longe de oferecer qualquer conclusão definitiva. No entanto, a fusão de modelos teóricos, observações empíricas e análises estatísticas sofisticadas que caracteriza estas técnicas é muito promissora em termos do avanço de nossa compreensão das medidas que usamos e das relações entre os escores de teste e os constructos que eles devem avaliar.

Evidências de validade baseadas nas relações entre escores de teste e critérios

Se os objetivos da testagem psicológica se limitassem simplesmente à descrição do desempenho dos testandos em termos dos referenciais discutidos no Capítulo 3 ou ao aumento de nossa compreensão dos constructos psicológicos e suas inter-relações, as fontes de evidências já discutidas poderiam ser suficientes. No entanto, a interpretação válida dos escores de teste muitas vezes acarreta a aplicação do sentido inerente aos escores – seja ele baseado em normas, conteúdo do teste, processos de resposta, padrões estabelecidos de convergência e divergência ou qualquer combinação dessas fontes de evidências às inferências pragmáticas necessárias para a tomada de decisões a respeito de pessoas. Nesses casos, as evidências de validade precisam contemplar a significância que os escores podem ter em questões que vão além deles mesmos ou em campos que estão fora da esfera de ação direta do teste. Em outras palavras, é preciso demonstrar que os escores de teste se correlacionam com os vários critérios usados na tomada de decisões e predições.

Alguns fatos essenciais a respeito de critérios

O *Merriam-Webster's collegiate dictionary* (1995) define *critério* como "um padrão no qual um julgamento ou decisão pode ser baseado" ou "uma marca ou traço característico". Embora a forma plural, critérios, seja usada com freqüência como singular, no presente contexto é necessário aplicar as duas formas da palavra apropriadamente, porque ambas são centrais para nossos objetivos. Um critério também pode ser definido, de forma menos estrita, como aquilo que *realmente* queremos saber. Esta última definição, embora menos formal do que a do dicionário, enfatiza o contraste entre o que os escores de teste nos dizem e as razões práticas por que usamos os testes.

Para os testes psicológicos que são usados em julgamentos ou decisões a respeito de pessoas, a evidência de uma relação entre os escores e medidas de critério é uma base indispensável, porém não necessariamente suficiente, para a avaliação da validade. *Medidas de critério* são índices dos critérios, que os testes pretendem avaliar ou predizer, coletados independentemente do teste em questão. O quadro Consulta Rápida 5.7 fornece uma lista dos tipos de critérios tipicamente usados na validação de escores de teste. Uma vez que a natureza dos critérios depende das perguntas que se quer responder com a ajuda dos testes, segue-se que os procedimentos de validação baseados parcial ou inteiramente nas relações entre escores e medidas de critério devem produzir evidências de uma ligação entre os *preditores* (escores de teste) e os critérios.

As medidas ou estimativas de critério podem ser naturalmente *dicotômicas* (p. ex., colação de grau *versus* abandono de curso) ou artificialmente *dicotomizadas* (p. ex., sucesso *versus* fracasso); *politômicas* (p. ex., diagnósticos de transtorno de ansiedade *versus* transtorno de humor *versus* transtorno dissociativo, ou preferên-

> **CONSULTA RÁPIDA 5.7**
>
> ### Critérios típicos usados na validação de escores de teste
>
> Embora haja um número quase infinito de medidas de critério que podem ser empregadas na validação de escores de teste, dependendo dos objetivos da testagem, as categorias mais freqüentes são as seguintes:
>
> - *Índices de realização acadêmica ou desempenho em treinamento especializado*, tais como, notas escolares, históricos de graduação, menções honrosas, prêmios ou demonstrações de competência em áreas de treinamento por desempenho bem-sucedido (p. ex., em piano, trabalhos mecânicos, pilotagem, programação de computadores, exames de ordem ou provas de certificação).
> - *Índices de desempenho no trabalho*, tais como históricos de vendas, históricos de produção, promoções, aumentos de salário, estabilidade em empregos que exigem competência, ausência de acidentes de trabalho ou avaliação por supervisores, pares, estudantes, empregados, clientes, etc.
> - *Afiliação a grupos contrastados*, baseada em diagnósticos psiquiátricos, *status* ocupacional, realização educacional ou qualquer outra variável relevante.
> - *Avaliações de comportamento ou de traços de personalidade* feitas por observadores independentes, parentes, pares ou quaisquer outros associados que tenham bases suficientes para fornecê-las.
> - *Escores em outros testes relevantes.*

cia por ocupações artísticas *versus* científicas *versus* literárias); ou *contínuas* (p. ex., média de notas, número de unidades vendidas, escores em um inventário de depressão, etc). Enquanto a natureza dos critérios depende das decisões ou predições a serem feitas com a ajuda dos escores de teste, os métodos usados para estabelecer as relações entre escores e critérios variam dependendo tanto das características formais dos escores como das medidas de critério. Em geral, quando a medida de critério é expressa de forma dicotômica (p. ex., sucesso *versus* fracasso) ou em termos de um sistema categórico (p. ex., afiliação a grupos contrastados), a validade dos escores de teste é avaliada em termos de *taxas de acerto*. As taxas de acerto tipicamente indicam a percentagem de decisões ou classificações corretas feitas com o uso dos escores de teste, embora diferenças médias e índices de correlação adequados também possam ser usados. Quando as medidas de critério são contínuas (p. ex., escores em testes de realização, notas, avaliações, etc) as principais ferramentas usadas para indicar a extensão da relação entre os escores de teste e a medida de critério são coeficientes de correlação. No entanto, se um determinado valor em um critério contínuo, como uma nota média de 2,0, é usado como ponto de corte para determinar um resultado específico, como a colação de grau universitário, os escores no teste preditor também podem ser avaliados em termos de diferenciações ou não entre os testandos que satisfazem ou excedem o critério de corte e aqueles que não o fazem.

A história de testagem psicológica nas últimas décadas reflete não apenas uma evolução da compreensão da natureza e das limitações dos testes e seus escores, mas também a maior apreciação da significância da complexidade das medidas de critério (James, 1973; Tenopyr, 1986; Wallace, 1965). Como resultado, com raras exceções, a noção de que existe algo como "um critério", em relação ao qual um teste pode ser validado, deixou de ser defensável tanto quanto a proposição de que a validade de um teste pode ser determinada em termos de tudo ou nada. Em vez disso, os seguintes fatos a respeito dos critérios agora são compreendidos de maneira geral:

1. Na maioria dos estudos de validação, existem muitos índices possíveis (quantitativos e qualitativos) que podem ser usados como medidas de critério, incluindo escores de testes que não aqueles submetidos à validação. Por isso, uma grande atenção deve ser dada à seleção dos critérios e medidas de critério.
2. Algumas medidas de critério são mais fidedignas e válidas do que outras. Por isso, a fidedignidade e a validade das medidas de critério precisam ser avaliadas assim como as dos escores de teste.
3. Alguns critérios são mais complexos do que outros. Como resultado, pode haver ou não uma correlação entre medidas de critério, especialmente quando os critérios são multifacetados.
4. Alguns critérios podem ser avaliados no momento da testagem; outros evoluem com o tempo. Isso significa que pode haver ou não correlações substanciais entre medidas de critério que estão disponíveis logo após a testagem e critérios mais distantes que podem ser avaliados somente ao longo de um período maior de tempo.
5. As relações entre escores de teste e medidas de critério podem ou não se generalizar para outros grupos, contextos ou períodos de tempo. Por isso, as evidências de validade relacionadas ao critério precisam ser demonstradas novamente para populações que diferem das amostras originais de validação em aspectos que podem afetar a relação entre escores e critérios, bem como entre vários contextos e momentos.
6. A força ou qualidade das evidências de validade em relação à avaliação ou predição de um critério é uma função das características do teste e das medidas de critério empregadas. Se as medidas de critério não são fidedignas ou são arbitrárias, os índices da validade dos escores serão enfraquecidos, independentemente da qualidade do teste usado para avaliar ou predizer os critérios.

Procedimentos de validação relacionados ao critério

As decisões relacionadas ao critério para as quais os escores de teste têm a possibilidade de ser úteis podem ser classificadas em dois tipos básicos: (a) aquelas que envolvem a determinação do *status* atual de uma pessoa e (b) aquelas que envolvem a predição de um desempenho ou comportamento futuro. Em certo sentido, esta dicotomia é artificial porque, quer precisemos saber algo a respeito do *status* atual de uma pessoa ou de seu desempenho futuro, a única informação que os escores de teste podem transmitir deriva de seu comportamento atual – isto é, do desempenho do testando no momento da testagem. Mesmo assim, os procedimentos de validação relacionados ao critério freqüentemente são categorizados como concorrentes ou preditivos, dependendo das medidas empregadas bem como de seus objetivos primários.

Validação concorrente e preditiva

As evidências de *validação concorrente* são coletadas quando os índices dos critérios que os escores de teste pretendem avaliar estão disponíveis no momento em que os estudos de validação são conduzidos. Falando estritamente, a validação concorrente é apropriada para escores de testes que serão empregados para determinar o *status* atual de uma pessoa em relação a algum esquema classificatório, como categorias diagnósticas ou níveis de desempenho. As evidências de *validação preditiva*, por outro lado, são relevantes para escores de teste que serão usados na tomada de decisões baseadas na estimativa de níveis de desempenho ou resultados comportamentais futuros. Idealmente, os procedimentos de validação preditiva requerem que sejam coletados dados sobre a variável preditora (escores de teste) e que se espere que os dados de critério se tornem disponíveis para que os dois conjuntos de dados possam ser correlacionados. Este processo muitas vezes não é prático devido ao elemento temporal envolvido na espera para que os critérios amadureçam e também devido à dificuldade de encontrar amostras adequadas para tais estudos. Como resultado, a validação concorrente costuma ser usada como substituta da validação preditiva, mesmo para testes usados para estimar o desempenho futuro, como admissões em universidades ou seleções para emprego. Nestes casos, o teste em desenvolvimento é administrado a um grupo de pessoas, como estudantes universitários ou empregados, para o qual os dados de critérios já estão disponíveis.

Muitas vezes, a distinção entre dois tipos de procedimento de validação depende do modo como os usuários formulam as perguntas que querem responder com a ajuda do teste. O quadro Consulta Rápida 5.8 contém exemplos de algumas perguntas e situações de tomada de decisões típicas que podem demandar evidências de validação concorrente ou preditiva, dependendo de como a pergunta é formulada e do referencial de tempo escolhido. Para ilustrar a distinção entre estratégias de validação concorrente e preditiva, um exemplo relativamente simples de cada tipo de estudo será apresentado, seguido por uma discussão das principais questões pertinentes à validação relacionada ao critério.

Exemplo de validação concorrente:
o Índice Whitaker de Pensamento Esquizofrênico

Testes que são usados para identificar transtornos psiquiátricos, como esquizofrenia ou depressão, geralmente passam por validação concorrente. Tipicamente, esses estudos empregam duas ou mais amostras de indivíduos que diferem em relação ao seu *status* diagnóstico estabelecido independentemente. Um dos muitos

Fundamentos da testagem psicológica

CONSULTA RÁPIDA 5.8

Relações entre perguntas, decisões e predições que requerem validação relacionada ao critério

Perguntas sobre o *status* atual	Objetivo imediato: decisões	Perguntas implícitas: predições
John X está sofrendo de esquizofrenia, transtorno de pânico, depressão clínica, déficit de atenção ou algum outro transtorno mental?	John X deve receber o tratamento (medicação, psicoterapia, etc) recomendado para o transtorno em questão?	John X vai se beneficiar (um pouco, muito ou nada) do tratamento recomendado?
Mary Y está sujeita a impulsos suicidas (ou homicidas) que pode não ser capaz de controlar sozinha?	Mary Y deve continuar hospitalizada (ou presa)?	Mary Y vai tentar se matar (ou matar outra pessoa) se deixada em liberdade?
Joe Z é superdotado (ou sofre de retardo mental severo)?	Joe Z deve ser admitido em um programa de educação especial para indivíduos superdotados (ou com retardo mental)?	Joe Z vai se beneficiar (um pouco, muito ou nada) de um programa de educação especial?
Tom P é honesto e confiável (ou motivado para o trabalho com vendas)?	Tom P deve ser contratado para trabalhar como caixa (ou vendedor)?	Tom P vai ser um caixa consciencioso (ou um vendedor de sucesso), ou vai roubar dinheiro (ou fazer poucas vendas)?
Jane Q é capaz de realizar trabalhos de nível universitário (ou pilotar um avião)?	Jane Q deve ser admitida na universidade (ou receber uma licença para pilotar aviões)?	Jane Q será capaz de terminar a faculdade com média de notas altas o bastante para se formar (ou será capaz de pilotar um avião sem causar acidentes)?

instrumentos cujos escores são validados desta maneira é o Índice Whitaker de Pensamento Esquizofrênico [*Whitaker Index of Schizophrenic Thinking* (WIST; Whitaker, 1980)]. O WIST foi delineado para identificar o tipo de comprometimento do pensamento que costuma acompanhar as síndromes esquizofrênicas. Ambas as suas formas (A e B) consistem em 25 itens de múltipla escolha.

Na padronização do WIST, Whitaker usou amostras de pacientes esquizofrênicos agudos e crônicos (E), bem como três grupos de não-esquizofrênicos (NE), para derivar escores de corte que iriam diferenciar otimamente os indivíduos E dos NE. Os escores de corte estabelecidos com os grupos de padronização discriminavam entre grupos E e NE com 80% de eficiência para a Forma A e 76% de eficiência para a Forma B. Portanto, dependendo da forma, o índice de corte resultava em 20 a 24% de decisões incorretas. Com a Forma A, as decisões incorretas do tipo *falso-negativo* – aquelas nas quais sujeitos E eram classificados como NE pelo índice –

eram muito mais altas (33%) do que as decisões tipo *falso-positivo*, com as quais sujeitos NE eram classificados como E (10%). O mesmo padrão (38% de falsos-negativos *versus* 13% de falsos-positivos) foram obtidos com a Forma B. Ver o Capítulo 7 para mais explicações sobre a terminologia usada para designar decisões incorretas (p. ex., decisões tipo falso-positivo e falso-negativo).

Evidências adicionais de validação para o WIST incluem estudos feitos no México e Espanha com traduções do instrumento para o espanhol. Esses estudos mostram algum suporte para a capacidade do WIST de detectar o comprometimento do pensamento associado à esquizofrenia, ainda que com diferentes taxas de eficiência e diferentes escores de corte.

A taxa de acerto obtida quando os escores de corte do WIST são usados para discriminar sujeitos E de NE é bastante típica para testes desse tipo. Devido às taxas de erro relativamente altas que podem produzir, os escores de corte do WIST nunca devem ser usados como o único veículo para o estabelecimento de um diagnóstico de esquizofrenia, não mais do que qualquer outro indicador isolado. No entanto, dependendo do local e do contexto da testagem, o WIST pode se mostrar útil como parte de uma bateria de triagem ou como índice de mudança na sintomatologia de pacientes diagnosticados com esquizofrenia. Embora as discriminações feitas com o uso dos escores de corte do WIST estejam longe de ser perfeitas, elas ainda assim podem ser úteis para investigar a possibilidade de que uma pessoa sofra de comprometimento do pensamento. Para uma revisão do WIST, ver Flanagan (1992).

Advertência

- Os resultados de testes psicológicos, assim como os resultados de testes médicos e de muitos outros campos, não alcançam 100% de precisão.
- Devido à natureza menos do que perfeita de todos os indicadores diagnósticos, os psicólogos envolvidos em avaliações clínicas – bem como especialistas em diagnósticos de outros campos – jamais devem se valer de um único indicador.

Validação preditiva: Um exemplo hipotético

Testes que são usados para predizer o desempenho no contexto ocupacional e educacional requerem estratégias de validação voltadas para a predição. O delineamento ideal para um estudo de validação preditiva nesses campos deve envolver os seguintes passos: (a) testar um grupo não-selecionado de candidatos com um teste de habilidade ou bateria de testes; (b) contratá-los ou admiti-los sem considerar seus escores no teste; (c) esperar até que medidas de critério de desempenho no trabalho ou estudos estejam disponíveis; (d) obter correlações entre os escores no teste antes da contratação ou admissão e as medidas de critério e (e) usar os dados correlacionais para derivar uma equação regressiva que estime ou prediga o desempenho de futuros candidatos no critério. Por motivos óbvios, a maioria dos empregadores e administradores escolares não está disposta a contratar ou aceitar todos os candidatos – especialmente quando estes excedem o número de vagas disponíveis – para conduzir um estudo de validação. Mesmo assim, para simplificar e ilustrar o modo como as predições podem ser feitas a partir dos escores de teste, um exemplo hipotético simples deste tipo de estudo será descrito.

Para fornecer um contexto para este exemplo – de modo a garantir um nível lucrativo de produção –, digamos que o proprietário de uma pequena fábrica queira contratar pessoas que sejam capazes de processar pelo menos 50 peças/hora na linha de montagem. Como não há outros requisitos para esse emprego, além daquele de comparecer ao trabalho na hora correta, o critério a ser predito é simplesmente o número de peças produzidas por hora na linha de montagem. A produção da linha de montagem é primariamente uma função da velocidade e da precisão dos trabalhadores em tarefas manuais. Por isso, um teste de destreza manual é selecionado como preditor. A Tabela 5.4 mostra os *dados bivariados* para 10 candidatos hipotéticos ao emprego na linha de produção que se submetem ao *teste de destreza manual*. São contratados e treinados e têm sua *produção por hora na linha de montagem* medida em repetidas ocasiões, com cálculo da média para produzir uma medida de critério viável.

Como foi discutido no Capítulo 2, quando duas variáveis exibem uma relação linear e uma forte correlação entre si, é possível predizer uma baseada no conhecimento da outra aplicando-se o modelo da regressão linear. A Figura 5.1 mostra o diagrama de dispersão para os dados bivariados da Tabela 5.4 e indica que a relação entre os escores no teste de destreza manual e a produção por hora na linha de montagem é forte, positiva e linear.

Nesse caso, é necessário resolver uma equação de regressão linear para predizer o critério para a produção na linha de montagem (a variável Y) a partir dos escores no teste de destreza manual (a variável X). Esta equação expressa a relação entre X e Y e contém os dois principais componentes necessários para se traçar a

Tabela 5.4 Dados para o exemplo de validação preditiva

Candidato	Escore no teste (X)	Produção (Y)	$X - M_x$ (x)	$Y - M_y$ (y)	x^2	y^2	xy
1	18	56	5	6	25	36	30
2	12	50	-1	0	1	0	0
3	8	47	-5	-3	25	9	15
4	20	52	7	2	49	4	14
5	14	52	1	2	1	4	2
6	5	42	-8	-8	64	64	64
7	10	48	-3	-2	9	4	6
8	12	49	-1	-1	1	1	1
9	16	50	3	0	9	0	0
10	15	54	2	4	4	16	8
Soma 130		500	0	0	188	138	140
Média 13		50					

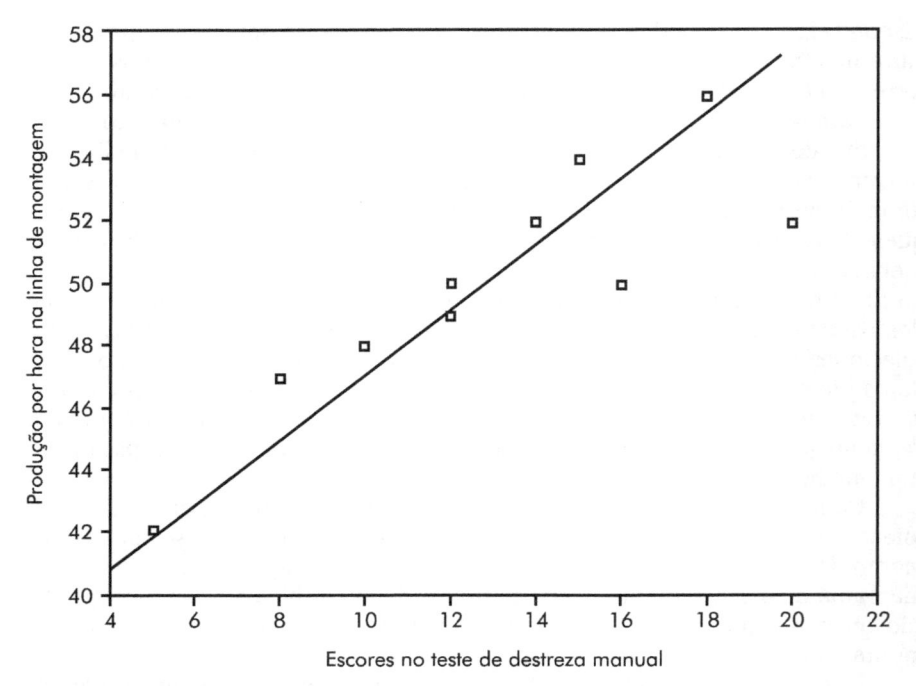

Figura 5.1 Diagrama de dispersão de dados e linha de regressão para o exemplo de validação preditiva.

linha de regressão mostrada na Figura 5.1. A linha de regressão é a linha que melhor se ajusta aos dados bivariados, uma vez que minimiza erros na predição de Y a partir de X. Os dois componentes cruciais da equação de regressão linear são (a) o intercepto Y, que é o ponto no qual a linha encontra o eixo vertical que representa a variável Y e (b) a declividade da linha, que é a razão de mudança na variável Y para cada unidade de mudança na variável X. Esses valores, bem como o coeficiente de correlação para X e Y, são calculados a partir dos dados bivariados. As análises necessárias são apresentadas na Tabela 5.5. Esta tabela mostra que o r de Pearson (r_{xy}) é 0,87 (significativo no nível 0,001). O *coeficiente de determinação*, obtido calculando-se r_{xy} é 0,755. Isto indica que 75,5% da variação em NY (produção na linha de montagem) estão associados com a variante em X (escores no teste de destreza). Ambos os coeficientes confirmam que existe uma forte relação entre X e Y, tornando possível predizer a medida de critério a partir dos escores de teste com precisão substancial. O proprietário da fábrica de nosso exemplo pode usar essas informações para estimar a produção na linha de montagem dos candidatos subseqüentes administrando o teste de destreza manual e inserindo seus escores na equação regressiva, como se segue.

Suponhamos que a 11ª pessoa a se candidatar ao emprego (depois dos 10 que foram usados no estudo hipotético de validação) obtenha um escore de 17 no teste

Fundamentos da testagem psicológica **191**

Tabela 5.5 Análise dos dados de validação preditiva

Estatística descritiva	Número de observações (N)	Média	Desvio padrão (DP)
X = preditor (escores de teste)	10	13	4,57
Y = critério (produção)	10	50	3,91
Pearson r	$r_{xy} = \dfrac{\Sigma xy}{(N-1)(DPx)(DPy)} = \dfrac{140}{(9)(4,57)(3,91)} = 0,87$		
Coeficiente de determinação	$r_{xy}^2 = 0,755$		
Equação de regressão linear	$Y' = a_{yx} + b_{yx}(X)$		
Dados do exemplo	$a_{yx} = 40,32$		
	$b_{yx} = 0,745$		
Equação regressiva para predizer a produção da linha de montagem com base nos escores do teste de destreza			
	Produção predita = $Y' = 40,32 + 0,745(X)$		

^aOnde Y' = escore predito no critério; $a_{yx} = M_y - b_{yx}(M_x)$ = intercepto da linha de regressão; $b_{yx} = (\Sigma_{xy})/(\Sigma x^2)$ = declividade da linha de regressão; e X = escore no preditor (escore no teste de destreza manual).

de destreza manual. Usando os coeficientes mostrados na Tabela 5.5 para resolver a equação regressiva Y' = 40,32 + 0,745 (17), o proprietário da fábrica ficaria sabendo que a produção por hora na linha de montagem estimada para o 11º candidato é de 53 peças, ou 3 acima do número mínimo desejado.

As correlações entre os escores de teste e as medidas de critério (r_{xy}) geralmente são denominadas *coeficientes de validade*. Se r_{xy} fosse 1,00, indicando uma correlação perfeita entre os escores no teste e o critério, uma predição perfeita seria possível. Embora o r_{xy} de 0,87 obtido com os dados de nosso exemplo seja extremamente alto – muito mais alto do que os coeficientes de validade preditiva típicos obtidos com dados reais –, ele não é perfeito. Por isso, é certo que haverá algum erro nas estimativas de critério feitas com o uso dos escores de teste. Este erro é medido pelo *erro padrão de estimativa* (EP_{est}), uma estatística que expressa, na escala usada para a medida de critério, o erro em predições que se baseiam em correlações imperfeitas.

Fórmulas para o EP_{est} e para um termo de correção aplicado ao EP_{est} devido a tamanhos pequenos de amostra são apresentadas no quadro Consulta Rápida 5.9, juntamente com os resultados para os dados de nosso exemplo. A interpretação do EP_{est} pressupõe (a) que o escore predito no critério, ou Y', é o valor médio em uma distribuição normal hipotética de todos os escores possíveis no critério para o candidato em questão e (b) que o EP_{est} é o desvio padrão desta distribuição. Essas premissas nos permitem atribuir um nível de probabilidade às predições feitas a partir de escores de teste baseados nas áreas da curva normal do Apêndice C. Para isso, calcula-se a amplitude contida dentro de Y' ± EP_{est} (z), em que z é o valor que corresponde ao nível de probabilidade desejado. Para o 11º candidato de nosso exemplo, o escore de 17 no teste de destreza resultou em um Y' predito de 53. O EP_{est} para os escores de teste, calculado no quadro Consulta Rápida 5.9, é de 2,05

Não esqueça

Avaliar a adequação de coeficientes de validade de várias magnitudes é uma questão relativa que depende dos objetivos para os quais os escores de teste serão usados. De modo geral, existem dois modos principais de abordar a questão:

1. Quando a validade é expressa na forma de um coeficiente de correlação (r_{xy}), a proporção de variância compartilhada pelo preditor (X) e o critério (Y) costumam ser estimados elevando-se r_{xy} ao quadrado e obtendo-se o *coeficiente de determinação*, o r^2_{xy}. Um coeficiente de determinação, discutido no Capítulo 2, expressa a proporção da variância em Y que está associada à variância em X. Por exemplo, o coeficiente de validade preditiva de .87 obtido no exemplo apresentado na Tabela 5.5 indica que os escores no teste de destreza manual usados como preditores podem explicar aproximadamente 76% das variantes (0,87 x 0,87 = 0,76) no critério de produção na linha de montagem.
2. Os coeficientes de validade também podem ser avaliados em termos da *validade incremental* de um teste – isto é, o grau em que o uso de um teste (ou qualquer outro instrumento) opera um aumento na eficiência das decisões tomadas em uma dada situação comparado à validade de outros métodos. Este aspecto da validade diz respeito à utilidade dos testes e será mais discutido no Capítulo 7.

Coeficientes na casa de 0,20 e 0,30 não são incomuns nos estudos de validade preditiva. Como regra geral, coeficientes de 0,40 ou mais são considerados aceitáveis. Embora alguns desses números possam parecer baixos, eles devem ser vistos no contexto da natureza multideterminada do desempenho na maioria das atividades e devem ser pesados à luz da eficiência preditiva dos métodos alternativos de tomada de decisões de seleção.

CONSULTA RÁPIDA 5.9

Erro padrão de estimativa (EP_{est})

$$EP_{est} = DP_y \sqrt{1 - r^2_{xy}}$$

EP_{est} para o exemplo de validação preditiva:

$$EP_{est} = 3,91 \sqrt{1 - 0,755} = 3,91(0,495) = 1,935$$

EP_{est} corrigido para tamanho de amostra:

$$EP_{est} \text{ corrigido} = EP_{est} \sqrt{\frac{N-1}{N-2}} = 1,935 \sqrt{\frac{10-1}{10-2}} = 1,935(1,06) = 2,05$$

(ou 2). Com isso, podemos predizer que as chances de que este candidato vá produzir entre 51 e 55 peças por hora (isto é, 53 ± 2) na linha de montagem são de 68/100. Para fazer uma predição no nível de confiança de 95% (em vez de 68%), usaríamos um valor z de 1,96, que demarca o nível de significância de 0,05 para o teste bicaudal. Resolvendo a equação Y' ± EP_{est} (1,96), poderíamos predizer que as chances são de 95/100 de que o candidato em questão venha a produzir entre 49 e 57 peças por hora (53 ± 4).

Questões relativas aos estudos de validação relacionada ao critério

Algumas das dificuldades inerentes aos estudos de validação relacionada ao critério já foram mencionadas neste capítulo em conexão com a discussão da noção de critérios. Considerações adicionais que merecem um exame minucioso por parte dos usuários de instrumentos apoiados neste tipo de evidência de validade serão discutidas a seguir, usando algumas das características dos exemplos descritos anteriormente como ponto de partida. Embora nossa discussão não permita uma exploração extensa destas questões – ou dos vários métodos que podem ser usados para lidar com elas – algumas das mais salientes precisam ser descritas de forma breve.

Características das medidas de critério

Conforme mencionado anteriormente, os critérios com os quais os escores de testes são validados podem diferir muito em termos de sua própria fidedignidade e validade. No caso do WIST, o critério usado para estabelecer a validade dos escores era o *status* diagnóstico (E *versus* NE) dos indivíduos nas amostras de validação. Se a classificação inicial dos sujeitos desses estudos incluísse alguns diagnósticos incorretos (alguns E que eram NE, ou vice-versa), os dados de validade obviamente seriam enfraquecidos. Uma advertência semelhante se aplica a todos os procedimentos de validação que se valem de critérios subjetivos, tais como avaliações ou outros julgamentos qualitativos que são usados para categorizar pessoas em grupos de critério. Além disso, a validade das medidas de critério pode ser prejudicada quando os responsáveis por determinar a posição dos indivíduos das amostras de validação em relação ao critério têm acesso aos escores no teste que é usado como preditor. Este tipo de erro, conhecido como *contaminação de critério*, é facilmente evitado assegurando que professores, supervisores, responsáveis por diagnósticos e outros que atribuem classificações ou fazem julgamentos relacionados a medidas de critério não tenham acesso e não sejam influenciados pelo conhecimento de escores de teste. Em relação às avaliações em si, bem como a outras medidas de critério que dependem do julgamento subjetivo, os criadores de testes precisam fornecer evidências de que os instrumentos e métodos usados para avaliar ou classificar os grupos de critério empregados nos estudos de validação são fidedignos e válidos. Quando o critério consiste em afiliação a um grupo como uma determinada categoria diagnóstica, sua fidedignidade e validade podem ser melhoradas por meio de uma seleção cuidadosa dos sujeitos baseada em evidências de fontes múltiplas e preferencialmente independentes. No que diz respeito a critérios de avaliação, sua fidedignidade e validade também devem ser determinadas. Para esse fim, existe uma extensa literatura dedicada às formas de treinar avaliadores para minimizar vieses e explorar os melhores formatos e metodologias de avaliação (Guion, 1998, Capítulo 12).

Nosso estudo hipotético da validade dos escores do teste de destreza manual – usado para ilustrar os procedimentos de validação preditiva da maneira mais simples possível – contém diversas características pouco realistas. Por exemplo, nele o critério de produção da linha de montagem podia ser avaliado de forma confiável e precisa contando-se o número de peças produzidas pelos trabalhadores. Nem todos os critérios são tão simples ou fáceis de avaliar. O sucesso em muitas atividades, tais como gerência, medicina, magistério, etc., pode ser julgado a partir de critérios que diferem em termos da fidedignidade com que podem ser avaliados, de quanto controle o trabalhador tem em relação a eles e do valor que a organização lhes confere. Por exemplo, o sucesso de um gerente pode ser medido em termos: (a) da produtividade dos funcionários e (b) da satisfação dos funcionários, entre outras coisas. As habilidades e características pessoais que tornam os gerentes bem-sucedidos em relação a (A) não são necessariamente as mesmas que levam ao sucesso em (B), e em algumas situações esses dois critérios podem até mesmo entrar em conflito um com outro. Além disso, cada critério pode ser avaliado por vários métodos. A produtividade pode ser medida pela quantidade ou qualidade da produção, ou ambas; a satisfação dos funcionários pode ser medida pelas avaliações dos supervisores, pela rotatividade de pessoal em uma unidade, etc. Escores de testes que podem predizer uma faceta do critério podem não ter correlação, ou até mesmo estar correlacionados negativamente, com os que predizem a outra.

Usando múltiplos preditores

A maneira tradicional de lidar com a predição de critérios complexos, como o desempenho no trabalho, tem sido usar uma bateria de testes. Neste contexto, o termo *bateria* se refere a uma combinação de preditores selecionados especialmente para predizer um ou mais critérios. Este sentido contrasta com o uso do termo no contexto clínico ou no de aconselhamento, em que uma bateria geralmente se refere a qualquer grupo de testes administrados a um indivíduo no processo da avaliação psicológica. Os escores nos preditores separados de uma bateria de testes podem ser combinados de várias formas, dependendo dos requisitos da seleção ou problema de classificação. As *técnicas de regressão múltipla*, por exemplo, combinam os escores de cada teste na bateria inserindo-os em uma equação de regressão linear que inclui um peso numérico para cada escore da bateria. As *equações de regressão múltipla* são extensões do método da regressão linear simples apresentado na Tabela 5.5, mas envolvem múltiplos preditores em vez de um único preditor. O peso de cada preditor é diretamente proporcional à sua correlação com o critério e inversamente à sua correlação com os outros preditores da bateria, de modo que os escores de testes com validade mais alta e menor quantidade de sobreposição com outros escores têm peso maior. Um coeficiente de correlação múltipla (R) pode então ser calculado para representar a correlação entre a combinação otimamente ponderada dos escores de teste e o critério. Um procedimento alternativo para combinar os escores de uma bateria de testes é por meio da *análise de perfil*. Este método envolve o estabelecimento de um escore de corte para cada preditor – baseado em sua relação com o critério – e resulta na rejeição de todos os candidatos cujos escores fiquem abaixo do mínimo em qualquer um dos testes ou, possivelmente, apenas naqueles que avaliam as habilidades que são consideradas críticas para um desempenho bem-sucedido no critério.

Os dois métodos descritos anteriormente têm algumas desvantagens. As equações de regressão múltipla permitem que deficiências em um ou mais preditores sejam compensadas por um desempenho superior em outros. O peso particular dos preditores nestas equações também deve ser verificado com amostras independentes daquelas usadas para derivar as equações, para ver se a correlação múltipla (R) se mantém. A replicação das relações preditor-critério em amostras separadas – um processo conhecido como *validação cruzada* – é necessária porque qualquer coeficiente de correlação, independentemente de sua magnitude, é, em certo grau, dependente de erros específicos da amostra. Alguma redução na magnitude do R original, ou *diminuição (shrinkage)*, é esperada na validação cruzada. Quando a diminuição é insignificante, os pesos originais podem ser considerados estáveis o bastante para serem aplicados sem necessidade de outras análises.

Uma das principais desvantagens de usar o método da análise de perfil, juntamente com os escores de corte, é que esse método deixa tipicamente de levar em conta a possível falta de fidedignidade dos escores (ver Quantificando o erro nos escores de teste: O erro de mensuração padrão, no Capítulo 4). Outra dificuldade tem origem no fato de que a existência de múltiplos escores de corte pode resultar na rejeição de um excesso de candidatos, especialmente aqueles com histórico de desvantagem que podem ter pontuação abaixo do corte em um ou mais dos testes de habilidade, mas que poderiam ser capazes de superar essas deficiências pelo treinamento ou por uma forte motivação. Em geral, o uso de escores de corte se justifica apenas em situações em que um déficit em uma habilidade específica teria conseqüências prejudiciais sérias para o desempenho no trabalho. Uma solução possível neste caso é selecionar, a partir dos escores de corte, apenas para testes que avaliam as habilidades que são críticas para o emprego e usar uma equação regressiva para os outros preditores da bateria.

O problema da amplitude restrita nas amostras de validação

Como já mencionado, a outra característica pouco realista do estudo de validação hipotético envolvendo escores em um teste de destreza manual foi a previsão de uma amostra heterogênea de 10 candidatos para os quais as medidas de critério ainda não existiam no momento da testagem. A maioria dos estudos de validade preditiva não procede desta maneira. Eles costumam usar amostras de indivíduos para os quais os dados de critério já estão disponíveis, como empregados ou alunos que já assumiram os empregos ou cursos para os quais o teste em validação será usado. Em outras palavras, a maioria desses estudos usa estratégias de validação concorrente para desenvolver evidências de validade preditiva. O tipo de indivíduos para os quais as medidas de critério já estão disponíveis difere daquele nos quais o teste eventualmente será usado já que eles foram selecionados para o emprego ou admissão acadêmica *e* permaneceram no emprego ou na escola sem ser demitidos ou abandonar o curso. Por isso, podemos quase sempre pressupor que seus escores nos testes preditores que estão sendo avaliados e também nas medidas de critério vão ter uma amplitude mais estreita do que a de uma amostra não-selecionada de candidatos. Podemos recordar do Capítulo 2 que o efeito de uma restrição na amplitude de qualquer uma das variáveis é reduzir o tamanho dos coeficientes de correlação. Por isso, como conseqüência da restrição de amplitude, as correlações entre os escores de teste e os critérios (isto é, os coeficientes de validade) que resultam desses estudos de validação retrospectiva geralmente são menores do que seriam se as amostras fossem retiradas de uma população mais heterogênea, como, por exemplo, *todos* os candidatos aos empregos ou programas acadêmicos em questão.

Generalização da validade

A magnitude dos índices de validade preditiva obtidos para escores de teste depende de quatro elementos básicos: (a) a composição das amostras de validação em termos de tamanho e variabilidade; (b) a natureza e a complexidade do critério a ser predito; (c) as características do teste em si e (d) as interações entre os elementos anteriores. Como cada um desses quatro fatores pode alterar os resultados dos estudos de validação, os usuários de testes precisam considerá-los cuidadosamente antes de pressupor que as evidências publicadas da validade dos escores derivadas de um único estudo serão aplicáveis a seus objetivos e a suas populações de testandos.

Em relação à composição das amostras de validação, já discutimos os problemas pertinentes a medidas de critério e restrição de amplitude. O tamanho pequeno de amostra freqüentemente também é problemático. A maioria dos empregadores não tem grande número de funcionários na mesma categoria de emprego, e os achados de pesquisas de avaliação baseados em amostras pequenas são mais propensos a erros específicos de amostra do que aqueles baseados em amostras grandes. O conjunto de dados bivariados para 10 candidatos a emprego de nosso exemplo hipotético de validade preditiva produziu um coeficiente de validade alto demais de 0,87. Embora seja possível obter correlações de bom tamanho quando os indivíduos que participam de estudos de validação não são selecionados e os critérios são definidos de maneira estrita, como no exemplo, permanece o fato de que os estudos de validação locais conduzidos com amostras pequenas, com amplitude restrita de escores e critérios não fidedignos, produzem estimativas tipicamente baixas e instáveis da correlação entre o preditor e o critério.

Variáveis confundidoras

Uma questão adicional relacionada à composição das amostras em estudos de validação preditiva diz respeito ao possível papel das variáveis confundidoras. Uma *variável confundidora* é qualquer característica de um subgrupo de pessoas de uma amostra que influencia o grau de correlação de duas outras variáveis. Em teoria, praticamente qualquer característica demográfica (p. ex., sexo, etnia, nível de escolaridade, classe social, localização geográfica, etc) ou traço psicológico (interesses, motivação, nível de ansiedade, etc.) pode agir como variável confundidora em estudos de validade preditiva e produzir um efeito interativo que diminua ou aumente a correlação preditor-critério. Para verificar esta possibilidade é necessário conduzir estudos de validação separados ou dividir as amostras de validação em subgrupos que difiram em relação à variável que se supõe ser confundidora dos coeficientes de validade.

Diferenças consideráveis em favor de brancos e asiáticos comparados a negros ou hispânicos têm sido encontradas consistentemente nos escores médios de testes de habilidades acadêmicas obtidos por pessoas de diferentes grupos raciais ou étnicos. Essas diferenças engendraram a suspeita de que a raça ou etnia pode confundir a validade preditiva dos testes de seleção. Como resultado, muitos estudos conduziram análises separadas da magnitude da correlação preditor-critério e de coeficientes de regressão para brancos, negros, hispânicos e membros de outras minorias raciais ou étnicas. A finalidade desses estudos é determinar se os escores de teste têm validade comparável para diferentes grupos e predizem igualmente bem para todos, ou se têm validade ou viés diferente para diferentes grupos. Neste contexto, o termo *viés* é usado para indicar qualquer diferença sistemática na relação entre preditores e critérios para pessoas que pertencem a diferentes grupos. Diferenças sistemáticas podem se manifestar de duas formas, quais sejam, validade diferencial e predição diferencial.

A *validade diferencial*, no contexto do viés de teste, se refere a diferenças no tamanho das correlações obtidas entre preditores e critérios para membros de diferentes grupos. Diferenças na magnitude dos coeficientes de validade sugerem que os escores de teste predizem mais precisamente para membros do grupo com coeficiente maior. Evidências gráficas da validade diferencial são vistas quando a declividade das linhas de regressão para os dois grupos em questão é diferente; a declividade da linha de regressão é mais pronunciada para o grupo com o coeficiente de validade mais alto. Devido a isso, o problema da validade diferencial também é denominado *viés de declividade* (ver Tabela 5.5 e Figura 5.1).

A *predição diferencial*, por outro lado, ocorre quando os escores de teste subpredizem ou superpredizem o desempenho de um grupo no critério comparado ao outro. Este problema é denominado *viés de intersecção*, porque quando um preditor subprediz ou superprediz o desempenho de um grupo em um critério, o intercepto Y, ou ponto de origem da linha de regressão daquele grupo no eixo Y, é diferente para os outros grupos. Com relação aos problemas de validade diferencial e predição diferencial para escores de teste, diversos resultados são possíveis, embora não igualmente prováveis. Os escores de teste podem demonstrar (a) nenhum viés com relação a diferentes grupos, (b) validade diferencial e predição diferencial ao mesmo tempo, (c) validade diferencial sem predição diferencial ou (d) predição diferencial sem validade diferencial. Em geral, a busca por evidências de que a raça age como variável confundidora que resulta em validade e predição diferenciais para membros de minorias raciais baseada em escores de testes de habilidade não tem sido muito fértil. Na verdade, estudos que investigaram diferenças entre grupos étnicos na precisão das predições de desempenho no critério indicam que os testes muitas vezes tendem a *superpredizer* o desempenho de negros e hispânicos comparados a brancos e asiáticos. Por outro lado, alguns testes – especialmente os usados em decisões de admissão educacional – às vezes subpredizem o desempenho de mulheres, ainda que em grau menor do que aquele com que superpredizem o desempenho de alguns grupos de minorias étnicas ou raciais (Young, 2001; Zwick, 2002, Capítulos 5 e 6).

Naturalmente, os motivos por que alguns escores de teste geralmente superpredizem o desempenho no critério – tipicamente na forma de médias de notas – para membros de certos grupos de minorias raciais ou étnicas e, muitas vezes, subpredizem o desempenho de mulheres têm sido objeto de muitas conjecturas e debates. A baixa fidedignidade e o possível viés do critério de notas freqüentemente são citados como possíveis explicações para a superpredição do desempenho acadêmico de minorias raciais ou étnicas, assim como as disparidades em sua criação ou na qualidade de suas experiências educacionais anteriores. Uma explicação mais recente gira em torno da noção de *ameaça de estereótipo*, que se refere aos efeitos que o medo de confirmar estereótipos raciais negativos parece ter no desempenho de alguns membros de grupos minoritários em testes (Steele, 1997). No que diz respeito à subpredição do desempenho universitário de mulheres, as conjeturas citadas com maior freqüência estão centradas no fato de que, ao contrário dos homens, as mulheres como grupo (a) tendem a escolher cursos que são avaliados com menos rigidez ou (b) são mais sérias quanto a seus estudos. Embora possa ser verdade que estas e outras variáveis relacionadas ao *status* de gênero e etnia influenciam os escores de teste e o desempenho no critério de diferentes grupos, bem como as correlações entre eles, nem sempre é possível estabelecer precisamente quais são esses fatores. Além disso, aparentemente, o grau de predição diferencial do desempenho universitário para grupos minoritários étnicos e raciais e mulheres tem diminuído ao longo dos últimos 25 anos (Young, 2001). Além disso, quaisquer que sejam essas variáveis, elas obviamente não se aplicam a todos os membros desses grupos – que são eles mesmos bastante heterogêneos – da mesma maneira. Não obstante, a possibilidade de validade diferencial para membros de diferentes grupos étnicos, grupos de gênero, falantes de inglês não-nativos e outras categorias de indivíduos tradicionalmente em desvantagem sempre precisa ser investigada para determinar que os escores de testes usados em decisões importantes sejam justos para todos.

Uma solução possível para o problema da predição diferencial de escores de teste seria usar diferentes equações regressivas e diferentes escores de corte para a seleção de indivíduos de grupos étnicos e gêneros diferentes. No caso dos escores de teste que superpredizem o desempenho de negros e hispânicos, por exemplo, isto significaria exigir escores de corte mais altos para membros destas minorias do que para brancos e asiáticos. No entanto, isso obviamente vai contra os objetivos do oferecimento de oportunidades iguais pela ação afirmativa e do aumento da diversidade na educação superior e no local de trabalho. Outra solução proposta, implementada nos anos de 1980 com a Bateria de Testes de Aptidão Geral (GATB) desenvolvida pelo Serviço de Emprego dos Estados Unidos (USES), é usar normas de subgrupo para garantir taxas comparáveis de encaminhamento ao emprego para negros, hispânicos e brancos. Esta prática gerou tanta oposição que levou à aprovação da Lei dos Direitos Civis de 1991 (P.L. 101-336), que baniu qualquer tipo de ajustamento de escores baseado em raça, cor, sexo, religião ou origem nacional. À luz desses obstáculos, a maioria dos trabalhos na área da igualdade na testagem agora se concentra em (a) identificar fatores que possam estar contribuindo para a predição diferencial entre grupos de raça e de gênero (Steele, 1997; Willingham, Pollack e Lewis, 2000) e (b) analisar como os itens de teste funcionam para diferentes subgrupos, enquanto os testes estão em construção, para garantir que aqueles que funcionam diferentemente não sejam incluídos (ver Capítulo 6).

Metanálises

Desde o fim dos anos de 1970, uma boa dose de clareza e entusiasmo renovado tem influenciado a perspectiva um tanto pessimista resultante das antigas pesquisas sobre a validade dos escores de teste de seleção. Esta mudança se deve em grande parte ao uso de metanálises, que permitem aos investigadores cotejar dados de muitos estudos diferentes – especialmente em áreas onde abundam achados conflitantes – e chegar a conclusões mais definitivas do que as que resultavam das formas tradicionais de revisão bibliográfica. Em contraste com a natureza qualitativa das revisões bibliográficas tradicionais, as *metanálises* se valem de uma série de procedimentos quantitativos que possibilitam a síntese e a integração dos resultados obtidos pela literatura de pesquisa sobre um dado tema. Essas técnicas, que já eram usadas em outros campos científicos há algum tempo, foram introduzidas na pesquisa psicométrica por Schmidt e Hunter (1977) como uma forma de abordar o problema da generalização da validade. Nas duas últimas décadas, as técnicas metanalíticas têm demonstrado que a validade preditiva dos escores de teste não é tão situacionalmente específica como se pensava antes, e se tornaram um importante método para esclarecer achados conflitantes em outras partes da literatura psicológica (Hunter e Schmidt, 1990, 1996).

O amplo interesse e o uso das metanálises têm sido estimulados pela percepção de que muitos achados conflitantes na pesquisa psicológica – incluindo os de estudos de validação – podem ser atribuídos a imperfeições de estudos individuais. Quando a influência de artefatos como erro de amostragem, erro de mensuração, restrição da amplitude e dicotomização injustificada de variáveis são removidos com correções estatísticas, um quadro muito mais claro costuma surgir. Concomitantemente, tem havido um reconhecimento crescente de que a testagem de hipóteses nos estudos psicológicos tem dado uma ênfase exagerada a *níveis de significação estatística* que enfatizam a evitação de *erros do Tipo I* (isto é, rejeitar incorretamente a hipótese nula de ausência de diferença, quando esta é a verdadeira) ao mesmo tempo que negligencia a possibilidade de *erros do Tipo II* (isto é, aceitar incorretamente a hipótese nula, quando ela é falsa). Uma vez que a relação entre os erros do Tipo I e do Tipo II é inversa, a ênfase em evitar o Tipo I aumenta a probabilidade de erro do Tipo II. Como conseqüência, um número enorme de resultados de pesquisa que não alcança os níveis desejados de significância estatís-

---

Não esqueça

- Os estudos de generalização de validade (GV) estão em uso por mais de um quarto de século e devem aumentar em número e no impacto que têm na teoria e prática psicométrica.
- Leitores que desejem se aprofundar no tópico da GV podem consultar *Validity Generalization: A Critical Review*, uma obra organizada por Murphy, Fleishman e Cleveland (2003).

tica (p. ex., 0,05 ou 0,01), mas que mesmo assim poderia contribuir com informações valiosas, foi ignorado ou excluído da literatura. O quadro Consulta Rápida 5.10 lista algumas referências que fornecem informações adicionais sobre as desvantagens e vantagens dos testes de significância da hipótese nula. De qualquer forma, essas discussões levaram ao que a maioria dos investigadores vê como uma mudança salutar no modo como os achados de pesquisa são relatados. Em vez de simplesmente afirmar os níveis de significância ou probabilidade dos resultados, agora é considerado necessário incluir índices dos *tamanhos de efeito*, ou a força das relações encontradas por um estudo de pesquisa, juntamente com os intervalos de confiança para os tamanhos de efeito e para todas as estimativas de parâmetros resultantes de uma investigação (APA, 2001).

Embora ainda esteja evoluindo, a metodologia das metanálises já fez contribuições substanciais para as evidências de validade preditiva dos escores de teste e outros procedimentos – como entrevistas de emprego e inventários de dados biográficos – que são usados na seleção de pessoal (Hartigan e Wigdor, 1989; Schmidt e Hunter, 1998; Schmidt et al., 1993). Além disso, as metanálises ajudaram a esclarecer a literatura de pesquisa e a promover o desenvolvimento de teorias em diversas áreas da psicologia industrial-organizacional – como a relação entre a satisfação no trabalho e o desempenho – bem como em vários outros campos (Hunter e Schmidt, 1996; Kirsch e Sapirstein, 1998; Rosenthal e DiMatteo, 2001). Um exemplo da área de testagem para admissões na educação superior vai ilustrar o potencial inerente à pesquisa meta-analítica.

Um caso educacional. Os estudos sobre a validade dos escores do *Graduate Record Examination* (GRE) como preditores do desempenho em programas de pós-graduação têm um longo histórico – que remonta aos anos de 1940 – pontuado por

---

CONSULTA RÁPIDA 5.10

Fontes de informação sobre os prós e contras dos testes de significância

A discussão a respeito dos méritos e desvantagens inerentes ao uso dos testes da hipótese nula de significância estatística para a realização de inferências em pesquisas em ciências sociais acontece há décadas entre estatísticos e metodologistas. Alguns deles têm se mostrado tão convencidos de que esses testes têm um efeito prejudicial à iniciativa científica que sugeriram o banimento da testagem de significância nos relatos de pesquisa. Embora este banimento não tenha sido instituído, agora é comum que periódicos de psicologia, bem como periódicos da maioria das disciplinas relacionadas exijam estimativas de tamanho de efeito sempre que valores de probabilidade (*p*) são relatados, juntamente com os intervalos de confiança para os tamanhos de efeito, coeficientes de correlação e outras estimativas de parâmetros populacionais. Informações adicionais a respeito das questões envolvidas nesta discussão podem ser encontradas nas seguintes fontes:

- Abelson, R.P. (1997). On the surprising longevity of flogged horses: Why there is a case for the significance test. *Psychological Science, 8*, 12-15.
- Cohen, J. (1994). The earth is round (*p*< .05). *American Psychologist, 49*, 997-1003.
- Thompson, B. (2002). What future quantitative science research could look like: Confidence intervals for effect sizes. *Educational Researcher, 31*, 25-32.
- Wilkinson, L., & APA Task Force on Statistical Inferecnce. (1999). Statistical methods in psychology journals: Guidelines and explanations. *American Psychologist, 54*, 594-604.

achados inconsistentes. Enquanto algumas investigações (p. ex., Briel, O'Neill e Scheuneman, 1993; Broadus e Elmore, 1983) consideraram os testes Geral e por Temas do GRE preditores bastante válidos do desempenho em cursos de pós-graduação, muitos outros – incluindo alguns estudos meta-analíticos limitados – concluíram que a relação entre os escores no GRE e vários índices de sucesso na pós-graduação era menos do que adequada (p. ex., Goldberg e Alliger, 1992; Marston, 1971; Morrison e Morrison, 1995; Sternberg e Williams, 1997). Muitos estudos sobre a validade do GRE produziram coeficientes que variavam de pequenas correlações negativas a correlações positivas na casa de 0,20 para os escores Verbal e Quantitativo e coeficientes um tanto mais altos para os escores por Temas. Embora alguns desses achados fossem criticados devido a artefatos metodológicos como amplitudes altamente restritas, tanto nos escores do GRE quanto nas medidas de critério, bem como pouca fidedignidade dos critérios, o teor geral da literatura sobre a validade dos escores GRE não parecia oferecer evidências substanciais para corroborar seu uso nas decisões de admissão em cursos de pós-graduação (Kuncel, Campbell e Ones, 1998).

Contra este pano de fundo, Kuncel, Hezlett e Ones (2001) recentemente conduziram uma metanálise meticulosa e abrangente dos dados de 1753 amostras independentes englobando um total de 82.659 estudantes de pós-graduação. Este estudo abordou sistematicamente aspectos teóricos, estatísticos e metodológicos da literatura sobre a validade preditiva dos escores GRE. Kuncel e seus colegas examinaram as relações entre cinco preditores – GRE verbal (GRE-V), quantitativo (GRE-Q), analítico (GRE-A) e escores por Temas, bem como a média de notas no curso de graduação (*undergraduate grade point average; UGPA*) – e oito critérios diferentes de sucesso em cursos de pós-graduação, incluindo *GPA* do primeiro ano (média das notas obtidas no primeiro ano da pós-graduação) e GPA geral da pós-graduação (*GGPA*), escores de exames abrangentes, avaliações do corpo docente, colação de grau e índices numéricos relacionados à produtividade em pesquisa. Eles conduziram análises separadas para a amostra total e para sub-amostras representativas de estudantes nas áreas de ciências humanas, ciências sociais, ciências biológicas e ciências físico-matemáticas, bem como para falantes não-nativos do inglês e estudantes mais velhos do que a idade tradicional dos alunos de pós-graduação. Entre os muitos refinamentos metodológicos que Kuncel e seus colegas empregaram na análise estavam correções para a restrição de amplitude e mudanças na variabilidade das distribuições de variáveis de preditor e de critério, bem como para a baixa fidedignidade das medidas de critério. Além disso, estes investigadores contemplaram diversas armadilhas potenciais inerentes à metanálise.

Kuncel e colaboradores (2001) relatam seus principais resultados em termos de correlações médias observadas, juntamente com seus desvios padrões, ponderadas pelo tamanho da amostra. Também relatam validades operacionais estimadas com seus desvios padrões e intervalos de confiança de 90%. Esses achados indicam que as quatro medidas GRE (GRE-V, GRE-Q, GRE-A e GRE por Temas) são preditores razoavelmente bons da maioria dos critérios empregados para a amostra total, bem como para as subamostras. Na verdade, na maioria dos casos, os escores GRE parecem ser preditores melhores do que o UGPA. Os escores GRE por Tema mostraram ser os melhores preditores isolados da GPA de pós-graduação em todas as disciplinas, com validades operacionais estimadas variando de 0,40 a 0,49. Em contraste, os escores dos testes gerais (GRE-V, GRE-Q e GRE-A) – embora se correlacionassem substancialmente com os dos testes por Temas – tinham coeficientes de validade operacional variando entre 0,27 e 0,48. Kuncel e colaboradores concluíram que, embora os escores dos testes gerais do GRE contribuam com apenas um pequeno incremento na validade quando somados aos escores dos testes por Temas, eles ainda podem ser valiosos, especialmente para alunos que fizeram cursos de graduação em áreas diferentes daquelas nas quais estão tentando admissão.

Em suma, a metanálise de Kuncel e colaboradores (2001) claramente sugere (a) que muito da inconsistência nos estudos anteriores de validação do GRE era resultado de restrição de amplitude e erro de amostragem daqueles estudos, e (b) que os escores GRE merecem ter um papel no processo das admissões em escolas de pós-graduação. No entanto, esses autores não investigaram a questão da predição diferencial para mulheres e membros de minorias raciais ou étnicas, e admitem que ainda há muito espaço para melhorias na validade do processo de admissões a escolas de pós-graduação. Com respeito a este último ponto, as seguintes observações devem ser feitas:

- A finalidade dos escores GRE e da maioria dos outros preditores usados nas decisões de seleção não é estimar a posição exata no critério de cada candidato, mas sim determinar se eles podem atingir o nível necessário de sucesso. Se os escores de critério tiverem que ser preditos exatamente, a margem de erro (EP_{est}) para os coeficientes na casa dos 0,30 e 0,40 certamente seria considerável.
- O desempenho na maioria dos critérios, incluindo o sucesso na pós-graduação, é determinado por múltiplos fatores, incluindo características emocionais e atitudinais e hábitos comportamentais, bem como talentos criativos e práticos que não são medidos pelo GRE ou por outros testes cognitivos geralmente usados como preditores.
- A maioria das outras decisões de seleção, incluindo as admissões a escolas de pós-graduação, raramente são feitas apenas com base em um único preditor. Portanto, a questão crucial em relação aos testes de seleção diz respeito à sua utilidade. Isto significa que a pergunta que tem que ser feita é se o uso de escores de teste como parte de um processo de tomada de decisões aumenta o número de decisões válidas acima do que este seria com o uso de preditores de outra natureza, como as GPAs. Na maioria das situações, incluindo as decisões de admissão à educação superior, os dados sugerem que os escores de teste realmente contribuem para a eficiência preditiva na tomada de decisões (Hartigan e Wigdor, 1989; Kobrin, Camara e Milewski, 2002; Kuncel, Hezlett e Ones, 2001).

Além da seleção: usando escores de teste para outros tipos de decisões

Até aqui, a discussão dos procedimentos de validação relacionados ao critério tem se centrado primariamente no uso de testes para seleção ou triagem feita a partir

Fundamentos da testagem psicológica

--- Não esqueça ---

Uma grande quantidade de informações a respeito da validade preditiva dos testes usados na educação superior, incluindo muitas questões relacionadas à predição diferencial para vários subgrupos, pode ser encontrada na Internet. Ver especialmente os seguintes sites:

- ACT (http://www.act.org)
- The College Board (http://www.college.board.com)
- Educational Testing Service (ETS: http://www.ets.org)

---

da validade de escores de teste concorrente ou preditiva. As decisões de *seleção* são aquelas que requerem uma escolha entre duas alternativas. No contexto do emprego e da educação, as alternativas habituais são aceitar ou rejeitar um candidato; no contexto clínico e forense, as decisões de seleção geralmente envolvem a determinação da presença ou ausência de uma síndrome ou condição em particular. O termo *triagem* se refere a um passo preliminar em um processo de seleção, geralmente realizado para separar indivíduos que justificam ou requerem uma avaliação mais extensa daqueles que não o fazem. Por exemplo, muitas clínicas usam periodicamente um questionário simples e curto para triar transtornos como depressão ou ansiedade na população geral; os empregadores podem triar candidatos com um instrumento breve para limitar o número de candidatos àqueles que satisfazem os requisitos mínimos de uma vaga.

Os escores de testes psicológicos também são usados para tomar decisões de colocação e classificação, ambas envolvem mais de duas opções. Dessas duas, as decisões de *colocação* são mais simples. Elas envolvem atribuir a indivíduos categorias ou tratamentos separados a partir de um único escore, ou de um escore composto calculado com uma única equação regressiva, em referência a um único critério. Embora as decisões de colocação não envolvam a opção de rejeitar indivíduos que não satisfazem um certo nível de desempenho em um teste ou preditor, elas não são substancialmente diferentes das decisões de seleção em termos das evidências que requerem, que são uma relação demonstrável entre um ou mais preditores e um critério. Escores em um teste de leitura, por exemplo, podem ser usados para colocar alunos em turmas adequadas aos seus níveis de habilidade. Da mesma forma, escores em uma escala de depressão podem ser usados para classificar pacientes psiquiátricos, em termos da severidade de seus sintomas depressivos, para ajudar a determinar tipos e níveis apropriados de intervenção terapêutica.

As decisões de *classificação*, por outro lado, são um tanto mais complicadas. Na classificação – assim como na colocação – ninguém é rejeitado, mas aos indivíduos devem ser atribuídos *diferencialmente* categorias ou tratamentos distintos com base em múltiplos critérios. Isso significa que múltiplos preditores são necessários e suas relações com cada critério devem ser determinadas independentemente, por equações regressivas separadas. A ferramenta mais apropriada para decisões de classificação é uma bateria de testes ou preditores, cujos resultados são validados em relação aos vários critérios a serem preditos e então combinados em equações que refletem seus pesos relativos para a predição de cada critério.

As decisões de classificação são necessárias no contexto do emprego, da educação, do aconselhamento e da clínica. No campo do emprego, incluindo o contexto militar ou industrial, essas decisões são necessárias, quando as aptidões de um grupo de funcionários disponíveis têm que ser avaliadas para designar indivíduos para os empregos ou programas de treinamento nos quais terão maior probabilidade de funcionar efetivamente. O aconselhamento vocacional de indivíduos que querem se decidir por um programa de estudos ou escolha de carreira também demanda decisões de classificação. No contexto clínico, as decisões de classificação devem ser tomadas em casos que requerem diagnósticos diferenciais. Um exemplo típico seria a necessidade de estabelecer se um paciente mais velho que exibe sintomas de depressão e problemas de memória pode estar sofrendo de um transtorno depressivo que afeta sua memória e concentração, de um processo incipiente de demência que está causando depressão ou de uma combinação dos dois.

As baterias de testes usadas para decisões de classificação devem ser avaliadas em termos de evidências de *validade diferencial*. Dentro desse contexto, o termo validade diferencial significa que uma bateria deve ser capaz de predizer ou estabelecer diferenças entre dois ou mais critérios. Em um problema de classificação de dois critérios, uma bateria ideal consistiria em preditores que se correlacionassem afirmativamente com um critério e não se correlacionassem ou se correlacionassem negativamente com o outro. No problema do diagnóstico diferencial da depressão *versus* demência, por exemplo, podem-se procurar diferenças na seqüência temporal de sintomas da depressão e comprometimento cognitivo, ou diferenças nos níveis relativos de desempenho em vários tipos de testes de memória.

Quando a situação de classificação envolve predições relativas a mais de dois critérios, tais como designar pessoal para qualquer um de diversos empregos ou programas de treinamento possíveis, o problema de estabelecer evidências de validade se torna ainda mais complexo. Nesse tipo de condição, um preditor que se correlaciona igualmente bem com todos os critérios envolvidos na decisão – como um teste de inteligência geral relacionado à maioria dos critérios de desempenho no emprego – tem relativamente pouco uso. Uma forma possível de lidar com problemas de classificação deste tipo é por meio do uso de múltiplas análises de função discriminante. As *funções discriminantes* envolvem a aplicação de combinações ponderadas de escores aos preditores – derivadas por meio de análise regressiva – para determinar o quanto o perfil de escores de um indivíduo corresponde aos perfis de indivíduos em diferentes grupos ocupacionais, diferentes especialidades ou diferentes categorias psiquiátricas. Embora as funções discriminantes sejam úteis em certos casos (p. ex., quando os critérios consistem simplesmente em afiliação a um grupo ou outro, ou quando existe uma relação não-linear entre um critério e um ou mais preditores), elas deixam a dever em termos dos requisitos de muitas situações porque não permitem a predição do nível de sucesso em um campo específico. Para um exemplo da aplicação da análise de função discriminante na diferenciação de perfis da WAIS-R entre pacientes com lesões cefálicas que não buscaram indenizações e sujeitos instruídos a simular traumas cefálicos, ver Mittenberg, Theroux-Fichera, Zielinski e Heilbronner (1995).

Outra estratégia tradicional que tanto pode ser usada para problemas de seleção quanto de classificação é a *validação sintética* (Balma, 1959). Esta técnica essencialmente se vale de análises de cargo detalhadas que identificam componentes específicos dos cargos e seus pesos relativos em diferentes empregos. Com base nesta análise, coeficientes de regressão previamente estabelecidos para escores de testes que predizem esses elementos separados do cargo podem ser combinados em uma nova bateria sintética que vai predizer o desempenho nos cargos em questão. Procedimentos estatísticos associados a este método foram desenvolvidos por Primoff (1959; Primoff e Eyde, 1988) e têm sido expandidos por outros autores desde então. No entanto, para serem úteis nas decisões de classificação, as estratégias de validação sintética devem envolver preditores que mostram boa validade discriminante, a menos que os componentes do critério em si sejam substancialmente correlacionados (Guion, 1998, p.354-355).

Perspectivas adicionais sobre a validação relacionada ao critério

Diversos avanços metodológicos discutidos anteriormente neste capítulo, como a modelagem de equação estrutural e os estudos meta-analíticos de generalização da validade, foram aplicados em pesquisas recentes sobre os problemas da validação relacionada ao critério. Ao mesmo tempo, a disponibilidade dessas ferramentas estatísticas cada vez mais sofisticadas concentrou a atenção na conceitualização dos preditores e critérios de desempenho, bem como em suas inter-relações (J.P. Campbell, 1990). Um dos avanços recentes mais significativos em termos de preditores é o reconhecimento de que a inclusão de fatores relacionados a dimensões da personalidade – além daqueles relacionados às habilidades – pode aumentar a validade dos instrumentos usados para predizer o desempenho em várias áreas (Lubinski e Dawis, 1992). Com relação ao problema do critério, a natureza multifacetada do desempenho na maioria dos empregos e iniciativas educacionais agora é amplamente reconhecida e cada vez mais analisada. Isto requer um exame dos vários elementos que contribuem para o sucesso, avaliando seu valor relativo, reconhecendo quais estão sob controle do indivíduo, desenvolvendo métodos para avaliar cada elemento separadamente e, então, combinando-os em uma medida total do desempenho que leve em conta todos esses fatores e seus pesos relativos.

Um programa modelo de validação relacionada ao critério

Um exemplo notável da aplicação de muitas inovações nos métodos de pesquisa sobre avaliação pode ser encontrado no trabalho que John P. Campbell e colaboradores (J.P. Campbell, 1990, 1994; J.P. Campbell e Knapp, 2001) conduziram ao longo das duas últimas décadas em conjunção com um esforço abrangente para avaliar e melhorar os procedimentos do exército americano para a seleção e classificação de pessoal, conhecido como Projeto A. Um relato completo deste trabalho, que talvez seja o maior projeto na história da pesquisa de pessoal, não é viável neste contexto. No entanto, alguns de seus pontos altos são apresentados aqui para dar aos leitores uma idéia de seu alcance e significância.

O Projeto A

Usando uma base de dados extensa de mais de 50 mil pessoas, os investigadores do Projeto A selecionaram 21 especialidades ocupacionais militares (EOMs), de um total de mais de 200 cargos de nível inicial, com as quais conduziram estudos de validação concorrente e preditiva longitudinal. Os preditores estudados incluíam os 10 subtestes da Bateria de Aptidão Vocacional das Forças Armadas (*Armed Services Vocational Aptitude Battery;* ASVAB) listados no quadro Consulta Rápida 5.11. Vários escores compostos formados por diferentes combinações de subtestes da ASVAB têm sido usados tradicionalmente para seleção e classificação de indivíduos que se candidatam ao serviço das Forças Armadas. Além disso, diversos instrumentos novos – incluindo testes de habilidade psicomotora e espacial, bem como medidas de interesses e de personalidade – também foram incluídos no trabalho de validação.

Os investigadores do Projeto A realizaram extensas análises de cargo e prestaram especial atenção à padronização de medidas de proficiência no trabalho para cada uma das EOMs. Análises fatoriais exploratórias e confirmatórias, bem como outras técnicas estatísticas, foram empregadas em estudos de modelagem de

---

CONSULTA RÁPIDA 5.11

Bateria de Aptidão Vocacional das Forças Armadas
(*Armed Services Vocational Aptitude Battery;* ASVAB)

A ASVAB é administrada como teste adaptativo computadorizado (CAT-ASVAB) nos postos de alistamento militar fixos e como teste de lápis e papel em unidades móveis. Os indivíduos submetidos ao ASVAB já foram pré-testados com instrumentos de triagem mais curtos administrados por recrutadores. Os 10 subtestes que compõem a ASVAB, usada por todas as Forças Armadas americanas na seleção e classificação de pessoal, são os seguintes:

- Raciocínio aritmético
- Operações numéricas
- Compreensão de parágrafo
- Conhecimento de palavras
- Velocidade de codificação
- Ciência geral
- Conhecimento matemático
- Informações de eletrônica
- Compreensão mecânica
- Informações automotivas

Os primeiros quatro subtestes compõem o Teste de Qualificação das Forças Armadas (*Armed Forces Qualification Test;* AFQT), que, juntamente com o histórico de graduação do ensino médio, é usado para determinar a elegibilidade para o alistamento. Os subtestes da ASVAB também são combinados em 10 escores compostos de aptidão diferentes que são usados como preditores do sucesso nos programas de treinamento da escola militar (J.P. Campbell e Knapp, 2001, p.14-18).

desempenho que levaram à especificação dos escores fatoriais usados como critérios em três diferentes estágios da carreira: desempenho ao final do treinamento, desempenho no primeiro cargo e desempenho no segundo cargo. A exploração das evidências de validade nos vários estágios da carreira era um aspecto significativo dessa pesquisa porque, além de desenvolver uma bateria de testes capaz de predição diferencial, outro objetivo importante da tarefa de gerenciamento de pessoal nas Forças Armadas voluntárias é minimizar atritos.

A análise de validação efetiva realizada ao longo de todo o Projeto A incluiu (a) correlações entre cada preditor e critérios de desempenho; (b) comparações da validade incremental fornecida pelas medidas experimentais em relação a cada critério, acima e além do poder preditivo dos escores da ASVAB previamente disponíveis; (c) desenvolvimento e comparação de várias equações ótimas para validade máxima na predição longitude do desempenho no primeiro cargo e (d) análises da validade de equações alternativas usando diferentes combinações de dados de testes e desempenho anterior para a sua predição no segundo cargo. Métodos de generalização de validade e validação sintética foram usados para investigar a eficiência de várias combinações de preditores para as 21 EOMs originalmente selecionadas para análise, bem como para muitas outras EOMs e grupos de ocupações. Estudos adicionais incluíram uma avaliação da utilidade e dos ganhos alcançados através de estratégias e condições de classificação alternativas.

Entre os muitos achados úteis do Projeto A, um dos mais significativos foi a corroboração do valor potencial de diversas novas medidas estudadas, incluindo aquelas relacionadas a dimensões da personalidade, bem como alguns testes novos de habilidades psicomotoras e espaciais. Estes preditores adicionais se encontram agora em vários estágios preliminares de implementação e estão sendo explorados mais aprofundadamente. Segundo os principais investigadores do Projeto A, essas medidas ainda não são plenamente operacionais devido a obstáculos criados pelas muitas partes envolvidas no sistema de seleção e classificação do exército, bem como pela inércia organizacional (J.P. Campbell e Knapp, 2001, p.570-574). Mesmo assim, o Projeto A e as investigações subseqüentes surgidas a partir dele já contribuíram com vários avanços metodológicos substanciais que certamente vão melhorar o calibre das pesquisas de validação para seleção e classificação, tanto nas Forças Armadas como em muitos outros contextos, ajudando a atingir a meta geral de maximizar a utilização de talentos humanos.

ASPECTOS ADICIONAIS DA VALIDADE: UTILIDADE E CONSEQÜÊNCIAS

Existem dois aspectos significativos a respeito do uso de escores de teste que estão muito ligados à sua validade, mas não são necessariamente à sua essência, quais sejam, sua utilidade e as conseqüências de seu uso. A complexidade desses tópicos impede uma discussão extensa no âmbito deste volume, mas sua importância crucial para as iniciativas de testagem psicológica justificam uma introdução neste ponto, a ser seguida por um tratamento mais aprofundado no Capítulo 7.

Avaliando a utilidade da testagem

A *utilidade* dos testes e seus escores se refere aos benefícios que eles trazem à tomada de decisões. A utilidade é contingente à extensão em que o uso de testes pode aumentar a taxa de precisão das inferências e decisões que desejamos fazer – acima e além do que seria se usássemos outras ferramentas disponíveis. Tipicamente, a utilidade é avaliada em termos econômicos, como as relações custo-benefício envolvidas no uso de testes *versus* uso de dados de outros procedimentos. Uma vez que o uso de testes sempre acontece dentro de um contexto, a análise de seus custos e benefícios necessariamente deve levar em conta dados adicionais pertinentes a cada situação particular na qual ele é contemplado. Dependendo do contexto, esses dados incluem questões como as probabilidades e riscos envolvidos em determinações falso-positivas e falso-negativas, a disponibilidade de ferramentas alternativas – e sua eficiência relativa comparada aos testes – bem como a relativa facilidade ou dificuldade nas determinações que precisam ser feitas. Este aspecto do uso de testes faz parte do tópico mais amplo da teoria das decisões, que não se aplica apenas à psicometria em particular e à psicologia em geral, mas também a campos tão diversos quanto medicina, economia, jurisprudência, ciência militar e jogos, bem como qualquer outra iniciativa humana na qual um planejamento estratégico seja necessário. Para uma amostra das numerosas contribuições que os especialistas em psicometria têm feito à teoria das decisões ao longo das últimas décadas, ver Boudreau (1991), Brogden (1946), Brown e Ghiselli (1953), Buchwald (1965), Cronbach e Gleser (1965), Hynter e Schmidt (1981), Schmidt, Hunter, McKenzie e Muldrow (1979) e Taylor e Russel (1939). Uma excelente discussão dos aspectos estatísticos da teoria das decisões dentro do contexto do melhoramento da precisão e da utilidade das decisões diagnósticas está disponível em um relato recente de Swets, Dawes e Monahan (2000).

Não esqueça

Os julgamentos a respeito da validade de escores de teste são relativos. Quando as evidências acumuladas da validade dos escores produzidos por um teste são consideradas abstratamente, elas podem ser ou não consideradas suficientes para os fins pretendidos do teste.

No entanto, quando qualquer escore ou conjunto de escores específicos de um indivíduo ou grupo é considerado, deve-se ter em mente que os escores podem ter sido afetados por fatores pertinentes apenas aos testandos, ao examinador, ao contexto no qual a testagem aconteceu e à interação entre esses fatores. Portanto, a situação de testagem sempre deve ser levada em conta quando os escores de teste são interpretados.

Além disso, fazer inferências com base em escores de teste requer informações a respeito de seus referenciais e sua fidedignidade, bem como evidências de validade de todas as fontes pertinentes.

Avaliando as conseqüências do uso de testes

As conseqüências individuais e sociais do uso de testes, que podem ser positivas ou negativas, devem ser avaliadas em termos de suas implicações de valor. Alguns teóricos, especialmente Messick (1989, 1995), argumentaram que os julgamentos de validade são na verdade julgamentos de valor. Messick propôs a inclusão de aspectos *conseqüenciais* do uso e interpretação dos escores de teste – isto é, a avaliação de suas conseqüências sociais pretendidas e não pretendidas – dentro da noção de validade em seu sentido mais abrangente. Ao criticarem a proposta de Messick, alguns a rotularam como "validade conseqüencial", um termo que o próprio Messick nunca usou. De qualquer forma, esse aspecto em particular da imensa contribuição de Messick à teoria e à prática psicométrica não foi amplamente adotado pelos profissionais de testagem. A maioria deles poderia argumentar que, embora os aspectos conseqüenciais do uso de testes sejam de grande importância e devam ser investigados antes da implementação e documentados após esta, eles se inscrevem no campo da ética profissional, valores morais e considerações políticas, e não da determinação da validade como tal (Cole e Moss, 1989; Lees-Haley, 1996; Linn, 1998).

O *Ethical principles of psychologists and code of conduct* (APA, 2002), por exemplo, conclama todos os psicólogos – incluindo aqueles que usam testes e outras ferramentas de avaliação – a levar em conta as possíveis ramificações de seu trabalho, de modo a maximizar os benefícios e prevenir ou minimizar os danos. Os usuários de testes e ferramentas de avaliação, especificamente, devem se policiar contra interpretações e usos equivocados e obter o consentimento dos testandos em relação aos objetivos da testagem, a maneira como os escores serão usados, as pessoas que terão acesso aos escores e outras questões antes da testagem. Limitações semelhantes se aplicam ao trabalho dos autores e criadores de testes, editoras e revisores, bem como outros profissionais envolvidos na elaboração de testes (p. ex., Society for Industrial and Organizational Psychology [SIOP], 2003). Acrescentar à noção já complexa da validação de escores a faceta adicional de avaliar as ramificações do uso de testes em termos de preocupações sociais mais amplas – tais como o equilíbrio entre princípios morais como justiça e bem comum – colocaria um fardo indevido, que pertence à sociedade como um todo, unicamente sobre os profissionais de testagem.

Um exemplo de como os princípios e práticas éticas na testagem podem ser aplicados ao campo da educação pode ser encontrado em um guia de recursos, para educadores e elaboradores de políticas, que apresenta os padrões profissionais e os princípios legais pertinentes ao uso de testes na tomada de decisões educacionais de grande impacto para alunos (U.S. Department of Education, Office for Civil Rights, 2000). Conjuntos semelhantes de diretrizes para o uso de testes em outros campos de especialidade serão discutidos no Capítulo 7 (SIOP, 2003).

COMENTÁRIOS FINAIS

O quadro Consulta Rápida 5.12 delineia como várias fontes de evidências e estratégias de validação podem ser aplicadas na interpretação dos escores de um único teste, dependendo dos objetivos para os quais ele é usado. Na maioria dos casos, quando a interpretação proposta dos escores de um teste se afasta do objetivo original para o qual ele foi desenvolvido, as linhas de evidência para usos e interpretações alternativas se tornam menos diretas. Por exemplo, o teste usado como exemplo no quadro Consulta Rápida 5.12 é um exame final na disciplina de Cálcu-

Estratégias de validação em relação à interpretação de escores de teste

Teste cujos escores serão interpretados	Objetivo proposto da interpretação dos escores do teste	Tipo de estratégia de validação desejada	Possíveis fontes de evidências
Exame final da disciplina Cálculo I	Determinar se os estudantes serão aprovados na disciplina Cálculo I	Conteúdo	Relevância e representatividade do conteúdo do teste em relação aos temas abordados na disciplina Cálculo I
	Determinar se os estudantes estão prontos para a disciplina Cálculo II	Relacionada ao critério, tipo concorrente	Correlação positiva alta entre escores no teste de Cálculo I e notas na disciplina Cálculo II
	Predizer se os estudantes podem completar com sucesso a graduação em matemática	Relacionada ao critério, tipo preditivo	Correlação positiva alta entre escores no teste de Cálculo I e conclusão do curso de matemática
	Investigar a relação entre a habilidade matemática e o tipo de personalidade	Convergência	Suporte para a hipótese de que estudantes introvertidos vão ter escore mais alto do que estudantes extrovertidos no teste de Cálculo I

CONSULTA RÁPIDA 5.12

lo I. Podemos inferir que seu objetivo original era determinar se os testandos tinham dominado uma parte suficiente do conteúdo dessa disciplina para alcançar uma nota de aprovação. À medida que a interpretação dos escores deste teste é estendida para a determinação da prontidão para Cálculo II, a predição do sucesso como graduado em matemática ou o uso dos escores de teste como substituto para a habilidade matemática em uma investigação de correlatos do tipo de personalidade, a ligação entre as evidências de validação e a interpretação pretendida se torna mais e mais tênue. Isso não significa que o exame final de Cálculo I não deva ser usado para objetivos diferentes do original, mas sugere que evidências adicionais serão necessárias para esses outros fins.

No presente capítulo, discutimos as evidências da validade dos escores de teste do ponto de vista do teste como um todo. No próximo capítulo, vamos nos voltar para uma análise mais detalhada dos dados de teste na perspectiva das unidades de amostra de comportamento que compõem os escores, quais sejam, os itens de teste.

Teste a si mesmo

1. A *validade* é o grau em que
   (a) um teste mede o que pretende medir
   (b) as evidências corroboram as inferências feitas a partir de escores de teste
   (c) os escores de testes são consistentes em várias situações

2. Em décadas recentes, as várias formas de evidências de validade foram incluídas dentro da noção de *validade* _____ .
   (a) de conteúdo
   (b) concorrente
   (c) preditiva
   (d) de constructo

3. O *intervalo nomotético* se refere a
   (a) uma rede de relações entre medidas
   (b) a decomposição de tarefas
   (c) a identificação de diferenças entre testandos
   (d) o alcance do constructo que está sendo medido

4. As evidências de validade que se baseiam no conteúdo do teste e processos de resposta são particularmente aplicáveis a
   (a) inventários de interesse
   (b) testes educacionais
   (c) testes de personalidade

5. A *validade de face* se refere primariamente a
   (a) a representatividade do conteúdo do teste
   (b) as evidências de validade da perspectiva psicométrica
   (c) as características superficiais de um teste
   (d) a quantidade de dados de validação empírica acumulada para um teste

6. Para coletar evidências de validade discriminante, devem-se correlacionar os escores de testes que pretendem avaliar constructos _____ .
   (a) iguais
   (b) semelhantes, mas não iguais
   (c) diferentes

7. Um dos aspectos mais úteis da análise fatorial, em sua aplicação às pesquisas de validação de testes, é que os resultados da aplicação desta técnica podem
   (a) simplificar a interpretação e o relato dos escores de teste
   (b) revelar os aspectos essenciais dos constructos que os testes estão avaliando
   (c) ser prontamente generalizados para outras populações

8. Quais das seguintes afirmações a respeito de medidas de critério *não* é verdadeira?
   (a) as medidas de critério podem diferir em termos de fidedignidade e validade
   (b) diferentes medidas de critério nem sempre se correlacionam umas às outras
   (c) as medidas de critério podem ou não ser generalizadas para diferentes grupos
   (d) as melhores medidas de critério geralmente estão disponíveis no momento da testagem

9. Os erros padrões de estimativa são usados para medir
   (a) a fidedignidade dos critérios
   (b) a fidedignidade dos preditores
   (c) a precisão dos escores obtidos
   (d) a precisão com que os critérios são preditos

10. Do ponto de vista dos procedimentos de validação relacionados ao critério, quais dos seguintes tipos de decisões são os mais complexos?
    (a) seleção
    (b) colocação
    (c) classificação

Respostas: 1. b; 2. d; 3. a; 4. b; 5. c; 6. c; 7. a; 8. d; 9. d; 10. c.

[capítulo **6**]

CONSIDERAÇÕES BÁSICAS SOBRE ITENS DE TESTE

Os *itens de teste* são as unidades que o compõem e os meios pelos quais as amostras de comportamento dos testandos são coletadas. Segue-se que a qualidade geral de um teste depende primariamente da qualidade dos itens que o compõem, embora o número de itens e seu seqüenciamento ou posição dentro do teste também sejam questões de fundamental importância. Assim como os testes são avaliados em relação ao grau em que satisfazem seus objetivos propostos, os itens individuais devem também ser avaliados com a mesma base para os fins do teste como um todo. *Análise de itens* é um termo geral que se refere a todas as técnicas usadas para avaliar as características de itens de teste e sua qualidade durante o seu processo de desenvolvimento e construção.

A análise de itens envolve procedimentos quantitativos e qualitativos. Os procedimentos de *análise qualitativa de itens* se apóiam em julgamentos de revisores a respeito das características substantivas e estilísticas dos itens, bem como de sua precisão e imparcialidade. Os principais critérios usados para avaliar itens qualitativamente são (a) adequação do conteúdo e do formato do item ao objetivo do teste e às populações para as quais ele se destina, (b) clareza de expressão, (c) correção gramatical e (d) aderência a algumas regras básicas para a redação de itens que evoluem com o tempo. Como será discutido mais adiante neste capítulo, o conteúdo dos itens também é examinado cuidadosamente para identificar e eliminar possíveis fontes de viés ou estereótipos ofensivos de subgrupos específicos da população. O quadro Consulta Rápida 6.1 lista livros que trazem informações a respeito do processo de desenvolvimento de itens e diretrizes práticas para a sua redação. A *análise quantitativa de itens* envolve uma variedade de procedimentos estatísticos para determinar as características psicométricas dos itens com base nas respostas obtidas a partir das amostras usadas no processo de desenvolvimento do teste. A maior parte do presente capítulo trata da análise quantitativa dos itens de teste.

> **CONSULTA RÁPIDA 6.1**
>
> Redigindo itens de teste
>
> Para mais esclarecimentos sobre o processo de preparação de itens para testes de habilidade, bem como orientações claras sobre como redigi-los, os leitores podem consultar uma das seguintes fontes:
>
> - Bennett, R.E., & Ward, W.C. (Eds.).(1993). *Construction versus choice: Issues in constructed response, performance testing and portfolio assessment*. Hillsdale, NJ: Erlbaum.
> - Haladyna, T.M. (1997). *Writing test items to evaluate higher order thinking*. Boston: Allyn & Bacon.
> - Haladyna, T.M. (1999). *Developing and validating multiple-choice test items* (2nd ed.). Mahwah, NJ: Erlbaum.
>
> Embora não existam guias comparáveis para toda a ampla gama de abordagens ao desenvolvimento de instrumentos de avaliação da personalidade, alguns princípios básicos para a preparação de itens objetivos podem ser obtidos nas seguintes obras:
>
> - Aiken, L.R. (1996). *Rating scales and checklists: Evaluating behavior, personality and attitudes*. New York: Wiley.
> - Aiken, L.R. (1997) *Questionnaires and inventories: Surveying opinions and assessing personality*. New York: Wiley.
> - Fink, A. (2002). *How to ask survey questions* (2nd ed., Vol. 2). Thousand Oaks, CA: Sage. [Este é um dos dez volumes do *Survey Kit*, organizado por Arlene Fink e publicado pela Sage.]

O CONTEXTO DA ANÁLISE DE ITENS: O DESENVOLVIMENTO DE TESTES

Fundamentalmente, os procedimentos envolvidos na geração, seleção e análise de itens dizem respeito ao tópico da teoria e delineamento de testes. Como tal, são de importância crítica para os autores e criadores de testes. Os usuários também precisam estar familiarizados com estes procedimentos para compreenderem a natureza das tarefas envolvidas em um teste e avaliarem os instrumentos que selecionam. No entanto, quando um teste se torna disponível para os usuários, ele já é um produto acabado. Do ponto de vista dos usuários, uma vez que um teste foi selecionado, seus itens são basicamente de interesse – especialmente no contexto da avaliação individual – primário como meio de observação e inspeção das respostas dos testandos na perspectiva singular da situação e das circunstâncias específicas nas quais o teste é administrado. Na avaliação individual, o modo como os examinandos respondem às tarefas e seus padrões particulares de resposta podem fornecer informações adicionais que complementam o processo de interpretação dos escores do teste. Naturalmente, os usuários também estão preocupados com as características práticas dos itens. As mais importantes são sua adequação a tipos específicos de contextos e examinandos, a facilidade com que podem ser administrados e avaliados, o tempo envolvido na sua administração e a quantidade de treinamento necessária para se dominar os procedimentos envolvidos na administração e avaliação.

Os procedimentos de análise de itens são implementados em vários pontos durante o desenvolvimento de um teste, um processo que inclui diversos outros passos. Para estabelecer o contexto para a discussão da análise de itens, os passos envolvidos no desenvolvimento de um teste são descritos de forma breve nos parágrafos seguintes. Explicações mais extensas deste processo estão disponíveis em muitas fontes (AERA, APA e NCME, 1999, Capítulo 3; DeVellis, 2003; Ramsay e Reynolds, 2000; Robertson, 1992).

Como esclarece Robertson (1992), desenvolver um teste padronizado engloba um considerável investimento de tempo e dinheiro e requer o trabalho de profissionais especializados em psicometria, bem como na área específica da qual o teste trata. Por isso, o desenvolvimento de testes com vistas à distribuição comercial – diferentemente das medidas experimentais a serem usadas primariamente para fins de pesquisa, testes de sala de aula ou testes desenvolvidos por empregadores para uso interno em empresas – é tipicamente realizado por editoras, que têm os recursos financeiros e os conhecimentos técnicos necessários. A iniciativa da criação de novos testes pode se originar dentro da equipe das próprias editoras ou partir de investigadores e autores independentes que oferecem suas idéias a elas.

A decisão de desenvolver um teste geralmente é tomada quando o criador em potencial se dá conta de que não existe um teste para um determinado fim, ou que os testes existentes para este fim não são adequados por um motivo ou outro. Considerações ligadas ao *marketing* também são centrais para o processo de tomada de decisões em uma editora de testes comerciais. De qualquer maneira, quando é tomada a decisão de se desenvolver um teste, seus objetivos e fundamentos teóricos devem ser articulados cuidadosamente em termos das inferências a serem feitas a partir de seus escores, e o desenvolvedor também deve elaborar um plano para o teste.

O planejamento de um teste envolve especificar (a) os constructos ou domínios de conhecimento que o teste vai avaliar, (b) o tipo de população em que o teste será usado, (c) os objetivos dos itens a serem desenvolvidos, dentro do referencial dos objetivos do teste e (d) os meios concretos por meio dos quais as amostras de comportamento serão coletadas e avaliadas. Este último ponto inclui decisões a respeito do método de administração, do formato dos estímulos e respostas do teste e dos procedimentos de avaliação a serem usados. Depois que estas questões são decididas e um plano preliminar do teste é elaborado, o processo de desenvolvimento geralmente envolve os seguintes passos:

1. Gerar um *pool* de itens, por escrito ou em outro formato, bem como determinar os procedimentos de administração e avaliação a serem usados.
2. Submeter o *pool* de itens a revisores para uma análise qualitativa e alterá-los ou substituí-los conforme necessário.
3. Testar os itens gerados e revisados com amostras representativas da população para a qual o teste se destina.
4. Avaliar os resultados das administrações do *pool* de itens pela análise quantitativa de itens e qualitativa adicional.

5. Adicionar, eliminar e/ou modificar itens conforme o necessário, com base nas análises qualitativa e quantitativa.
6. Conduzir administrações adicionais para verificar se as estatísticas dos itens se mantêm estáveis com diferentes grupos – um procedimento conhecido como *validação cruzada* – até que um conjunto satisfatório de itens seja obtido.
7. Padronizar ou fixar o tamanho do teste e o seqüenciamento dos itens, bem como os procedimentos de administração e avaliação a serem usados em sua forma final, com base nas análises anteriores.
8. Administrar o teste a uma nova amostra de indivíduos – cuidadosamente selecionados para representar a população de testandos para os quais o teste se destina – de modo a desenvolver dados normativos ou critérios de desempenho, índices de fidedignidade e validade dos escores, bem como estatísticas de item para a versão final do teste.
9. Publicar o teste em sua forma final, juntamente com um manual de administração e avaliação, documentação dos dados de padronização, estudos de fidedignidade e validade e os materiais necessários para a administração e a avaliação (AERA, APA e NCME, 1999, Capítulo 6).

Para um teste que vai ser publicado comercialmente, esses passos podem levar anos e podem ter que ser repetidos várias vezes se os resultados iniciais não forem plenamente adequados. Além disso, a maioria dos testes padronizados são revisados de tempos em tempos devido à obsolescência gradual das normas, critérios de desempenho e conteúdos. Alguns instrumentos padronizados usados em testagens em larga escala, como o SAT (antes conhecido como *Scholastic Aptitude Test*), são quase continuamente revisados e refinados. Obviamente, testes usados apenas em contextos limitados, como salas de aula ou estudos específicos de pesquisa, não passam por um processo tão rigoroso. Mesmo assim, precisam ser elaborados com cuidado segundo especificações pré-estabelecidas, e seus resultados devem ser psicometricamente defensáveis – em termos de características de itens, validade e fidedignidade – se quiserem atingir seus objetivos com sucesso.

Não esqueça

É de praxe categorizarmos os testes de modo amplo nas áreas de "habilidade" e "personalidade". Essa distinção tradicional – usada repetidamente neste capítulo e em todo este livro, por razões de conveniência – se baseia na noção de que alguns testes pretendem avaliar primariamente aspectos do comportamento cognitivo, enquanto outros buscam avaliar aspectos do comportamento relacionados ao funcionamento emocional. No entanto, ao considerarmos o tópico dos itens de teste, e dos testes como um todo, é importante lembrarmos que os fatores cognitivos e emocionais são inseparáveis, e que as amostras de comportamento refletem todos os aspectos do funcionamento de uma pessoa.

Fundamentos da testagem psicológica **217**

TIPOS DE ITENS DE TESTE

A variedade de itens que compõem os testes psicológicos é imensa e desafia uma categorização fácil. Os itens de teste, assim como os testes como um todo, podem diferir em termos de conteúdo e formato, bem como do meio pelo qual são administrados, a maneira como são avaliados e o tipo de processamento que demandam por parte dos testandos. Uma das distinções mais básicas entre os itens de teste diz respeito ao tipo de resposta que eles requerem, podendo ser classificados em duas categorias amplas, quais sejam, itens de resposta selecionada e itens de resposta construída. Os testes criados para avaliar habilidades e aqueles que pretendem avaliar a personalidade usam um ou ambos os tipos de itens, dependendo da natureza das amostras de comportamento necessárias para seu objetivo. Da mesma forma, itens de ambos os tipos podem ser usados em testagens individuais ou coletivas. O quadro Consulta Rápida 6.2 fornece informações sobre onde obter amostras de vários tipos de itens de teste.

CONSULTA RÁPIDA 6.2

Como localizar exemplos de vários tipos de itens de teste

O site do *Educational Testing Service* (http://www.ets.org) traz links para vários de seus principais programas de testagem. Amostras de itens estão disponíveis nas seções de preparação de testes para esses programas. Por exemplo:

- A página do *The College Board* (http://www.collegeboard.com) oferece mini-testes Verbais e Matemáticos do SAT – com o tipo de itens usados no verdadeiro SAT – que os usuários em potencial podem fazer gratuitamente.
- A página do *Graduate Record Examinations* (GRE) (http://gre.org) oferece uma versão prática do Teste Geral GRE.
- Perguntas das várias seções do *Test of English as a Foreign Language* (TOEFL) podem ser baixadas da página do TOEFL (http:/www.toefl.org).

Amostras de itens de vários testes de habilidade e de personalidade estão disponíveis em http://www.schuhfried.co.at, página da Schuhfried Company, uma organização austríaca que comercializa programas para a administração de testes por computador.
Imagens dos instrumentos usados em muitos testes de sensibilidade e desempenho podem ser encontradas no catálogo *Evaluation and Assessment* da Lafayette Instrument Company, disponível em http://www.licmef.com/downloads.htm#cat
Os catálogos impressos das editoras contêm descrições do conteúdo de testes e, muitas vezes, amostras de itens. Os catálogos disponíveis na Internet tendem a listar e descrever os testes, mas a não incluir amostras. Os usuários podem obter catálogos impressos contatando as editoras (ver Apêndice B).

Itens de resposta selecionada

Os *itens de resposta selecionada*, também conhecidos como *itens objetivos* ou *de resposta fixa*, são de natureza fechada. Eles apresentam um número limitado de alternativas entre as quais o testando deve escolher. Nos testes de habilidade, os itens desse tipo incluem os de múltpla escolha, verdadeiro-falso, ordenamento e combinação e itens que pedem o rearranjo das opções apresentadas. Tipicamente, os itens objetivos em testes de habilidade são avaliados de maneira simples como certo-errado, embora também seja possível atribuir um crédito parcial para certas opções de resposta. Exemplos de vários tipos de itens de habilidade de resposta selecionada, tanto de testes padronizados quanto de testes elaborados por professores, podem ser citados por qualquer pessoa que tenha sido escolarizada nos Estados Unidos nas últimas décadas. Os itens de resposta selecionada nem sempre foram usados com tanta freqüência nos Estados Unidos como hoje, nem são tão freqüentes em todos os países. Na verdade, muitas críticas à testagem padronizada na educação nos Estados Unidos giram em torno do uso generalizado de itens de teste de resposta selecionada – especialmente itens de múltipla escolha – e sua fraqueza percebida do ponto de vista pedagógico. Muitos críticos da "testagem padronizada" usam este termo de modo vago e incorreto, como sinônimo para testes que empregam o formato dos itens de múltipla escolha (Mitchell, 1992; Sacks, 1999).

Nos testes de personalidade, os itens objetivos podem ser dicotômicos ou politômicos. Os itens *dicotômicos* requerem uma escolha entre duas alternativas (p. ex., verdadeiro-falso, sim-não, gosto-não gosto, etc), enquanto os itens *politômicos* apresentam três ou mais (geralmente um número ímpar, como 5 ou 7) respostas alternativas a uma afirmação. Estas alternativas são tipicamente escalonadas em termos de grau de aceitação (p. ex., *gosto, indiferente, não gosto*), intensidade de concordância (p. ex., de *concordo totalmente* a *discordo totalmente*), freqüência (p. ex., de *nunca* a *quase sempre)*, etc. –, com o ponto intermediário geralmente significando uma posição neutra, incerta ou de meio termo.

Escolha forçada

Itens objetivos que requerem que os testandos escolham qual entre duas ou mais alternativas é a mais ou menos característica deles são denominados *itens de escolha forçada*. Cada alternativa em um conjunto de escolhas forçadas representa um constructo diferente, mas elas são pareadas em termos de desejabilidade social, de modo que pareçam igualmente atraentes ou indesejáveis aos testandos. Este tipo de item é usado principalmente em inventários multidimensionais de personalidade (isto é, inventários que avaliam diversos constructos de personalidade) para controlar a tendência dos testandos a responder na direção que eles percebem como socialmente mais desejável. No entanto, as alternativas de escolha forçada freqüentemente são pareadas de tal forma que cada escolha feita pelo testando limita a possível amplitude de seus escores em outro dos constructos ou traços avaliados pelo teste multidimensional. Quando isso acontece, os escores resultantes são de natureza ipsativa e não podem ser interpretados de modo normativo.

Escores *ipsativos* são essencialmente números ordinais que refletem as classificações dos testandos nos constructos avaliados pelas escalas dentro de um formato de teste de escolha forçada. Isso significa que a magnitude relativa dos escores em cada uma das escalas de um teste desses pode ser medida apenas em comparação com os outros escores obtidos pelo mesmo indivíduo nas outras escalas do teste, e não com escores obtidos pelos grupos normativos. Além disso, o formato de escolha forçada não pode eliminar totalmente a influência da desejabilidade social e pode até mesmo interferir no *rapport* (ver Capítulo 7 para uma definição de *rapport*). Apesar destes problemas, os itens de escolha forçada ainda são usados, especialmente em inventários de interesse e em testes – como o *Myers-Briggs Type Indicator (MBTI)* – cujo objetivo primário é classificar os indivíduos em categorias mutuamente exclusivas. Alguns testes no formato de escolha forçada (p. ex., o *Jackson Vocational Interest Survey*) evitam o problema da ipsatividade pareando alternativas derivadas de dois conjuntos diferentes de escalas paralelas, de modo que a amplitude de escores em cada escala não seja restrita.

Vantagens dos itens de resposta selecionada

Os itens objetivos são sem dúvida o tipo de item de teste mais popular e mais usado. Suas vantagens derivam da facilidade e da objetividade com que podem ser avaliados, que resultam em economia significativa de tempo e melhoram a fidedignidade dos testes; a questão do erro de avaliação é virtualmente inaplicável a itens deste tipo, exceto por meio de erros de verificação. Além disso, os itens de resposta selecionada fazem um uso eficiente do tempo de testagem, porque um número maior de itens pode ser administrado em qualquer intervalo, o que não acontece com os itens de resposta construída. Embora também possam ser administrados individualmente, a maioria dos testes que usa itens de resposta selecionada é destinada a testagens em grupo.

Todas as respostas a itens objetivos podem ser transformadas em uma escala numérica para fins de avaliação de maneira fácil e fidedigna, um fato que simplifica muito a análise quantitativa destes itens. Nos testes de habilidade, as respostas corretas e incorretas geralmente recebem valores de 1 e 0, respectivamente; às vezes, variações como 2, 1 ou 0 estão disponíveis para crédito parcial. Nos testes de personalidade, os itens dicotômicos também são pontuados com 1 ou 0, dependendo se a resposta do testando vai ou não na direção do constructo que o teste quer avaliar. As alternativas apresentadas em itens politômicos ou de múltiplas respostas podem ser traduzidas em várias escalas numéricas, como 5, 4, 3, 2, 1 ou +2, +1, 0, –1, –2, ou reduzidas a um formato binário de pontuação (1 ou 0) pela fusão de categorias.

Desvantagens dos itens de resposta selecionada

Apesar de suas vantagens, os itens de resposta selecionada são mais suscetíveis a certos problemas do que os itens de resposta construída. Nos testes de habilidade,

O principal problema ligado aos itens objetivos gira em torno da questão da adivinhação, ou "chute". A possibilidade de se adivinhar corretamente está sempre presente quando as respostas simplesmente têm que ser selecionadas. Nos sistemas dicotômicos, como nos de verdadeiro-falso, a probabilidade de se adivinhar corretamente é 50% substancial. Quando os testandos "chutam" as respostas corretas de itens objetivos, a quantidade de erro introduzida em seus escores varia dependendo de que fatores (p. ex., puro acaso, conhecimento parcial, formulação dos itens, etc.) foram responsáveis pelas respostas corretas. Da mesma forma, respostas incorretas para itens objetivos podem facilmente ocorrer como resultado de pressa, desatenção, descuido, simulação, ou outros fatores do acaso, sem qualquer relação com o nível de conhecimento do testando ou sua habilidade na área explorada pelo item.

Nos testes de personalidade, os objetivos dos itens de resposta selecionada podem ser facilmente subvertidos por um número ainda maior de motivos. Estes incluem não apenas respostas aleatórias ou negligentes, mas também conjuntos de respostas enganosas, sejam intencionais ou não. Dependendo do contexto no qual a testagem acontece e a disposição mental particular do testando, suas respostas a um teste de personalidade podem ser enganosas em direções negativas ou positivas. Por exemplo, indivíduos submetidos a um inventário de personalidade no contexto de uma seleção de emprego naturalmente vão optar por se apresentarem de forma muito mais favorável do que pessoas que estão sendo testadas para determinar se uma doença psiquiátrica pode ser usada como fator atenuante de culpa no julgamento de um crime. Claramente, as respostas a itens objetivos de testes de personalidade podem ser manipuladas mais facilmente pelos testandos do que as respostas a itens de testes de habilidade, que não podem ser simuladas a não ser por fraude (para uma análise minuciosa de muitos aspectos das fraudes em testes, ver Cizek, 1999). Devido à sua vulnerabilidade à distorção, muitos inventários de personalidade usam conjuntos especiais de itens, escalas de validade ou outros dispositivos criados especificamente para detectar respostas enganosas ou negligentes.

Todas as possibilidades expostas acima podem diminuir a fidedignidade e a validade dos escores de teste. Embora os itens de resposta construída também sejam suscetíveis a alguns desses problemas, a adivinhação em testes de habilidade de resposta construída é mais difícil e, portanto, menos provável. Responder de forma enganosa em técnicas projetivas e outras ferramentas de avaliação da personalidade de resposta construída representa um desafio maior para os testandos. Além disso, a natureza relativamente não-estruturada desses instrumentos é tal que, mesmo quando tentam conscientemente enganar, os testandos podem estar fornecendo alguma informação útil.

Preparar itens de resposta selecionada é uma tarefa difícil e demorada, que requer habilidades especializadas de desenvolvimento de testes e redação de itens, além de grande familiaridade com o constructo ou tema de que trata o teste. Itens objetivos mal preparados podem inadvertidamente dar pistas aos testandos ou ser formulados de maneira que beneficie ou prejudique um subconjunto deles. Itens de múltipla escolha mal-escritos, em particular, muitas vezes incluem alternativas que são (a) gramaticalmente incompatíveis com o corpo do item, (b) suscetíveis a várias interpretações devido à formulação imprecisa ou (c) tão ridículas que podem facilmente ser descartadas.

Por fim, os itens de resposta selecionada são claramente menos flexíveis do que os itens de resposta construída, em relação à possível gama de respostas. Por isso, não oferecem a oportunidade de avaliar características de um testando que podem ser especiais ou singulares, ou que ficam de fora da gama de alternativas apresentadas.

Itens de resposta construída

A característica essencial dos *itens de resposta construída*, também conhecidos como *itens de resposta livre*, é que eles são abertos. Sua variedade é ilimitada, porque as respostas construídas podem envolver amostras de redação, respostas orais livres, desempenhos de qualquer tipo e produções de qualquer espécie.

Nos testes de habilidade, o tipo mais comum de item de resposta construída são as perguntas relativas a dissertar e completar lacunas. As únicas restrições pertinentes aos itens de resposta livre nos testes psicológicos são as condições impostas pelas instruções do teste. Instruções minuciosas e regras de procedimento são indispensáveis para a administração e a avaliação padronizada de todos os testes, incluindo os de resposta livre. As instruções para a administração de testes de resposta construída devem incluir estipulações sobre temas como (a) limites de tempo; (b) meio, modo ou tamanho exigido da resposta e (c) se o acesso a materiais ou instrumentos pertinentes ao teste (p. ex., obras de consulta, calculadoras, computadores, etc) é permitido.

Entrevistas, questionários de dados biográficos e observações comportamentais são ferramentas para a avaliação da personalidade que muitas vezes se valem de respostas abertas. Na testagem da personalidade propriamente dita, o uso de respostas construídas se limita principalmente às *técnicas projetivas*. Estes métodos geralmente requerem que os testandos respondam a estímulos ambíguos na forma de imagens (incluindo manchas de tinta) ou materiais verbais, como palavras ou frases incompletas. Algumas técnicas projetivas demandam auto-expressão por meio de desenhos ou de outros tipos de desempenho. A idéia básica em todos estes métodos – que tiveram origem e são usados principalmente no contexto clínico – é apresentar aos testandos tarefas com um mínimo de estrutura para que eles possam responder com o máximo de liberdade e, nesse processo, revelar aspectos significativos de suas personalidades. Em contraste com inventários, questionários e outros instrumentos objetivos que avaliam constructos ou constelações de traços específicos relacionados à personalidade, as técnicas projetivas fornecem uma abordagem menos focal, mais global da avaliação.

De modo geral, as vantagens e desvantagens dos itens de resposta construída são opostas àquelas apresentadas pelos itens de resposta selecionada. Não obstante, merecem ser mencionadas.

Vantagens dos itens de resposta construída

Mesmo quando não são administrados individualmente, os itens de resposta construída fornecem amostras mais ricas do comportamento dos examinandos e permitem a observação de suas características singulares. Os itens abertos oferecem uma gama mais ampla de possibilidades e abordagens mais criativas da testagem e avaliação do que os itens de resposta selecionada. Além disso, as tarefas de resposta construída produzem amostras autênticas do comportamento dos testandos em domínios específicos, e não meras escolhas entre alternativas pré-fabricadas. Se o que se deseja é avaliar habilidades de escrita, memória, conhecimento matemático, habilidades mecânicas, capacidade de liderança ou qualquer outro tipo de desempenho, amostras reais do que um indivíduo pode fazer são o único padrão incontestável.

Desvantagens dos itens de resposta construída

As principais desvantagens dos itens de resposta construída estão relacionadas à fidedignidade dos escores e, como conseqüência, também à validade (ver a seção sobre a relação entre fidedignidade e validade no Capítulo 4). Estas desvantagens têm origem no modo como as respostas construídas são pontuadas e nas limitações práticas que as respostas deste tipo impõem à duração dos testes.

A avaliação de respostas construídas, tanto em testes de habilidade quanto nos de personalidade, sempre é uma questão mais demorada e complexa do que a de respostas selecionadas, porque um certo grau de subjetividade invariavelmente é necessário. Mesmo quando as *rubricas de avaliação* (instruções que especificam os critérios, princípios e regras a serem usados na avaliação e fornecem exemplos ilustrativos) são preparadas e aplicadas com cuidado, sempre existe a possibilidade de que uma resposta vá ser avaliada diferentemente por diferentes avaliadores devido à sua singularidade ou a algum outro fator. Verificar a fidedignidade de escores atribuídos por diferentes avaliadores é um aspecto indispensável e oneroso do uso de testes com itens de resposta construída. Embora as diferenças entre avaliadores não possam ser completamente eliminadas, elas certamente podem ser minimizadas por meio de procedimentos de avaliação minuciosos, explícitos e testados, bem como pelo treinamento adequado dos avaliadores.

A pontuação de respostas construídas coletadas com as ferramentas projetivas usadas na avaliação da personalidade representa um desafio especial, uma vez que a subjetividade do avaliador pode entrar em jogo de mais formas do que na pontuação de respostas construídas em testes de habilidade. Além disso, as técnicas projetivas se prestam mais ao uso de métodos informais e muitas vezes idiossincráticos de administração e avaliação, o que pode enfraquecer ainda mais sua integridade psicométrica (Lanyon e Goodstein, 1997, Capítulo 4).

A duração do teste é outro fator que afeta a fidedignidade dos escores de testes que usam respostas construídas. Como estas respostas requerem mais tempo de administração e avaliação, o número de itens que podem ser incluídos nos testes de resposta construída geralmente é muito menor do que nos de resposta selecionada. Como foi discutido no Capítulo 4, não havendo outras falhas, os testes mais curtos são mais propensos a erros de amostragem de conteúdo e produzem escores menos consistentes do que os testes mais longos. Portanto, do ponto de vista da consistência interna, os testes de resposta construída também tendem a ser menos fidedignos do que os de resposta selecionada.

Uma outra complicação pertinente aos itens de resposta construída diz respeito ao *tamanho da resposta*. Como as respostas mais longas contêm mais material do que as mais curtas, variações no tamanho das respostas construídas podem afetar consideravelmente os escores. Isso é especialmente pertinente às técnicas projetivas, porque respostas projetivas mais longas – ou mais elaboradas – provavelmente contêm mais elementos passíveis de serem avaliados (isto é, psicologicamente significativos) do que as mais curtas. Além disso, instrumentos projetivos que permitem variabilidade no número e no tamanho das respostas representam um fator complicador adicional na investigação de suas propriedades psicométricas devido à falta de uniformidade entre os testandos. O teste de Rorschach é o exemplo mais proeminente deste problema, conforme evidenciado pela persistente polêmica a respeito do impacto da produtividade de respostas na sua avaliação e interpretação (Groth-Marnat, 1997, p.399; Meyer, 1992).

ANÁLISE DE ITENS

Nas últimas décadas, o campo do desenvolvimento e delineamento de testes e as técnicas de análise de itens têm passado por uma transição gradual que vem alterando fundamentalmente a natureza dos testes psicológicos. Esta transição se deve, em parte, à facilidade e à eficácia com que os dados de teste podem ser coletados, armazenados, analisados, recuperados e disseminados com o uso de computadores. Além disso, desde os anos de 1960, a metodologia fornecida pelas novas abordagens à construção de testes psicológicos, conhecida coletivamente como teoria da resposta ao item (TRI) ou teoria do traço latente, tem complementado de forma eficaz – e em alguns casos substituído – os métodos tradicionais de construção e delineamento de testes. Embora os métodos da TRI também sejam usados no desenvolvimento de testes de lápis e papel e testes computadorizados de tamanho fixo, sua vantagem mais destacada em relação à metodologia tradicional é que eles permitem um formato mais flexível e eficiente pela *testagem adaptativa computadorizada* (TAC). Na TAC, as seqüências de itens podem ser adaptadas individualmente em nível de habilidade do testando ou de sua posição naquele traço que o teste pretende avaliar, com base em suas respostas anteriores. A seguir, apresentaremos inicialmente os procedimentos tradicionais de análise de itens, seguidos de uma discussão sobre a metodologia da TRI.

Métodos quantitativos de análise de itens

Para os testes psicológicos em geral, o aspecto mais importante da análise quantitativa de itens está centrado nas estatísticas que abordam a *validade de item*. A questão que os índices de validade de item tentam responder é se específico é importante dentro de um teste por coletar as informações pertinentes à finalidade deste. Os psicometristas geralmente se referem às estatísticas de validade de item como índices de *discriminação de item,* porque seu papel é revelar o grau em que ele diferencia com precisão os testandos em relação aos traços ou comportamentos que o teste pretende avaliar. Para os testes de habilidade, em particular, a análise de itens inclui procedimentos para medir duas outras características dos itens que influenciam sua validade, quais sejam, a *dificuldade de item* e *justiça (imparcialidade) de item.* Todas estas características podem ser avaliadas quantitativa e qualitativamente. A avaliação qualitativa geralmente é realizada por especialistas que examinam o conteúdo dos itens com atenção à sua adequação e nível de dificuldade, bem como à demonstração verdadeira dos objetivos que foram especificados para o teste. O conteúdo também é examinado do ponto de vista do potencial de injustiça ou ofensa a qualquer grupo específico de testandos. A avaliação quantitativa da dificuldade e discriminação dos itens é realizada por estatísticas que avaliam o desempenho dos testes quando administrados ao tipo de testandos para os quais foram idealizados.

Advertência

O termo *discriminação* adquiriu uma conotação negativa no uso diário devido à associação freqüente com o tratamento injusto dado às mulheres e minorias raciais.
Em contraste, no campo da psicometria, a discriminação é considerada uma característica desejável dos itens de teste. Ela se refere ao grau em que os itens produzem respostas que diferenciam com precisão os testandos, ao longo das dimensões que os testes pretendem avaliar.

Dificuldade de item

O papel da dificuldade de item na testagem de habilidades

Dada a proposição auto-evidente de que o nível de dificuldade de um teste como um todo é uma função dos níveis de dificuldade dos itens individuais que o compõem, segue-se que um teste fácil é composto de itens fáceis, e um teste difícil é composto de itens difíceis. Esta premissa aparentemente simples torna-se um pouco mais complicada quando consideramos que a dificuldade é uma questão relativa. A dificuldade de um item de teste não depende apenas de sua simplicidade ou acessibilidade intrínsecas, mas também do nível de habilidade do testando. Por exemplo, o uso correto do verbo *être* (ser/estar) – o verbo mais comum no francês – é uma tarefa muito mais fácil para um aluno de um curso avançado de francês do que para um iniciante no estudo dessa língua. Portanto, para calibrarmos adequadamente o nível de dificuldade de um teste, são necessários índices da dificuldade *relativa* dos itens para um ou mais grupos relevantes de testandos. Os criadores de testes usam esses índices para determinar a propriedade dos itens para a

Não Esqueça

Da mesma forma que os referenciais para a interpretação de escores de teste, discutidos no Capítulo 3, podem ser normativos ou referenciados no critério, a dificuldade dos itens de teste pode ser determinada em bases absolutas ou relativas. Ambos os aspectos precisam ser considerados no processo de construção e desenvolvimento de testes com referência específica à população pretendida de testandos e finalidade de cada instrumento.

população e a finalidade para a qual o teste se destina, bem como para decidir em que posição os itens devem ser colocados dentro do teste.

Como é medida a dificuldade de um item?

Durante os estágios iniciais do desenvolvimento de um teste, quando o *pool* de itens é gerado, os autores podem medir a dificuldade dos itens criada com base em padrões mais ou menos objetivos definidos nas especificações estabelecidas para o teste ou com base em critérios de consenso entre especialistas no tema ou habilidade cognitiva abordada. Por exemplo, um padrão que pode ser aplicado para calibrar a dificuldade das palavras é a freqüência com que elas são usadas em uma determinada língua. Assim, em um teste de vocabulário, os itens fáceis são palavras empregadas com freqüência pelos falantes da língua em questão, enquanto que os itens mais difíceis consistem em palavras que ocorrem raramente e com as quais a maioria dos testandos não estaria familiarizada. Da mesma forma, em um teste de aritmética, itens individuais podem ser alinhados em termos de dificuldade com base na complexidade evidente das operações que exigem, como multiplicação de números inteiros ou frações, etc.

Quando um conjunto de propostas é administrado a um ou mais grupos, índices quantitativos da dificuldade de item, que contempla esta questão de uma perspectiva normativa, também podem ser obtidos. Ao analisar itens de teste do ponto de vista normativo, a informação essencial usada para determinar sua dificuldade é a percentagem de testandos que respondem corretamente, também conhecida como *proporção* (ou *percentagem*) *de acertos*, ou p para abreviar. Quanto maior a percentagem dos que acertam, mais fácil é o item. Como os valores p dos itens dependem inteiramente do nível de habilidade dos grupos aos quais eles são administrados, a composição desses grupos é muito importante e deve refletir a composição da população para a qual o teste se destina.

Os valores p são números ordinais que, como os postos de percentil, não representam unidades iguais. Por esta razão, desde que se pressuponha que o traço medido por um item tem distribuição normal, os valores p com freqüência são transformados em valores z, usando-se a Tabela de Áreas da Curva Normal (ver Apêndice C). Depois que os valores p são convertidos em valores z, os níveis relativos de dificuldade dos itens podem ser comparados entre vários grupos administrando-se um conjunto comum de itens – denominados *itens-âncora* – a dois ou mais grupos. Fórmulas para estimar os níveis de dificuldade de itens adicionais entre os grupos em questão podem então ser derivadas com base nas relações estabelecidas entre os itens âncora. Este procedimento, conhecido como *escalonamento absoluto*, foi desenvolvido por Thurstone (1925). Ele permite que a dificuldade dos itens seja colocada em uma escala numérica uniforme para amostras de testandos em diferentes níveis de habilidade, como estudantes em várias séries escolares. O quadro Consulta Rápida 6.3 apresenta um exemplo numérico simples de como isto é feito, usando os resultados de cinco itens administrados a dois grupos. Como todos os cinco itens do exemplo têm valores p mais altos (e valores z mais baixos) para o Grupo B do que para o Grupo A, podemos concluir que o Grupo B está funcionando em um nível mais avançado do que o Grupo A na habilidade ou área de conteúdo explorada por esses itens. A Figura 6.1 retrata a dificuldade relativa dos cinco itens para os dois grupos e demonstra graficamente que os níveis de dificuldade dos cinco itens para os dois grupos se correlacionam forte e positivamente. O tipo de dados apresentado no quadro Consulta Rápida 6.3 e na Figura 6.1 pode ser usado para estimar os níveis de dificuldade de itens adicionais para um grupo, com base em seus valores de dificuldade para o outro, por meio de análise regressiva (ver Capítulo 5). Este tipo de procedimento é aplicado no equacionamento de testes e escores de testes por meio de testes-âncora e grupos de referência fixa (ver Capítulo 3).

CONSULTA RÁPIDA 6.3

Conversão da dificuldade de item de proporção dos que acertam (p) para unidades da curva normal (z)

A dificuldade de item pode ser representada em unidades da curva normal (valores z), desde que o traço medido por um item tenha distribuição normal.
O valor z para um item é derivado localizando-se a proporção de testandos que o acertam (isto é, seu valor p) na Tabela de Áreas da Curva Normal (ver Apêndice C): valores p acima de 0,50 são encontrados na coluna 3 da tabela e recebem os valores z correspondentes com um sinal *negativo*; valores p abaixo de 0,50 se localizam na coluna 4 da tabela e os valores z correspondentes têm valor *positivo*. Se p = 0,50, o valor z para o item é zero.
Exemplo numérico para cinco itens administrados a dois grupos:

Número do item	Grupo A Valor p^a	Grupo A Valor z^b	Grupo B Valor p^a	Grupo B Valor z^b
1	0,841	-1,00	0,894	-1,25
2	0,50	0,00	0,691	-0,50
3	0,067	+1,50	0,159	+1,00
4	0,023	+2,00	0,067	+1,50
5	0,977	-2,00	0,994	-2,51

[a]Os valores p representam a proporção de indivíduos dos grupos A e B que acertou cada item.
[b]Os valores z para os itens mais fáceis são grandes e negativos, enquanto que aqueles para os itens mais difíceis são grandes e positivos.

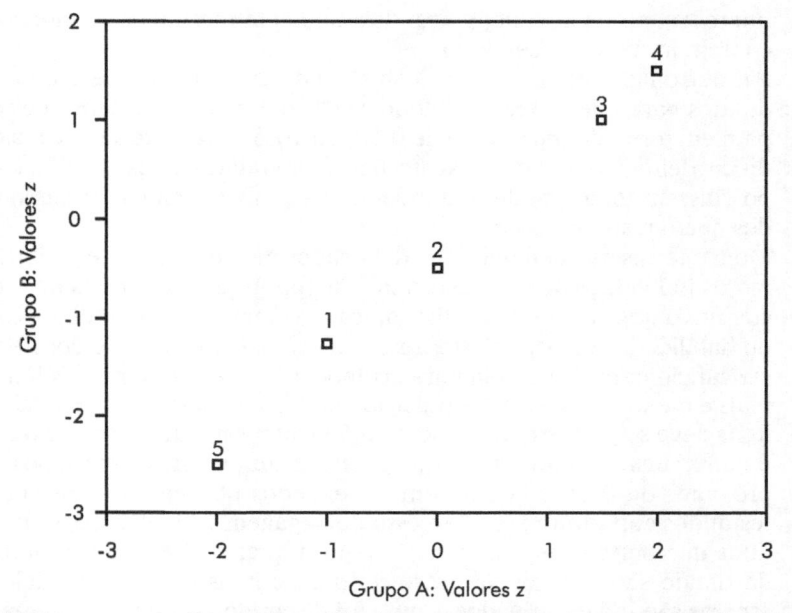

Figura 6.1 Diagrama de dispersão da dificuldade relativa de cinco itens para os Grupos A e B (ver quadro Consulta Rápida 6.3).

Níveis de dificuldade de item, níveis de dificuldade de teste e finalidade de teste

Para qualquer grupo de testandos, o escore médio em um teste é o mesmo que a dificuldade média de seus itens. Portanto, se a percentagem *média* dos que acertam (p) os itens de um teste for de 80%, o escore médio no teste também vai ser de 80%. A significância da relação entre a dificuldade de item, a finalidade do teste e o nível de habilidade da população de testandos para os quais o teste se destina pode ser esclarecida por alguns exemplos.

- Os testes de realização de sala de aula têm a finalidade de avaliar o grau em que os alunos de uma turma dominaram o conteúdo de uma disciplina. Na maioria dos contextos acadêmicos, uma nota na faixa de 70 a 79% é considerada média. Para atingir esta média, a maioria dos itens dos testes de sala de aula deve estar ao alcance da maioria dos alunos, desde que estes tenham dominado o conteúdo da disciplina em um nível que o instrutor considere médio. Esses testes podem incluir alguns itens – envolvendo conceitos que foram enfatizados no curso – que a turma toda vai responder corretamente ($p = 1,00$), embora tais itens não diferenciem entre os testandos (ver a Tabela 6.1 mais adiante neste capítulo). Porém, um item que ninguém responde corretamente ($p = 0$) não é desejável em

um teste de sala de aula, pois indica que nem mesmo os melhores alunos conseguiram compreendê-lo.
- Por outro lado, um teste com o objetivo de triar um grande grupo de candidatos para selecionar os melhores 10% deles pode ter itens que se agrupam em torno de um valor p de 0,10, ou 10%. Este teste seria considerado difícil demais por todos, exceto pelos candidatos mais qualificados que possuíssem uma grande quantidade dos conhecimentos ou das habilidades que o teste buscasse avaliar.
- Muitos testes de habilidade são delineados de modo a diferenciar ao máximo os indivíduos de uma determinada população em termos de um traço cognitivo que se supõe ter distribuição normal, como a inteligência geral ou habilidades verbais. Nestes testes, a gama de dificuldade dos itens deve ser suficientemente ampla para acomodar ao mesmo tempo os indivíduos mais e menos capazes da população potencial de testandos, e o valor p dos itens deve se agrupar em torno de 0,50 (ou 50%) para fornecer o máximo de diferenciação entre os testandos. Itens com valores p extremos (isto é, próximos de 0 ou 1,00) devem ser evitados porque não diferenciam os testandos e, portanto, são "excesso de bagagem". Além disso, se os indivíduos que pertencem à população para a qual um teste desta natureza é destinado são capazes de acertar todos os itens ou nenhum deles, seus escores são indeterminados. Como foi discutido no Capítulo 3, quando os itens são fáceis demais para um determinado grupo, diz-se que o teste tem *teto insuficiente*, e sua distribuição de escores terá declividade negativa; quando os itens são difíceis demais para um grupo, o teste têm um *solo inadequado*, e sua distribuição de escores tem declividade positiva. A Figura 2.4 mostra exemplos de distribuições assimétricas.

Distratores e dificuldade

Em testes que usam itens de múltipla escolha, as alternativas incorretas, ou *distratores*, podem ter uma influência grande na dificuldade dos itens em dois aspectos importantes. Em primeiro lugar, o número de distratores afeta diretamente os índices de dificuldade de item porque a probabilidade de se adivinhar a resposta correta é mais alta quando o número de opções é menor. Além disso, a dificuldade de item também é afetada pelo calibre dos distratores. Um item de múltipla escolha ideal é aquele em que (a) a alternativa correta é óbvia para o testando que conhece a resposta e (b) os distratores parecem igualmente plausíveis para aqueles que não a conhecem. Itens como este são difíceis de construir. Quando parecem obviamente errados, são mal formulados ou são muito mais longos ou curtos do que a alternativa correta, os distratores fornecem pistas que examinandos espertos podem usar para eliminar alternativas e selecionar a resposta correta, mesmo sem conhecê-la realmente. Para evitar este e outros problemas na criação de itens de múltipla escolha, os autores de testes devem seguir as diretrizes para a elaboração de itens fornecidas em obras como a de Haladyna (1999). Depois que um teste é administrado, uma análise dos distratores também deve ser conduzida, começando pelo cálculo do número de testandos que selecionou cada distrator. O exame cuidadoso da freqüência com que os vários distratores foram escolhidos por testandos de diferentes níveis de habilidade serve para detectar possíveis falhas nos itens. Se o teste ainda está em desenvolvimento, os distratores que não estão funcionando adequadamente (p. ex., aqueles que não são escolhidos por ninguém ou que são escolhidos com maior freqüência por testandos com altos níveis de habilidade) devem ser descartados e substituídos.

A dificuldade de item é um conceito relevante na testagem da personalidade?

As tarefas que compõem os testes de personalidade podem não ser delineadas para avaliar o funcionamento cognitivo, mas envolvem processos cognitivos. Em instrumentos de resposta selecionada, como inventários e questionários de personalidade, os processos cognitivos relevantes estão relacionados à capacidade do testando de compreender os itens. Portanto, os níveis de vocabulário e habilidade de leitura dos testandos em potencial precisam ser levados em conta ao se elaborar esses itens. Tarefas projetivas, por outro lado, envolvem uma certa quantidade de proficiência na modalidade em que as respostas deverão ser expressas. A maioria dos instrumentos projetivos requer alguma habilidade em expressão verbal, desenho ou algum outro tipo de desempenho. Assim sendo, a relativa dificuldade ou facilidade das tarefas projetivas para vários tipos de examinados também deve ser considerada no desenvolvimento, administração e interpretação desses instrumentos.

Discriminação de item

A *discriminação de item* se refere ao grau em que os itens produzem respostas que diferenciam com precisão os testandos em termos dos comportamentos, conhecimentos ou outras características que um teste – ou subteste – pretende avaliar. Na vasta maioria dos casos, o poder discriminatório é a qualidade mais básica que os itens devem ter para serem incluídos em um teste. No processo de desenvolvimento, os índices de discriminação de item – também conhecidos como índices de validade de item – são obtidos usando-se algum critério ou indicador da posição do testando em relação ao constructo que o teste avalia. Os critérios empregados para este fim podem ser (a) critérios internos com respeito ao teste em desenvolvimento (isto é, escore total do teste), (b) critérios externos do mesmo tipo que os usados para validar testes como um todo descritos no Capítulo 5 (p. ex., idade, escolaridade, pertencimento a grupos diagnósticos, ou ocupacionais contrastados, etc) ou (c) combinações de critérios internos e externos.

Critérios de validação de item

A escolha dos critérios contra os quais os itens de um teste são validados depende de seus objetivos. Os testes de habilidade requerem critérios relacionados às áreas de conteúdo ou habilidades avaliadas; os testes de personalidade requerem critérios pertinentes aos traços ou aspectos do comportamento com que lidam. A qualidade e a propriedade dos critérios usados na validação dos itens de teste têm importantes conseqüências para a seleção dos itens que serão mantidos em um teste e, conseqüentemente, para a fidedignidade e a validade de seus escores.

Quando critérios externos ao teste são usados para validar itens, a validade dos escores como um todo é melhorada; quando o critério interno do escore total do teste é usado na validação, a homogeneidade do teste aumenta, e, com isso, os índices de fidedignidade baseados na consistência entre itens são melhorados. No desenvolvimento de testes que avaliam um único traço unidimensional, como vocabulário ou depressão, o escore total pode ser usado para validar itens. Esta prática se baseia na premissa de que todos os itens dentro desses testes devem se correlacionar altamente com o escore total do teste e uns com os outros. Por outro lado, no desenvolvimento de testes que avaliam constructos complexos e multifacetados, como a inteligência, os itens são validados contra critérios externos que também são mais globais. Como podem estar avaliando diferentes aspectos de um constructo complexo, os itens desses testes não precisam necessariamente se correlacionar altamente uns com os outros, e seu grau de correlação com o escore total pode variar. A maioria das escalas de inteligência, por exemplo, inclui uma mistura de itens que explora os vários tipos de habilidades associadas a esse constructo – como habilidades verbais, numéricas, espaciais e de raciocínio lógico – e fornece escores compostos que incorporam o desempenho em todos os tipos de itens e são validados contra critérios externos, como realização educacional. Em instrumentos deste tipo, os itens geralmente são agrupados em subtestes com conteúdo homogêneo que são avaliados separadamente (ver Tabela 4.1 e Figura 4.1 no Capítulo 4).

Como vimos, embora a validade externa e a consistência interna sejam metas desejáveis na construção de um teste, a natureza dos constructos avaliados por ele pode não permitir que ambas sejam atingidas concomitantemente. Além das limitações impostas pela finalidade do teste, a validação externa dos itens também pode não ser prática, devido à indisponibilidade ou inacessibilidade de dados de critério externo. Um exemplo típico deste tipo de situação é fornecido pelos itens de testes de sala de aula elaborados por professores, como aqueles apresentados na Tabela 6.1. Ao conduzirem análises de itens destes testes, os professores não podem usar outro critério que não o do escore total no teste, por uma questão de justiça. Os testes de sala de aula têm por finalidade avaliar o domínio das habilidades e dos conteúdos abordados dentro de uma disciplina, e seus escores não devem ser atrelados a qualquer outro fator além daquele do domínio obtido pelos alunos dos objetivos especificados.

Estatísticas de discriminação de item

Todos os procedimentos estatísticos usados para medir o grau em que os itens discriminam em termos de um critério requerem informações sobre (a) o desempenho do item e (b) a posição no critério para os indivíduos das amostras das quais as estatísticas de discriminação de item são extraídas. As estatísticas tradicionais usadas para este fim são de dois tipos: a estatística do índice de discriminação (*D*) e uma variedade de índices correlacionais.

O *índice de discriminação (D)* é usado primariamente para itens de testes de habilidade que são avaliados como certo-errado, mas também pode ser aplicado na análise de itens de outros testes que usam avaliação binária. Para calcular o *D*, os testandos devem ser classificados em grupos distintos de critério com base em seu escore total no teste ou em algum indicador externo de sua posição no constructo avaliado por ele. É costume criar grupos de critério separando-se os testandos usados para análises de validade de item em dois grupos extremos, como, por exemplo, aqueles que ficam nos terços inferior e superior da medida de critério. Depois de criados os grupos superior e inferior do critério, a percentagem de indivíduos (*p*) dentro de cada grupo que acertou o item – ou respondeu na direção indicativa do constructo avaliado pelo teste – é calculada. O *índice de discriminação* é simplesmente a diferença na percentagem ou proporção de testandos nos grupos inferior e superior do critério que acerta um determinado item ou responde na direção esperada; *D* pode variar de +100 a –100 (ou de +1,00 a –1,00). Para os testes de habilidade, índices de discriminação positivos indicam que mais indivíduos no grupo superior do critério do que no grupo inferior acertaram o item, e que os valores mais desejáveis de *D* são aqueles mais próximos de +100. Valores negativos de *D* indicam que os itens em questão discriminam na direção oposta e precisam ser corrigidos ou descartados.

A Tabela 6.1 mostra os índices de discriminação de item de seis itens de um teste administrado a uma turma de testagem psicológica. Todos os alunos passaram no Item 1, o mais fácil dos seis (*p* = 100%), e somente 13% passaram no Item 6, o mais difícil. O Item 3, no qual passaram 38% dos alunos, foi um item relativamente difícil e o mais discriminante entre eles, com um valor *D* de 100. Os itens 4 e 5 foram relativamente fáceis (*p* = 75%), mas de valor questionável. O Item 4 não

Tabela 6.1 Dados de amostra de análise de item de um teste de sala de aula

Número do item	Percentagem que acertou (valor *p*)			Índice D (Superior-Inferior)	Correlação ponto-bisserial (r_{pb})[b]
	Total do grupo	Grupo superior[a]	Grupo inferior[a]		
1	100%	100%	100%	0	0,00
2	88%	100%	50%	50	0,67
3	38%	100%	0%	100	0,63
4	75%	50%	50%	0	0,13
5	75%	50%	100%	-50	-0,32
6	13%	50%	0%	50	0,43

[a]Os grupos superior e inferior do critério são compostos por alunos cujos escores no teste como um todo ficaram em 27% das extremidades superior e inferior, respectivamente, da distribuição de escores.
[b]Ponto-bisserial é um índice da correlação entre o desempenho de cada testando no item avaliado de forma dicotômica (certo-errado) e seus escores totais no teste.

> **Não Esqueça**
>
> A maioria dos índices de discriminação de item favorece itens de dificuldade intermediária. Por exemplo, se a percentagem que acerta (valor p) um item na amostra total for extrema (100% ou 0%), não poderá haver diferença nos valores p dos grupos inferior e superior do critério para aquele item, e seu índice D será 0. Por outro lado, quando o valor p para o grupo total for 50%, será possível ao índice D atingir seu valor máximo de +100, se todos os integrantes do grupo superior do critério e nenhum dos integrantes do grupo inferior acertarem. Portanto, para todos os testes cujo objetivo for determinar diferenças entre indivíduos em termos de alguma habilidade, itens centrados em torno de um nível de dificuldade de 50% são preferíveis.

discriminou entre os dois grupos extremos do critério, e o Item 5 teve que ser descartado porque seu índice D de -50 indicou que ele discriminava na direção errada.

Coeficientes de correlação de vários tipos também podem expressar a relação entre o desempenho em um item e a posição no critério, e, com isso, fornecer índices de discriminação de item. O tipo de coeficiente de correlação escolhido para calcular esses índices depende da natureza das duas variáveis que devem ser correlacionadas, que são os escores do item e as medidas de critério. Por exemplo, quando os escores são dicotômicos (p. ex., certo-errado) e a medida de critério é contínua (p. ex., escore total no teste), o coeficiente de correlação ponto-bisserial (r_{pb}) é o mais usado. Por outro lado, quando os escores de item e a medida de critério são ambos dicotômicos, é usado o coeficiente phi (F). Os coeficientes ponto-bisserial e phi podem variar de $-1,00$ a $+1,00$ e são interpretados da mesma forma que o r Pearson. Fórmulas para o cálculo dos coeficientes ponto-bisserial e phi e de diversos outros tipos de coeficientes de correlação usados na análise de discriminação de item estão disponíveis na maioria das obras básicas de estatística. Em todos os casos, correlações positivas altas indicam uma relação direta e forte entre item e critério; correlações negativas altas indicam uma relação inversa e forte entre item e critério, e correlações baixas indicam uma relação baixa entre os dois. A Tabela 6.1 também lista as correlações ponto-bisseriais entre itens e escores de teste para cada um dos seis itens discutidos anteriormente.

Uma observação a respeito da velocidade

Sempre que os testes de habilidade têm limites de tempo, a velocidade de desempenho afeta os escores em algum grau. Este tópico foi discutido no Capítulo 4, em conexão com os problemas que os testes com limites de tempo representam para o cálculo dos coeficientes de fidedignidade pelo método das metades, e também precisa ser considerado em relação às estatísticas de item. Com respeito à velocidade, os testes podem ser classificados em três tipos: testes de pura velocidade, testes de pura potência e testes que mesclam velocidade e potência.

- Os *testes de pura velocidade* simplesmente medem a velocidade com que os testandos conseguem realizar uma tarefa. Neles, a dificuldade é manipulada principalmente pelo controle do tempo. O nível de dificuldade de seus itens é uniforme e tende a estar dentro das capacidades dos indivíduos que se submetem a ele, mas os limites de tempo são tão curtos que a maioria dos testandos não consegue completar todos os itens. Por isso, na maioria dos casos, o escore total em um teste de pura velocidade é simplesmente o número de itens completados pelo testando. Se os testandos terminam todos os itens em um teste de pura velocidade, sua capacidade efetiva não foi determinada porque não há meios de saber quantos itens a mais poderiam ter sido completados se estivessem disponíveis.

- Os *testes de pura potência*, por outro lado, não têm limites de tempo. Neles, a dificuldade é manipulada aumentando ou diminuindo a complexidade dos itens. Sua faixa de dificuldade precisa ser suficientemente ampla para acomodar os níveis de habilidade de todos os testandos em potencial. Nos testes de potência, os itens são dispostos em ordem crescente de dificuldade para que todos os testandos sejam capazes de completar pelo menos alguns itens, mas os itens mais difíceis geralmente estão fora do alcance da maioria dos testandos. Um escore perfeito em um teste de pura potência sugere que o nível de habilidade do testando excede o nível de dificuldade dos itens mais difíceis. Nestes casos, o nível efetivo de habilidade do testando é indeterminado devido ao teto insuficiente do teste.
- A maioria dos testes de habilidade se encaixa em algum ponto entre os extremos do contínuo de pura velocidade/pura potência. Seus limites de tempo geralmente permitem que os testandos tentem completar todos ou a maioria dos itens. Como discutido anteriormente, a amplitude e a média específicas dos níveis de dificuldade dos itens de testes de habilidade dependem dos objetivos para os quais estes são empregados.

Em qualquer teste com limite rígido de tempo, os valores *p* e índices de discriminação dos itens são uma função de sua *posição* dentro dos testes mais do que de sua dificuldade ou validade discriminante intrínsecas. Isso acontece porque os itens na parte final de um teste no qual a velocidade desempenha um papel significativo são testados por menos testandos, e aqueles que tentam completar estes itens tendem a ser os mais capazes ou os que se apressam respondendo aleatoriamente. Como resultado, os índices de dificuldade e discriminação para os itens que ocorrem mais adiante nos testes de velocidade tendem a ser enganosos, e estratégias especiais precisam ser implementadas para se obter uma compreensão dos papéis específicos da velocidade e da dificuldade nesses testes.

Combinando dificuldade de item e discriminação de item

À luz da inter-relação entre a dificuldade de item e sua discriminação, o desenvolvimento da maioria dos testes de habilidade requer uma análise que combine ambas as características. Existem duas abordagens para esta finalidade. Os métodos mais antigos consistem na análise de regressão item-teste, e os mais recentes envolvem a teoria da resposta ao item (TRI).

Regressão item-teste

Para realizar análises de regressão item-teste, é necessário calcular a proporção de indivíduos, em cada nível de escore total, que acertou um determinado item. A Tabela 6.2 apresenta amostras de dados deste tipo para 2 itens de um teste hipotético de habilidade de 10 itens no qual os escores totais variam de 1 a 10. A Figura 6.2 mostra as regressões item-teste para ambos os itens, dispostas em gráfico a partir dos dados da tabela. Os gráficos de regressão item-teste combinam informações sobre dificuldade e discriminação de item e nos permitem visualizar como cada item funciona dentro do grupo que foi testado. Se pressupomos que as estatísticas de item apresentadas na Tabela 6.2 se basearam em uma amostra grande e representativa de testandos, esses dados possibilitariam avaliar os dois itens e tirar certas conclusões a respeito deles, conforme é descrito nos parágrafos a seguir.

- *O Item 1 é mais fácil que o Item 2, porque seu limiar de 50% é mais baixo.* Os limiares de 50% são representados na Figura 6.2 pelas linhas tracejadas perpendiculares traçadas a partir dos pontos onde os gráficos de regressão para cada item encontram a linha horizontal em $p = 0,50$ até a linha de base que mostra os escores totais no teste. Para o Item 1, o limiar de 50% se localiza no ponto onde o escore total é igual a 4, enquanto para o Item 2 ele se localiza onde o escore total é 7. Estes dados sugerem que o nível de habilidade necessário para se obter uma chance de 50-50 de acerto no Item 1 é mais baixo do que o nível de habilidade necessário para uma chance igual de sucesso no Item 2.
- *O Item 2 discrimina melhor que o Item 1.* A regressão item-teste é mais íngreme para o Item 2 do que para o Item 1 e não mostra inversões de direção na proporção de acertos no item em cada ponto do escore total. Em contraposição, o Item 1 mostra uma regressão item-teste mais gradual e quatro inversões em sua direção (nos pontos de escore total 2, 6, 7 e 9). Uma vez que se supõe que o escore total no teste reflete o nível de habilidade de um testando, as regressões item-teste na Figura 6.2 sugerem que a relação entre habilidade e desempenho no item é mais direta e estável para o Item 2 do que para o 1.
- *O Item 1 tem maior probabilidade que o Item 2 de ser respondido corretamente por adivinhação ou "chute".* Esta inferência se baseia no fato de que a proporção de respostas corretas ao Item 1 é bastante alta (.35) mesmo para aqueles indivíduos que obtiveram um escore total de 1, que foi o escore mais baixo no teste. Em contraste, ninguém com escore abaixo de 5 foi capaz de responder (ou adivinhar) o Item 2 corretamente.
- *Conclusão.* De modo geral, o exame dos dados de regressão item-teste apresentados na Tabela 6.2 e na Figura 6.2 sugere que (a) o Item 2 é mais difícil do que o Item 1, (b) o Item 2 parece funcionar melhor do que o Item 1 em termos de capacidade de discriminar entre indivíduos com escores altos e baixos no conjunto hipotético de 10 itens de habilidade e (c) o Item 2 é mais imune a "chutes" do que o Item 1.

Tabela 6.2 Dados de regressão item-teste para dois itens

	Proporção de examinandos que responderam cada item corretamente	
Escore total	Item 1	Item 2
10	1,00	1,00
9	0,60	0,85
8	0,75	0,70
7	0,65	0,50
6	0,70	0,45
5	0,80	0,30
4	0,50	0,00
3	0,40	0,00
2	0,30	0,00
1	0,35	0,00

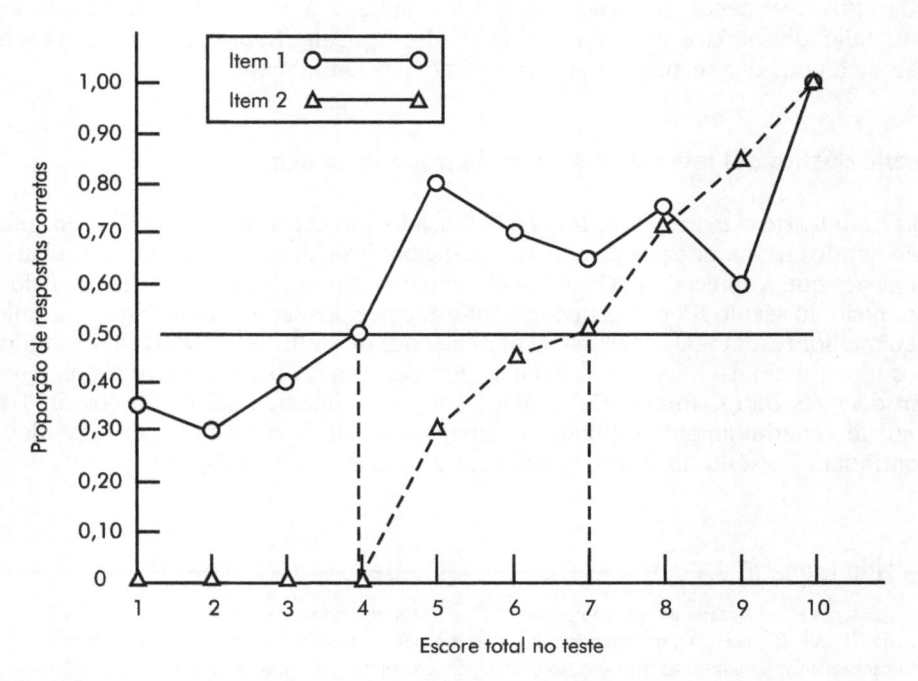

Figura 6.2 Regressão item-teste para os itens 1 e 2 (ver Tabela 6.2).

Embora essas análises de regressão item-teste sejam informativas, elas são um tanto "cruas" e dependem muito das amostras e conjuntos de itens dos quais os dados são obtidos. A teoria da resposta ao item usa os mesmos tipos de dados empíricos envolvidos na análise de regressão item-teste como ponto de partida para formas muito mais sofisticadas de análise de itens e estratégias mais ambiciosas de desenvolvimento de testes.

TEORIA DA RESPOSTA AO ITEM

A denominação *teoria da resposta ao item (TRI)* se refere a uma ampla e crescente variedade de modelos que podem ser usados para delinear ou desenvolver novos testes e para avaliar instrumentos já existentes. Os modelos da TRI diferem nas fórmulas matemáticas que empregam, no número de características de item que podem explicar e no número de dimensões de traços ou habilidades que especificam como objetivos de mensuração. Além disso, diferentes métodos são usados, dependendo se os dados de itens são dicotômicos (certo-errado, verdadeiro-falso, etc) ou politômicos (isto é, consistindo em múltiplas categorias de respostas). Os procedimentos englobados pela TRI são extensos e complexos, e até muito recentemente as apresentações publicadas desses métodos eram muito difíceis de compreender sem uma sólida base em matemática e estatística. Felizmente, nos últimos anos, vem sendo publicado um grande número de materiais mais acessíveis e de qualidade sobre técnicas da TRI. O quadro Consulta Rápida 6.4 lista uma seleção de alguns dos recursos mais úteis disponíveis atualmente.

Teoria clássica dos testes *versus* teoria da resposta ao item

O termo *teoria clássica dos testes (TCT)* é usado, em contraste com a TRI, em relação a todos os métodos psicométricos tradicionais de desenvolvimento e avaliação de testes que a antecedem. Os métodos fundamentais da TCT foram desenvolvidos no início do século XX e já estavam bem estabelecidos em meados daquele século. Seu melhor resumo talvez esteja na obra clássica de Gulliksen (1950) sobre a teoria dos testes mentais, mas eles já haviam sido descritos antes e o foram desde então em diversas outras fontes. Os princípios e procedimentos psicométricos da TCT têm sido continuamente refinados e expandidos; ainda são amplamente usados e continuarão a sê-lo no futuro próximo. Na verdade, a maioria dos livros sobre a

---

Não Esqueça

As seções sobre a teoria da resposta ao item (TRI) e a testagem adaptativa computadorizada (TAC) do Capítulo 3 oferecem uma introdução básica a algumas características distintivas destas abordagens relativamente novas à mensuração psicológica. Os leitores podem achar útil revisar as seções anteriores antes de se aprofundarem nos tópicos apresentados no presente capítulo.

> **CONSULTA RÁPIDA 6.4**
>
> **Fontes de informação sobre a teoria da resposta ao item e testagem adaptativa computadorizada**
>
> **Livros**
>
> - Bond, T.G. e Fox, C.M. (2001). *Applying the Rasch model: Fundamental measurement in the human sciences*. Mahwah, NJ: Erlbaum.
> - Embretson, S.E., & Reise, S.P. (2000). *Item response theory for psychologists*. Mahwah, NJ: Erlbaum.
> - Hambleton, R.K., Swaminathan, H., & Rogers, H.J. (1991). *Fundamentals of item response theory*. Newbury Park, CA: Sage.
> - Wainer, H. (2000). *Computer adaptive testing: A primer* (2nd ed.). Mahwah, NJ: Erlbaum.
>
> **Internet**
>
> Muitos recursos disponíveis anteriormente a respeito da teoria da resposta ao item (TRI) no agora extinto *Educational Resource Information Center (ERIC) Clearinghouse on Assessment and Evaluation Online* podem ser encontrados em http://edres.org/irt, uma página mantida por Lawrence Rudner, ex-diretor da *ERIC Clearinghouse on Assessment and Evaluation*. Por intermédio desta página podem-se acessar muitos materiais relacionados à TRI, como os seguintes:
>
> - Um excelente tutorial sobre a teoria da resposta ao item, disponibilizado pelo Laboratório de Modelagem de TRI da University of Illinois at Urbana-Champaign;
> - A segunda edição do livro clássico de Frank Baker *The Basics of Item Response Theory* (2001);
> - *Links* para programas de computador de TRI gratuitos e comercializados, bem como coletâneas de trabalhos e livros sobre a TRI.
>
> A *CAT Central* é uma página com uma variedade de recursos para pesquisa e aplicações de testagem adaptativa computadorizada (TAC), incluindo informações básicas sobre o tema, uma bibliografia extensa, listagens dos principais programas de testagem que empregam a TAC e *links* para outros recursos relacionados. A *CAT Central* pode ser encontrada no seguinte endereço:
>
> - http://www.psych.umn.edu/psylabs/CATCentral

testagem psicológica – incluindo este – trata em grande parte da TCT. Alguns dos principais contrastes entre a TCT e a TRI foram mencionados brevemente no Capítulo 3 em conexão com o tópico do equacionamento de testes. No entanto, a amplitude e a significância das mudanças acarretadas pela transição dos procedimentos convencionais da TCT para a abordagem baseada no modelo de mensuração que caracteriza a TRI vão muito além deste tópico.

Atualmente, os métodos da TRI são empregados em uma gama mais limitada de instrumentos do que os métodos tradicionais da TCT. Isso se deve em parte às premissas significativas que a TRI requer – em relação a respostas a itens, traços latentes e suas relações – e em parte aos esforços mais extensos de coleta de dados necessários para calibrar itens com os modelos da TRI. Além disso, em contraste com as técnicas bem-estabelecidas, comparativamente simples e amplamente usadas da TCT, os métodos da TRI ainda estão em evolução, são consideravelmente mais sofisticados do ponto de vista matemático e ainda são desconhecidos para muitos profissionais da testagem. Como Embretson (1996, 1999) deixou claro, embora a TCT e a TRI compartilhem alguns fundamentos conceituais e haja uma certa reciprocidade entre as duas abordagens, muitas regras tradicionais de mensuração implícitas na TCT devem ser revisadas ou abandonadas quando os modelos da TRI são aplicados a tarefas de mensuração. O quadro Consulta Rápida 6.5 apresenta uma das várias características contrastantes das duas abordagens.

Uma das diferenças mais básicas entre a TCT e a TRI se origina no fato de que na TCT o interesse está centrado principalmente no escore total do examinando no teste, que representa a soma dos escores nos itens, enquanto que na TRI – como o nome já sugere – o foco principal está em seu desempenho nos itens individuais. Na TRI, o desenvolvimento e a calibração cuidadosa dos itens em termos das informações que eles fornecem a respeito de um constructo psicológico específico é uma preocupação primária. Para realizar essa calibração, a TRI se vale de modelos matemáticos das relações entre habilidades – ou outros constructos não-observáveis (isto é, traços latentes) que o teste deve avaliar – e respostas a itens individuais.

Definidos de modo amplo, os objetivos da TRI são (a) gerar itens que forneçam o máximo de informações possíveis sobre os níveis de habilidade ou traço dos examinandos que respondem a eles de uma forma ou de outra, (b) propiciar aos examinandos itens sob medida para seus níveis de habilidade ou traço, e, com isso, (c) reduzir o número de itens necessários para identificar a posição de qualquer testando na habilidade ou traço latente, ao mesmo tempo em que se minimiza o erro de mensuração. Reduzir o número de itens de um teste selecionando aqueles

---

CONSULTA RÁPIDA 6.5

Teoria clássica dos testes *versus* teoria da resposta ao item:
Um contraste na questão do tamanho e fidedignidade dos testes

As novas regras da mensuração, descritas por Embretson (1996, 1999), enfatizam algumas diferenças cruciais entre a teoria clássica dos testes (TCT) e a teoria da resposta ao item (TRI). Entre elas está o contraste entre a antiga regra de que "testes mais longos são mais fidedignos do que testes mais curtos" e a nova regra de que "testes mais curtos podem ser mais fidedignos do que testes mais longos" (p.343). A saber:

- Como foi discutido em conexão com a fidedignidade pelo cálculo das metades e a fórmula Spearman-Brown (Capítulo 4), a TCT afirma que, não havendo outras falhas, um número maior de observações vai produzir resultados mais fidedignos do que um número menor de observações. Se o tamanho de um teste aumenta pela soma de itens paralelos, a proporção de variância verdadeira para variância de erro também aumenta e, assim sendo, o mesmo acontece com a fidedignidade dos escores. Por isso, para dois testes comparáveis de tamanho fixo (p. ex., 50 vs. 40 itens), os escores do teste mais longo serão mais fidedignos do que os do teste mais curto.
- Na testagem adaptativa computadorizada (TAC) permitida pelos métodos da TRI, a seleção dos itens é adequada de forma ótima em termos do testando no traço que está sendo avaliado. Itens inapropriados (p. ex., fáceis ou difíceis demais para o testando) são eliminados, resultando em um teste mais curto. Como os métodos da TRI também calibram as informações obtidas de cada resposta com mais precisão, o erro de mensuração pode ser reduzido e escores confiáveis podem ser obtidos com um número menor de respostas, mas respostas mais informativas.
- Para explicações mais detalhadas dessas noções, juntamente com ilustrações numéricas e gráficas, ver Embretson (1996, 1999) e Embretson e Reise (2000).

que são mais apropriados ao nível de habilidade do testando – sem perda de fidedignidade – é uma meta importante na testagem em grupo. Isso se aplica especialmente a programas de testagem realizados em escala maciça, como o SAT. Uma redução no número de itens administrados poupa tempo e dinheiro e minimiza a frustração dos testandos quando confrontados com itens inadequados a seus níveis de habilidade. De fato, em programas de testagem em larga escala, as TACs desenvolvidas pelos métodos da TRI estão gradualmente substituindo os testes de tamanho fixo em formatos de computadores e de lápis e papel (Embretson e Reise, 2000).

Deficiências da teoria clássica dos testes

A teoria clássica dos testes e a TRI diferem em muitos outros aspectos. Embora uma discussão completa destas diferenças esteja além do alcance deste livro, algumas precisam ser mencionadas devido à sua importância para o desenvolvimento de testes e a análise de itens. Uma forma de contrastar as duas metodologias é descrever as deficiências da TCT que a TRI busca superar. Embora alguns desses pontos já tenham sido mencionados anteriormente, eles serão reiterados em referência específica à comparação entre TCT e TRI.

- Os índices de dificuldade e discriminação de item da TCT são *grupo-dependentes:* Seus valores podem se alterar quando calculados para amostras de testandos que diferem das usadas para a análise inicial de itens em algum aspecto do constructo que está sendo medido. Em contraste, pressupõe-se que as estimativas de características de item obtidas por métodos da TRI são invariantes e fornecem uma escala uniforme de mensuração que pode ser usada com diferentes grupos.
- Para testes de tamanho fixo desenvolvidos com métodos da TCT, as estimativas de traço ou habilidade (isto é, os escores) dos testandos são *teste-dependentes*. Em outras palavras, os escores são uma função dos itens específicos selecionados para inclusão no teste. Assim sendo, a comparação de escores derivados de diferentes testes ou conjuntos de itens não é possível a menos que sejam usados procedimentos de equacionamento de teste, que muitas vezes não são viáveis (ver Capítulo 3). Além disso, mesmo quando são aplicados procedimentos de equacionamento, as comparações possíveis se limitam aos testes que foram equacionados. No caso da TRI – desde que os dados se encaixem no modelo, e que certas premissas sejam satisfeitas – as estimativas de habilidades ou traços são independentes, em particular do conjunto de itens administrado aos examinandos. Em vez disso, as estimativas estão ligadas às probabilidades dos padrões de resposta aos itens dos examinandos.
- Na metodologia da TCT, a fidedignidade dos escores (isto é, estimativas de traços ou habilidades) é medida por meio do erro padrão de mensuração (*EPM*), que se pressupõe ser de magnitude igual para todos os examinandos (ver Capítulo 4). Na verdade, como a fidedignidade dos escores de-

pende da adequação dos itens de teste aos níveis de traço ou habilidade dos examinandos, e como os níveis de traço não são iguais entre todos eles, essa premissa não é plausível para os testes tradicionais. Por outro lado, quando a metodologia da TRI é combinada a procedimentos de testagem adaptativa, os erros padrões de estimativas de traço ou habilidade resultantes da administração de um teste dependem do conjunto específico de itens selecionados para cada examinando (ver quadro Consulta Rápida 6.5). Como conseqüência, essas estimativas variam apropriadamente em diferentes níveis das dimensões de traço e transmitem informações mais precisas a respeito da fidedignidade da mensuração.

Características essenciais da teoria da resposta ao item

Como a maioria dos modelos da TRI usada atualmente é unidimensional, nossa discussão se limitará a ela. Os *modelos unidimensionais da TRI* partem da premissa de que (a) os itens que compõem um teste ou um segmento de um teste medem um único traço e (b) as respostas dos testandos aos itens dependem somente de sua posição em relação ao traço que está sendo medido. Como é sugerido no quadro Consulta Rápida 6.6, de um ponto de vista realista, nenhuma dessas premissas pode ser plenamente satisfeita. No entanto, quando todos os itens de um teste ou segmento de teste são delineados de modo a medir um único traço predominante, as premissas dos modelos unidimensionais podem ser adequadamente satisfeitas o bastante para torná-los funcionais.

CONSULTA RÁPIDA 6.6

O que torna as amostras de comportamento coletadas pelos itens de teste tão complexas?

- *Independentemente de quais constructos os itens de teste devem avaliar, eles sempre envolvem múltiplas dimensões.* Para começar, alguma capacidade de atentar para os estímulos do teste é necessária para se responder a *qualquer* tarefa, assim como uma certa quantidade de memória de curto prazo. Além disso, todos os itens de teste envolvem conteúdo, formato e meio específicos, e requerem um conjunto específico de habilidades cognitivas. Por exemplo, dependendo de seu modo de apresentação e resposta, um item simples de vocabulário pode envolver leitura, escrita, ortografia, compreensão oral, expressão verbal, capacidade de raciocínio lógico ou conhecimento de etimologia, para não falar de atenção, memória e possivelmente velocidade.
- *Os testandos são seres complexos e únicos.* Eles carregam consigo uma combinação de fatores – como dotação genética, histórico de experiências, habilidades desenvolvidas, hábitos e atitudes, bem como estados fisiológicos e emocionais transitórios – que influenciam as tarefas de teste. Como as respostas aos itens são uma função da mescla singular de todos os elementos que o testando traz para as tarefas, elas nunca são equivalentes em todos os aspectos. Por exemplo, itens que requerem uma série de cálculos aritméticos apresentam um problema maior para um testando que experimenta ansiedade em relação à matemática do que para outro que não, mesmo que ambos sejam igualmente capazes de realizar os cálculos em uma situação que não envolva testagem.

Nos parágrafos a seguir, algumas características comuns à maioria dos modelos da TRI usados atualmente são resumidas para dar aos leitores uma idéia geral de como esta metodologia é aplicada à calibração de dados de itens de teste. Por uma questão de brevidade e simplicidade, a apresentação evita o uso de fórmulas matemáticas e conceitos que não sejam essenciais para uma compreensão básica das idéias fundamentais da TRI. Os leitores interessados poderão encontrar exposições mais extensas desses métodos, bem como explicações de seus fundamentos matemáticos, nas fontes listadas no quadro Consulta Rápida 6.4.

- Na TRI, os modelos se baseiam na premissa de que o desempenho de uma pessoa em qualquer item de teste é uma função de um ou mais traços ou habilidades e pode ser predito por eles. Os modelos buscam especificar as relações esperadas entre as respostas (observáveis) dos examinandos aos itens e os traços (não-observáveis) que as governam. Como acarretam predições, os modelos da TRI podem ser avaliados (isto é, confirmados ou rejeitados) dependendo de como se ajustam aos dados derivados das respostas aos itens do teste.
- Os métodos da TRI empregam dados de testes e respostas a itens de amostras grandes que reconhecidamente diferem quanto à habilidade ou traço de personalidade que o teste em desenvolvimento deve avaliar. Essas amostras não precisam ser representativas de uma população definida, mas devem incluir grupos de indivíduos em diferentes níveis no contínuo de traço ou habilidade. Além disso, os itens do *pool* inicial precisam ser construídos ou selecionados cuidadosamente por seu potencial como indicadores do traço a ser avaliado.
- Depois de coletados, os dados de escore de item e de teste são usados para derivar estimativas de parâmetros de item que vão posicionar os examinandos e os itens ao longo de uma escala comum para a dimensão de traço ou habilidade. Os *parâmetros de item* são os valores numéricos que especificam a forma das relações entre as habilidades ou traços medidos e a probabilidade de certas respostas. Por exemplo, os parâmetros de *dificuldade de item* expressam a dificuldade de um item em termos da posição na escala de habilidade onde a probabilidade de acertar o item é de 0,50. A Tabela 6.3 mostra um pequeno conjunto hipotético de dados brutos de 10 itens de escore dicotômico administrados a 10 indivíduos (de A a J). Embora um exemplo realista devesse incluir uma amostra muito maior e variada de testandos – possivelmente agrupados em categorias baseadas em seus escores totais, e não individualmente – os dados da Tabela 6.3 ilustram o tipo de informação que pode ser usada para estimar parâmetros de dificuldade de item em relação a níveis de habilidade. Os parâmetros de item são obtidos por meio de uma variedade de procedimentos que requerem o uso de programas de computador especializados (ver, p. ex., Embretson e Reise, 2000, Capítulo 13). Estes procedimentos empregam funções matemáticas *não-lineares*, como funções logísticas, que produzem curvas de características de item (ver a seguir). Os modelos matemáticos não-lineares são necessários porque o modelo da regressão linear, discuti-

Tabela 6.3 Exemplo hipotético de dados brutos de itens e pessoas usados em estimativa de parâmetros na TRI

					Item						
Pessoa	1	2	3	4	5	6	7	8	9	10	Total
A	1	1	1	1	0	0	1	1	1	1	8
B	0	0	1	1	1	1	0	0	0	0	4
C	0	0	1	1	1	1	0	0	0	0	4
D	1	1	0	0	1	0	0	0	1	1	5
E	1	1	1	1	1	1	1	1	1	1	10
F	1	1	1	1	0	0	0	0	1	1	6
G	1	1	0	1	0	1	0	1	1	1	7
H	0	1	1	1	0	0	0	0	0	0	3
I	0	0	1	0	0	0	0	1	1	1	4
J	0	1	1	1	0	0	0	0	1	1	5
Total	5	7	8	8	4	4	2	4	7	7	

Nota: Os números 1 e 0 em cada célula indicam se as pessoas de A a J acertaram ou erraram cada um dos 10 itens. Os escores totais dos testandos, na última coluna, podem ser usados para calcular estimativas de habilidades; os escores totais dos itens, na última linha, podem ser usados para calcular a dificuldade dos itens.

do nos Capítulos 2 e 5, não é adequado para descrever como as mudanças nos níveis de traços se relacionam às mudanças na probabilidade de responder a um item de uma forma específica.

- Uma *curva de característica de item* (CCI) é a representação gráfica de uma função matemática que relaciona a probabilidade de resposta a um item em nível de traço, dados os parâmetros de item que foram especificados. Por exemplo, a CCI de um item de teste de habilidade dicotômico expressa visualmente a relação esperada entre o nível de habilidade e a probabilidade de acertar o item. No caso dos testes de personalidade, as CCIs mostram a relação esperada entre os níveis de traço e a probabilidade de se responder a um item de uma forma específica. As CCIs hipotéticas apresentadas na Figura 6.3 exemplificam os três modelos logísticos unidimensionais mais comuns para dados de resposta a itens dicotômicos. O Painel A da Figura 6.3 mostra CCIs para o modelo logístico de um parâmetro, também conhecido como *modelo Rasch*, em homenagem ao matemático que o desenvolveu (Rasch, 1960/1980). Os painéis B e C da Figura 6.3 retratam os modelos logísticos de dois e três parâmetros, respectivamente.
  - O Painel A da Figura 6.3 mostra as CCIs para dois itens que diferem apenas em relação à dificuldade. O Item 1 é mais fácil que o Item 2. A localização do parâmetro de dificuldade (isto é, o nível de habilidade associado a 0,50 ou 50% da probabilidade de sucesso) é mais baixa para o Item 1 (X_1) do que para o Item 2 (X_2). Uma vez que as inclinações das duas curvas são iguais, podemos inferir que os dois itens funcio-

Fundamentos da testagem psicológica **243**

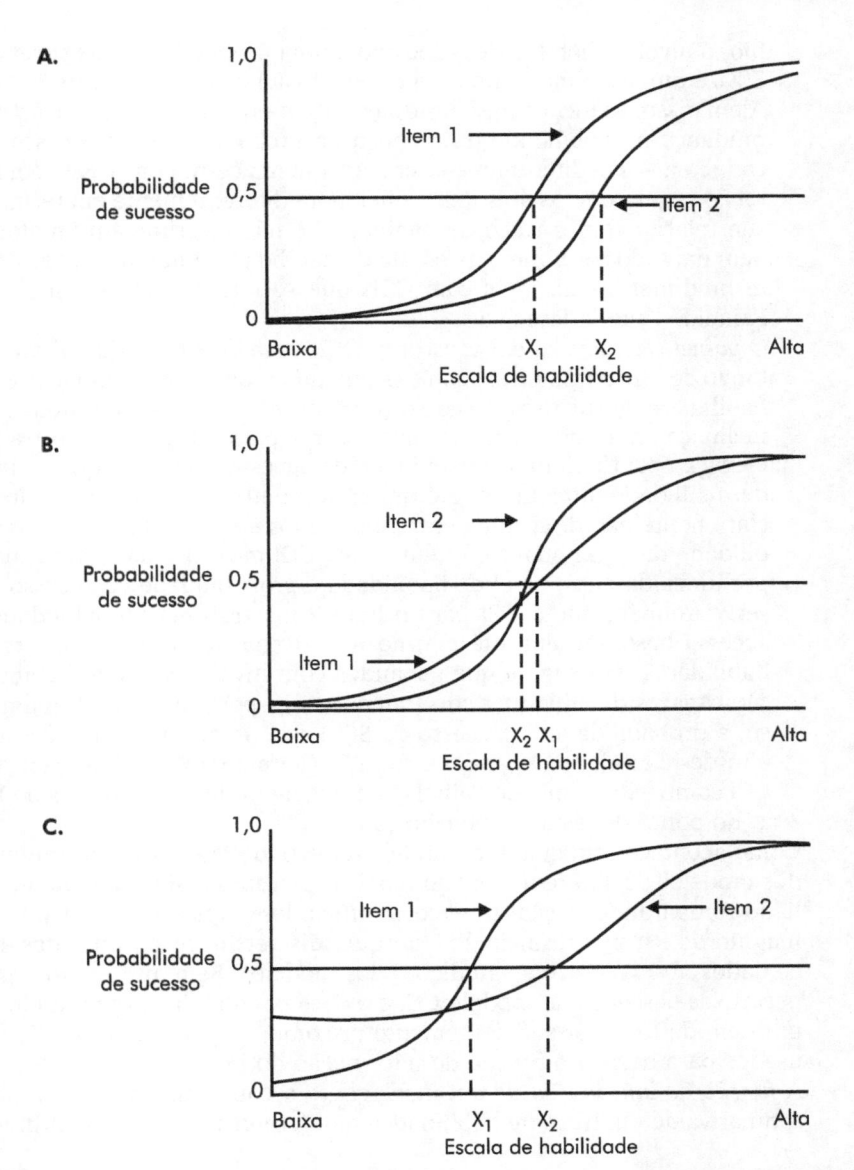

Figura 6.3 Curvas de características de item: A, modelo de um parâmetro; B, modelo de dois parâmetros; e C, modelo de três parâmetros.

nam igualmente bem em termos das relações entre habilidade e probabilidade de sucesso em toda a escala de habilidade.
– *O Painel B da Figura 6.3* mostra CCIs para dois itens que diferem em dois parâmetros, quais sejam, dificuldade e discriminação. Neste exem-

plo, o nível de habilidade associado a uma probabilidade de sucesso de 50% é um tanto mais alto para o Item 1 (X_1) do que para o Item 2 (X_2). Além disso, as inclinações das duas curvas – que mostram a razão entre mudança na habilidade e mudança na probabilidade de sucesso para cada item – são diferentes e se cruzam em um certo ponto. Esta configuração sugere que os dois itens funcionam diferentemente em termos de sua relação com o traço de habilidade e não discriminam igualmente bem em todos os pontos na escala de habilidade. Em um teste realmente unidimensional, itens com CCIs que se interceptam – como os do Painel B – são indesejáveis.
- *O painel C da Figura 6.3* mostra as CCIs para dois itens que diferem ao longo de três parâmetros, quais sejam, dificuldade, discriminação e probabilidade de sucesso por acaso (ou "chute"). A CCI para o Item 1 tem inclinação mais acentuada do que a curva para o Item 2, e mostra uma elevação contínua na probabilidade de sucesso à medida que os níveis de habilidade aumentam, até um certo ponto. Em contraste, o Item 2 claramente não discrimina entre indivíduos em diferentes níveis de habilidade tão bem quanto o Item 1: sua CCI mostra uma relação menos pronunciada entre nível de habilidade e probabilidade de sucesso. Observe também que a CCI para o Item 2 mostra uma probabilidade de sucesso bastante alta, até mesmo no extremo inferior do espectro de habilidade. Isso sugere que testandos com níveis baixos de habilidade são capazes de adivinhar corretamente a resposta ao Item 2. Além disso, a probabilidade de sucesso de 50% está associada a um nível mais alto de habilidade (X_2) para o Item 2. Claramente, um item com uma CCI como a do Item 2 do Painel C seria menos eficiente do que a do Item 1, do ponto de vista da mensuração.
- Como acontece com qualquer modelo teórico, o grau em que as premissas dos modelos da TRI tem a possibilidade de serem satisfeitas pode ser avaliado comparando-se suas predições com dados empíricos e avaliando-se a magnitude e a significância de quaisquer discrepâncias encontradas entre os dados observados e as predições dos modelos. Se o ajuste entre as expectativas baseadas no modelo CCI e o desempenho dos examinandos em um item de teste for suficientemente próximo, os parâmetros da TRI são usados para derivar a função de informação do item.
- A *função de informação de um item* reflete a contribuição que este faz à estimativa de um traço ou habilidade em diferentes pontos no contínuo de

---

Não Esqueça

Na teoria da resposta ao item (TRI), pressupõe-se que os parâmetros de item sejam *invariantes* para a população, o que significa que eles devem ser estáveis, mesmo quando são calculados para grupos que diferem quanto ao traço ou habilidade que está sendo medido. Portanto, ao contrário das estatísticas de análise de item descritas anteriormente neste capítulo, os parâmetros da TRI não estão ligados ao desempenho de um determinado grupo de referência.

mensuração. As funções de informação dos itens ajudam a decidir se e onde incorporar itens a um teste à luz de seus objetivos. As estimativas de nível de traço que localizam os testandos na dimensão do traço são derivadas de seus padrões específicos de sucesso ou fracasso em uma série de itens. Na TRI, a *função de informação do teste*, que é a soma das funções de informação dos itens, corresponde à noção de fidedignidade de escore da TCT (ver Capítulo 4). As funções de informação dos testes são calculadas e usadas para se obter erros padrões de estimativa em cada nível na escala de traço ou habilidade. Estes erros padrões, por sua vez, criam faixas de confiança para as estimativas de habilidade de modo semelhante à maneira como os erros padrões de mensuração são usados na TCT para criar intervalos de confiança para escores obtidos.

Como se pode depreender da discussão sobre as CCIs apresentadas na Figura 6.3, mesmo os modelos unidimensionais da TRI exemplificados naquela figura podem se tornar bastante complexos à medida que o número de parâmetros incluídos nos modelos aumenta. Aplicar modelos da TRI ao desenvolvimento de instrumentos voltados para a avaliação de constructos intelectuais e personalísticos mais amplos e controversos é uma proposta muito mais difícil (Reise e Henson, 2003). Modelos multidimensionais da TRI – que pressupõem que dois ou mais traços contribuem para as respostas aos itens – agora estão sendo usados para explorar e explicar constructos mais complexos e multifacetados. Alguns desses modelos mais novos e mais complicados são descritos por Embretson e Reise (2000).

Justiça dos itens

De modo geral, existem muitas maneiras como os itens de testes, bem como os testes, podem ser tendenciosos ou injustos para testandos individuais ou grupos de testandos. No que diz respeito aos testes, a possibilidade de viés pode ser investigada determinando-se se os escores têm o mesmo significado para membros de diferentes subgrupos da população (ver Capítulo 5). A questão da *justiça* ou imparcialidade dos testes, por outro lado, é mais complexa e mais polêmica. Embora haja um consenso de que o uso injusto de testes deve ser evitado, ainda há muita controvérsia sobre exatamente o que constitui a justiça na testagem (AERA, APA, NCME, 1999, p.74-76). Não obstante, os usuários de testes têm uma grande responsabilidade na implementação de práticas justas de testagem por meio de uma consideração criteriosa da propriedade dos instrumentos para seus fins pretendidos e para os testandos em potencial (Capítulo 7).

No nível dos itens de teste, as questões relativas ao viés e à injustiça estão mais circunscritas e geralmente são tratadas enquanto um teste está em desenvolvimento. Para esse fim, os itens são analisados qualitativa e quantitativamente ao longo de todo processo de construção do teste. Naturalmente, o grau em que os itens são submetidos a essas revisões está relacionado à finalidade do teste. Um cuidado especial é tomado para eliminar qualquer viés ou injustiça possível nos itens de testes de habilidade que serão usados na tomada de decisões com conseqüências significativas para os testandos.

Análise qualitativa do viés de item

A avaliação qualitativa dos itens de teste, do ponto de vista da imparcialidade, se baseia em procedimentos de julgamento conduzidos por grupos de indivíduos demograficamente heterogêneos, qualificados em virtude de sua sensibilidade para essas questões e, preferencialmente, também por seus conhecimentos nas áreas abordadas pelos testes. Tipicamente, essas revisões ocorrem em dois estágios. Durante a fase inicial de construção de um teste, quando os itens são elaborados ou gerados, eles são examinados de modo a (a) eliminar descrição estereotipada de qualquer subgrupo identificável da população, (b) eliminar itens cujo conteúdo possa ser ofensivo a membros de minorias e (c) garantir que diversos subgrupos sejam representados apropriadamente nos materiais contidos no *pool* de itens. Nessa revisão inicial, indivíduos familiarizados com os hábitos lingüísticos e culturais dos subgrupos específicos com chance de serem encontrados entre os potenciais testandos também devem identificar o conteúdo de itens que podem funcionar em benefício ou detrimento de qualquer grupo específico, para que possam ser revistos. O segundo estágio da revisão qualitativa ocorre mais adiante no processo da construção do teste, depois que os itens foram administrados e seus dados de desempenho foram analisados separadamente para diferentes subgrupos. Neste estágio, os itens que exibem diferenças de subgrupo em índices de dificuldade, discriminação, ou ambos, são examinados para identificar os motivos dessas diferenças, sendo revisados ou descartados conforme necessário.

Análise quantitativa de viés de item

A avaliação quantitativa do viés de item por vezes tem sido relacionada simplesmente às diferenças na dificuldade relativa dos itens de teste para indivíduos de diferentes grupos demográficos. No entanto, esta interpretação é vista como ingênua pelos profissionais da testagem, que não consideram as diferenças na dificuldade relativa de um item para diferentes grupos uma evidência suficiente de seu viés (Drasgow, 1987). Ao invés disso, do ponto de vista psicométrico, considera-se que um item contém viés somente se indivíduos de diferentes grupos que têm a mesma posição em um traço diferem na probabilidade de responderem ao item de uma forma específica. Em testes de habilidade, por exemplo, o viés pode ser inferido quando pessoas que possuem níveis de habilidade iguais, mas pertencem a grupos demográficos diferentes, têm probabilidades de sucesso diversas em um item. Por isso, na literatura de testagem, o viés de item é descrito mais propriamente como *funcionamento diferencial de item (FDI)*, um termo que denota melhor os casos em que as relações entre o desempenho do item e o constructo avaliado pelo teste diferem em dois ou mais grupos.

Os procedimentos clássicos para a análise quantitativa do FDI envolvem comparações das estatísticas de dificuldade e discriminação de item para diferentes grupos. Por exemplo, se um item tem correlação baixa com o escore total do teste (isto é, baixa discriminação) e é mais difícil para mulheres do que para homens, ele obviamente é suspeito e deveria ser descartado. No entanto, a análise do FDI por meio de comparações simples das correlações item-teste e valores p para diferentes grupos é complicada pelo fato de que grupos de vários tipos (p. ex., grupos de gênero, de raça e de nível socioeconômico, etc.) muitas vezes diferem em termos de seu desempenho médio e variabilidade, especialmente em testes de habilidade. Quando diferenças grupais deste tipo são encontradas nas distribuições de escores de teste, (a) as estatísticas de dificuldade de item são confundidas por diferenças válidas entre grupos na habilidade que um teste mede e (b) os índices correlacionais de discriminação de item são afetados pelas diferenças na variabilidade dentro dos grupos que estão sendo comparados. Devido a estes fatores complicantes, as estatísticas tradicionais de análise de itens não se mostraram muito úteis para detectar o funcionamento diferencial de itens.

Funcionamento diferencial de itens

A avaliação e o estudo apropriado do FDI requer métodos especializados, grande número dos quais já foi proposto. Um dos mais usados é a técnica Mantel-Haenszel (Holland e Thayer, 1988), que expande os procedimentos analíticos tradicionais. Neste tipo de análise, cada um dos grupos em questão (p. ex., grupos de maiorias e minorias) é dividido em subgrupos baseados no escore total no teste, e o desempenho dos itens é avaliado entre subgrupos comparáveis. Embora este método seja mais refinado do que a simples comparação de estatísticas de análise de itens entre grupos, o procedimento Mantel-Haenszel ainda se vale de um critério interno (o escore total) que pode ser insensível a diferenças no funcionamento dos itens entre grupos, e sua capacidade de detectar o FDI é substancialmente dependente do uso de grupos muito grandes (Mazor, Clauser e Hambleton, 1992).

A teoria da resposta ao item oferece uma base muito melhor para a investigação do FDI do que os métodos da teoria clássica dos testes. Para estabelecer se indivíduos de diferentes grupos com níveis iguais de um traço latente têm desempenho diferente em um item, é necessário localizar pessoas de dois ou mais grupos em uma escala comum de habilidade. Os procedimentos da TRI para atingir este objetivo começam pela identificação de um conjunto de itens-âncora que não exibem qualquer FDI entre os grupos de interesse. Depois que isto é feito, outros itens podem ser avaliados em termos de FDI comparando-se as estimativas de parâmetro de item e as CCIs obtidas separadamente para cada grupo. Se os parâmetros e CCIs derivados dos dois grupos para um dado item forem substancialmente os mesmos, pode-se inferir com segurança que o item funciona igualmente bem para ambos os grupos. Não surpreende que os procedimentos da TRI estejam se tornando os métodos de escolha para a detecção de FDI (ver Embretson e Reise, 2000, Capítulo 10).

Aplicações da teoria da resposta ao item

Conforme observado no Capítulo 3, o uso de métodos da TRI no desenvolvimento de testes e calibração de itens não impede a interpretação normativa ou referenciada no critério dos escores de teste. Na verdade, por causa de seus métodos mais refinados para a calibração de itens e avaliação de erros de mensuração, a TRI pode melhorar a interpretação dos escores de teste. Embora não forneça soluções para todos os problemas de mensuração psicológica, a TRI já ajudou a criar uma abordagem mais disciplinada e objetiva para o desenvolvimento de testes nas áreas em que foi aplicada.

No presente momento, os métodos da TRI estão sendo aplicados mais extensamente no desenvolvimento de testes adaptativos computadorizados usados em programas de testagem de larga escala, como o SAT e o ASVAB. O desenvolvimento deste tipo de teste requer a colaboração de indivíduos com conhecimentos técnicos consideráveis em matemática e programação de computadores, além do conhecimento na área de conteúdo explorada pelos testes. Aplicações mais limitadas dos métodos da TRI estão em uso há algum tempo. Por exemplo, a avaliação de parâmetros de dificuldade de item pelos métodos da TRI tornou-se bastante comum no desenvolvimento de baterias de habilidade e realização, como as *Differential Ability Scales*, as escalas Weschler, os *Wide Range Achievement Tests* e os testes Woodcock. Os modelos da teoria da resposta ao item também estão sendo cada vez mais usados na avaliação do FDI em testes cognitivos. Embora os métodos da TRI sejam promissores no campo da testagem da personalidade, sua aplicação nesta área tem sido muito mais limitada do que na testagem de habilidades (Embretson e Reise, 2000, Capítulo 12).

Explorações no desenvolvimento e avaliação de itens

A revolução na tecnologia da informática e o ritmo acelerado dos avanços na teoria e metodologia da ciência psicológica permitem uma exploração quase ilimitada de técnicas inovadoras que podem ser aplicadas a problemas de mensuração. Para concluirmos este capítulo, são apresentadas duas aplicações promissoras da informática no campo dos itens de teste.

Avanços recentes na geração de itens

Os métodos de decomposição de tarefas e análise de protocolo de testes introduzidos pela psicologia cognitiva levaram a avanços recentes na exploração e no esclarecimento dos processos, estratégias e reservas de conhecimento envolvidos nos desempenhos dos itens de teste (ver Capítulo 5). Na verdade, desde a década de 1980, esses avanços – juntamente com progressos concomitantes na TRI e na tecnologia – foram aplicados à geração computadorizada de itens para testes de habilidade e realização. Esta metodologia ainda está engatinhando, em termos comparativos, pois as especificações necessárias para se criarem regras a partir das quais os computadores possam gerar itens de teste precisam ser consideravelmente mais detalhadas do que nos métodos tradicionais de geração de itens, e requerem um nível mais alto de fundamentação teórica. Não obstante, a geração computadorizada de itens já foi implementada no desenvolvimento de ferramentas para áreas – como avaliações de matemática e testagem de aptidões para aviação – nas quais (a) existem modelos cognitivos de desempenho, (b) os constructos a serem examinados podem ser representados em termos de uma sintaxe lógica e (c) a dificuldade dos itens pode ser medida por meio de referentes objetivos. Sem dúvida alguma, as técnicas de geração de itens vão continuar a ser ativamente pesquisadas pelos estudiosos, devido às muitas vantagens que apresentam em termos de eficiência e economia, bem como por seu potencial em aplicações pedagógicas (Irvine e Kyllonen, 2002).

Avaliação automatizada de questões dissertativas

Uma inovação significativa no esforço para padronizar a avaliação de questões dissertativas é o desenvolvimento de tecnologia informatizada para a *avaliação automatizada de dissertações (AAD)* A tentativa de avaliar a prosa escrita por meio de programas de computador está em progresso nas últimas décadas e, como a geração computadorizada de itens, também foi facilitada por avanços na psicologia cognitiva e na ciência da computação. Embora ainda esteja em seus estágios iniciais, a AAD já demonstra grandes promessas, não apenas como meio de aumentar a fidedignidade e a validade dos escores, mas também como ferramenta educativa (Shermis e Burstein, 2003).

Teste a si mesmo

1. Os procedimentos envolvidos na análise de item dizem respeito primariamente aos _____ de testes.
   (a) criadores
   (b) usuários
   (c) testandos
   (d) administradores

2. A análise qualitativa de item tipicamente ocorre
   (a) depois que um teste é padronizado
   (b) ao mesmo tempo que um teste passa pela validação cruzada
   (c) depois que o *pool* de itens é gerado
   (d) um pouco antes do teste ser publicado

3. Os itens de escolha forçada pertencem à categoria dos
   (a) itens de resposta construída
   (b) itens de resposta selecionada
   (c) nem a nem b

4. Qual das seguintes *não* é uma das vantagens dos itens de resposta selecionada em relação aos itens de resposta construída? Os itens de resposta selecionada
   (a) são menos propensos a erros de avaliação
   (b) fazem um uso mais eficiente do tempo de testagem
   (c) são mais fáceis de quantificar
   (d) são mais fáceis de preparar

5. Os índices de discriminação são estatísticas usadas primariamente para avaliar a _____ dos itens.
   (a) validade
   (b) justiça
   (c) fidedignidade
   (d) dificuldade

6. Quando se deseja produzir um teste que resulte na máxima diferenciação entre os testandos, deve-se buscar um nível médio de dificuldade (valor p) de
   (a) 1,00
   (b) 0,75
   (c) 0,50
   (d) 0,00

7. O r Pearson é o coeficiente de correlação mais usado para calcular índices da relação entre desempenho de item e posição no critério. Verdadeiro ou Falso?

8. Para um teste de pura velocidade, os índices habituais de dificuldade e discriminação de item são _____ para um teste de pura potência.
   (a) menos apropriados do que
   (b) mais apropriados do que
   (c) tão apropriados quanto

10. A teoria da resposta ao item, até agora, tem sido aplicada menos extensamente na área da testagem
    (a) de desempenho
    (b) de aptidões
    (c) de conhecimento
    (d) de personalidade

Respostas: 1. a; 2. c; 3. b; 4. d; 5. a; 6. c; 7. Falso; 8. a; 9. c; 10. d.

[capítulo **7**]

FUNDAMENTOS EM USO DE TESTES

Antes de serem usados, os testes só podem ser avaliados do ponto de vista científico e técnico por pessoas que detenham os conhecimentos especializados necessários em desenvolvimento de testes, princípios psicométricos e aspectos do comportamento que os instrumentos buscam avaliar. Depois que a testagem é implementada – por meio dos processos de seleção, administração e avaliação – os resultados precisam ser avaliados, interpretados e comunicados, de forma apropriada à finalidade para a qual foram empregados, por profissionais com conhecimento do contexto em que a testagem acontece, dos aspectos técnicos e das questões psicológicas envolvidas em uma dada situação. No mínimo, avaliar as aplicações de testes psicológicos e educacionais envolve considerações pertinentes à habilidade com que o usuário emprega esses instrumentos e sua adequação aos testandos em que eles são usados. Em um sentido mais amplo, quando a testagem adquire significância prática na vida de indivíduos, o uso de testes também precisa ser avaliado à luz de valores sociais e prioridades políticas. Neste contexto mais amplo, a testagem pode se tornar altamente controversa, e os usuários devem se apoiar em seus códigos de ética profissional e pessoal para determinar se estão dispostos a empresar seus conhecimentos a certos usos dos testes.

As práticas apropriadas de testagem são reguladas pelos princípios éticos e padrões promulgados pelas profissões que fazem uso de testes psicológicos e educativos (p. ex., American Counseling Association, 1995; AERA, APA, NCME, 1999; APA, 2002; National Association of School Psychologists, 2000). Nas últimas décadas, a preocupação crescente com a possibilidade do mau uso de testes levou essas profissões e as organizações envolvidas com testagem a se engajarem na preparação e divulgação de informações sobre a qualificação dos usuários. Um dos principais esforços nesta direção foi liderado pela APA e resultou na publicação de um conjunto de diretrizes claras que informam a todas as partes interessadas a respeito das qualificações que a APA considera importantes para o uso competente e responsável de testes (Turner, DeMers, Fox e Reed, 2001). O quadro Consulta Rápida 7.1 apresenta um breve resumo destas diretrizes. Além disso, os *Padrões de*

> **CONSULTA RÁPIDA 7.1**
>
> **Qualificações para usuários de testes psicológicos**
>
> Conforme discutido no Capítulo 1, nenhum conjunto formal de credenciais, seja por formação, licenciamento ou certificação, pode garantir a competência no uso de um teste em particular em uma situação específica.
>
> As qualificações dos usuários de testes psicológicos se baseiam em dois fatores principais:
>
> 1. Seu conhecimento e suas habilidades em
>   - princípios psicométricos e estatística;
>   - seleção de testes à luz de suas qualidades técnicas, da finalidade para a qual eles serão usados e das características dos examinandos;
>   - procedimentos para administração e avaliação dos testes, bem como para interpretação, relato e salvaguarda dos resultados, e
>   - todas as questões relevantes ao contexto e ao objetivo do uso do teste.
> 2. O grau em que os usuários tiveram experiência supervisionada adequada em todos os aspectos do conhecimento e das habilidades pertinentes ao uso pretendido de um teste específico.
>
> Para mais informações, ver Turner, S.M., DeMers, S.T., Fox, H.R. e Reed, G.M. (2001). APA's Guidelines for test user qualifications: An executive summary. *American Psychologist, 56*, 1099-1113.

Testagem (AERA, APA, NCME, 1999) incluem um capítulo que descreve as responsabilidades dos usuários de testes, bem como capítulos separados dedicados a questões relacionadas à (a) justiça e imparcialidade na testagem e uso de testes, (b) testagem de indivíduos de origens lingüísticas diversas, (c) testagem de indivíduos com deficiências, (d) testagem e avaliação psicológica, (e) testagem e avaliação educacional, (f) testagem para emprego e credenciamento e (g) testagem na avaliação de programas e políticas públicas.

Documentos que fornecem orientação adicional sobre o uso de testes como parte da tomada de decisões de importância crucial para estudantes (U.S. Department of Education, Office for Civil Rights, 2000) e princípios para a validação e o uso de procedimentos de seleção de pessoal (Society for Industrial and Organizational Psychology [SIOP], 2003) também estão disponíveis e devem ser consultados antes de se iniciar projetos nessas áreas. Uma característica particularmente útil do documento do U.S. Department of Education é que, além de resumir os princípios básicos das melhores práticas de testagem no campo da mensuração educacional, ele também discute os requisitos legais no nível federal que se aplicam ao uso não discriminatório de testes para finalidades de importância decisiva. O documento da SIOP, embora não pretenda interpretar estatutos, regulamentos ou jurisprudência relativos a decisões trabalhistas, oferece princípios para a aplicação e o uso de procedimentos de seleção que podem informar e orientar as partes responsáveis pela sua autorização e implementação na avaliação de adequação e propriedade desses procedimentos.

Nos últimos anos, as profissões mais fortemente associadas à testagem psicológica – que estão representadas na Comissão Conjunta sobre Práticas de Testagem (*Joint Committee on Testing Practices;* JCTP) – têm reconhecido cada vez mais que os testandos também precisam ser informados de seus direitos e responsabilidades

Fundamentos da testagem psicológica **253**

no processo de testagem. Esta conscientização culminou na publicação de um documento com o objetivo de fornecer tais informações (JCTP, 1998). O quadro Consulta Rápida 7.2 lista alguns dos direitos e responsabilidades mais importantes citados e descritos neste documento, que está disponível integralmente na seção de Testagem e Avaliação da página da APA na internet (http://www.apa.org/science/ttrr.html).

CONSULTA RÁPIDA 7.2

Direitos e responsabilidades dos testandos

O documento Direitos e Responsabilidades dos Testandos: Diretrizes e expectativas (*Rights and Responsibilities of Test Takers: Guidelines and Expectations;* JCTP, 1998) pode ser reproduzido e divulgado gratuitamente. Embora não tenha força de lei – e as leis estaduais e federais americanas se sobreponham aos direitos e responsabilidades nele expostos –, os profissionais envolvidos em processos de testagem têm a responsabilidade de garantir que os testandos estejam cientes das informações contidas no documento.

Alguns dos *direitos dos testandos* mais importantes incluem os seguintes:

- O direito de receber uma explicação antes da testagem sobre (a) o objetivo da mesma, (b) os testes a serem usados, (c) se os resultados serão relatados a outras pessoas e (d) o uso planejado para os resultados. Se tiverem uma deficiência ou dificuldade de compreender a linguagem do teste, os testandos têm o direito de perguntar e ser informados a respeito de possíveis adaptações.
- O direito de saber se um teste é opcional e de ser informado das conseqüências de não fazê-lo, não completá-lo inteiramente ou cancelar os escores.
- O direito de receber uma explicação sobre os resultados do teste dentro de um tempo razoável e em termos de compreensão comum.
- O direito de que os resultados do teste sejam mantidos em sigilo na medida garantida pela lei.

Algumas das *responsabilidades dos testandos* mais importantes incluem as seguintes:

- A responsabilidade de ler e/ou escutar seus direitos e suas responsabilidades.
- A responsabilidade de fazer perguntas antes da testagem sobre por que o teste está sendo aplicado, como será aplicado, o que ele terá que fazer e o que será feito com os resultados.

A aplicação de testes para fins inadequados ou de maneiras impróprias por usuários que carecem de treinamento e de qualificações necessárias invariavelmente resulta em mau uso dos testes. Este capítulo trata de algumas considerações essenciais que devem ser levadas em conta ao se usar testes psicológicos, incluindo questões relacionadas à seleção, administração e avaliação, bem como à interpretação e ao relato dos escores. Uma vez que grande parte das informações contidas nos capítulos anteriores é relevante para as questões fundamentais envolvidas no uso responsável de testes, os leitores talvez desejem rever partes deste volume quando tópicos já discutidos forem mencionados no presente capítulo. Uma vez que os usuários e os testandos estejam cientes do que constitui a prática correta da testagem, a possibilidade do mau uso dos testes diminui, e os potenciais benefícios inerentes ao seu uso têm maior probabilidade de serem realizados.

Não Esqueça

- Até mesmo o instrumento melhor desenvolvido e psicometricamente íntegro está sujeito ao uso impróprio.
- Segundo os *Padrões de Testagem* (AERA, APA, NCME, 1999, Capítulo 11), a responsabilidade pelo uso apropriado e pela interpretação correta dos escores de testes depende primariamente do usuário.
- O mau uso dos testes pode ocorrer em qualquer ponto do processo de testagem, começando com a seleção inadequada dos instrumentos, seja para a finalidade para qual serão aplicados, seja para os indivíduos para os quais serão administrados. Erros na administração ou avaliação e na interpretação ou relato dos resultados podem agravar o problema.
- Sempre que a possibilidade do uso de testes for contemplada, a melhor forma de prevenir seu uso impróprio é garantir desde o início que os indivíduos envolvidos em todas as etapas da testagem tenham as qualificações e a competência necessárias para desempenhar seus papéis no processo.

FUNDAMENTOS DA SELEÇÃO DE TESTES

Conforme discutido no Capítulo 1, os testes psicológicos são usados primariamente como auxiliares na tomada de decisões a respeito de pessoas em contextos educacionais, ocupacionais, clínicos, forenses e de aconselhamento vocacional. Além disso, os testes também são usados com freqüência na pesquisa psicológica e recentemente começaram a ser aplicados no processo de psicoterapia para fins de desenvolvimento pessoal, aumento da autocompreensão ou ambos (Finn e Tonsager, 1997). As conseqüências do mau uso dos testes nestas várias aplicações diferem amplamente em termos de seu impacto potencial nos testandos individuais. Naturalmente, a quantidade de atenção dedicada a cada passo do processo de testagem –

Advertência

De todas as arenas nas quais os testes psicológicos são usados, talvez nenhuma seja mais controversa do que a das aplicações forenses. Devido à natureza litigiosa da maioria dos procedimentos legais, os profissionais que concordam em servir como testemunhas em julgamentos que envolvem evidências derivadas de testagens psicológicas podem esperar ter as bases de seus depoimentos questionadas em todas as oportunidades. É óbvio que, em situações como estas, os ditos especialistas que estejam malpreparados para defender seus testemunhos baseados em testes podem ser facilmente humilhados e constrangidos por advogados bem preparados para atacá-los.
Uma forma instrutiva de se familiarizar com as potenciais armadilhas do mau uso de testes na arena legal, bem como em outros contextos, é a consulta aos vários volumes de *Coping with psychiatric and psychological testimony*, preparados por Jay Ziskin em colaboração com outros autores e voltados basicamente para advogados. A quinta e mais recente edição desta obra foi publicada em 1995 pela Law and Psychology Press, de Los Angeles, CA. Desde então, foi complementada por tomos lançados em 1997 e 2000. Dos três volumes da obra principal, o volume 2 – dedicado principalmente ao questionamento de testemunhos derivados de testes psicológicos de vários tipos – é o mais pertinente aos tópicos considerados neste capítulo.

Fundamentos da testagem psicológica **255**

da seleção do teste em diante – deve levar em conta e ser proporcional ao impacto que a testagem pode ter. Embora a maior parte do material a seguir também seja aplicável ao uso de testes para fins terapêuticos ou investigativos, o ponto de partida para a discussão da maioria dos tópicos deste capítulo é a premissa de que os testes são usados primariamente para a tomada de decisões a respeito de pessoas.

Usar ou não usar (testes), eis a (primeira) questão

Independentemente dos objetivos da testagem psicológica, a primeira questão a ser decidida é se a testagem é necessária. Para resolvê-la, os usuários de testes em potencial devem realizar uma análise de custo-benefício – semelhante à sugerida por Goldman (1971) – e considerar explicitamente as seguintes perguntas:

1. Que tipo de informações eu pretendo obter com a testagem?
2. Como estas informações serão usadas?
3. Quais destas informações já estão disponíveis em outras fontes?
4. Que outras ferramentas podem ser usadas para obter as informações que eu busco?
5. Quais as vantagens de usar testes em lugar de, ou juntamente com, outras fontes de informação?
6. Quais as desvantagens ou os custos, em termos de tempo, esforço e dinheiro, de usar testes em vez de, ou juntamente com, outras fontes de informação?

Se a fundamentação teórica para o uso de testes e a aplicação esperada de seus resultados não estão explícitas desde o início, os escores provavelmente não serão muito úteis, ou, pior ainda, tenderão a ser mal usados. Se as informações buscadas já estão disponíveis em outras fontes ou podem ser obtidas por outros meios, a testagem provavelmente será supérflua, a menos que seu objetivo seja confirmar o que já se sabe ou obter corroboração adicional. Por fim, se as vantagens ou benefícios a serem obtidos com o uso de testes não superarem seus custos ou desvantagens, incluindo qualquer dano potencial, a testagem obviamente não é aconselhável. O quadro Consulta Rápida 7.3 lista algumas das principais razões e circunstâncias nas quais a testagem pode ser desaconselhada.

Dois motivos importantes para usar testes

Como a testagem ocorre em tantos contextos diferentes e é usada para fins tão variados, é difícil discutir seu impacto em termos abstratos. No entanto, qualquer que seja o contexto em que os testes psicológicos são empregados – desde que estes tenham sido desenvolvidos cuidadosamente, e a documentação adequada de seu valor psicométrico para um determinado fim esteja disponível –, quando usados criteriosamente eles têm vantagens distintas em relação a outros métodos de coleta

> **CONSULTA RÁPIDA 7.3**
>
> Dez Motivos principais para *não* usar testes
>
> Existem muitos motivos para que o uso de testes psicológicos seja desaconselhável e muitas situações em que devemos nos precaver ao utilizá-los, e a lista a seguir apresenta apenas os mais proeminentes. Com poucas exceções, os testes psicológicos não devem ser usados quando qualquer uma destas circunstâncias se verificar:
>
> 1. O objetivo da testagem é desconhecido ou pouco claro para o usuário do teste.
> 2. O usuário não está totalmente familiarizado com toda a documentação necessária para o teste, nem treinado quanto aos procedimentos relacionados.
> 3. O usuário não sabe para onde irão os resultados do teste ou como eles serão usados, ou não pode salvaguardar seu uso.
> 4. As informações buscadas com a testagem já estão disponíveis ou podem ser obtidas mais eficientemente por outras fontes.
> 5. O testando não está disposto ou não é capaz de cooperar com a testagem.
> 6. O testando pode sofrer algum dano devido ao processo de testagem.
> 7. O local e as condições da testagem são inadequados.
> 8. O formato ou os materiais do teste são inapropriados à luz da idade, sexo, origem cultural ou lingüística, deficiência ou qualquer outra condição do testando que possa invalidar os dados do teste.
> 9. As normas do teste são desatualizadas, inadequadas ou inaplicáveis ao testando.
> 10. A documentação sobre a fidedignidade ou a validade dos escores do teste é inadequada.

de informações a respeito de pessoas. As vantagens mais significativas que os testes psicológicos oferecem dizem respeito à sua eficiência e objetividade características.

- *Eficiência*. Muitas questões contempladas pela testagem psicológica podem ser respondidas por outros métodos, desde que os indivíduos que buscam as informações tenham o tempo e os recursos necessários para coletá-las. Por exemplo, a maioria das pessoas não requer o uso de testes para esboçar um perfil psicológico daqueles com quem elas tiveram um contato pessoal extenso e contínuo. Observando o comportamento dos indivíduos e interagindo com eles em uma variedade de situações por um período longo de tempo, podem ser coletados amplos dados com que se pode tirar conclusões a respeito de suas habilidades e atributos pessoais, e mesmo sobre sua tendência a se comportar no futuro. A testagem psicológica fornece àqueles que estão em posição de avaliar e tomar decisões a respeito de pessoas – mas que não têm a oportunidade de observações e interações prolongadas com elas – as ferramentas para coletar as informações necessárias de forma eficiente em termos de tempo e custo.
- *Objetividade*. Mesmo quando existem extensas oportunidades para observar e interagir com as pessoas, os dados que podemos coletar por meio de observações e interações informais podem ser de valor questionável ou limitado. Dados de observação obtidos de modo não-sistemático podem facilmente levar a julgamentos pouco precisos ou refletir a subjetividade

dos observadores, incluindo variações em *o que* eles observam e recordam e também em *como* observam, relatam e avaliam suas observações. É desnecessário dizer que esta subjetividade entra em jogo especialmente quando os observadores não são imparciais, como é o caso de quando são amigos, parentes ou colegas da pessoa observada. Mesmo quando os observadores são hábeis e capazes de manter o distanciamento em relação aos sujeitos, dados brutos coletados de observações e interações naturalistas não podem ser avaliados e interpretados apropriadamente sem algum referencial padronizado de comparação. Como foi discutido em capítulos anteriores, o sentido e o valor que podem ser derivados das amostras de comportamento obtidas por testes padronizados dependem quase inteiramente dos referenciais normativos, ou baseados no critério que estão disponíveis para comparações, e dos dados acumulados sobre fidedignidade e validade de escores de teste.

Utilidade dos testes

Sempre que o uso de testes para a tomada de decisões a respeito de pessoas é contemplado, a utilidade potencial de seu uso deve ser considerada e analisada. O conceito de *utilidade*, introduzido rapidamente no Capítulo 5 como uma consideração relacionada à validade, se refere a uma estimativa da desejabilidade subjetiva de um resultado ou evento. A utilidade é um aspecto do tópico muito mais amplo da teoria das decisões, uma abordagem muito usada na coleta e análise de informações, geralmente em forma matemática, para gerar estratégias racionais para a tomada de decisões (Bell, Raiffa e Tversky, 1988). Estimar o valor de decisões corretas *versus* o custo de decisões incorretas é invariavelmente uma questão complicada, em especial quando as decisões a serem tomadas afetam a vida de seres humanos de maneira significativa. A teoria das decisões se dedica ao desenvolvimento e à análise de possíveis estratégias para a tomada de decisões, usando as informações disponíveis para estimar sua utilidade através do cálculo dos custos e benefícios de vários resultados alternativos em termos quantitativos, geralmente monetários. Naturalmente, de modo a estimar a utilidade de um resultado, um ponto de vista subjetivo precisa ser adotado, e este se origina tipicamente dos valores e prioridades dos responsáveis pelas decisões.

Por exemplo, no campo da seleção para emprego, existem duas decisões possíveis (contratar e não contratar). Supondo que o critério de desempenho no trabalho pode ser dicotomizado nas categorias de sucesso e fracasso, estas decisões têm quatro resultados possíveis: (a) aceitações válidas, (b) rejeições válidas, (c) aceitações falsas e (d) rejeições falsas. As aceitações válidas são o mais desejável de todos os resultados, pois não apenas não representam riscos para o empregador nem para o candidato como, na verdade, oferecem benefícios a ambos. As aceitações falsas, por outro lado, representam alguns riscos para o empregador (p. ex., perda de receita ou indenizações pela incompetência do empregado, tempo e esforço desperdiçados em atividades de contratação e treinamento, aumento da rotatividade, etc.), mas geralmente não para o empregado. As rejeições válidas são em grande parte vantajosas para o empregador, mas não para os candidatos rejeitados. As rejeições falsas não apresentam tipicamente riscos significativos para o empregador, a menos que as decisões sejam contestadas, mas podem prejudicar os candidatos que são rejeitados falsamente, talvez de maneira significativa.

Claramente, a utilidade dos resultados difere para as várias partes afetadas por uma decisão. Além disso, em potencial as conseqüências das decisões para todas as partes envolvidas nunca podem ser totalmente antecipadas, e muito menos quantificadas. Ainda assim, a noção de tentar explicitamente antecipar e estimar os prováveis riscos e benefícios inerentes ao uso de testes – em oposição a outras ferramentas – está no centro de seu uso responsável. Para tanto, a teoria das decisões fornece alguns conceitos básicos que podem ser usados ao se considerar se, e em que grau, os testes podem contribuir para melhores resultados ao aumentar o número de decisões corretas e minimizar o número de decisões incorretas. Esses conceitos são especialmente adequados para organizações que buscam determinar possíveis ganhos na precisão das decisões de seleção que podem ser alcançados implementando-se uma estratégia que inclua o uso de escores de testes (Kobrin, Camara e Milewski, 2002). Os seguintes são itens essenciais de informação necessários para se estimar tais ganhos:

- *Dados de validade*: Os escores de teste somente podem melhorar a tomada de decisões se tiverem validade demonstrável para avaliar a posição dos testandos ou predizer seu desempenho em um critério. Não havendo outras falhas, quanto mais alto o coeficiente de validade dos escores de teste, maior a precisão das estimativas de critério e predições (ver Capítulo 5).
- *Dados de taxa de base:* O conceito de *taxa de base* se refere ao ponto de partida do qual os ganhos potenciais em precisão podem ser calculados, ou seja, a probabilidade estabelecida de eventos em uma população antes da introdução de qualquer procedimento novo, como a testagem. Por exemplo, se a proporção de alunos que se formam em um programa de estudos é de 0,60 ou 60% daqueles que foram admitidos no programa, a taxa de base é 0,60. Em decisões de seleção de emprego, a taxa de base é a proporção de candidatos contratados para um determinado cargo que se mostram bem-sucedidos em seus empregos. Para fins de cálculo da *validade incremental,* ou melhora operada por um teste nas decisões de seleção, a taxa de base se refere à proporção de decisões corretas que são feitas sem o uso dos escores de teste. Não havendo outras falhas, os ganhos potenciais de precisão nas decisões de seleção são maiores quando as taxas de base são próximas a 0,50. As taxas de base próximas de extremos (p. ex., 0,10 ou 0,90) indicam que a seleção precisa é muito difícil ou muito fácil nas circunstâncias existentes. Nestes casos, usar escores de teste como base da seleção – mesmo que tenham um grau relativamente alto de validade – pode não aumentar a precisão das decisões, e até mesmo diminuí-la.
- *Razões de seleção:* Outra restrição à potencial contribuição dos escores de teste à melhoria das decisões de seleção tem origem na *razão de seleção,* que é a razão que resulta quando o número de vagas disponíveis é dividi-

do pelo número de candidatos a elas. Se existem 5 vagas disponíveis e 500 candidatos, a razão de seleção é 5 ÷ 500, ou 1%, enquanto que, se somente 25 pessoas se candidatarem, a razão de seleção será 5 ÷ 25, ou 20%. Naturalmente, razões de seleção menores permitem aos encarregados das decisões serem mais seletivos do que as razões maiores. Num exemplo extremo, se três vagas estiverem abertas e três pessoas se candidatarem a elas, a razão de seleção será de 100%, e o empregador não terá latitude de escolha se a organização precisar destes trabalhadores. Numa tal situação, a validade incremental que os escores de teste podem oferecer – independentemente de sua validade – é nula. Por outro lado, quando a razão de seleção é muito pequena, mesmo um teste cujos escores têm um grau apenas moderado de validade preditiva pode ajudar a aumentar a taxa de decisões precisas.

Como a discussão acima deixa claro, o grau de melhora na precisão das decisões de seleção que pode ser ganho com o uso de escores de teste no contexto educacional e profissional de emprego depende de uma combinação das taxas de base e razões de seleção em uma determinada situação, bem como da validade dos escores. Os efeitos interativos destas três variáveis na precisão da seleção têm sido apreciados há um bom tempo: já em 1939, Taylor e Russell publicavam um conjunto de tabelas que mostravam a proporção esperada de sucessos (aceitações válidas) que podem ser esperados para várias combinações de taxas de base, razões de seleção e coeficientes de validade. As tabelas Taylor-Russell, que são anteriores ao advento da teoria das decisões, fornecem informações básicas que podem ser usadas na avaliação da possibilidade de se usar um determinado teste em um certo contexto, mas não avaliam todos os resultados possíveis de uma decisão, nem contemplam todos os fatores pertinentes às decisões de seleção.

Desde a publicação das tabelas Taylor-Russell, os psicólogos organizacionais-industriais avançaram muito além delas e desenvolveram meios adicionais de avaliar os efeitos do uso de testes, incorporando conceitos e modelos da teoria das decisões. Os refinamentos incluem a estimativa dos efeitos do uso de testes em resultados outros que não o das aceitações válidas, como as rejeições falsas, e em resultados medidos por critérios contínuos ou graduados, que podem ser mais realistas para as aplicações de tomada de decisões do que a simples dicotomia sucesso-fracasso embutida nas tabelas Taylor-Russell. Outros aspectos da tomada de decisões, como o uso de múltiplos preditores em várias combinações e a avaliação de estratégias para seleção, classificação e colocação de pessoal em termos de sua utilidade desde vários pontos de vista (p. ex., aumento da produtividade, diminuição da rotatividade, minimização dos custos de treinamento, etc.) também foram investigados em relação ao uso de testes na administração de recursos humanos (Boudreau, 1991; Schmidt e Hunter, 1998). Para uma descrição detalhada de alguma das aplicações mais minuciosas de muitos conceitos da teoria das decisões ao desenvolvimento e avaliação de uma bateria de testes e outras ferramentas para seleção e classificação de pessoal, os leitores interessados podem consultar o relato de J.P. Campbell e Knapp (2001) sobre o Projeto A do Exército americano (ver Capítulo 5 para mais informações sobre este tópico).

Utilidade dos testes na tomada de decisões clínicas

Alguns conceitos da teoria das decisões podem ser aplicados para maximizar a eficiência da testagem e da avaliação em outras áreas além da seleção de pessoal. Na psicologia clínica, por exemplo, as *taxas de base* se referem à freqüência com que condições patológicas, como a depressão, ocorrem em uma determinada população. Desde que as informações necessárias estejam disponíveis, o conhecimento das taxas de base pode ajudar a avaliar a possível utilidade do uso de testes para fins diagnósticos ou preditivos dentro de uma população. Como acontece nas decisões de seleção, a contribuição que os testes podem trazer para melhorar a precisão diagnóstica ou preditiva é maior quando as taxas de base são próximas de 0,50. Quando uma condição a ser diagnosticada é muito comum ou muito rara em uma população, isto é, se as taxas de base são altas ou baixas demais, a melhora na precisão diagnóstica que pode ser obtida com o uso de testes diagnósticos é mais baixa do que quando a condição ocorre com freqüência moderada. O motivo para isso é o mesmo que aquele nas decisões de seleção, ou seja, as taxas de base têm um efeito limitante na precisão das decisões. Com respeito aos diagnósticos, se a taxa de base de uma condição em uma população é muito alta (p. ex., 0,80), a probabilidade de um *achado falso-positivo* – isto é, de se diagnosticar a condição quando ela não está presente – é baixa (0,20), mesmo se as decisões diagnósticas forem feitas de maneira aleatória. Da mesma forma, se a taxa de base for extremamente pequena, a probabilidade de um *achado falso-negativo* – isto é, de não se detectar a condição quando ela estiver presente – também é baixa. Nestas situações, o custo de usar escores de teste para identificar a presença de uma condição dentro de um grupo ou população inteira pode não ser justificado pelos ganhos relativamente modestos em precisão que os escores poderiam oferecer. Para uma excelente discussão das implicações das taxas de base na prática clínica, o leitor pode consultar o capítulo de Finn e Kamphui (1995) sobre esse tópico.

Deve-se observar que, no contexto clínico, assim como em outros campos da prática de avaliação, as decisões geralmente são tomadas de forma individual, usando-se dados de uma variedade de ferramentas, incluindo o conhecimento especializado e o julgamento do avaliador. Uma revisão completa do histórico médico, incluindo resultados de exames laboratoriais e achados das várias técnicas de neuroimagens disponíveis atualmente, para explorar ou excluir fatores fisiológicos (p. ex., uso ou abuso de drogas, transtornos neurológicos ou endócrinos, etc.) que possam estar causando ou contribuindo para sintomas psiquiátricos é uma parte indispensável das avaliações psiquiátricas e neuropsicológicas no contexto clínico. Por isso, a contribuição feita pelos resultados de testes psicológicos não pode ser avaliada isoladamente. Além disso, a potencial utilidade de decisões diagnósticas individuais baseadas somente em resultados de testes é mitigada pelas taxas de base baixas da maioria dos transtornos mentais na população geral (O'Leary e Norcross, 1998), pelos coeficiente de validade relativamente pequenos de muitos testes usados para esses fins, e pela natureza sempre em evolução da nosologia psiquiátrica e dos critérios diagnósticos, especialmente em relação aos transtornos de personalidade (Livesley, 2001). Além disso, questões contextuais ligadas às razões por que uma avaliação é realizada podem alterar significativamente a relativa facilidade ou dificuldade de se obterem resultados precisos com a testagem ou outras ferramentas de avaliação. Em vista de todos estes fatores, não surpreende que a utilidade dos testes na tomada de decisões clínicas seja objeto de freqüentes debates no campo da psicologia. O quadro Consulta Rápida 7.4 lista algumas contribuições dignas de nota aos vários lados dessa discussão.

Outras ferramentas de avaliação

Existem, é claro, muitas vias que podem ser usadas em vez de ou em conjunção com os testes para se obterem informações para avaliar e tomar decisões a respeito de pessoas. Dados biográficos ou de estudos de caso, entrevistas, observações sistemáticas ou naturalistas, históricos acadêmicos e ocupacionais, bem como referências de professores e supervisores estão entre as ferramentas mais usadas na avaliação de indivíduos. Cada uma dessas fontes de informação, sozinhas ou combinadas, pode fornecer dados valiosos e contribuir para uma tomada de decisões bem-sucedida. De fato, várias dessas ferramentas de avaliação (p. ex., entrevistas, observações) podem ser padronizadas e avaliadas em termos de sua fidedignidade e validade, bem como em relação à sua utilidade na tomada de decisões. Quando a validade de tais ferramentas para um fim específico é defendida, seu uso se encaixa na esfera de ação e nas diretrizes dos *Padrões de Testagem* (AERA, APA, NCME, 1999, p.3-4). Se os dados produzidos por esses métodos forem demonstravelmente

---

CONSULTA RÁPIDA 7.4

Os testes psicológicos são úteis na tomada de decisões clínicas?

Esta questão é objeto de quase tantos debates quanto à questão de se a psicoterapia é eficaz no tratamento dos transtornos mentais. Poucos estudiosos respondem a qualquer uma delas com um sim ou não simples e definitivo. A maioria dos profissionais que usa testes no contexto clínico, forense ou de aconselhamento acredita piamente em seu valor, enquanto muitas vezes o oposto se aplica aos que não os empregam. Para uma amostra de opiniões sobre este tópico, os leitores podem consultar as seguintes fontes:

- Eisman, E.J., Dies, R.R., Finn, S.E., Eyde, L.D., Kay, G.G., Kubiszyn, T.W., Meyer, G.J. e Moreland, K. (2000). Problems and limitations in the use of psychological assessment in the contemporary health care delivery system. *Professional Psychology: Research and Practice, 31*, 131-140.
- Hummel, T.J. (1999). The usefulness of tests in clinical decisions. In J.W. Lichtenberg e R.K. Goodyear (Eds.), *Scientist-practitioner perspectives on test interpretation* (pp. 59-112). Boston: Allyn e Bacon.
- Kubiszyn, T.W., Meyer, G.J., Finn, S.E., Eyde, L.D., Kay, G.G., Moreland, K.L, Dies, R.R. e Eisman, E.J. (2000). Empirical support for psychological assessment in clinical health care settings. *Professional Psychology: Research and Practice, 31*, 119-130.
- Meyer, G.J., Finn, S.E., Eyde, L.D., Kay, G.G., Moreland, K.L, Dies, R.R., Eisman, E.J., Kubiszyn, T.W., & Reed, G.M (2001). Psychological testing and psychological assessment: A review of evidence and issues. *American Psychologist, 56*, 128-165. (Ver a seção Comentários da edição de fevereiro de 2002 da *American Psychologist* para as respostas a Meyer et al.).

fidedignos e válidos, eles podem ser suficientes como base para a tomada de decisões, sejam sozinhos ou combinados.

Biodados

Informações sobre o histórico de vida, também conhecidas como *biodados*, podem ser obtidas por uma série de métodos, incluindo entrevistas, questionários e exames anteriores de registros de comportamentos, como históricos acadêmicos, registros policiais, etc. Como já foi dito, o exame do histórico médico é um aspecto indispensável de qualquer avaliação clínica de sintomas, que possam ter origem ou ser afetados por transtornos neurológicos ou metabólicos, ingestão de drogas ou outras possíveis condições físicas. Além disso, em quase qualquer tipo de avaliação, dados bem documentados a respeito do comportamento e das realizações passadas de uma pessoa estão entre as fontes mais válidas e confiáveis de informações avaliativas, porque são evidências factuais do que um indivíduo é capaz de fazer ou realizar. Por exemplo, com respeito à difícil questão de prever o comportamento violento, a abordagem atuarial da avaliação de risco fornece o ponto-âncora fundamental para predições. Esta abordagem – que pode ser complementada por uma avaliação do estado atual, bem como por informações clínicas e testagens – se baseia em um exame sistemático de dados de histórico que demonstraram relações empíricas com a periculosidade, como violência anterior, abuso de substâncias, estabilidade no emprego, transtorno mental e desajuste precoce (Borum, 1996; Monahan e Steadman, 2001). Um exemplo semelhante do valor dos dados de histórico pode ser obtido no campo do emprego, no qual geralmente se pressupõe que um provado histórico de sucesso em uma ocupação é um dos melhores determinantes possíveis do sucesso futuro. Assim, se as informações a respeito do desempenho pregresso de um empregado em potencial no trabalho são confiáveis e altamente favoráveis, a maioria dos empregadores não hesitaria em contratá-lo. Uma abordagem mais estruturada e formal à utilização de informações do histórico de vida de uma pessoa é por intermédio de dados biométricos derivados de inventários biográficos padronizados, que podem ser validados como preditores do desempenho futuro em uma variedade de contextos. Para uma explicação mais abrangente sobre o uso de informações biográficas em decisões de seleção, os leitores interessados devem consultar o *Biodata handbook*, organizado por Stokes, Mumford e Owens (1994).

Dados de entrevista

Dados de entrevistas podem fornecer uma abundância de informações em quase qualquer contexto de avaliação; eles propiciam uma oportunidade de observar o comportamento do entrevistado e coletar dados pertinentes de histórico de vida, bem como informações sobre as atitudes, opiniões e valores do indivíduo. Uma entrevista face a face é uma ferramenta muito flexível e, quando conduzida adequadamente, pode demonstrar um valor crítico na tomada de decisões a respeito de pessoas. Em muitos contextos clínicos, forenses e profissionais de emprego, entrevistar os indivíduos que estão sendo avaliados, bem como aqueles que podem fornecer dados colaterais, é considerado um aspecto essencial do processo de avaliação (Hersen e Van Hasselt, 1998). No entanto, a fidedignidade e a validade dos dados de entrevista são altamente dependentes da habilidade e da objetividade do entrevistador ao coletar, registrar e interpretar as informações. Para combater os pontos fracos em potencial inerentes aos dados de entrevista, as práticas atuais na maioria dos campos que usam esta técnica enfatizam o treinamento intensivo dos entrevistadores ou as entrevistas estruturadas – que são na verdade instrumentos padronizados semelhantes aos testes em muitos aspectos –, ou ambos.

Observação

Outra fonte onipresente de dados de avaliação consiste em classificações, *checklists* e sistemas de codificação baseados em vários tipos de observação comportamental direta ou contatos relevantes prévios com a pessoa a ser avaliada. Assim como nas entrevistas, a fidedignidade e a validade das classificações e outros dados derivados de observações podem variar muito, dependendo do avaliador e do sistema usado para registrar as observações. Um treinamento que forneça padrões uniformes para que os observadores avaliem o desempenho pode melhorar a qualidade dos dados finais. O uso de escalas padronizadas para coletar dados de informantes como pais ou professores é um procedimento comum na avaliação de crianças e adolescentes (Kamphaus e Frick, 2002, Capítulos 7 e 8).

Fontes adicionais de informação

Muitas fontes alternativas de informação usadas na avaliação de indivíduos não podem ter sua fidedignidade e validades propriamente medidas. Por exemplo, o valor de cartas de recomendação e referências semelhantes depende do grau em que a pessoa que as fornece está disposta e é capaz de revelar informações pertinentes de forma conscienciosa e completa. Aqueles que recebem as referências quase nunca estão cientes dos fatores que podem interferir em sua confiabilidade. Da mesma forma, nas últimas décadas, a atribuição de notas altas em todos os níveis da escolarização desgastou o sentido de muitas credenciais acadêmicas, a ponto de as médias e mesmo alguns diplomas não poderem mais ser tomados por seu valor de face com respeito às competências que deveriam atestar.

Procurando e avaliando testes

Quando o uso de testes psicológicos para uma finalidade específica é contemplado, os usuários são confrontados com duas tarefas principais, quais sejam, (a) encontrar instrumentos disponíveis para os objetivos que têm em mente e (b) avaliá-los desde esta perspectiva, bem como do ponto de vista dos testandos em potencial. Com relação à primeira tarefa, os leitores devem consultar a seção Fontes de Informações a Respeito de Testes, no Capítulo 1 deste livro, e, particularmente, o artigo sobre *FAQ/Finding Information About Psychological Tests* (Perguntas mais freqüentes/Como encontrar informações a respeito de testes psicológicos; APA, 2003), criado e mantido pela equipe de Testagem e Avaliação da APA e disponível em sua página na internet. Conforme mencionado no Capítulo 1, este recurso é um excelente ponto de partida para a pessoa que busca informações sobre testes psicológicos publicados ou inéditos. O artigo lista e resume o conteúdo de todos os principais trabalhos de referência sobre testes de ambos os tipos e dá informações sobre como localizar testes e editoras e como comprar materiais, programas de computador e serviços de avaliação disponíveis e informações adicionais sobre o uso adequado dos testes.

Avaliar instrumentos que foram identificados como de possível uso para um objetivo específico é uma questão mais complexa. Com certeza, as revisões e a literatura sobre os testes em questão fornecem tipicamente informações básicas sobre o tipo de escores e a cobertura propiciados pelos testes, os objetivos e a população para os quais foram criados, como foram desenvolvidos, seus procedimentos de padronização, os tipos de itens que usam, possíveis fontes de viés de teste e achados relacionados à fidedignidade e à validade dos escores, bem como características práticas do conteúdo e delineamento que podem influenciar a facilidade de sua administração e avaliação. Estas informações podem ajudar o usuário a decidir se o instrumento parece ser apropriado para a finalidade e as pessoas para as quais se destina, ou se normas locais ou dados adicionais de fidedignidade e validade precisam ser coletados. Porém, mesmo quando um teste é considerado apropriado do ponto de vista psicométrico, o usuário se vê às voltas com muitas outras questões práticas que são pertinentes unicamente ao contexto e à situação específica do testando, em termos de qualificação e experiência que o uso de um

---

Não Esqueça

O artigo de Lawrence Rudner (1994) sobre "Perguntas a se fazer ao avaliar testes", disponível na Internet em http://edres.org/pare, fornece um bom ponto de partida para a avaliação de testes. A maior parte dos capítulos deste livro contém materiais relevantes à avaliação de testes. Um panorama breve de alguns aspectos-chave a se considerar no processo de seleção de instrumentos pode ser encontrado nos seguintes itens:

- Consulta Rápida 3.2: Informações necessárias para avaliar a aplicabilidade de uma amostra normativa
- Consulta Rápida 4.7: Considerações sobre fidedignidade na seleção de testes
- Consulta Rápida 5.8: Relações entre perguntas, decisões e predições que requerem validação relacionada ao critério
- Consulta Rápida 5.12: Estratégias de validação em relação à interpretação de escores de teste
- Tabela 5.1: Aspectos da validade de constructo e fontes de evidências relacionadas
- Consulta Rápida 6.6: O que torna as amostras de comportamento coletadas pelos itens de teste tão complexas?

Fundamentos da testagem psicológica **265**

teste requer, a limitações financeiras e temporais, etc. O quadro Consulta Rápida 7.5 lista algumas variáveis que precisam ser consideradas em relação aos indivíduos ou grupos específicos aos quais um teste será administrado.

CONSULTA RÁPIDA 7.5

Algumas variáveis a considerar ao selecionar testes para possíveis testandos

- *Variáveis relacionadas à apresentação do teste:* A escolha de um meio específico de apresentação para os itens de teste, como lápis e papel *versus* administração computadorizada, ou apresentação oral *versus* visual, vai representar algumas vantagens ou desvantagens para os examinandos, dependendo de sua familiaridade com o meio, acuidade sensorial nas modalidades visual ou auditiva, habilidades motoras, etc. Mesmo quando um teste inclui alguns itens de prática para familiarizar os testandos com o meio escolhido, suas diferenças individuais provavelmente vão continuar a afetar o desempenho.
- *Variáveis relacionadas ao formato do teste:* Independentemente do conteúdo, os itens de resposta selecionada tendem a requerer habilidades mais receptivas do que os itens de resposta construída, que envolvem o uso de habilidades expressivas. Como os testandos diferem em termos destas habilidades, a escolha do formato dos itens também vai afetar seu desempenho. Outras variáveis, como o uso de limites de tempo ou administração individual *versus* grupal, também vão afetar os testandos diferencialmente, dependendo de suas origens culturais e experiências.
- *Variáveis relacionadas à linguagem dos itens de teste:* Sempre que a linguagem fizer parte de um teste, mas não de sua essência, as habilidades lingüísticas receptiva e expressiva dos testandos poderão afetar indevidamente os escores. Por isso, dependendo dos requisitos de um teste específico, os examinadores devem considerar e determinar se os testandos têm níveis suficientes de vocabulário e habilidade de leitura e escrita para compreender e tentar realizar as tarefas solicitadas. Para tanto, por exemplo, os manuais muitas vezes incluem informações sobre o nível de leitura necessário para se compreender os itens do teste.

Se o investimento de tempo, esforço e recursos financeiros necessários para implementar o uso de um teste em um dado contexto parecer se justificar pelas informações que os escores poderão fornecer, o passo seguinte para os usuários é efetivamente obter o teste e experimentá-lo em si mesmos ou em um ou mais indivíduos que estejam dispostos a se submeter a uma prova de administração. Para tanto, muitas editoras disponibilizam *conjuntos de prova* de seus instrumentos, que incluem os manuais do teste e amostras dos materiais necessários para administração e avaliação. Um estudo cuidadoso destes materiais, especialmente do manual, é considerado pelos *Padrões de Testagem* um pré-requisito para o uso criterioso de testes, porque eles proporcionam a documentação necessária para que os usuários avaliem o grau em que os resultados vão servir aos fins pretendidos. Além disso, os documentos fornecidos pelas editoras devem especificar as qualificações exigidas para administrar e interpretar os escores com precisão e, sempre que possível, alertar os leitores a respeito de possíveis usos impróprios de um teste (AERA, APA, NCME, 1999, Capítulo 5). Estes documentos podem incluir manuais técnicos, guias do usuário e outros materiais semelhantes que complementem o manual.

Não Esqueça

Um recurso único para a prática aplicada na leitura e interpretação dos materiais de manuais de testes é fornecido no livro de Ann Corwin Silverlake (1999), *Comprehending test manuals: A guide and workbook*, publicado em Los Angeles pela Pyrczak.

ASPECTOS ESSENCIAIS DA ADMINISTRAÇÃO E AVALIAÇÃO DE TESTES

Ao contrário de muitos outros aspectos do uso de testes considerados no presente capítulo, os fundamentos da administração de testes podem ser resumidos facilmente em duas palavras: preparação adequada. A administração apropriada de testes psicológicos requer a preparação cuidadosa do ambiente da testagem, do testando e da pessoa que administra o teste.

Preparando o ambiente da testagem

Os princípios mais importantes a serem seguidos na preparação do ambiente no qual vai ocorrer uma testagem são antecipar e remover qualquer fonte potencial de distração. As salas devem ser adequadamente ventiladas e iluminadas, devem oferecer assentos e espaço apropriado para os testandos e devem estar livres de ruídos e outros estímulos (p. ex., alimentos ou bebidas) que possam perturbar a capacidade dos testandos de atentar para suas tarefas. Para evitar possíveis interrupções, é de praxe afixar um aviso – que muitas editoras de testes fornecem gratuitamente – na porta da sala de exame para alertar os passantes de que uma testagem está ocorrendo.

    Além de simplesmente garantir um local adequado, a preparação do ambiente de testagem envolve a observação das instruções do manual do teste para sua administração, que buscam replicar as condições em que o teste foi padronizado o mais fielmente possível. Para testagens em grupo, estas instruções podem incluir o fornecimento dos materiais necessários ao teste (p. ex., lápis com borrachas) e uma disposição de cadeiras que impeça que os testandos conversem ou enxerguem as folhas de respostas uns dos outros, presença de supervisores, etc. Para testes individuais, medidas especiais devem ser tomadas para que o examinador possa apresentar os materiais na posição correta, registrar as respostas sem interferências e observar plenamente o comportamento do testando.

    Como regra geral, a presença de qualquer pessoa além do examinador e do testando na sala onde ocorre a administração de um teste individual não deve ser permitida (ver, p. ex., National Academy of Neuropsychology, 1999). A presença de terceiros traz a possibilidade de distrair o testando, ou mesmo influenciar o processo de testagem, e introduz um elemento inconsistente com a administração padronizada e um risco adicional e desnecessário à segurança do teste. Pode haver circunstâncias especiais que requeiram a observação da administração de um teste

Fundamentos da testagem psicológica **267**

por outras pessoas – por exemplo, alunos que estejam recebendo treinamento formal. Idealmente, esta observação deve ser feita de uma sala adjacente à sala da testagem, por meio de um espelho unidirecional. Para testandos com dificuldade de se comunicar com o examinador, devido à pouca idade, origem lingüística ou deficiência, a presença de um dos pais ou de um intérprete pode ser necessária na sala de testagem. Nessas situações, bem como em quaisquer outros casos em que sejam feitas adaptações que possam influenciar a interpretação dos escores, o relatório dos resultados deve incluí-las.

Preparando o testando

Existem dois aspectos distintos da testagem relacionados à preparação do testando. O primeiro está em grande parte dentro da esfera de ação do examinador e diz respeito ao estabelecimento do *rapport*, bem como à orientação adequada do testando antes da administração do teste. O segundo aspecto, que não está sob o controle do examinador, é pertinente a todas as experiências de vida pregressas que os testandos podem ter tido e que podem afetar seu desempenho em um teste em particular.

Estabelecendo o rapport

No contexto da testagem, o termo *rapport* se refere à relação harmônica que deve existir entre testandos e examinadores. Para maximizar a fidedignidade e a validade dos resultados, uma atmosfera amigável precisa ser estabelecida desde o início da sessão de testagem, e o *rapport* idealmente deve variar de bom a excelente. A falta de *rapport* pode, é claro, ser atribuível a qualquer uma das partes na situação de testagem, e pode ter origem na inexperiência ou incompetência do examinador, uma disposição desfavorável por parte do testando, ou ambas. É desnecessário dizer que, se não há *rapport*, o desempenho no teste deverá ser afetado negativamente, até mesmo a ponto de os escores serem invalidados. Para construir o *rapport*, o examinador deve tentar despertar o interesse e a colaboração dos testandos no processo, para que eles reajam às tarefas propostas de maneira adequada, esforçando-se ao máximo nos testes de habilidade e respondendo aberta e honestamente aos instrumentos de avaliação da personalidade.

O processo de construção do *rapport* é mais extenso na testagem individual do que na grupal, porque aquela permite aos examinadores observar de perto e continuamente o comportamento do testando e fazer esforços para manter o *rapport* durante todo o processo da testagem. Não obstante, mesmo na testagem em grupo, o examinador deve tentar explicar os objetivos, procedimentos, etc. (ver o quadro Consulta Rápida 7.2), de forma amigável dentro dos limites impostos pelas instruções para a administração do teste fornecidos no manual, que devem ser seguidas para manter as condições uniformes.

Preparação para o teste do ponto de vista do testando

Não é preciso dizer que o objetivo da testagem e os aspectos contextuais da situação e das circunstâncias nas quais ela acontece têm uma influência significativa nas atitudes e na motivação dos testandos. Entre muitos outros fatores cognitivos e emocionais que afetam as predisposições dos testandos e o grau em que eles estão preparados para uma experiência de testagem, a ansiedade de teste e a sua sofisticação provavelmente são as mais discutidas e investigadas na literatura sobre a testagem psicológica. A seguir apresentamos um breve panorama de cada uma.

Ansiedade de teste. A perspectiva de ser avaliado tende a despertar um certo grau de apreensão na maioria dos testandos, especialmente quando os escores serão usados como base para a tomada de decisões que terão conseqüências importantes. Para alguns testandos esta apreensão é facilmente dissipada e elaborada – e pode até mesmo melhorar seu nível de desempenho aumentando sua estimulação fisiológica. Para outros, a ansiedade de teste se torna um fator debilitante ou mesmo incapacitante, que pode ter um efeito prejudicial significativo no desempenho no teste ou impedi-los de realizá-lo. Além disso, os motivos pelos quais os testandos experimentam ansiedade antes e durante um processo de testagem também podem variar muito. Algumas dessas razões podem estar relacionadas ao tipo de teste a ser realizado (p. ex., testes de velocidade, testes de matemática, etc.); outras, aos próprios testandos (p. ex., expectativas de fracasso devido a experiências anteriores), e ainda outras à função do contexto no qual a testagem acontece (p. ex., seleção para emprego) ou a uma combinação de variáveis. Embora os examinadores devam estar alertas para tentar reduzir o nível de ansiedade dos testandos, como parte do processo de construção do *rapport*, também existem medidas que os próprios testandos podem tomar para este fim. O quadro Consulta Rápida 7.6 lista recursos que podem ser úteis aos testandos e outros interessados nas abordagens atuais da avaliação e tratamento da ansiedade de teste.

Sofisticação de teste. Estritamente falando, a variável conhecida como *sofisticação de teste* (também denominada habilidade ou experiência de testagem) se refere ao grau de experiência ou prática dos testandos em se submeterem a testes. Como regra geral, na maioria dos tipos de teste de habilidade, ter tido a experiência de se submeter a um teste em particular tende a ser uma vantagem para o testando já que fornece prática e pode reduzir a ansiedade e aumentar a confiança. De fato, quando os indivíduos são retestados com a mesma forma ou uma forma alternativa de um teste de habilidade, seu segundo escore é quase invariavelmente mais alto do que o primeiro, um fenômeno conhecido como *efeito da aprendizagem*. Naturalmente, dada a enorme gama de tipos de testes e itens existentes, um testando pode ser muito sofisticado e experiente em um tipo de teste em uma determinada modalidade (p. ex., testes de realização de múltipla escolha de lápis e papel), mas nem um pouco familiarizado com testes de outros tipos em outros meios (p. ex., testes de habilidade geral administrados individualmente ou testes de desempenho administrados por computador). Da mesma forma, os testandos diferem muito em ter-

CONSULTA RÁPIDA 7.6

Fontes de informação sobre Teste de Ansiedade

Testandos que desejarem auxílio para lidar com a ansiedade de teste vão encontrar uma grande variedade de materiais disponíveis nas livrarias e na Internet. Os exemplos incluem:

- *Taking the anxiety out of taking tests: A step-by-step guide*, de S. Johnson. New York: Barnes & Noble Books, 2000.
- *No more test anxiety: Effective steps for taking tests and achieving better grades*, de E. Newman (disponível com CD de áudio). Los Angeles: Learning Skills Publications, 1996.
- The Test Anxiety Scale (Saranson, 1980), que oferece um modo rápido de medir o grau em que uma pessoa pode estar propensa a experimentar ansiedade de teste, está disponível gratuitamente no site da Learning Skills Publications (http://www.learningskills.com/test.html) e diversas outras páginas da Internet.
- Muitas páginas mantidas por centros universitários de aconselhamento podem ser acessadas pesquisando-se "ansiedade de teste" na Internet; estas páginas oferecem "dicas" de hábitos de estudo e outras informações para lidar com a ansiedade de teste.

Para aqueles que desejam se aprofundar nas teorias e pesquisas atuais sobre o tema, os seguintes trabalhos são recomendados:

- Sapp, M. (1999). *Test anxiety: Applied research, assessment, and treatment* (2nd ed.). Latham, MD: University Press of America.
- Spielberger, C.D. e Vagg, P.R. (Eds.). (1995). *Test anxiety: Theory, assessment and treatment*. Washington, DC: Taylor & Francis.
- Zeidner, M. (1998). *Test anxiety: The state of the art*. New York: Plenum.

---

mos de seu espectro de experiências, que pode tê-los tornado mais ou menos preparados para uma experiência de testagem.

Dentro do processo de testagem em si, o modo tradicional de lidar com a variabilidade da sofisticação de teste tem sido fornecer instruções explícitas e itens de prática antes do teste como parte dos procedimentos padronizados de administração para garantir que os testandos sejam capazes de dominar adequadamente a mecânica das respostas. Embora estas sessões de orientação prática não possam de modo algum apagar as diferenças entre os testandos, elas podem pelo menos garantir que eles consigam manejar os procedimentos de testagem com competência. Além disso, sempre é bom que os examinadores indaguem a respeito das experiências anteriores dos testandos com o teste ou o tipo de teste que eles estão prestes a realizar e registrar esta informação para uso no momento da interpretação dos escores.

É claro que existem muitas outras vias que os testandos podem usar para adquirir habilidades e prática de testagem. Um dos métodos mais simples e mais eficientes para os potenciais candidatos a testes de admissão em faculdades e cursos de pós-graduação se familiarizarem com os itens e procedimentos destes testes é fazerem as amostras de itens fornecidas pelas editoras desses instrumentos (ver, p. ex., o quadro Consulta Rápida 6.2). Professores e orientadores também podem ajudar a suprir seus alunos e clientes de informações e orientação sobre habilidades de testagem (Scruggs e Mastropieri, 1992). A importância que muitas pessoas dão à preparação para testes é sublinhada pelo fato de que esta se tornou um grande negócio, uma verdadeira indústria que oferece aos testandos uma multiplicidade de manuais, programas de computador, cursos e serviços tutoriais para uma variedade de programas de testagens. Se, e em que grau, os testandos conseguem obter ganhos significativos de escore por meio de vários métodos de treinamento e preparação para testes é uma questão muito discutida. Um relato interessante de algumas das questões e achados sobre este tópico é feito no capítulo sobre como o treinamento e as fraudes afetam o desempenho nos testes (*Gaming the Tests: How do Coaching and Cheating Affect Test Performance?*) do livro de Zwick (2002) *Fair game? The use of standardized admissions tests in higher education*.

Outro aspecto do debate sobre a preparação para testes diz respeito à distinção entre o treinamento intensivo voltado somente ou primariamente para a elevação dos escores, de um lado, e o ensino que contempla as metas mais amplas do currículo, de outro. Esta questão foi enfatizada pela prática bastante controversa da testagem obrigatória que muitos estados e localidades americanas estão instituindo com o objetivo de tornar as escolas públicas legalmente responsáveis pela aprendizagem dos alunos. Neste caso, como em muitos outros, considerações econômicas e políticas criam condições nas quais a finalidade mesma da testagem pode ser subvertida, e as responsabilidades das várias partes no processo educativo são desviadas dos usuários para os testes.

O problema da dissimulação do testando

Uma perspectiva inteiramente diferente das predisposições dos testandos se apresenta em situações nas quais o tipo de tomada de decisão para a qual um teste é usado promove a dissimulação. As tentativas da parte dos testandos de se apresentarem de maneira falsamente favorável ou desfavorável não são incomuns e podem ser conscientes ou não. Escalas de validade criadas para detectar vários tipos de tentativas de manipular impressões ou conjuntos de respostas, como postura defensiva, são embutidas em diversos inventários de personalidade (p. ex., o MMPI-II e o MCMI-III) e têm um longo histórico. Mais recentemente, instrumentos criados em especial para avaliar a possibilidade de dissimulação intencional em testes cognitivos administrados no contexto de avaliações forenses e neuropsicológicas – como o *Validity Indicator Profile* – foram acrescentados ao repertório de ferramentas disponíveis para este fim (R. Rogers, 1997). Sem dúvida alguma, obter a plena cooperação dos testandos no processo da testagem é uma questão crucial da qual dependem a fidedignidade e a precisão dos resultados obtidos (ver o quadro Consulta Rápida 7.3).

Para um levantamento das pesquisas sobre muitos tópicos adicionais que influenciam a perspectiva dos testandos sobre a testagem psicológica e educacional, os leitores podem consultar a obra organizada por Nevo e Jäger (1993) sobre este tema. Os estudos apresentados foram conduzidos por investigadores da Alemanha, Israel e Estados Unidos que procuravam coletar dados sobre opiniões, atitudes e reações de examinandos a vários aspectos de suas experiências com a meta última de melhorar testes específicos e a testagem em geral.

A Preparação do examinador

Obtendo o consentimento informado

Segundo os *Princípios éticos dos psicólogos e código de conduta* (APA, 2002), antes da administração de um teste psicológico ou procedimento de avaliação, os psicólogos devem obter e documentar o *consentimento informado* dos testandos, oralmente ou por escrito. Para ser considerado *informado*, o consentimento obtido dos testandos deve ser precedido de uma explicação adequada da natureza e da finalidade da avaliação, bem como de informações a respeito dos limites do sigilo e de como a segurança dos resultados do teste será mantida. Outras questões práticas que podem afetar os testandos em uma situação específica (p. ex., valores cobrados, possibilidade recusar ou interromper a testagem, envolvimento de terceiros, etc.) também devem ser discutidas. Os testandos devem ter a oportunidade de fazer perguntas sobre o processo de testagem e receber respostas. O código de ética dos psicólogos (APA, 2002) lista algumas circunstâncias excepcionais em que o consentimento informado não é exigido, seja porque está implícito ou porque a avaliação é obrigatória. Medidas especiais relativas a estes casos, bem como a pessoas que não têm capacidade de consentir, também são descritas no código. Outras profissões envolvidas no uso da testagem psicológica e instrumentos de avaliação têm diretrizes semelhantes para a obtenção do consentimento informado (ver, p. ex., American Counseling Association, 1995).

A importância da preparação do examinador

O papel-chave da boa administração e avaliação dos testes na coleta de dados interpretáveis sempre deve ser enfatizado. Os procedimentos padronizados para a administração e a avaliação de um teste especificados em seu manual fornecem as bases que permitem a aplicação de um referencial normativo ou referenciado no critério para a interpretação dos escores. Com toda a certeza, desvios ou modificações dos procedimentos padronizados, às vezes, são inevitáveis ou necessários, como, por exemplo, quando a administração de um teste é atrapalhada por algum evento ou quando precisam ser feitas adaptações para testandos com deficiências. Nestes casos, os examinadores precisam documentar as modificações feitas. Além disso, se houver motivos para acreditar que o sentido dos escores pode ser afetado por perturbações ou modificações nos procedimentos padronizados, a natureza destas deve ser relatada aos responsáveis pela interpretação dos escores e pela tomada de decisões neles baseadas (AERA, APA, NCME, 1999).

No que diz respeito à preparação dos examinadores, a pessoa que administra um teste tem que estar totalmente familiarizada com os objetivos e procedimentos do instrumento, ser capaz de estabelecer *rapport* e estar pronta para responder as perguntas dos testandos ou lidar com qualquer emergência previsível que possa surgir durante a testagem. De modo geral, a administração de testes em grupo não requer qualquer treinamento adicional além do já mencionado. A testagem individual, por outro lado, inevitavelmente envolve muito mais preparação e geralmente requer experiência supervisionada. Por exemplo, quando as perguntas de um teste são apresentadas oralmente, elas devem ser formuladas literalmente. Para que a administração ocorra sem problemas e no ritmo correto e permita ao examinador a oportunidade de escutar atentamente e registrar as respostas (também literalmente), os examinadores precisam saber de cor não apenas os itens e sua seqüência, mas também uma série de regras adicionais para o *timing* da apresentação dos itens e pontos de início e parada, bem como para a avaliação das respostas à medida que são produzidas. Quando são usados materiais como peças de quebra-cabeças, blocos, figuras e outros objetos na testagem individual, eles devem ser apresentados e removidos da maneira exata determinada pelo manual. A menos que os examinadores memorizem e pratiquem todos os procedimentos do teste com antecedência até estarem totalmente proficientes, a administração e possivelmente também o desempenho do testando serão afetados de maneiras que podem facilmente pôr em risco a validade dos dados obtidos.

Administração de testes computadorizados

Uma forma certa de evitar a possibilidade de erros na administração de testes, bem como a de que o desempenho do testando seja influenciado indevidamente por variáveis relacionadas ao sexo, raça, idade, aparência e estilo interpessoal do testando e outras variáveis do tipo é por intermédio da administração de testes computadorizados. As vantagens deste meio de testagem com relação à relativa uniformidade na apresentação dos materiais de teste e à precisão com que o tempo das respostas podem ser controladas, registradas e avaliadas são evidentes. Na verdade, a tendência de substituir a testagem de lápis e papel pela administração de testes computadorizados está bem estabelecida, especialmente nos programas de testagem de larga escala, e deve continuar a se expandir porque a informatização se torna mais barata. Além disso, o desenvolvimento e o uso de testes – como o *Test of Variables of Attention* – que, por natureza, só podem existir em versões computadorizadas, também estão progredindo rapidamente. Por outro lado, a administração de testes individuais de habilidade geral, técnicas projetivas e muitos testes neuropsicológicos (desde que seja feita por um examinador treinado) tem algumas vantagens claras em termos dos dados qualitativos que podem ser coletados, especialmente no contexto de avaliações clínicas, neuropsicológicas e forenses. Além disso, antes de instituir uma mudança dos métodos tradicionais de administração para os métodos computadorizados, a comparabilidade dos resultados nas duas condições – que varia dependendo do tipo de instrumento em questão – precisa ser plenamente investigada (Mead e Drasgow, 1993). Para mais informações quanto à avaliação psicológica computadorizada, incluindo a questão da equivalência entre a administração de testes computadorizados e do tipo padrão, ver Butcher (2003).

Avaliação

Podemos recordar que as diferenças entre avaliadores e o tópico associado da fidedignidade do avaliador – discutidos no Capítulo 4 entre as possíveis fontes de erro de mensuração – foram considerados pertinentes apenas para a avaliação de respostas abertas, nas quais a subjetividade do avaliador desempenha algum papel. Quando isso acontece, os usuários de testes precisam determinar empiricamente que aqueles que vão avaliar as respostas – de testagens individuais ou grupais – têm treinamento suficiente para chegar a resultados virtualmente idênticos aos produzidos por um avaliador independente e experiente. Como regra geral, quando os coeficientes de fidedignidade entre avaliadores podem ser calculados, eles devem se aproximar de +1,00 e não ficar muito abaixo de 0,90. Quando os escores são expressos de alguma outra maneira, o objetivo deve ser chegar o mais perto possível de 100% de concordância nos escores determinados por avaliadores treinados independentes. Deve-se observar que a facilidade com que padrões tão altos de precisão conseguem ser alcançados quando a avaliação requer julgamentos subjetivos varia muito entre diferentes tipos de testes. Isso acontece porque as diretrizes para a avaliação de algumas respostas abertas (p. ex., respostas dissertativas em testes de realização) tendem a ser mais claras e fáceis de dominar do que outras (p. ex., respostas para técnicas projetivas como o Rorschach). Para uma discussão de questões relacionadas à fidedignidade de avaliador para o Sistema Rorschach (ver Acklin, McDowell, Verschell e Chan, 2000).

Em testes avaliados objetivamente – apenas contando-se as respostas em várias categorias e realizando-se os cálculos necessários para transformar os escores brutos em alguma outra forma numérica, como escores padrões de vários tipos – os erros de avaliação não devem ocorrer. Uma forma de evitá-los é pela administração e avaliação computadorizada. Outra é pelo uso de escâners óticos e programas de computador apropriados, embora isso demande um exame cuidadoso das folhas de resposta para se identificarem rasuras e outros problemas antes do escaneamento. Se a avaliação objetiva é feita à mão, especialmente com gabaritos sobrepostos às folhas de resposta, a possibilidade de erros de verificação tem que ser evitada ao máximo, enfatizando-se para os avaliadores a absoluta importância da precisão e instituindo-se procedimentos de verificação dupla de todos os cálculos e transformações de escore necessários.

A transformação dos escores brutos de testes administrados individualmente, como as escalas Wechsler, em escores padrões envolve tipicamente uma série de cálculos aritméticos, bem como a busca de equivalentes dos escores brutos em várias tabelas fornecidas pelos manuais. Para evitar erros resultantes de descuidos nestes procedimentos, as editoras também oferecem programas de computador que podem realizar todos os cálculos e transformações necessários depois que os escores brutos obtidos pelo examinador são (cuidadosamente) informados ao computador. Se os usuários de testes não puderem se valer deste tipo de ferramenta de auxílio à avaliação, as boas práticas de testagem requerem a verificação dupla da precisão de todos os cálculos e escores equivalentes obtidos com as tabelas.

FUNDAMENTOS EM INTERPRETAÇÃO E RELATO DE ESCORES DE TESTE

A maior parte do material precedente neste livro teve como objetivo transmitir aos leitores as complexidades envolvidas na aplicação e no uso adequado dos dados de testes psicológicos. A interpretação de escores e a comunicação das inferências obtidas com a testagem psicológica são os pontos culminantes do uso de testes, e também os componentes da testagem dos quais os testandos podem derivar os maiores benefícios ou os piores danos. Uma vez que todos os vários princípios envolvidos na interpretação e relato de resultados de testes não podem ser tratados em um único livro – e muito menos em uma única seção de um capítulo – vamos apresentar uma perspectiva geral destes aspectos da testagem e referências selecionadas sobre tópicos relacionados.

Uma perspectiva particular sobre a interpretação de testes

Os escores de testes psicológicos fornecem dados quantitativos mais ou menos fidedignos que *descrevem* de maneira concisa o comportamento produzido pelos indivíduos em resposta aos estímulos do teste. Quando são cuidadosamente selecionados, administrados e avaliados, os testes fornecem informações que podem ser usadas em uma variedade de formas, sendo a mais básica simplesmente localizar o desempenho do testando dentro das categorias descritivas ou normativas ou baseadas no critério, fornecidas pelo referencial empregado pelo teste (ver Capítulo 3). Se forem suficientemente fidedignos e apropriadamente interpretados, os dados de escores de um teste também podem auxiliar tanto a explicar a constituição psicológica dos indivíduos como a se tomar decisões a respeito deles com base em estimativas a respeito de suas características ou comportamentos futuros (ver Capítulo 5). Porém, para obter respostas defensáveis às perguntas complexas endereçadas aos psicólogos, professores e outros profissionais das áreas humanas, dados de múltiplas fontes muitas vezes são necessários, e o julgamento informado *sempre* deve ser exercido.

Fazer julgamentos informados a respeito de pessoas requer uma apreciação do valor e das limitações inerentes ao referencial, fidedignidade e validade dos escores de teste, bem como aos dados de todas as outras fontes que podem ser empregadas em um determinado caso. Além disso, requer conhecimento do contexto e de áreas específicas do comportamento humano relevantes ao assunto em questão. Tomar decisões a respeito de pessoas envolve invariavelmente julgamentos de valor por parte dos decisores e joga sobre eles uma responsabilidade ética pelas conseqüências das decisões tomadas. Infelizmente, na prática, as questões contextuais freqüentemente são ignoradas, os julgamentos de valor não são reconhecidos explicitamente e os escores de teste muitas vezes se tornam o principal ou mesmo o único fator determinante na tomada de decisões. Como resultado, por motivos de conveniência, o peso da responsabilidade por muitas decisões é transferido injustificavelmente dos usuários de testes e responsáveis pelas decisões para os testes em si. Uma forma de combater este problema é compreender e apreciar as implicações da diferença entre testagem e avaliação psicológica, discutida no Capítulo 1. Esta diferença é semelhante à distinção entre conduzir exames médicos, por um lado, e integrar seus resultados com a anamnese e os sintomas atuais de um paciente para produzir um diagnóstico e um plano de tratamento, por outro (Handler e Meyer, 1998).

O panorama de vantagens e limitações da testagem e de outras ferramentas de avaliação, apresentado anteriormente neste capítulo, tentava transmitir a desejabilidade de integrar o máximo de evidências possíveis sempre que existe uma questão significativa que demanda a avaliação de indivíduos ou grupos. Com respeito à interpretação e ao uso de testes, a perspectiva em particular apresentada aqui é a seguinte:

1. Os testes psicológicos por vezes podem ser as ferramentas mais eficientes e objetivas disponíveis para a coleta de dados fidedignos e válidos a respeito de pessoas.
2. A testagem psicológica muitas vezes pode ser um componente valioso do processo de avaliação de indivíduos e grupos.
3. Os escores de testes psicológicos nunca devem ser a única fonte de informações sobre a qual basear decisões que afetam a vida de indivíduos.

O modo específico como a interpretação e o relato de escores de testes deve ser conduzido depende de dois fatores inter-relacionados: (a) a finalidade da testagem e (b) a parte em benefício de quem a testagem foi realizada. Em relação ao segundo fator, três possibilidades distintas determinam como os dados de testes são interpretados e comunicados.

- *Quando os psicólogos usam testes por sua própria iniciativa* (p. ex., como instrumentos de pesquisa), eles podem interpretar e relatar os dados agrupados dos participantes da pesquisa da maneira que acharem apropriada para os fins de sua investigação. Os requisitos legais e padrões éticos para pesquisas com participantes humanos regem as práticas neste tipo de testagem e incluem medidas para a obtenção do consentimento informado dos participantes e fornecimento de qualquer esclarecimento solicitado após a participação no estudo (APA, 2002). Com relação ao papel da testagem dentro do projeto de pesquisa em si, questões como a escolha do instrumento, o modo como os escores são relatados e o sentido atribuído a eles devem ser avaliadas à luz dos objetivos da investigação. A pesquisa e a publicação científicas são essencialmente iniciativas auto-reguladas, que usam o mecanismo da revisão por pares para avaliar os méritos substantivos e metodológicos de trabalhos propostos, em andamento ou concluídos. Por isso, quando pesquisas que incluem o uso de dados de testes são submetidas a revisões ou avaliadas para publicação, elas serão aceitas, rejeitadas, citadas ou ignoradas com base – entre outras coisas – no modo mais ou menos correto como estes dados foram empregados.
- *Quando os psicólogos usam testes em benefício de seus próprios clientes,* eles são exclusivamente responsáveis pela interpretação dos dados, integração

com outras fontes de informação e comunicação de seus achados aos clientes, de maneira útil e apropriada. Quer estas avaliações tenham como objetivo o diagnóstico, o planejamento do tratamento, o monitoramento do progresso ou a facilitação de mudanças, o cliente é o consumidor final das informações e o juiz último de seus benefícios. Na verdade, em muitas dessas situações, a interpretação dos escores, no que diz respeito às implicações destes, pode ser um esforço colaborativo entre o psicólogo ou terapeuta e o cliente (Fischer, 2000). O quadro Consulta Rápida 7.7 lista recursos que fornecem instruções explícitas para o uso de testes no contexto do aconselhamento e da avaliação clínica.

- *Quando os psicólogos usam testes a pedido de terceiros,* como uma organização ou outro profissional, estão agindo como consultores em um processo de avaliação iniciado por outros para seus próprios fins. Nestes casos, os limites da responsabilidade não são tão bem definidos quanto no exemplo anterior, porque o testando submetido à avaliação não é necessariamente o consumidor final dos dados do teste. Não obstante, como já foi mencionado, tanto do ponto de vista da ética quanto para a proteção de possíveis responsabilidades legais, os consultores devem ter clara finalidade do trabalho, não apenas em termos de quais informações o contratante está buscando, mas também de como elas serão usadas. Somente com este conhecimento os profissionais da avaliação poderão determinar se o uso de testes é justificado, como os escores devem ser relatados, que outras ferramentas podem ser necessárias para derivar as informações buscadas e se eles são capazes e estão dispostos a participar do processo de consultoria. A interpretação de resultados de testes envolve uma série de inferências feitas com base nos dados coletados a partir (a) das amostras de comportamento (respostas aos itens de testes), (b) da agregação destas amostras em um ou mais escores, (c) das evidências disponíveis da fidedignidade

---

CONSULTA RÁPIDA 7.7

Recursos sobre o uso de testes no aconselhamento e na prática clínica

Os artigos e livros que fornecem orientação e exemplos de interpretação e uso de testes psicológicos na prática clínica são muitos, e seu número está em constante crescimento. Os trabalhos incluídos nesta pequena lista apresentam apenas algumas das muitas formas possíveis de aplicar a testagem no contexto do aconselhamento e da clínica. Recursos para aplicações e populações mais especializadas estão incluídos no quadro Consulta Rápida 7.8.

- Beutler, L.E. e Groth-Marnat, G. (Eds.). (2003). *Integrative assessment of adult personality* (2nd ed.). New York: Guilford.
- Fischer, C.T. (1994). *Individualizing psychological assessment.* Hillsdale, NJ: Erlbaum. (Obra original publicada em 1985)
- Lowman, R.L. (1991). *The clinical practice of career assessment: Interests, abilities, and personality.* Washington, DC: American Psychological Association.
- Maruish, M.E. (Ed.). (2004). *The use of psychological testing for treatment planning and outcome assessment* (3rd ed., Vols. 1-3). Mahwah, NJ: Erlbaum.

dos escores obtidos, (d) da comparação dos escores com os referenciais normativos ou baseados no critério fornecidos pelo teste, (e) da avaliação dos escores à luz da qualidade dos dados de validação interna e externa disponíveis, (f) do contexto e da situação específica na qual a testagem acontece e (g) das características pessoais do indivíduo que está sendo avaliado. Quando todas estas fontes de evidências são vistas em conjunção e somadas às informações pertinentes coletadas por outros métodos, suas implicações e limitações com respeito a questões específicas de avaliação devem estar claras. Ocasionalmente (p. ex., quando dados de várias fontes fidedignas e presumivelmente válidas são mutuamente contraditórios ou quando há motivos para crer que algumas peças-chave das evidências – sejam derivadas dos testes ou de outras fontes – não são fidedignas), a natureza inconclusiva dos achados deve ser relatada. Nestes casos, as recomendações apropriadas incluem o encaminhamento a outro profissional ou uma coleta adicional de dados. O quadro Consulta Rápida 7.8 lista alguns dos muitos recursos atualmente disponíveis sobre a interpretação de testes e tópicos relacionados.

CONSULTA RÁPIDA 7.8

Mais informações sobre interpretação e avaliação de testes

As fontes primárias de informação sobre o uso e a interpretação de testes e ferramentas de avaliação específicos são os manuais, livros de instruções e outras documentações de apoio fornecidas pelos autores e editoras dos testes. Além disso diretrizes sobre a interpretação de testes podem ser encontradas em um grande número de livros e publicações. Aqui estão alguns exemplos.

Para um panorama geral da interpretação de testes:

- Lichtenberg, J.W. e Goodyear, R.K. (Eds.). (1999). *Scientist-practitioner perspective on test interpretation*. Boston: Allyn & Bacon.

Para questões relacionadas à avaliação de crianças e adolescentes:

- Kamphaus, R.W. (2001). *Clinical assessment of child and adolescent intelligence* (2nd ed.). Boston: Allyn & Bacon.
- Kamphaus, R.W. e Frick, P.J. (2002). *Clinical assessment of child and adolescent personality and behavior* (2nd ed.). Boston: Allyn & Bacon.
- Sattler, J.M. (2001). *Assessment of children: Cognitive applications* (4th ed.). San Diego, CA: Author.
- Sattler, J.M. (2002). *Assessment of children: Behavioral and clinical applications* (4th ed.). San Diego, CA: Author.

Para perspectivas sobre a interpretação de testes para diversas populações:

- Sandoval, J., Frisby, C.L., Geisinger, K.F., Scheuneman, J.D., & Grenier, J.R. (1998).*Test interpretation and diversity: Achieving equity in assessment*. Washington, DC: American Psychological Association.
- Ekstrom, R.B., e Smith, D.K. (Eds.).(2002). *Assessing individuals with disabilities in educational, employment and counseling settings*. Washington, DC: American Psychological Association.

Comunicando resultados de testes e achados de avaliações

A diretriz mais básica a ser seguida ao se comunicar resultados de testes é fornecer as informações derivadas dos escores, incluindo suas limitações, em uma linguagem que o interlocutor possa compreender. No entanto, a maneira específica como os escores são relatados pode variar muito dependendo dos testes administrados, do contexto no qual a testagem acontece, dos objetivos desta e dos beneficiários pretendidos da informação. Portanto, o modo apropriado de relatar os resultados da testagem psicológica ou os achados de uma avaliação não pode ser condensado em um único conjunto de regras aplicáveis em todos os casos. Não obstante, questões pertinentes a alguns dos vários modos de comunicar resultados de testes são apresentadas nos parágrafos a seguir.

- *Quando os resultados são comunicados diretamente aos testandos em boletins ou perfis de resultados produzidos por computador*, a organização responsável pelo programa de testagem deve fornecer informações interpretativas adequadas. Por exemplo, o *site* da College Board na internet (http://www.collegeboard.com/student/testing/sat/scores/understanding.html) traz alguns materiais pertinentes à interpretação dos escores do SAT na seção *"Understanding Your Scores"* (Compreenda seus escores). Ferramentas de auxílio semelhantes estão disponíveis para a interpretação de escores derivados de outros programas de testagem em larga escala, como o ACT (em http://www.act.org/aap/scores/under/html)
- *Interpretações de escores derivados de programas de computador* aplicam regras de decisão baseadas na experiência clínica e no julgamento de especialistas, abordagens atuariais baseadas em associações estatísticas e correlações entre escores e critérios, ou ambas. Como e por quem estas interpretações computadorizadas de testes (*computer-based test interpretations*; CBTIs) são empregadas é objeto de contínuas discussões entre profissionais da testagem. Originalmente criadas como auxiliares para os clínicos na interpretação de inventários de personalidade e outros instrumentos diagnósticos, as CBTIs proliferaram rapidamente e foram aplicadas a diferentes tipos e usos de testes. Um dos problemas causados por esses avanços é que os serviços de CBTI com freqüência são disponibilizados comercialmente para indivíduos que podem ter credenciais aparentemente apropriadas – como licenças para praticar psicologia ou diplomas médicos –, mas que não têm conhecimento suficiente sobre o teste em questão. Como conseqüência, os relatos gerados pela CBTI são vistos de maneira acrítica e usados como substitutos para a avaliação individualizada baseada em múltiplas fontes de dados e informada pelo julgamento de um profissional qualificado. Além disso, a natureza comercial regida por leis de propriedade intelectual das regras específicas usadas na geração destes relatórios muitas vezes impede a avaliação apropriada da validade de suas interpretações pelos usuários. Não obstante, os profissionais que se valem dos serviços de CBTI estão sujeitos às mesmas obrigações éticas com relação à competência que no uso de qualquer outra ferramenta de avaliação. Os

Fundamentos da testagem psicológica **279**

prestadores de serviços de CBTI, por sua vez, têm a obrigação ética de fornecer a seus usuários as informações pertinentes às fontes, bases de evidências e limitações das interpretações que produzem (APA, 2002; Moreland, 1991).
- *O meio tradicional de comunicar resultados de testes e achados de avaliações é o laudo psicológico por escrito.* Esta abordagem individualizada permite uma grande flexibilidade na adaptação dos relatórios aos objetivos da avaliação e às necessidades dos clientes e consumidores dos dados de testes psicológicos. Também ajuda o avaliador a organizar, esclarecer e sintetizar as informações de todas as fontes disponíveis e cria um registro dos achados de uma avaliação que pode ser consultado no futuro. Uma descrição abrangente das várias abordagens à elaboração dos laudos psicológicos e seus benefícios e problemas, bem como numerosos exemplos de como redigi-los são fornecidos por Norman Tallent (1993). Um guia mais condensado para a elaboração passo a passo de laudos, escrito por Raymond Ownby (1997), também merece a atenção dos leitores interessados neste tópico. O quadro Consulta Rápida 7.9 lista alguns exemplos do que fazer e do que evitar na interpretação de testes que são especialmente pertinentes à elaboração de laudos psicológicos.

CONSULTA RÁPIDA 7.9

O que fazer e o que evitar na interpretação de testes

Alguns exemplos do que *não* é interpretação de testes

- *Relatar escores numéricos:* Quer os escores sejam expressos como postos de percentil, QIs, escores de percentagem ou algum outro formato, simplesmente listá-los não basta para transmitir seu sentido e suas implicações.
- *Atribuir rótulos:* Classificar indivíduos em categorias diagnósticas (p. ex., Retardo Mental Leve ou Personalidade *Borderline*), ou tipologias, com base em seus escores, não é um substituto adequado para a interpretação que melhora a compreensão.
- *Formular achados em termos de generalidades triviais:* Muitas afirmações podem se aplicar igualmente bem a quase todos os seres humanos ou à maioria dos indivíduos em certas categorias (p. ex., pacientes psiquiátricos, crianças pequenas, etc.) devido às suas altas taxas de base nestas populações. Meehl (1956) propôs o termo "efeito Barnum" para caracterizar a natureza inútil deste tipo de descrição.

Como deve ser a interpretação de testes

- *No mínimo,* a interpretação de escores de teste para os consumidores de seus dados deve incluir uma explicação clara (a) do que o teste trata, (b) do sentido dos escores, (c) das limitações da precisão dos escores derivada do erro de mensuração, (d) de interpretações errôneas comuns de certos escores – como os QIs, por exemplo e (e) do modo como os resultados podem ser ou serão usados (AERA, APA, NCME, 1999, Capítulo 5).
- *Na melhor das hipóteses,* a interpretação de escores de testes agrega valor às amostras de comportamento coletadas com os testes, integrando-as com todos os outros dados disponíveis e usando o julgamento profissional informado para chegar a inferências úteis e ecologicamente válidas.

Garantindo a segurança dos dados de testes

A segurança dos dados de teste, quer eles consistam em registros, escores e laudos individualmente identificáveis ou nos materiais dos testes em si (p. ex., livretos, formulários, perguntas, chaves de respostas, manuais, etc), é uma responsabilidade primária dos usuários e instituições que controlam o acesso aos mesmos. Em certos casos, esta responsabilidade pode ser de difícil cumprimento porque (a) muitas exigências legais, requisitos institucionais, padrões profissionais e preocupações éticas diferentes e cambiantes regem a decisão de quando, como e para quem os dados de teste podem ser divulgados e (b) estas várias injunções podem diferir substancialmente, dependendo do contexto e da finalidade da testagem, e até mesmo entrar em conflito umas com as outras. Mais recentemente, por exemplo, o Estatuto da Privacidade da Lei da Portabilidade e Responsabilidade dos Seguros de Saúde (*Health Insurance Portability and Accountability Act* [HIPAA] *Privacy Rule*), que passou a vigorar nos Estados Unidos em 14 de abril de 2003, impôs exigências que estão levantando muitas questões e criando uma certa confusão entre os profissionais da testagem e da avaliação, bem como entre outros profissionais da saúde. Algumas respostas às dúvidas mais freqüentes e mais informações sobre como a HIPAA afeta os psicólogos podem ser encontradas no *site* do *APA Insurance Trust* na internet (htpp://www.apait.org/resources/hipaa/).

Via de regra, as exigências legais que abordam a divulgação de dados de teste têm precedência sobre os estatutos e interesses de outras partes. No entanto, os usuários precisam estar cientes de seus deveres de (a) proteger o sigilo dos resultados e a segurança dos materiais de teste em contextos e situações específicas, (b) informar as partes envolvidas a respeito destes deveres, e (c) tentar resolver conflitos entre suas várias obrigações, de maneira consistente com os princípios éticos e padrões de sua profissão. Além dos *Padrões de Testagem* (AERA, APA, NCME, 1999) e dos *Princípios éticos dos psicólogos e código de conduta* (APA, 2002), os psicólogos organizados como classe publicaram uma série de documentos para auxiliar seus membros a identificarem e lidarem com questões relacionadas à segurança dos testes e seus dados e a prevenirem o mau uso dos mesmos. Alguns dos mais importantes entre estes documentos estão listados no quadro Consulta Rápida 7.10.

Um novo meio: A testagem na internet

O advento e a rápida expansão da internet nas duas últimas décadas estão revolucionando o campo da testagem psicológica, tanto quanto têm afetado quase todos os aspectos da sociedade contemporânea. Os leitores devem ter notado, espalhadas por todo este livro, um bom número de referências a páginas da internet que oferece informações sobre testes psicológicos e questões relativas à testagem. Além destas e das muitas outras fontes de informação sobre testes e testagem disponíveis *on-line* atualmente, a oferta de serviços de testagem psicológica na internet por uma variedade de provedores – alguns legítimos e outros nem tanto – também se verifica. Ainda assim, o impacto que a Internet deverá ter na testagem promete ser muito maior nas próximas décadas, devido basicamente à velocidade com que

> **CONSULTA RÁPIDA 7.10**
>
> **Informações sobre como manter a segurança de testes e dados de testes**
>
> Além dos *Padrões de Testagem* (AERA, APA, NCME, 1999) e dos *Princípios éticos dos psicólogos e código de conduta* (APA, 2002), que tratam de questões ligadas à segurança de materiais de teste e seus dados, a APA orienta os usuários nestas questões em vários outros documentos. Os seguintes estão entre os mais pertinentes:
>
> - American Psychological Association, Committee on Legal Issues. (1996). Strategies for private practitioners coping with subpoenas or compelled testimony for client records or test data. *Professional Psychology: Research and Practice, 27,* 245-251.
> - American Psychological Association, Committee on Psychological Tests and Assessment. (1996). Statement on the disclosure of test data. *American Psychologist, 51,* 644-648.
> - American Psychological Association, Committee on Psychological Tests and Assessment. (2003). Statement on the use of secure psychological tests in the education of graduate and undergraduate psychology students. Retirado em 19 de fevereiro de 2003 de http://www.apa.org/science/securetests.html
> - Test security: protecting the integrity of tests. (1999). *American Psychologist, 54,* 1078.

os testes podem ser desenvolvidos, normatizados, publicados e revisados usando-se o potencial da rede mundial de computadores, bem como à eficiência e à economia com que os serviços de testagem podem ser oferecidos *on-line*.

Em todos os aspectos do uso da internet, seja para fins de comércio, entretenimento, informação ou comunicação, a natureza altamente democrática e acessível deste meio representa ao mesmo tempo imensas vantagens e perigos. Como o leitor deve ter captado, com relação à testagem, as possibilidades de usos prejudiciais apresentadas pela internet são abundantes, assim como seu potencial para avanços sem precedentes. Por isso, o exame profissional das dificuldades e benefícios inerentes às práticas de testagem psicológica atuais e previsíveis para o futuro na Internet já começaram (Buchanan, 2002). Um dos esforços mais meticulosos neste sentido até o momento é um relatório preparado pela Força-Tarefa da APA sobre Testagem Psicológica na Internet (Naglieri et al., 2004). Este relatório se concentra em uma variedade de aspectos relacionados à influência da internet na testagem e avaliação psicológica, incluindo questões psicométricas, éticas e legais, bem como considerações práticas quanto à segurança e acesso aos testes, entre outras coisas. Também contém exemplos que ilustram as aplicações atuais da testagem na internet e oferece vislumbres das possibilidades futuras criadas por este meio e recomendações para o futuro.

CONCLUSÃO

Considere as seguintes perguntas e problemas típicos:

- Meu filho tem transtorno de déficit de atenção?
- Como podemos selecionar os melhores candidatos para nosso departamento de polícia?

> **Pondo em Prática**
>
> **Como testar sua capacidade de avaliar testes psicológicos**
>
> Uma série de páginas de Internet oferece levantamentos, questionários e outras ferramentas que afirmam ser testes psicológicos. Praticamente qualquer ferramenta de busca vai levá-lo a estas páginas se você digitar os termos "testes psicológicos" ou "testes de personalidade". Entre as muitas ofertas está uma variedade de instrumentos como "testes de QI", "testes de inteligência emocional" e "testes vocacionais", que podem ter aparência de testes psicológicos e apelo para leigos, mas pouca ou nenhuma base científica. Alguns destes ditos testes são oferecidos gratuitamente, outros envolvem o pagamento de uma taxa (geralmente) modesta de US$ 5,00, US$ 10,00 ou US$ 15,00. Em muitos casos, os instrumentos gratuitos não incluem resultados completos (ou mesmo qualquer resultado), a menos que uma taxa seja paga primeiro. Muitas vezes os testandos não são informados disso antes de terem completado o teste.
>
> Depois de ler com cuidado este capítulo, você deve estar ciente de que as editoras de testes psicológicos legítimos são extremamente criteriosas com a questão da segurança dos testes e não desejam ver seus produtos disseminados para o público em geral ou usados de maneira imprópria. Com raras exceções (p. ex., instrumentos em processo de desenvolvimento), não se encontram editoras ou autores sérios disponibilizando seus produtos livremente na Internet.
>
> Uma forma de aplicar parte dos conhecimentos que você obteve lendo este livro é inspecionar alguns instrumentos oferecidos na Internet e avaliá-los com relação a (a) se eles satisfazem os critérios que os qualificam como testes psicológicos legítimos e (b) se as informações que eles fornecem têm algum valor.

- Este paciente de 65 anos está sofrendo de um transtorno incipiente de demência ou está deprimido devido à morte da esposa?
- Qual destes três candidatos igualmente experientes devo contratar para o cargo de diretor financeiro da minha empresa?
- Que faculdade devo escolher?
- Este estuprador pode ganhar liberdade condicional?
- Que tipo de intervenção terapêutica seria mais eficaz para este paciente?
- Este indivíduo está simulando invalidez para ganhar uma indenização ou está realmente inválido?

Embora todas essas perguntas e problemas de avaliação possam ser abordados com a ajuda de testes, nenhum pode ser respondido com um único escore ou mesmo com uma combinação deles. As determinações que precisam ser feitas nestas situações e outras semelhantes requerem dados de múltiplas fontes, bem como informações sobre os objetivos específicos das pessoas envolvidas, os contextos em que as perguntas são feitas e as conseqüências potenciais das decisões em cada caso.

A esta altura, deve estar claro que a aplicação de testes psicológicos é passível de erros a todo momento. No entanto, o mesmo se aplica a todas as iniciativas humanas. Uma vez que a pergunta essencial seja respondida afirmativamente (isto é, se o uso de testes pode contribuir para uma tomada de decisões mais racional, equânime, benéfica e responsável em uma determinada situação), passa a ser necessário implementar o plano para um uso de testes o mais consciencioso possível do início ao fim. Se isto for feito, o papel dos testes, especialmente se comparado a outras ferramentas, poderá se mostrar bastante útil.

Teste a si mesmo

1. A primeira questão a considerar quando a testagem psicológica é contemplada é
    (a) se a testagem é necessária
    (b) que tipo de teste usar
    (c) quais os custos associados à testagem

2. Qual das seguintes *não* é uma das vantagens primárias do uso de testes psicológicos?
    (a) objetividade
    (b) eficiência
    (c) fácil disponibilidade

3. Não havendo outras falhas, o ganho potencial de precisão em uma decisão de seleção é maior quando a taxa de base é mais próxima de
    (a) 1,00
    (b) 0,75
    (c) 0,50
    (d) 0,00

4. Uma situação ideal, para fins de precisão na seleção de funcionários, envolveria uma taxa de base _____, uma razão de seleção _____ e um teste com grau de validade _____.
    (a) moderada/alta/alto
    (b) moderada/baixa/alto
    (c) alta/baixa/moderado
    (d) alta/alta/alto

5. Qual das seguintes ferramentas de avaliação têm maior probabilidade de fornecer informações válidas e fidedignas para uma avaliação individual?
    (a) entrevista
    (b) referências
    (c) observação informal
    (d) biodados

6. Como regra geral, a presença de terceiros, além do examinador e do testando, durante a administração de testes individuais, é
    (a) desejável
    (b) indesejável
    (c) nem a nem b

7. Qual das seguintes *não* é uma das áreas na qual a administração de testes computadorizados oferece vantagens em relação à administração individual?

    (a) uniformidade de procedimentos
    (b) relação custo-benefício
    (c) capacidade de precisão
    (d) coleta de dados qualitativos

8. A perspectiva da testagem apresentada pela autora enfatiza o fato de que os testes psicológicos

    (a) podem ser um componente valioso na maioria dos casos em que uma avaliação é necessária
    (b) podem muitas vezes ser a única fonte de informações para basear decisões
    (c) invariavelmente constituem as ferramentas mais eficientes disponíveis para avaliações

9. Ao comunicar resultados de testes aos consumidores de seus dados, as informações mais pertinentes a serem transmitidas são

    (a) os escores numéricos obtidos pelos examinandos
    (b) os rótulos ou diagnósticos derivados dos escores
    (c) o sentido dos escores

10. As responsabilidades éticas e legais dos usuários de testes com respeito à interpretação apropriada dos resultados são explicitadas

    (a) quando eles usam testes por inciativa própria
    (b) quando eles usam testes a pedido de terceiros
    (c) quando eles usam testes em benefício de seus próprios clientes
    (d) nunca

Respostas: 1. a; 2. c; 3. c; 4. b; 5. d; 6. b; 7. d; 8. a; 9. c; 10. d.

[Apêndice **A**]

TESTES DISPONÍVEIS COMERCIALMENTE*

Nome do teste (Abreviatura da versão atual)	Código da editora
ACT Assessment	ACT
Beck Depression Inventory (BDI)	TPC
Beta III	TPC
Boston Diagnostic Aphasia Examination (BDAS)	LWW
Bracken Basic Concept Scale-Revised (BBCS-R)	TPC
California Psychological Inventory (CPI)	CPP
Clerical Abilities Battery (CAB)	TPC
College-Level Examination Program (CLEP)	TCB
Crawford Small Parts Dexterity Test (CSPDT)	TPC
Das-Naglieri Cognitive Assessment System (CAS)	RIV
Differential Ability Scales (DAS)	TPC
Graduate Record Exam (GRE)	ETS
Halstead-Reitan Neuropsychological Battery (HRNB)	RNL
Infant-Toddler Developmental Assessment (IDA)	RIV
Iowa Test of Basic Skills (ITBS)	RIV
Jackson Vocational Interest Survey (JVIS)	SIG
Kaufman Assessment Battery for Children (K-ABC-II)	AGS
Kaufman Adolescent and Adult Intelligence Test (KAIT)	AGS
Law School Admission Test (LSAT)	LSAC/LSAS
Medical College Admission Test (MCAT)	AAMC
Millon Clinical Multiaxial Inventory (MCMI-III)	PA
Mini-Mental State Examination (MMSE)	PAR
Minnesota Multiphasic Personality Inventory (MMPI-2 & MMPI-A)	UMP/PA

O Apêndice B contém os nomes completos e os endereços na internet das editoras dos testes aqui listados, em ordem alfabética segundo os códigos usados neste apêndice.
*N. de R.T. No Brasil, consulte o *site* do Conselho Federal de Psicologia para verificar os testes validados para o Brasil (www.pol.org.br).

Nome do teste (Abreviatura da versão atual)	Código da editora
Myers-Briggs Type Indicator (MBTI)	CPP
Otis-Lennon School Ability Test (OLSAT 8)	HEM
Quality of Life Inventory (QOLI)	PA
Revised NEO Personality Inventory (NEO PI-R)	PAR
Rorschach	H & H
SAT (formerly known as Scholastic Aptitude Test)	TCB
Stanford-Binet Intelligence Scale (S-B 5)	RIV
Stanford Diagnostic Mathematics Test (SDMT)	HEM
Stanford Diagnostic Reading Test (SDRT)	HEM
State-Trait Anxiety Inventory (STAI)	Mind
Strong Interest Inventory (SII)	CPP
Symptom Checklist-90-Revised (SCL-90-R)	PA
Test of English as a Foreign Language (TOEFL)	ETS
Test of Variables of Attention (TOVA)	UAD
Thematic Apperception Test (TAT)	HAR
Validity Indicator Profile (VIP)	PA
Wechsler Adult Intelligence Scale (WAIS-III)	TPC
Wechsler Intelligence Scale for Children (WISC-IV)	TPC
Whitaker Index of Schizophrenic Thinking (WIST)	WPS
Wide Range Achievement Test (WRAT)	WRI
Wonderlic Personnel Test	WON
Woodcock-Johnson batteries	RIV
WorkKevs Assessments	ACT

[Apêndice B]

ENDEREÇOS DE EDITORAS E DISTRIBUIDORES DE TESTES

Código	Nome da editora	Endereço
AAMC	Association of American Medical Colleges	www.aamc.org
ACT	ACT, Inc.	www.act.org
AGS	American Guidance Service	www.agsnet.com
CPP	Consulting Psychologists Press	www.cpp.com
ETS	Educational Testing Service	www.ets.org
HAR	Harvard University Press	www.hup.harvard.edu
HEM	Harcourt Educational Measurement	www.HEMWEB.com
H & H	Hogrefe & Huber Publishers	www.hhpub.com
LSAC/ LSAS	Law School Admission Council/Law School Admission Service	www.lsac.org
LWW	Lippincott Williams & Wilkins	www.lww.com
Mind	Mind Garden, Inc.	www.mindgarden.com
PA	Pearson Assessments (formerly NCS)	www.pearsonassessrnents.com
PAR	Psychological Assessment Resources	www.parinc.com
RNL	Reitan Neuropsychological Laboratory	www.reitanlabs.com
RIV	Riverside Publishing	www.riversidepublishing.com
SIG	Sigma Assessment Systems, Inc.	www.sigmaassessmentsystems.com
TCB	The College Board	www.callegeboard.com
TPC	The Psychological Corporation	www.PsychCarp.com
UAD	Universal Attention Disorders, Inc.	www.tovatest.com
UMP	University of Minnesota Press	www.upress.umn.edu/tests
WON	Wonderlic, Inc.	www.wanderlic.com
WPS	Western Psychological Services	www.wpspublish.com
WRI	Wide Range, Inc.	www.widerange.com

Ver os códigos das editoras no Apêndice A.

[Apêndice **C**]

TABELA DE ÁREAS E ORDENADAS DA CURVA NORMAL

EXPLICAÇÃO DA TABELA

A Coluna (1) lista os escores padrões (isto é, escores z) de 0,00 a 3,24 (em intervalos de 0,01) e de 3,30 a 3,70 (em intervalos de 0,10).

$$\text{escore } z = \frac{x}{\sigma} \qquad (C.1)$$

onde

x = a distância entre qualquer ponto na linha de base e a média da distribuição
σ (sigma) = o desvio padrão da distribuição

A média dos escores z é zero, e seu desvio padrão é 1.

A Coluna (2) lista a proporção da área da curva contida no segmento entre a média e qualquer um dos escores z. Como a curva normal é perfeitamente simétrica, quando $z = 0$ (na média), metade da curva (0,5000, ou 50%) está acima de z e metade está abaixo de z.

Quando a curva é dividida em qualquer outro ponto que não a média, vai haver uma área *maior*, listada na Coluna (3), e uma área *menor*, listada na Coluna (4). Se o ponto que divide a curva fica à *esquerda* da média, o escore z tem sinal *negativo*, e a área menor fica à sua esquerda; se o ponto que divide a curva fica à *direita* da média, o escore z é positivo, e a área menor fica à sua direita.

A Coluna (5) lista os valores da ordenada y, ou altura da curva, em cada ponto de escore z.

COMO USAR A TABELA

Relação entre os escores z e as áreas da curva

A Figura C.1, Painel A, mostra a distância entre um escore z de +1,50 e a média. Localizando o escore z de 1,50 na Coluna (1) da tabela, a Coluna (2) mostra que a área entre ele e a média é de 0,4332, ou 43,32% da curva. Como a curva é simétrica, qualquer escore z subtende a mesma área em relação à média, seja ele positivo (acima da média) ou negativo (abaixo dela). Portanto, na Figura C.1, Painel B, um escore z de –1,50 mais uma vez subtende uma área de 0,4332 entre a média e z. Para encontrar a proporção ou percentagem da área que se localiza *acima* de um z de +1,50, subtraímos 0,4332 de 0,5000 e temos 0,0668, ou 6,68%. Para encontrar a área *abaixo* de um z de +1,50, acrescentamos 0,4332 a 0,5000 e temos 0,9332, ou 93,32%. Estes valores são mostrados no Painel C da Figura C.1. O Painel D da figura mostra os resultados com um escore z de –1,50. Aqui, como no caso de todos os escores z negativos em uma curva normal, a porção maior está acima de z e, por isso, é encontrada somando-se o valor da Coluna (2) da tabela a 0,5000 (0,4332 + 0,5000 = 0,9332); a porção menor fica abaixo de z e é encontrada subtraindo-se 0,4332 de 0,5000, o que resulta em 0,0668. As colunas (3) e (4) da tabela fornecem os resultados desses cálculos. Para verificar os resultados, encontre as entradas para um escore z de 1,50 nas colunas (3) e (4). Para praticar, corrobore as áreas da curva mostradas na Figura 2.2 do Capítulo 2 para valores s ou escores z de ±1, ±2 e ±3.

Usando a tabela para testar hipóteses

Quando aplicada à testagem de hipóteses na estatística inferencial, a curva normal é usada para determinar a probabilidade de que o valor crítico (z) obtido possa ter resultado do acaso. Como os valores z informam a proporção da área somente em uma extremidade da curva, quando as hipóteses permitem a variação em duas direções, a proporção da área que fica além do valor crítico z tem que ser duplicada para se chegar ao nível de probabilidade associado ao valor crítico obtido.

Exemplo: Suponha que estamos tentando descobrir se uma diferença de 10 pontos obtida entre dois escores de QI de um indivíduo (p. ex., um QI Verbal de 115 e um QI de Desempenho de 105) é estatisticamente significativa em uma situação na qual nenhum QI deveria ser mais alto do que outro. Para testar a hipótese nula de ausência de diferença, obtemos o valor crítico z para a diferença obtida de 10 pontos dividindo esta diferença pelo erro padrão da diferença entre os escores (EP_{dif}), que é uma estatística derivada das fidedignidades respectivas das escalas Verbal e de Desempenho (ver Capítulo 4). Neste exemplo, vamos pressupor que o EP_{dif} = 5, e, portanto, a razão crítica z é 10 ÷ 5 = 2,00. A área além deste valor crítico z, 0,0228, representa o nível de probabilidade (p) para a diferença obtida. No entanto, como a diferença de escore poderia ter ocorrido em qualquer direção, p é duplicado (0,0228 x 2 = 0,0456) para obtermos a probabilidade (4,56%) de

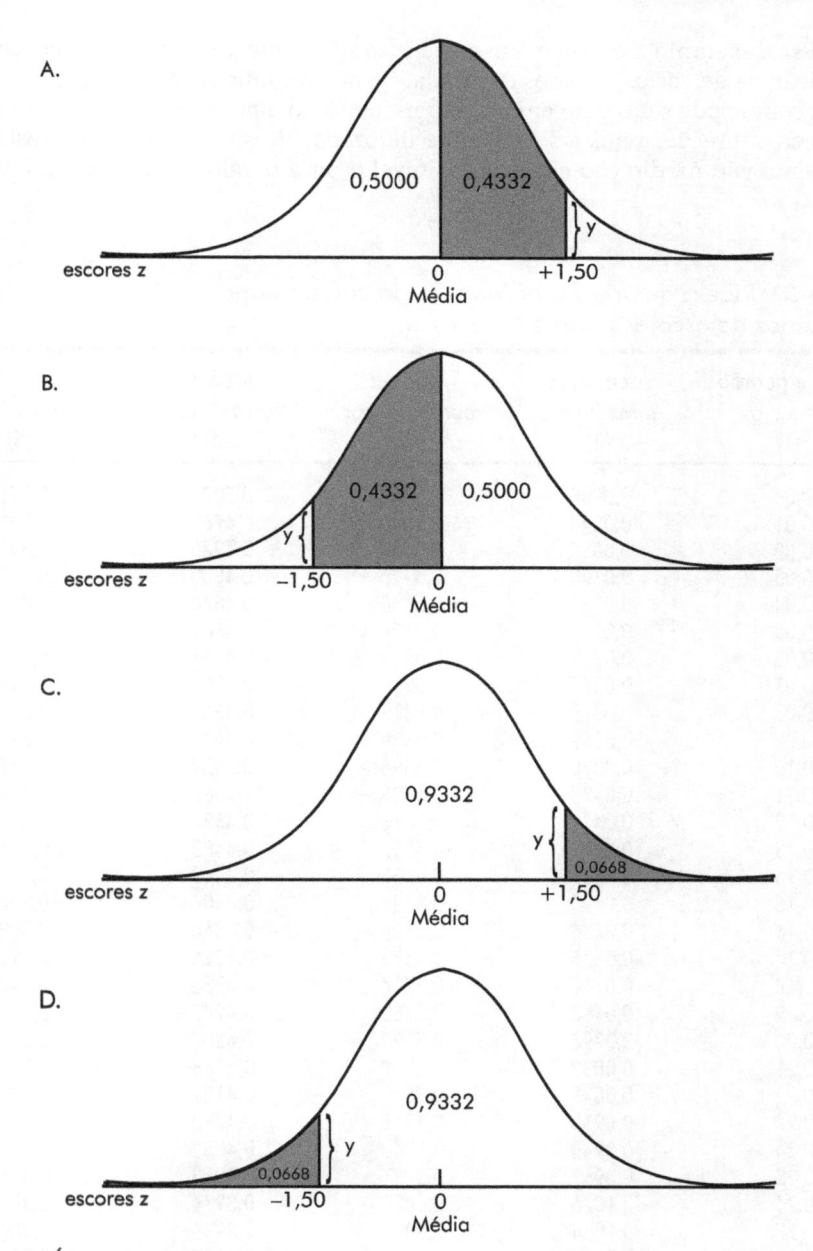

Figura C.1 Áreas da curva normal.

uma diferença de 10 pontos entre os escores que poderia ter sido obtida caso não houvesse diferença entre os dois escores de QI.

Este exemplo descreve um *teste bicaudal*, que é o modo típico como a significância de vários achados é testada. Se houver uma hipótese direcional específica, como pode ser o caso em um experimento no qual se esperam resultados em uma certa direção, realiza-se um *teste unicaudal*. Nestes casos, se os resultados realmente vão na direção esperada, o nível *p* para o valor crítico não precisa ser duplicado.

Tabela C.1 Tabela de áreas e ordenadas da curva normal em termos de escores padrões $z = x / \sigma_x$

Escore padrão $z = x / \sigma x$ (1)	Área entre a Média e z (2)	Área na porção maior (3)	Área na porção menor (4)	y em x / σ_x (5)
0,00	0,0000	0,5000	0,5000	0,3989
0,01	0,0040	0,5040	0,4960	0,3989
0,02	0,0080	0,5080	0,4920	0,3989
0,03	0,0120	0,5120	0,4880	0,3988
0,04	0,0160	0,5160	0,4840	0,3986
0,05	0,0199	0,5199	0,4801	0,3984
0,06	0,0239	0,5239	0,4761	0,3982
0,07	0,0279	0,5279	0,4721	0,3980
0,08	0,0319	0,5319	0,4681	0,3977
0,09	0,0359	0,5359	0,4641	0,3973
0,10	0,0398	0,5398	0,4602	0,3970
0,11	0,0438	0,5438	0,4562	0,3965
0,12	0,0478	0,5478	0,4522	0,3961
0,13	0,0517	0,5517	0,4483	0,3956
0,14	0,0557	0,5557	0,4443	0,3951
0,15	0,0596	0,5596	0,4404	0,3945
0,16	0,0636	0,5636	0,4364	0,3939
0,17	0,0675	0,5675	0,4325	0,3932
0,18	0,0714	0,5714	0,4286	0,3925
0,19	0,0753	0,5753	0,4247	0,3918
0,20	0,0793	0,5793	0,4207	0,3910
0,21	0,0832	0,5832	0,4168	0,3902
0,22	0,0871	0,5871	0,4129	0,3894
0,23	0,0910	0,5910	0,4090	0,3885
0,24	0,0948	0,5948	0,4052	0,3876
0,25	0,0987	0,5987	0,4013	0,3867
0,26	0,1026	0,6026	0,3974	0,3857
0,27	0,1064	0,6064	0,3936	0,3847
0,28	0,1103	0,6103	0,3897	0,3836
0,29	0,1141	0,6141	0,3859	0,3825
0,30	0,1179	0,6179	0,3821	0,3814
0,31	0,1217	0,6217	0,3786	0,3802

Nota: As entradas desta tabela foram geradas por um programa de computador. (*Continua*)

Tabela C.1 (Continuação)

Escore padrão $z = x / \sigma x$ (1)	Área entre a Média e z (2)	Área na porção maior (3)	Área na porção menor (4)	y em x / σ_x (5)
0,32	0,1255	0,6255	0,3745	0,3790
0,33	0,1293	0,6293	0,3707	0,3778
0,34	0,1331	0,6331	0,3669	0,3765
0,35	0,1368	0,6368	0,3632	0,3752
0,36	0,1406	0,6406	0,3594	0,3739
0,37	0,1443	0,6443	0,3557	0,3725
0,38	0,1480	0,6480	0,3520	0,3712
0,39	0,1517	0,6517	0,3483	0,3697
0,40	0,1554	0,6554	0,3446	0,3683
0,41	0,1591	0,6591	0,3409	0,3668
0,42	0,1628	0,6628	0,3372	0,3653
0,43	0,1664	0,6664	0,3336	0,3637
0,44	0,1700	0,6700	0,3300	0,3621
0,45	0,1736	0,6736	0,3264	0,3605
0,46	0,1772	0,6772	0,3228	0,3589
0,47	0,1808	0,6808	0,3192	0,3572
0,48	0,1844	0,6844	0,3156	0,3555
0,49	0,1879	0,6879	0,3121	0,3538
0,50	0,1915	0,6915	0,3085	0,3521
0,51	0,1950	0,6950	0,3050	0,3503
0,52	0,1985	0,6985	0,3015	0,3485
0,53	0,2019	0,7019	0,2981	0,3467
0,54	0,2054	0,7054	0,2946	0,3448
0,55	0,2088	0,7088	0,2912	0,3429
0,56	0,2123	0,7123	0,2877	0,3410
0,57	0,2157	0,7157	0,2843	0,3391
0,58	0,2190	0,7190	0,2810	0,3372
0,59	0,2224	0,7224	0,2776	0,3352
0,60	0,2257	0,7257	0,2743	0,3332
0,61	0,2291	0,7291	0,2709	0,3312
0,62	0,2324	0,7324	0,2676	0,3292
0,63	0,2357	0,7357	0,2643	0,3271
0,64	0,2389	0,7389	0,2611	0,3251
0,65	0,2422	0,7422	0,2578	0,3230
0,66	0,2454	0,7454	0,2546	0,3209
0,67	0,2486	0,7486	0,2514	0,3187
0,68	0,2517	0,7517	0,2483	0,3166
0,69	0,2549	0,7549	0,2451	0,3144
0,70	0,2580	0,7580	0,2420	0,3123
0,71	0,2611	0,7611	0,2389	0,3101
0,72	0,2642	0,7642	0,2358	0,3079
0,73	0,2673	0,7673	0,2327	0,3056

(Continua)

Tabela C.1 (Continuação)

Escore padrão z = x / σx (1)	Área entre a Média e z (2)	Área na porção maior (3)	Área na porção menor (4)	y em x / σ$_x$ (5)
0,74	0,2704	0,7704	0,2296	0,3034
0,75	0,2734	0,7734	0,2266	0,3011
0,76	0,2764	0,7764	0,2236	0,2989
0,77	0,2794	0,7794	0,2206	0,2966
0,78	0,2823	0,7823	0,2177	0,2943
0,79	0,2852	0,7852	0,2148	0,2920
0,80	0,2881	0,7881	0,2119	0,2897
0,81	0,2910	0,7910	0,2090	0,2874
0,82	0,2939	0,7939	0,2061	0,2850
0,83	0,2967	0,7967	0,2033	0,2827
0,84	0,2995	0,7995	0,2005	0,2803
0,85	0,3023	0,8023	0,1977	0,2780
0,86	0,3051	0,8051	0,1949	0,2756
0,87	0,3078	0,8078	0,1922	0,2732
0,88	0,3106	0,8106	0,1894	0,2709
0,89	0,3133	0,8133	0,1867	0,2685
0,90	0,3159	0,8159	0,1841	0,2661
0,91	0,3189	0,8186	0,1814	0,2637
0,92	0,3212	0,8212	0,1788	0,2613
0,93	0,3238	0,8238	0,1762	0,2589
0,94	0,3264	0,8264	0,1736	0,2565
0,95	0,3289	0,8289	0,1711	0,2541
0,96	0,3315	0,8315	0,1685	0,2516
0,97	0,3340	0,8340	0,1660	0,2492
0,98	0,3365	0,8365	0,1635	0,2468
0,99	0,3389	0,8389	0,1611	0,2444
1,00	0,3413	0,8413	0,1587	0,2420
1,01	0,3438	0,8438	0,1562	0,2396
1,02	0,3461	0,8461	0,1539	0,2371
1,03	0,3485	0,8485	0,1515	0,2347
1,04	0,3508	0,8508	0,1492	0,2323
1,05	0,3531	0,8531	0,1469	1,2299
1,06	0,3554	0,8554	0,1446	0,2275
1,07	0,3577	0,8577	0,1423	0,2251
1,08	0,3899	0,8599	0,1401	0,2227
1,09	0,3621	0,8621	0,1379	0,2203
1,10	0,3643	0,8643	0,1357	0,2179
1,11	0,3665	0,8665	0,1335	0,2155
1,12	0,3686	0,8686	0,1314	0,2131
1,13	0,3708	0,8708	0,1292	0,2107
1,14	0,3729	0,8729	0,1271	0,2082
1,15	0,3749	0,8749	0,1251	0,2059

(Continua)

Tabela C.1 (*Continuação*)

Escore padrão $z = x / \sigma x$ (1)	Área entre a Média e z (2)	Área na porção maior (3)	Área na porção menor (4)	y em x / σ_x (5)
1,16	0,3770	0,8770	0,1230	0,2036
1,17	0,3790	0,8790	0,1210	0,2012
1,18	0,3810	0,8810	0,1190	0,1989
1,19	0,3830	0,8830	0,1170	0,1965
1,20	0,3849	0,8849	0,1151	0,1942
1,21	0,3869	0,8869	0,1131	0,1919
1,22	0,3888	0,8888	0,1112	0,1895
1,23	0,3907	0,8907	0,1093	0,1872
1,24	0,3925	0,8925	0,1075	0,1849
1,25	0,3944	0,8944	0,1056	0,1826
1,26	0,3962	0,8962	0,1038	0,1804
1,27	0,3980	0,8980	0,1020	0,1781
1,28	0,3997	0,8997	0,1003	0,1758
1,29	0,4015	0,9015	0,0985	0,1736
1,30	0,4032	0,9032	0,0968	0,1714
1,31	0,4049	0,9049	0,0951	0,1691
1,32	0,4066	0,9066	0,0934	0,1969
1,33	0,4082	0,9082	0,0918	0,1647
1,34	0,4099	0,9099	0,0901	0,1626
1,35	0,4115	0,9115	0,0885	0,1604
1,36	0,4131	0,9131	0,0869	0,1582
1,37	0,4147	0,9147	0,0853	0,1561
1,38	0,4162	0,9162	0,0838	0,1539
1,39	0,4177	0,9177	0,0823	0,1518
1,40	0,4192	0,9192	0,0808	0,1497
1,41	0,4207	0,9207	0,0793	0,1476
1,42	0,4222	0,9222	0,0778	0,1456
1,43	0,4236	0,9236	0,0764	0,1435
1,44	0,4251	0,9251	0,0749	0,1415
1,45	0,4265	0,9265	0,0735	0,1394
1,46	0,4279	0,9279	0,0721	0,1374
1,47	0,4292	0,9292	0,0708	0,1354
1,48	0,4306	0,9306	0,0694	0,1334
1,49	0,4319	0,9319	0,0668	0,1295
1,50	0,4332	0,9332	0,0668	0,1295
1,51	0,4345	0,9345	0,0655	0,1276
1,52	0,4357	0,9357	0,0643	0,1257
1,53	0,4370	0,9370	0,0630	0,1238
1,54	0,4382	0,9382	0,0618	0,1219
1,55	0,4394	0,9394	0,0606	0,1200
1,56	0,4406	0,9406	0,0594	0,1182
1,57	0,4418	0,9418	0,0582	0,1163

(*Continua*)

Tabela C.1 (*Continuação*)

Escore padrão z = x / σx (1)	Área entre a Média e z (2)	Área na porção maior (3)	Área na porção menor (4)	y em x / σ$_x$ (5)
1,58	0,4429	0,9429	0,0571	0,1145
1,59	0,4441	0,9441	0,0559	0,1127
1,60	0,4452	0,9452	0,0548	0,1109
1,61	0,4463	0,9463	0,0537	0,1092
1,62	0,4474	0,9474	0,0526	0,1074
1,63	0,4484	0,9484	0,1516	0,1057
1,64	0,4495	0,9495	0,0505	0,1040
1,65	0,4505	0,9505	0,0495	0,1023
1,66	0,4515	0,9515	0,0485	1,1006
1,67	0,4525	0,9525	0,0475	0,0989
1,68	0,4535	0,9535	0,0465	0,0973
1,69	0,4545	0,9545	0,0455	0,0957
1,70	0,4554	0,9554	0,0446	0,0940
1,71	0,4564	0,9564	0,0436	0,0925
1,72	0,4573	0,9573	0,0427	0,0909
1,73	0,4582	0,9582	0,0418	0,0893
1,74	0,4591	0,9591	0,0409	0,0878
1,75	0,4599	0,9599	0,0401	0,0863
1,76	0,4608	0,9608	0,3292	0,0848
1,77	0,4616	0,9616	0,0384	0,0833
1,78	0,4625	0,9625	0,0375	0,0818
1,79	0,4633	0,9633	0,0367	0,0804
1,80	0,4641	0,9641	0,0359	0,0790
1,81	0,4649	0,9649	0,0351	0,0775
1,82	0,4656	0,9656	0,0344	0,0761
1,83	0,4664	0,9664	0,0336	0,0748
1,84	0,4671	0,9671	0,0329	0,0734
1,85	0,4678	0,9678	0,0322	0,0721
1,86	0,4686	0,9686	0,0314	0,0707
1,87	0,4693	0,9693	0,0307	0,0694
1,88	0,4699	0,9699	0,0301	0,0681
1,89	0,4706	0,9706	0,0294	0,0669
1,90	0,4713	0,9713	0,0287	0,0656
1,91	0,4719	0,9719	0,0281	0,0644
1,92	0,4726	0,9726	0,0274	0,0632
1,93	0,4732	0,9732	0,0268	0,0620
1,94	0,4738	0,9738	0,0262	0,0608
1,95	0,4744	0,9744	0,0256	0,0596
1,96	0,4750	0,9750	0,0250	0,0584
1,97	0,4756	0,9756	0,0244	0,0573
1,98	0,4761	0,9761	0,0239	0,0562
1,99	0,4767	0,9767	0,0233	0,0551

(*Continua*)

Fundamentos da testagem psicológica **297**

Tabela C.1 (Continuação)

Escore padrão z = x / σx (1)	Área entre a Média e z (2)	Área na porção maior (3)	Área na porção menor (4)	y em x / σ$_x$ (5)
2,00	0,4772	0,9772	0,0228	0,5040
2,01	0,4778	0,9778	0,2222	0,0529
2,02	0,4783	0,9783	0,0217	0,0519
2,03	0,4788	0,9788	0,0212	0,0508
2,04	0,1793	0,9793	0,0207	0,0498
2,05	0,4798	0,9798	0,0202	0,0488
2,06	0,4803	0,9803	0,0197	0,0478
2,07	0,4808	0,9808	0,0192	0,0468
2,08	0,4812	0,9812	0,0188	0,0459
2,09	0,4817	0,9817	0,0183	0,0449
2,10	0,4821	0,9821	0,0179	0,0440
2,11	0,4826	0,9826	0,0174	0,0431
2,12	0,4830	0,9830	0,0170	0,0422
2,13	0,4834	0,9834	0,0166	0,0413
2,14	0,4838	0,9838	0,0162	0,0404
2,15	0,4842	0,9842	0,0158	0,0396
2,16	0,4846	0,9846	0,0154	0,0387
2,17	0,4850	0,9850	0,0150	0,0379
2,18	0,4854	0,9854	0,0146	0,0371
2,19	0,4857	0,9857	0,0143	0,0363
2,20	0,4861	0,9861	0,0139	0,0355
2,21	0,4864	0,9864	0,0136	0,0347
2,22	0,4868	0,9868	0,0132	0,0339
2,23	0,1871	0,9871	0,0129	0,0332
2,24	0,4875	0,9878	0,0125	0,0325
2,25	0,4878	0,9878	0,0122	0,0317
2,26	0,4881	0,9881	0,0119	0,0310
2,27	0,4884	0,9884	0,0116	0,0303
2,28	0,4887	0,9887	0,0113	0,0297
2,29	0,4890	0,9890	0,0110	0,0290
2,30	0,4893	0,9893	0,0107	0,0283
2,31	0,4896	0,9896	0,0104	0,0277
2,32	0,4898	0,9898	0,0101	0,0270
2,33	0,4901	0,9901	0,0099	0,0264
2,34	0,4904	0,9904	0,0096	0,0258
2,35	0,4906	0,9906	0,0094	0,0252
2,36	0,4909	0,9909	0,0091	0,0246
2,37	0,4911	0,9911	0,0089	0,0241
2,38	0,4913	0,9913	0,0087	0,0235
2,39	0,4916	0,9916	0,0084	0,0229
2,40	0,4918	0,9918	0,0082	0,0224
2,41	0,4920	0,9920	0,0080	0,0219

(Continua)

Tabela C.1 (*Continuação*)

Escore padrão z = x / σx (1)	Área entre a Média e z (2)	Área na porção maior (3)	Área na porção menor (4)	y em x / σ_x (5)
2,42	0,4922	0,9922	0,0078	0,0213
2,43	0,4925	0,9925	0,0075	0,0208
2,44	0,4927	0,9927	0,0073	0,0203
2,45	0,4929	09929	0,0071	0,0198
2,46	0,4931	0,9931	0,0069	0,0194
2,47	0,4932	0,9932	0,0068	0,0189
2,48	0,4934	0,9934	0,0066	0,0184
2,49	0,4936	0,9936	0,0064	0,0180
2,50	0,4938	0,9938	0,0062	0,0175
2,51	0,4940	0,9940	0,0060	0,0171
2,52	0,4941	0,9941	0,0059	0,0167
2,53	0,4943	0,9943	0,0057	0,0163
2,54	0,4945	0,9945	0,0055	0,0158
2,55	0,4946	0,9946	0,0054	0,0154
2,56	0,4948	0,9948	0,0052	0,0151
2,57	0,4949	0,9949	0,0051	0,0147
2,58	0,4951	0,9951	0,0049	0,0143
2,59	0,4952	0,9952	0,0048	0,0139
2,60	0,4953	0,9953	0,0047	0,0136
2,61	0,4955	0,9955	0,0045	0,0132
2,62	0,4956	0,9956	0,0044	0,0129
2,63	0,4957	0,9957	0,0043	0,0126
2,64	0,4959	0,9959	0,0041	0,0122
2,65	0,4960	0,9960	0,0040	0,0119
2,66	0,4961	0,9961	0,0039	0,0116
2,67	0,4962	0,9962	0,0038	0,0113
2,68	0,4963	0,9963	0,0037	0,0110
2,69	0,4964	0,9964	0,0036	0,0107
2,70	0,4965	0,9935	0,0035	0,0104
2,71	0,4966	0,9966	0,0034	0,0101
2,72	0,4967	0,9967	0,0033	0,0099
2,73	0,4968	0,9968	0,0032	0,0096
2,74	0,4969	0,9969	0,0031	0,0093
2,75	0,4970	0,9970	0,0030	0,0091
2,76	0,4971	0,9971	0,0029	0,0088
2,77	0,4972	0,9972	0,0028	0,0086
2,78	0,4973	0,9973	0,0027	0,0084
2,79	0,4974	0,9974	0,0026	0,0084
2,80	0,4974	0,9974	0,0026	0,0079
2,81	0,4975	0,9975	0,0025	0,0077
2,82	0,4976	0,9976	0,0024	0,0075
2,83	0,4977	0,9977	0,0023	0,0073
2,84	0,4977	0,9977	0,0023	0,0071
2,85	0,4978	0,9978	0,0022	0,0069

(*Continua*)

Tabela C.1 (*Continuação*)

Escore padrão $z = x / \sigma_x$ (1)	Área entre a Média e z (2)	Área na porção maior (3)	Área na porção menor (4)	y em x / σ_x (5)
2,86	0,4979	0,9979	0,0021	0,0067
2,87	0,4979	0,9979	0,0021	0,0065
2,88	0,4980	0,9980	0,0020	0,0063
2,89	0,4981	0,9981	0,0019	0,0061
2,90	0,4981	0,9981	0,0019	0,0060
2,91	0,4982	0,9982	0,0018	0,0058
2,92	0,4982	0,9982	0,0018	0,0056
2,93	0,4983	0,9983	0,0017	0,0055
2,94	0,4984	0,9984	0,0016	0,0053
2,95	0,4984	0,9984	0,0016	0,0051
2,96	0,4985	0,9985	0,0015	0,0050
2,97	0,4985	0,9985	0,0015	0,0048
2,98	0,4986	0,9986	0,0014	0,0047
2,99	0,4986	0,9986	0,0014	0,0046
3,00	0,4987	0,9987	0,0013	0,0044
3,01	0,4987	0,9987	0,0013	0,0043
3,02	0,4987	0,9987	0,0013	0,0042
3,03	0,4988	0,9988	0,0012	0,0040
3,04	0,4988	0,9988	0,0012	0,0039
3,05	0,4989	0,9989	0,0011	0,0038
3,06	0,4989	0,9989	0,0011	0,0037
3,07	0,4989	0,9989	0,0011	0,0036
3,08	0,4990	0,9990	0,0010	0,0035
3,09	0,4991	0,9990	0,0010	0,0034
3,10	0,4990	0,9990	0,0010	0,0033
3,11	0,4991	0,9991	0,0009	0,0032
3,12	0,4991	0,9991	0,0009	0,0031
3,13	0,4991	0,9991	0,0009	0,0030
3,14	0,4992	0,9992	0,0008	0,0029
3,15	0,4992	0,9992	0,0008	0,0028
3,16	04992	0,9992	0,0008	0,0027
3,17	0,4992	0,9992	0,0008	0,0026
3,18	0,4993	0,9993	0,0007	0,0025
3,19	0,4993	0,9993	0,0007	0,0025
3,20	0,4993	0,9993	0,0007	0,0024
3,21	0,4993	0,9993	0,0007	0,0023
3,22	0,4494	0,9994	0,0006	0,0022
3,23	0,4994	0,9994	0,0006	0,0022
3,24	0,4994	0,9994	0,0006	0,0021
3,30	0,4995	0,9995	0,0005	0,0017
3,40	0,4997	0,9997	0,0003	0,0012
3,50	0,4998	0,9998	0,0002	0,0009
3,60	0,4998	0,9998	0,0002	0,0006
3,70	0,4999	0,9999	0,0001	0,0004

(*Continua*)

REFERÊNCIAS

Abelson, R. P. (1997). On the surprising longevity of flogged horses: Why there is a case for the significance test. *Psychological Science,* 8, 12-15.

Acklin, M. W., McDowell, C. J., Verschell, M. S., & Chan, D. (2000). Interobserver agreement, intraobserver reliability, and the Rorschach Comprehensive System. *Journal of Personality Assessment,* 74, 15-47.

Aiken, L. R. (1996). *Rating scales and check lists: Evaluating behavior, personality and attitudes.* New York: Wiley.

Aiken, L. R. (1997). *Questionnaires and inventories: Surveying opinions and assessing personality.* New York: Wiley.

American Association for Counseling and Development. (1988). *Responsibilities of users of standardized tests.* Washington, DC: Author.

American Counseling Association. (1995). *Code of ethics and standards of practice.* Alexandria, VA: Author.

American Educational Research Association, American Psychological Association, & National Council on Measurement in Education. (1999). *Standards for educational and psychological testing.* Washington, DC: American Educational Research Association.

American Psychiatric Association. (1994). *Diagnostic and statistical manual of mental disorders* (4th ed.). Washington, DC: Author.

American Psychological Association. (1953). *Ethical standards of psychologists.* Washington, DC: Author.

American Psychological Association. (1954). *Technical recommendations for psychological tests and diagnostic techniques.* Washington, DC: Author.

American Psychological Association. (1966). *Standards for educational and psychological tests and manuals.* Washington, DC: Author.

American Psychological Association. (2000). *Report of the task force on test user qualifications.* Washington, DC: Author.

American Psychological Association. (2001). *Publication manual of the American Psychological Association* (5th ed.). Washington, DC: Author.

American Psychological Association. (2002). Ethical principles of psychologists and code of conduct. *American Psychologist,* 57, 1060-1073.

American Psychological Association. (2003). *FAQ/Finding information about psychological tests.* Washington, DC: Author. Retrieved July 5, 2003 from the World Wide Web: http://www.apa.org/science/faq-findtests.html

American Psychological Association, American Educational Research Association, & National Council on Measurementin Education. (1974). *Standards for educational & psychological tests*. Washington, DC: American Psychological Association.

American Psychological Association, Committee on Legal Issues. (1996). Strategies for private practitioners coping with subpoenas or compelled testimony for client records or test data. *Professional Psychology: Research and Practice,* 27, 245-251.

American Psychological Association, Committee on Psychological Tests and Assessment. (1996). Statement on the disclosure of test data. *American Psychologist,* 51, 644-648.

American Psychological Association, Committee on Psychological Tests and Assessment. (2003). *Statement on the use of secure psychological tests in the education of graduate and undergraduate psychology students*. Retrieved February 19,2003, from http://www.apa.org./science/securetests.html

Ames, L. B. *(1989). Arnold Gesell. Themes of his work*. New York: Human Sciences Press.

Anastasi, A. (1954). *Psychological testing*. New York: Macmillan.

Anastasi, A. (1986). Evolving concepts *of test validation. Annual Review of Psichology,* 37, 1-15.

Anastasi, A. (1988). *Psychological testing* (6th ed.). New York: Macmillan.

Anastasi, A., & Urbina, S. (1997). *Psychological testing* (7th ed.). Upper Saddle River, NJ: Prentice Hall.

Angoff, W. H. (1984). *Scales, norms, and equivalent scores*. Princeton, NJ: Educational Testing Service.

Angoff, W. H. (1988). Validity: An evolving concept. In H. Wainer & H. Braun (Eds.), *Test validity* (pp. 19-32). Hillsdale, NJ: Erlbaum.

Archer, R. P. (1987). *Using the MMPI with adolescents*. Hillsdale, NJ: Erlbaum.

Baker, F. B. (2001). *The basics of item response theory* (2nd ed.). Retrieved May 10, 2003, from http://ericae.net/irt [currendyavailable from http://edres.org/irt/baker/J

Balma, M. J. (1959). The concept of synthetic validity. *Personnel Psychology,* 12, 395-396.

Baugh, F. (2003). Correcting effect sizes for score reliability: A reminder that measurement and substantive issues are linked inextricably. In B. Thompson (Ed.), *Score reliability: Contemporary thinking on reliability issues* (pp. 31-41). Thousand Oaks, CA: Sage.

Bell, D. E., Raiffa, H., & Tversky, A. (Eds.). (1988). *Decision-making: Descriptive, normative, and prescriptive interactions*. New York: Cambridge University Press.

Bennett, R. E., & Ward, W. C. (Eds.). (1993). *Construction versus choice. Issues in constructed response, performance testing, and portfolio assessment*. Hillsdale, NJ: Erlbaum.

Beutler, L. E., & Groth-Marnat, G. (Eds.). (2003). *Integrative assessment of adult personality* (2nd ed.). New York: Guilford.

Blatt, J. (Producer/Writer/Director). (1989). *Agains tall odds: Inside statistics*. [VHS videocassette]. (Available from The Annenberg/CPB Project, 901 ESt., Nw: Washington, DC 20004-2006)

Bollen, K A., & Long, J. S. (Eds.). (1993). *Testing structural equation models*. Newbury Park, CA: Sage.

Bond, T. G., & Fox, C. M. (2001). *Applying the Rasch model. Fundamental measurement in the human sciences*. Mahwah, NJ: Erlbaum.

Bondy, M. (1974). Psychiatric antecedents of psychological testing (before Binet). *Journal of the History of the Behavioral Sciences,* 10, 180-194.

Boring, E. G. (1950). *A history of experimental psychology* (2nd ed.). New York: Appleton-Century-Crofts.

Borum, R. (1996). Improving the clinical practice of violence risk assessment: Technology, guidelines, and training. *American Psychologist,* 51, 945-956.

Boudreau, J. W. (1991). Utility analysis for decisions in human resource management. In M. D. Dunnette & L. M. Hough (Eds.). *Handbook for industrial and organizational psychology* (2nd ed., Vol. 2, pp. 621-745). Palo Alto, CA: Consulting Psychologists Press.

Bowman, M. L. (1989). Testing individual differences in ancient China. *American Psychologist,* 44, 576-578.

Brannick, M. T., & Levine, E. L. (2002). *Job analysis: Methods, research, and applications for human resource management in the new millenium*. Thousand Oaks, CA: Sage.

Braun, H. L., Jackson, D. N., & Wiley, D. E. (2002). *The role of constructs in psychological and educational measurement*. Mahwah, NJ: Erlbaum.

Brennan, R. L. (2001). *Generalizability theory*. New York: Springer.

Briel, J. B., O'Neill, K., & Scheuneman, J. D. (Eds.). (1993). *GRE technical manual*. Princeton, NJ: Educational Testing Service.

Broadus, R. N., & Elmore. K. E. (1983). The comparative validities of undergraduate grade point average and of part scores on the Graduate Record Examinations in the prediction of two criterion measures in a graduate library school program. *Educational and Psychological Measurement*, 43, 543-546.

Brogden, H. E. (1946). On the interpretation of the correlation coefficient as a measure of predictive efficiency. *Journal of Educational Psychology*, 37, 65-76.

Brown, C. W., & Ghiselli, E. E. (1953). Percent increase in proficiency resulting from use of selective. *Devices Journal of Applied Psychology*, 37, 341-345.

Bryant, F. B., & Yarnold, P. R. (1995). Principal components analysis and exploratory and confirmatory factor analysis. In L. G. Grimm & P. R. Yarnold, *Reading and understanding multivariate statistics* (pp. 99-136). Washington, DC: American Psychological Association.

Buchanan, T. (2002). Online assessment: Desirable or dangerous? *Professional Psychology: Research and Practice,33*, 148-154.

Buchwald, A. M. (1965). Values and the use of tests. *Journal of Consulting Psychology*, 29, 49-54.

Butcher, J. N. (2003). Computerized psychological assessment. In J. R. Graham & J. A. Naglieri (Vol. Eds.), *Handbook of psychology: Vol. 10. Assessment Psychology* (pp.141-163). Hoboken, NJ: Wiley.

Butcher, J. N., Dahlstrom, W. G., Graham,J. R., Tellegen, A., & Kaemmer, B. (1989). *Minnesota Multiphasic Personality Inventory-2 (.MMPI-2): Manual for administration and scoring*. Minneapolis: University of Minnesota Press.

Campbell, D. T., & Fiske, D. W (1959). Convergent and discriminant validation by the multitrait-multimethod matrix. *Psychological Bulletin*, 56, 81-105.

Campbell, J. P. (1990). Modeling the performance prediction problem in industrial and organization psychology. In M. D. Dunnetre & L. M. Hough (Eds.),*Handbook of industrial and organizational psychology* (2nd ed., Vol. 1, pp. 687-732). Palo Alto, CA: Consulting Psychologists Press.

Campbell, J. P. (1994). Alternative models of job performance and their implications for selection and classification. In M. G. Rumsey, C. B. Walker, & J. H. Harris (Eds.), *Personnel selection and classification* (pp. 33-51). Hillsdale, NJ: Erlbaum.

Campbell, J. P., & Knapp, D. J. (Eds.). (2001). *Exploring the limits of personnel selection and classification*. Mahwah, NJ: Erlbaum.

Carroll, J. B. (1993). *Human cognitive abilities: A Survey of factor analytic studies*. New York: Cambridge University Press.

Carroll, J. B. (2002). The five-factor personality model: How complete and satisfactory is it? In H. I. Braun, D. N. Jackson, & D. E. Wiley (Eds.), *The role of constructs in psychological and educational measurement* (pp. 97-126). Mahwah, NJ: Erlbaum.

Cizek, G. J. (1999). *Cheating on tests: How to do it, detect it, and prevent it*. Mahwah, NJ: Erlbaum.

Cizek, G. J. (2001). *Setting performance standards: Concepts, methods, and perspectives*. Mahwah, NJ: Erlbaum.

Cohen, J. (1994). The earth is round (p < .05). *American P!ychologist*, 49, 997-1003.

Cole, N. S., & Moss, P. A. (1989). Bias in test use. In R. L. Linn (Ed.), *Educational measurement* (3rd ed.), pp. 201-219). New York: American Council on Education/Macmillan.

Comrey, A. L., & Lee, H. B. (1992). *A first course in factor analysis* (2nd ed.). Hillsdale, NJ: Erlbaum.

Constantinople, A. (1973). Masculinity-femininity: An exception to a famous dictum? *Psychological Bulletin*, 80, 389-407.

Cortina, J. M. (1993). What is coefficient alpha? An examination of theory and applications. *Journal of Applied Psychology,* 78, 98-104.

Costa, P. T., Jr., & McCrae, R. R. (1992). *Revised NEO Personality Inventory (NEOPI-R) and NEO Five-Factor Inventory (NEO-FFI): Professional manual* Odessa, FL: Psychological Assessment Resources.

Cowles, M. (2001). *Statistics in psychology: An historical perspective* (2nd ed.). Mahwah, NJ: Erlbaum.

Cronbach, L. J. (1949). *Essentials of psychological testing.* New York: Harper & Row.

Cronbach, L. J. (1951). Coefficient alpha and the internal structure of tests. *Psychometrika,* 16, 297-334.

Cronbach, L. J. (1988). Five perspectives on validity argument. In H. Wainer & H. I. Braun (Eds.), *Test validity* (pp. 3-17). Hillsdale, NJ: Erlbaum.

Cronbach, L. J., & Gleser, G. C. (1965). *Psychological tests and personnel decisions* (2nd ed.). Champaign: University of Illinois Press.

Cronbach, L. J., Gleser, G. C., Nanda, H., & Rajaratnam, N. (1972). *The dependability of behavioral measurements: Theory of generalizability for scores and profiles.* New York: Wiley.

Cronbach, L. J., & Meehl, P. E. (1955). Construct validity in psychological tests. *Psychological Bulletin,* 52, 281-302.

De Vellis, R. F. (2003). *Scale development: Theory and application* (2nd ed.). Thousand Oaks, CA: Sage.

Digman, J. M. (1990). Personality structure: Emergence of the Five-Factor Model. *Annual Review of Psychology,* 41, 417-440.

Drasgow, F. (1987). Study of the measurement bias of two standardized psychological tests. *Journal of Applied Psychology,* 72, 19-29.

Drasgow, F., & Olson-Buchanan, J. B. (Eds.). (1999). *Innovations in computerized assessment.* Mahwah, NJ: Erlbaum.

DuBois, P. H. (1970). *A history of psychological testing.* Boston: Allyn & Bacon.

Dudek, F. J. (1979). The continuing misinterpretation of the standard error of measurement. *Psychological Bulletin,* 86, 335-337.

Eisman, E. J., Dies, R. R., Finn, S. E., Eyde, L. O., Kay, G. G., Kubiszyn, T. W., Meyer, G. J., & Moreland, K. (2000). Problems and limitations in the use of psychological assessment in the contemporary health care delivery system. *Professional Psychology: Research and Practice,* 31, 131-140.

Ekstrom, R. B., & Smith, D. K. (Eds.). (2002). *Assessing individuals with disabilities in educational, employement, and counseling settings.* Washington, DC: American Psychological Association.

Embretson, S. (1983). Construct validity: Construct representation versus nomothetic span. *Psychological Bulletin,* 93, 179-197.

Embretson, S. E. (1996). The new rules of measurement. *Psychological Assessment,* 8, 341-349.

Embretson, S. E. (1999). Issues in the measurement of cognitive abilities. In S. E. Embretson & S. L. Hershberger, (Eds.), *The new rules of measurement: What every psychologist and educator should know* (pp. 1-15). Mahwah, NJ: Erlbaum.

Embretson, S. E., & Reise, S. P. (2000). *Item response theory for psychologists.* Mahwah, NJ: Erlbaum.

Erikson, J., & Vater, S. (1995). *IDA administration manual: Procedures summary Provence Birth-to-Three Developmental Profile.* Itasca, IL: Riverside.

Eyde, L. E., Moreland, K. L., Robertson, G.J., Primoff, E. S., & Most, R B. (1988). *Test user qualifications: A data-based approach to promoting good test use.* Washington, DC: American Psychological Association.

Fancher, R. E. (1985). *The intelligence men: Makers of the IQ controversy.* New York: Norton.

Fancher, RE. (1996). *Pioneers of psychology* (3rd ed.). New York: Norton.

Fink, A. (2002). *How to ask survey questions* (2nd ed., Vol. 2). Thousand Oaks, CA: Sage.

Finn, S. E., & Kamphuis, J. H. (1995). What a clinician needs to know about base rates. In J. N. Butcher (Ed.), *Clinical personality assessment: Practical approaches* (pp. 224-235). New York: Oxford University Press.

Finn, S. E., & Tonsager, M. E. (1997). Information-gathering and therapeutic models of assessment: Complementary paradigms. *Psychological Assessment, 9,* 374-385.

Fischer, C. T. (1994). *Individualizing psychological assessment.* Hillsdale, NJ: Erlbaum. (Original work published 1985)

Fischer, C. T. (2000). Collaborative, individualized assessment. *Journal of Personality Assessment;* 74, 2-14.

Flanagan, S. G. (1992). Review of the Whitaker Index of Schizophrenic Thinking. *The Eleventh Mental Measurements Yearbook,* pp. 1033-1034.

Flynn, J. R (1984). The mean IQ of Americans: Massive gains. *Psychological Bulletin,* 95, 29-51.

Flynn, J. R (1987). Massive IQ gains in 14 nations: What IQ tests really measure. *Psychological Bulletin,* 101, 171-191.

Franzen, M. D. (2000). *Reliability and validity in neuropsychological assessment* (2nd ed.). New York: Kluwer Academic/Plenum.

Frederiksen, N., Mislevy, RJ., & Bejar, I. I. (Eds.). (1993). *Test theory for a new generation of tests.* Hillsdale, NJ: Erlbaum.

Frisch, M. B. (1994). *QOLI: Quality of life inventory.* Minneapolis, MN: National Computer Systems.

Glaser, R. (1963). Instructional technology and the measurement oflearning outcomes: Some questions. *American Psychologist,* 18, 519-521.

Goldberg, E. L., & Alliger, G. M. (1992). Assessing the validity of the GRE for students in psychology: A validity generalization approach. *Educational and Psychological Measurement,* 52, 1019-1027.

Goldman, L. (1971). *Using tests in counseling* (2nd ed.). New York: Appleton-Century-Crofts.

Goldman, B. A., Mitchell, D. F., & Egelson, P. (Eds.). (1997). *Directory of unpublished experimental mental measures: volume 7* (1990-1995). Washington, DC: American Psychological Association.

Goodglass, H., Kaplan, E., & Barresi, B. (2001). *Assessment of aphasia and related disorders* (3rd ed.). Baltimore, MD: Lippincott, Williams & Wilkins.

Gronlund, N. E. (2003). *Assessment of student achievement* (7th ed.). Boston: Allyn & Bacon.

Groth-Marnat, G. (1997). *Handbook of psychological assessment* (3rd ed.). New York: Wiley.

Guion, R M. (1991). Personnel assessment, selection, and placement. In M. D. Dunnetre & L. M. Hough (Eds.), *Handbook of industrial and organizational psychology* (2nd ed., Vol. 2, pp. 327- 397). Palo Alto, CA: Consulting Psychologists Press.

Guion, R M. (1998). *Assessment, measurement, and prediction for personnel decisions.* Mahwah, NJ: Erlbaum.

Gulliksen, H. (1950). *Theory of mental tests.* New York: Wiley.

Gustafsson, J.-E. (2002). Measurement from a hierarchical point of view. In H. I. Braun, D. N. Jackson, & D. E. Wiley (Eds.), *The role of constructs in psychological and educational measurement* (pp. 73-95). Mahwah, NJ: Erlbaum.

Haladyna, T. M. (1997). *Writing test items to evaluate higher order thinking.* Boston: Allyn & Bacon.

Haladyna, T. M. (1999). *Developing and validating multiple-choice test items* (2nd ed.). Mahwah, NJ: Erlbaum.

Halpem, D. F. (1997). Sex differences in intelligence: Implications for education. *American Psychologist,* 52, 1091-1101.

Hambleton, R K., & Rogers, H.j. (1991). Advances in criterion-referenced measurement. In R. K. Hambleton & J. N. Zaal (Eds.). *Advances in educational and psychological testing* (pp. 3-43). Boston: Kluwer.

Hambleton, R. K., Swarninathan, H., & Rogers, H. J. (1991). *Fundamentals of item response theory.* Newbury Park, CA: Sage.

Handler, L., & Meyer, G. J. (1998). The importance of teaching and learning personality assessment. In L. Handler & M.J. Hilsenroth (Eds.). *Teaching and learning personality assessment* (pp. 3- 30). Mahwah, NJ: Erlbaum.

Hartigan, J. A., & Wigdor, A. K. (Eds.). (1989). *Fairness in employment testing: Validity generalization, minority issues, and the General Aptitude list Battery.* Washington, DC: National Academy Press.

Hathaway, S. R., & McKinley, J. C. (1940). A Multiphasic Personality Schedule (Minnesota): I. Construction of the schedule. *Journal of Psychology,* 10, 249-254.

Hedges, L. V., & Nowell, A. (1995). Sex differences in mental test scores, variability, and numbers of high-scoring individuals. *Science,* 269, 41-45.

Hersen, M., & Van Hasselt, V. B. (Eds.). (1998). *Basic interviewing: A practical guide for counselors and clinicians.* Mahwah, N.J.: Erlbaum.

Holland, P. W., & Thayer, D. T. (1988). Differential item performance and the Mantel-Haenszel procedure. In H. Wainer & H. I. Braun (Eds.), *Test validity* (pp.129-145). Hillsdale, N): Erlbaum.

Howell, D. C. (2002). *Statistical method for psychology* (5th ed.). Pacific Grove, CA: Duxbury.

Hummel, T. J. (1999). The usefulness of tests in clinical decisions. In J. W. Lichtenberg & R. K. Goodyear (Eds.), *Scientist practitioner perspectives on test interpretation* (pp. 59-112). Boston: Allyn & Bacon.

Hunter, J. E., & Schmidt, F. L. (1981). Fitting people into jobs: The impact of personnel selection on national productivity. In M. A. Dunnette & E. A. Fleishman (Eds.), *Human performance and productivity: Vol. 1. Human capability assessment* (pp. 233-284). Hillsdale, NJ: Erlbaum.

Hunter, J. E., & Schmidt, F. L. (1990). *Methods of meta-analysis: Correcting error and bias in research findings.* Newbury Park, CA: Sage.

Hunter, J. E., & Schmidt, F. L. (1996). Cumulative research knowledge and social policy formulations: The critical role of meta-analysis. *Psychology, Public Policy, and Law,* 2, 324-347.

Impara, J. C., & Plake, B. S. (Eds.). (1998). *The Thirteenth Mental Measurements Yearbook.* Lincoln, NE: Buros Institute.

International Test Commission. (2000). *International guidelines for test use: Version* 2000. Retrieved June 8, 2002, from http: //www.intestcom.org

Irvine, S. H., & Kyllonen, P. C. (Eds.). (2002). *Item generation for test development.* Mahwah, NJ: Erlbaum.

Ivnik, R. J., Malec, J. F., Smith, G. E., Tangalos, E. G., Petersen, R. C., Kormen, E., & Kurland, L. T. (1992). Mayo's older Americans normative studies: WAIS-Rnorms forages 56 to 97. *Clinical Neuropsychologist,* 6(Suppl.), 1-30.

Jaeger, R. M. (1989). Certification of student competence. In R. L. Linn (Ed.), *Educational measurement* (3rd ed., pp. 485-514). New York: American Council on Education/Macmillan.

James, L. R (1973). Criterion models and construct validity for criteria. *Psychological Bulletin,* 80, 75-83.

James, W. (1890). *The principles of psychology* (Vols.1-2). New York: Henry Holt.

Janssen, R., Tuerlinckx, F., Meulders, M., & De Boeck, P. (2000). A hierarchical IRT model for criterion-referenced measurement. *Journal of Educational and Behavioral Statistics,* 25, 285-306.

Jensen, A. R (1998). *The g factor: The science of mental ability.* Westport, CT: Praeger.

Johnson, S. (2000). *Taking the anxiety out of taking tests: A step-by-step guide.* New York: Barnes & Noble Books.

Joint Committee on Testing Practices. (1988). *Code of fair testing practices in education.* Washington, DC: Author.

Joint Committee on Testing Practices. (1998). *Rights and responsibilities of test takers: Guidelines and expectations.* Retrieved July 12, 2003, from http: //www.apa.org/science/ttrr.html

Jöreskog, K. G., & Sorbom, D. (1993). *LISREL 8: User's reference guide.* Chicago: Scientific Software International.

Kamphaus, R. W. (2001). *Clinical assessment of child and adolescent intelligence* (2nd ed.). Boston: Allyn & Bacon.

Kamphaus, R. W., & Frick, P. J. (2002). *Clinical assessment of child and adolescent personality and behavior* (2nd ed.). Boston: Allyn & Bacon.

Kaufman, A. S. (2000). Tests of intelligence. In R. J. Sternberg (Ed.), *Handbook of intelligence* (pp. 445-476). New York: Cambridge University Press.

Kaufman, A. S., & Kaufman, N. L. (1993). *Kaufman Adolescent and Adult Intelligence Test: Manual,* Circle Pines, MN : American Guidance Service.

Kaufman, A. S., & Lichtenberger, E. O. (2002). *Assessing adolescent and adult intelligence* (2nd ed.). Boston: Allyn & Bacon.

Kellogg, C. E., & Morton, N. W (1999). *Beta III: Manual.* San Antonio, TX: The Psychological Corporation.

Kirk, R. E. (1999). *Statistics: An introduction* (4th ed.). Fort Worth, TX: Harcourt Brace.

Kirsch, I., & Sapirstein, G. (1998, June 26). Listening to Prozac but hearing placebo: A meta-analysis of antidepressant medication. *Prevention & Treatment,* 1, Article 0002a. Retrieved July 2, 1998, from http://journals.apa.org/prevention/volume 1/preO010002a.html

Kobrin, J. L., Camara, W. J., & Milewski,G. B. (2002). *The utility of the SAT II and SAT II for admissions decisions in California and the nation.* (College Board Research Report No.2002-6). New York: College Entrance Examination Board.

Kubiszyn, T. W, Meyer, G. J., Finn, S. E., Eyde, L. D., Kay, G. G., Moreland, K. L., Dies, R. R., & Eisman, E. J. (2000). Empirical support for psychological assessment in clinical health care settings. *Professional Psychology: Research and Practice,* 31, 119-130.

Kuncel, N. R., Campbell, J. P., & Ones, D. S. (1998). Validity of the Graduate Record Examination: Estimated or tacitly known? *American Psychologist,* 53, 567-568.

Kuncel, N. R., Rezlett, S. A., & Ones, D. S. (2001). A comprehensive meta-analysis of the predictive validity of the Graduate Record Examinations: Implications for graduate student selection and performance. *Psychological Bulletin,* 127, 162-181.

Landy, F. J. (1986). Stamp collecting versus science: Validation as hypothesis testing. *American Psychologist,* 11, 1183-1192.

Lanyon, R. I., & Goodstein, L. D. (1997). *Personality assessment* (3rd ed.). New York: Wiley.

Lees-Raley, P. R. (1996). Alice in Validityland, or the dangerous consequences of consequential validity. *American Psychologist,* 51, 981-983.

Lemann, N. (1999). *The big test: The secret history of the American meritocracy.* New York: Farrar, Straus & Giroux.

Lenney, E. (1991). Sex roles: The measurement of masculinity, femininity, and androgyny. In J. P. Robinson, P. R. Shaver, & L. S. Wrightsman (Eds.), *Measures of personaliry and social psychological attitudes* (pp. 573-660). San Diego, CA: Academic Press.

Lezak, M. D. (1995). *Neuropsychological assessment* (3rd ed.). New York: Oxford University Press.

Lichtenberg, J. W., & Goodyear, R. K (Eds.) .(1999). *Scientist-practitioner perspectives on test interpretation.* Boston: Allyn & Bacon.

Linn, R. L. (1994). Criterion-referenced measurement: A valuable perspective clouded by surplus meaning. *Educational Measurement: Issues and Practice,* 13, 12-14.

Linn, R. L. (1998). Partitioning responsibility for the evaluation of the consequences of assessment programs. *Educational Measurement: Issues & Practice,* 17, 28-30.

Linn, R. L., & Gronlund, N. E. (1995). *Measurement and assessment in teaching* (7th ed.). Upper Saddle River, NJ: Merrill.

Livesley, W. J. (Ed.). (2001). *Handbook of personality disorders: Theory, research, and treatment.* New York: Guilford.

Loevinger, J. (1957). Objective tests as instruments of psychological theory [Monograph Supplement]. *Psychological Reports,* 3, 635-694.

Lowman, R. L. (1991). *The clinical practice of career assessment: Interests, abilities, and personality.* Washington, DC: American Psychological Association.

Lubinski, D., & Dawis, R. V. (1992). Aptitudes, skills, and proficiencies. In M. D. Dunnette & L. M. Rough (Eds.), *Handbook of industrial and organization psychology* (2nd ed., Vol. 3, pp. 1-59).

Maloney, M. P., & Ward, M. P. (1976). *Psychological assessment: A conceptual approach.* New York: Oxford University Press.

Marston, A. R. (1971). It is time to reconsider the Graduate Record Examination. *American Psychologist.* 26. 653-655.

Maruish, M. E. (Ed.). (2004). *The use of psychological testing for treatment planning and outcome assessment* (3rd ed., Vols. 1-3). Mahwah, NJ: Erlbawn.

Masling, J. (1960). The influence of situational and interpersonal variables in projective testing. *Psychological Bulletin,* 57, 65-85.

Mazor, K. M., Clauser, B. E., & Hambleton, R. K. (1992). The effect of sample size on the functioning of the Mantel-Haenszel statistic. *Educational and Psychological Measurement,* 52, 443-451.

McClelland, D. C. (1958). Methods of measuring human motivation. In J. W. Atkinson (Ed.), *Motives in fantasy action, and society* (pp. 7-45). Princeton, NJ: Van Nostrand.

McReynolds, P. (1986). History of assessment in clinical and educational settings. In R. O. Nelson & S. C. Hayes (Eds.), *Conceptual foundations of behavioral assessment* (pp. 42-80). New York: Guilford.

Mead, A. D., & Drasgow, F. (1993). Equivalence of computerized and paper-and-pencil tests: A meta-analysis. *Psychological Bulletin,* 114, 449-458.

Meehl, P. E. (1956). Wanted: A good cookbook. *American Psychologist,* 11, 263-272.

Mehrens, W. A. (1992). Using performance assessment for accountability purposes. *Educational Measurement: Issues and Practice,* 11, 3-9, 20.

Merriam-Webster's collegiate dictionary (10th ed.). (1995). Springfield, MA: Merriam-Webster.

Messick, S. (1980). Test validity and the ethics of assessment. *American Psychologist,* 35, 1012-1027.

Messick, S. (1988). The once and future issues of validity: Assessing the meaning and consequences of measurement. In H. Wainer & H. Braun (Eds.), *Test validity* (pp. 33-45). Hillsdale, NJ: Erlbawn.

Messick, S. (1989). Validity. In R. L. Linn (Ed.), *Educational measurement* (3rd ed., pp. 13-103). New York: American Council on Education/Macmillan.

Messick, S. (1995). Validity of psychological assessment: Validation of inferences from persons' responses and performances as scientific inquiry into score meaning. *American Psychologist,* 50, 741-749.

Meyer, G. J. (1992). Response frequency problems in the Rorschach: Clinical and research implications with suggestions for the future. *Journal of Personality Assessment,* 58, 231-244.

Meyer, G. J., Finn, S. E., Eyde, L. D., Kay, G. G., Moreland, K. L., Dies, R. R., Eisman, E. J., Kubiszyn, T. W., & Reed, G. M. (2001). Psychological testing and psychological assessment: A review of evidence and issues. *American Psychologist,* 56, 128-165.

Millon, T., Millon, C., & Davis, R. (1994). *MCMI-III manual: Millon Clinical Multiaxial Inventory-III* Minneapolis, MN: National Computer Systems.

Mitchell, R. (1992). *Testing for learning.* New York: Free Press/Macmillan.

Mittenberg, W, Theroux-Fichera, S., Zielinski, R., & Heilbronner, R. L. (1995). Identification of malingered head injury on the Wechsler Adult Intelligence Scale-Revised. *Professional Psychology: Research & Practice,* 26, 491-498.

Monahan, J., & Steadman, H. J. (2001). Violence risk assessment: A quarter century of research. In L. E. Frost & R.J. Bonnie (Eds.), *The evolution of mental health law* (pp.195-211). Washington, DC: American Psychological Association.

Moreland, K. L. (1991). Assessment of validity in computer-based test interpretations. In T. B. Gutkin & S. L. Wise (Eds.), *The computer and the decision-making process* (pp. 43-74). Hillsdale, NJ: Erlbawn.

Morrison, T., & Morrison, M. (1995). A meta-analyric assessment of the predictive validity of the quantitative and verbal components of the Graduate Record Examination with graduate grade point average representing the criterion of graduate success. *Educational and Psychological Measurement*, 55, 309-316.

Moss, P. A. (1994). Can there be validity without reliability? *Educational Researcher*, 23, 5-12.

Murphy, K. R., Fleishman, E. A., & Cleveland, J. N. (Eds.). (2003). *Validity generalization. A critical review*: Mahwah, NJ: Erlbaum.

Murphy, L. L., Flake, B. S., Impara, J. C., & Spies, R. A. (Eds.). (2002). *Tests in print VI: An index to tests, test reviews, and the literature on specific tests.* Lincoln, NE: Buros Institute.

Murray, H. A. (1938). *Explorations in personality.* New York: Oxford University Press.

Naglieri, J. A., Drasgow, F., Schmit, M., Handler, L., Prifitera, A., Margolis, A., & Velasquez, R. (2004). Psychological testing on the Internet: New problems, old issues. *American Psychologist*, 59, 150-162.

National Academy of Neuropsychology. (1999, May 15). *Policy statement: Presence of third party observers during neuropsychological testing.* Retrieved August 3, 2003, from http://nanonline.org/content/text/paio/thirdparty.shtm

National Association of School psychologists. (2000). *Professional conduct manual. Principles for professional ethics guidelines for the provision of school psychological services.* Retrieved August 27, 2003, from http://www.nasponline.org/pdf/ProfessionalCond.pdf

Neisser, U. (Ed.). (1998). *The rising curve: Long-term gains in IQ and related measures.* Washington, DC: American psychological Association.

Nevo, B., & Jäger, R. S. (Eds.). (1993). *Educational and psychological testing: The test taker's outlook.* Toronto: Hogrefe & Huber.

Newman, E. (1996). *No more test anxiety: Effective steps for taking tests and achieving better grades.* Los Angeles: Learning Skills Publications.

O'Leary, B. J., & Norcross, J. C. (1998). Lifetime prevalence of mental disorders in the general population. In G. F. Koocher, J. C. Norcross, & S. S. Hill III (Eds.), *Psychologist's desk reference* (pp. 3-6). New York: Oxford University Press.

Onwuegbuzie, A. J., & Daniel, L. G. (2002). A framework for reporting and interpreting internal consistency reliability estimates. *Measurement and Evaluation in Counseling and Development*, 35, 89-103.

Ownby, R. L. (1997). *Psychological reports: A guide to report writing in professional psychology* (3rd ed.). New York: Wiley.

Petersen, N. S., Kolen, M. J., & Hoover, H. D. (1989). Scaling, norming, and equating. In R. L. Linn (Ed.), *Educational measurement* (3rd ed., pp. 221-262). New York: American Council on Education/Macmillan.

Popham, W. J., & Husek, T. R. (1969). Implications of criterion-referenced measurement. *Journal of Educational Measurement*, 6, 1-9.

Primi, R. (2002, August). *Contribution to the development of a fluid intelligence scale.* Foster session presented at the annual meeting of the American psychological Association, Chicago, IL.

Primoff, E. S. (1959). Empirical validations of the J-coefficient. *Personnel Psychology*, 12, 413-418.

Primoff, E. S., & Eyde, L. D. (1988). Job element analysis. In S. Gael (Ed.), *The job analysis handbook for business, industry, and government* (Vol. 2, pp. 807-824). New York: Wiley.

Provence, S., Erikson, J., Vater, S., & Palmeri, S. (1995). *Infant-Toddler Developmental Assessment (IDA).* Itasca, IL: Riverside.

Psychological Corporation. (1997). *WAIS-III/WMS-III technical manual.* San Antonio, TX: Author.

Ramsay, M. C., & Reynolds, C. R. (2000). Development of a scientific test: A practical guide. In G. Goldstein & M. Hersen (Eds.), *Handbook of psychological assessment* (3rd ed., pp. 21-42). Oxford, UK: Elsevier.

Randhawa, B. S. (1992). Review of the Clerical Abilities Battery. *The Eleventh Mental Measurements Yearbook*, pp. 187-189.

Rasch, G. (1980). *Probabilistic models for some intelligence and attainment tests* (Expanded ed.). Chicago: University of Chicago Press. (Original work published 1960)

Raykov, T., &Marcoulides, G. A. (2000). *A first course in structural equation modeling.* Mahwah, NJ: Erlbaum.

Reise, S. P., & Henson, J. M. (2003). A discussion of modern versus traditional psychometrics as applied to personality assessment scales. *Journal of Personality Assessment;* 81, 93-103.

Robertson, G. J. (1992). Psychological tests: Development, publication, and distribution. In M. Zeidner & R. Most (Eds.), *Psychological testing: An inside view* (pp.169-214). Palo Alto, CA: Consulting Psychologists Press.

Robinson, J. P., Shaver, P. R., & Wrightsman, L. S. (Eds.). (1991). *Measures of personality and social psychological attitudes.* San Diego, CA: Academic Press.

Rogers, R. (1997). *Clinical assessment of malingering and deception* (2nd ed.). New York: Guilford Press.

Rogers, T. B. (1995). *The psychological testing enterprise: An introduction.* Pacific Grove, CA: Brooks / Cole.

Rosenthal, R., & DiMatteo, M. R. (2001). Meta-analysis: Recent developments in quantitative methods for literature reviews. *Annual Review of Psychology,* 52, 59-82.

Rotter, J. B. (1966). Generalized expectancies for internal versus external control of reinforcement. *Psychological Monographs,* 80 (1, Whole No. 609).

Rudner, L. M. (1994). Questions to ask when evaluating tests. *Practical Assessment, Research, & Evaluation,* 4(2). Retrieved August 9, 2003, fromhttp:/ /edresearch.org/pare/getvn .asp?v=4&n=2

Russell, D. W (2002). In search of underlying dimensions: The use (and abuse) of factor analysis in Personality and Social Psychology Bulletin. *Personality and Social Psychology Bulletin,* 28, 1629-1646.

Sacks, P. (1999). *Standardized minds: The high price of America's testing culture and what we can do to change it.* Cambridge, MA: Perseus Books.

Sapp, M. (1999). *Test anxiety: Applied research, assessment, and treatment* (2nd ed.). Latham, MD: University Press of America.

Sandoval, J., Frisby, C. L., Geisinger, K. F., Scheuneman, J. D., & Grenier, J. R. (1998). *Test interpretation and diversity: Achieving equity in assessment.* Washington, DC: American Psychological Association.

Sarason, I. G. (Ed.). (1980). *Test anxiety: Theory, research, and applications.* Hillsdale, NJ: Erlbaum.

Sattler, J. M. (2001). *Assessment of children: Cognitive applications* (4th ed.). San Diego, CA: Author.

Sattler, J. M. (2002). *Assessment of children: Behavioral and clinical applications* (4th ed.). San Diego, CA: Author.

Sawilowsky, S. S. (2003). Reliability: Rejoinder to Thompson and Vacha-Haase. In B. Thompson (Ed.), *Score reliability: Contemporary thinking on reliability issues* (pp. 149-154). Thousand Oaks, CA: Sage.

Schaie, K. W. (1994). The course of adult intellectual development. *American Psychologist,* 49, 304-313.

Schmidt, F. L., & Hunter, J. E. (1977). Development of a general solution to the problem of validity generalization. *Journal of Applied Psychology,* 62, 529-540.

Schmidt, F. L., & Hunter, J. E. (1998). The validity and utility of selection methods in personnel psychology: Practical and theoretical implications of 85 years of research findings. *Psychological Bulletin,* 124, 262-274.

Schmidt, F. L., Hunter, J. E., McKenzie, R. C., & Muldrow, T. W. (1979). Impact of valid selection procedures on work-force productivity. *Journal of Applied Psychology,* 64, 609-626.

Schmidt, F. L., Law, K, Hunter, J. E., Rothstein, H. R., Pearlman, K., & McDaniel, M. (1993). Refinements in validity generalization methods: Implications for the situational specificity hypothesis. *Journal of Applied Psychology,* 78, 3-12.

Scruggs, T. E., & Mastropieri, M. A. (1992). *Seaching test-taking skill: Helping students show what they know.* Cambridge, MA: Brookline Books.

Shavelson, R. J., & Webb, N. M. (1991). *Generalizability theory: A primer.* Newbury Park, CA: Sage.

Shermis, M. D., & Burstein, J. (Eds.). *(2003). Automated essay scoring: A cross-disciplinary perspective.* Mahwah NJ, Erlbaum.

Silverlake, A. C. (1999). *Comprehending test manuals: A guide and workbook.* Los Angeles: Pyrczak.

Smith, C. P. (1992). Reliability issues. In C. P. Smith (Ed.) et al., *Motivation and personality: Handbook of thematic content analysis* (pp. 126-139). New York: Cambridge University Press.

Society for Industrial and Organizational Psychology. (2003). *Principles for the validation and use of personnel selection procedures* (4th ed.). Retrieved November 14, 2003, from http: //www.siop .org/_Principles/principles.pdf

Spearman, C. (1904a). "General intelligence," objectively determined and measured. *American Journal of Psychology, 15,* 201-293.

Spearman, C. (1904b). The proof and measurement of association between two things. *American Journal of Psychology,* 15, 72-101.

Spence, J. T. (1993). Gender-related traits and gender ideology evidence for a multifactorial theory. *Journal of Personality and Social Psychology,* 64, 624-635.

Spence, J. T., & Helmreich, R. L. (1972). The Attitudes Toward Women Scale: An objective instrument to measure attitudes toward the rights and roles of women in contemporary society. *JSAS Catalog of Selected Documents in Psychology,* 2, 66-67.

Spielberger, C. D., & Vagg, P. R. (Eds.). (1995). *Test anxiety: theory, assessment, and treatment.* Washington, DC: Taylor & Francis.

Steele, C. M. (1997). A threat in thin air: How stereotypes shape intellectual identity and performance. *American Psychologist,* 52, 613-629.

Sternberg, R. J. (1986). *Intelligence applied. Understanding and increasing your intellectual skills.* San Diego, CA: Harcourt Brace Jovanovich.

Sternberg, R. J., & Williams, W. M. (1997). Does the Graduate Record Examination predict meaningful success in the graduate training of psychologists? A case study. *American Psychologist,* 52, 630-641.

Stevens, S. S. (1946). On the theory of scales of measurement. *Science,* 103, 677-680.

Stokes, G. S., Mumford, M. D., & Owens, W A. (Eds.). (1994). *Biodata handbook: Theory, research, and use of biographical information for selection and performance prediction.* Palo Alto, CA: Consulting Psychologists Press.

Swets, J. A., Dawes, R M., & Monahan, J. (2000). Psychological science can improve diagnostic decisions. *Psychological Science in the Public Interest,* 1, 1-26.

Tallent, N. (1993). *Psychological report writing* (4th ed.). Englewood Cliffs, NJ: Prentice Hall.

Taylor, H. C., & Russell, J. T. (1939). The relationship of validity coefficients to the practical effectiveness of tests in selection. Discussion and tables. *Journal of Applied Psychology,* 23, 565-578.

Tenopyr, M. L. (1986). Needed directions for measurement in work settings. In B. S. Plake & J. C. Witt (Eds.), *The future of testing* (pp. 269-288). Hillsdale, NJ: Erlbaum.

Terrill, D. R., Friedman, D. G., Gottschalk, L. A., & Haaga, D. A. (2002). Construct validity of the Life Orientation Test. *Journal of Personality Assessment,* 79, 550-563.

Test security: Protecting the integrity of tests. (1999). *American Psychologist,* 54, 1078.

Thissen, D., & Wainer, H. (Eds.). (2001). *Test scoring.* Mahwah, NJ: Erlbaum.

Thompson, B. (2002). What future quantitative social science research could look like: Confidence intervals for effect sizes. *Educational Researcher,* 31, 25-32.

Thompson, B. (2003a). A brief introduction to generalizability theory. In B. Thompson (Ed.), *Score reliability: Contemporary thinking on reliability issues* (pp. 43-58). Thousand Oaks, CA: Sage.

Thompson, B. (Ed.). (2003b). *Score reliability: Contemporary thinking on reliability issues.* Thousand Oaks, CA: Sage.

Thurstone, L. L. (1925). A method of scaling psychological and educational tests. *Journal of Educational Psychology,* 16, 433-451.

Turner, S. M., DeMers, S. T., Fox, H. R., & Reed, G. M. (2001). APA's guidelines for test user qualifications: An executive summary. *American Psychologist*, 56, 1099-1113.

U.S. Department of Education, Office for Civil Rights. (2000). *The use of tests as part of high-stakes decision-making for students: A resource guide for educators and policy-makers*. Washington, DC: Author. Retrieved April 5, 2001 from http://www.ed.gov/offices/OCR/testing/index1.html

Urbina, S., & Ringby, K. C. (2001, August). *Sex differences in mechanical aptitude*. Poster session presented at the annual meeting of the American Psychological Association, San Francisco, CA.

Urdan, T. C. (2001). *Statistics in plain English*. Mahwah, NJ: Erlbaum.

Užgiris, I. C., & Hunt, J. McV.: (1975). *Assessment in infancy: Ordinal Scales of Psychological Development*. Urbana, IL: University of Illinois Press.

Viglione, D. J., & Rivera, B. (2003). Assessing personality and psychopathology with projective methods. In I. B. Weiner (Series Ed.). & J. R Graham & J. A. Naglieri (Vol. Eds.), *Handbook of psychology: Vol. 10. Assessment psychology* (pp. 531-552). Hoboken, NJ: Wiley.

Vogt, W. P. (1998). *Dictionary of statistics and methodology: A nontechnical guide for the social sciences* (2nd ed.). Thousand Oaks, CA: Sage.

von Mayrhauser, R. T. (1992). The mental testing community and validity: A prehistory. *American Psychologist*, 47, 244-253.

Wainer, H. (2000). CATs: Whither and whence. *Psicologica*, 21, 121-133.

Wainer, H. (with Dorans, N. J., Eignor, D., Flaugher, R, Green, B. F., Mislevy, R. J., Steinberg, L., & Thissen, D.). (2000). *Computer adaptive testing: A primer* (2nd ed.). Mahwah, NJ: Erlbaum.

Wallace, S. R. (1965). Criteria for what? *American Psychologist*, 20, 411-417.

Wechsler, D. (1939). *Wechsler-Bellevue Intelligence Scale*. New York: The Psychological Corporation.

Wechsler, D. (1949). *Wechsler Intelligence Scale for Children (WISC): Manual*. New York: The Psychological Corporation.

Wechsler, D. (1991). *Wechsler Intelligence Scale for Children-Third Edition (WISC-III): Manual*. San Antonio, TX: The Psychological Corporation.

Wechsler, D. (1997). *Wechsler Adult Intelligence Scale-Third Edition (WAIS-III): Administration and scoring manual*. San Antonio, TX: The Psychological Corporation.

Whitaker, L. (1980). *Objective measurement of schizophrenic thinking: A practical and theoretical guide to the Whitaker Index of Schizophrenic Thinking*. Los Angeles: Western Psychological Services.

Wigdor, A. K., & Green, B. F., Jr. (1991). (Eds.), *Performance assessment for the workplace: Vol. 2. Thechnical issues*. Washington, DC: National Academy Press.

Wiggins, J. S., & Pincus, A. L. (1992). Personality: Structure and assessment. *Annual Review of Psychology*, 43, 493-504.

Wilkinson, L., & APA Task Force on Statistical Inference. (1999). Statistical methods in psychology journals: Guidelines and explanations. *American Psychologist*, 54, 594-604.

Willingham, W. W., Pollack, J. M., & Lewis, C. (2000). *Grades and test scores: Accounting for observed differences* (ETS RR -00-15). Princeton, NJ: Educational Testing Service.

Young, J. W. (2001). *Differential validity, differential prediction, and college admission testing: A comprehensive review*. (College Board Research Report No.2001-6). New York: College Entrance Examination Board.

Zeidner, M. (1998). *Test anxiety: The state of the art*. New York: Plenum.

Ziskin, J. (1995). *Coping with psychiatric and psychological testimony* (5th ed., Vols. 1-3). Los Angeles: Law and Psychology Press.

Zwick, R. (2002). *Fair game? The use of standardized admissions tests in higher education*. New York: Routledge Palmer.

ÍNDICE REMISSIVO

Abscissa, 54-55
Achados falso-negativos/falso-positivos, 186-187
   taxas de base e, 260
Aditividade, 49-50
Administração, teste, 11-12
   ambiente de teste, 266-267
   internet e, 280-282
   preparação do examinador, 270-274
   testandos, preparando, 267-271
Alemanha, testagem na, 19-22
Alfa de Cronbach, 135, 136
Allport-Vernon Study of Values, 28-29
Ameaça de estereótipo, 197-198
American Educational Research Association (AERA), 16, 38-39
American Psychological Association (APA), 16, 37-39
   Insurance Trust, 279-280
   Task Force on Psychological Testing on the Internet, 281-282
   Task Force on Test User Qualifications, 34, 36
Amostra
   de padronização, 11-13, 83-84, 89-92, 123-125
   normativa, 89-92. *Ver também* Amostra de padronização
Amostragem
   distribuições, 61-65
   variância, 123
   Ver Amostra de padronização
Amplitude, 56-57
   restrita, 78-80, 195-196

Análise
   de itens, 213, 217-218, 249-250
      dificuldade de item, 223-229, 233-236
      discriminação de item, 223-224, 229-236
      qualitativa, 213, 223-224
      quantitativa, 213
      TCT e, 236-240
      tipo de item, 217-223
      TRI e, 236-249
   de perfil, 194-195
   de regressão item-teste, 234-236
   de trilha, 73-74
   de variância (ANOVA), 141-142
Análise fatorial, 23-24, 29-30, 176-180
   confirmatória (AFC), 176-177, 180-183
   exploratória (AFE), 176-177, 181-182
Ansiedade, de teste, 267-269
Armed Forces Qualification Test (AFQT), 206
Armed Services Vocational Aptitude Battery (ASVAB), 206-207, 248
Army Alpha, 24-25, 27-28, 156-157
Army Beta, 24-25, 177
Assimetria, 66-69
Association of Test Publishers (ATP), 36-39
Attitudes Toward Women Scale (AWS), 170-171
Auto-compreensão, 30-33
Autores, de testes, 16-17
Avaliação automatizada de dissertações (AAD) 249

314 Índice remissivo

Avaliação
  desempenho, 112-114
  interpretação de teste referenciado no critério e clínica, 117-118
  ver também Avaliação neuropsicológica
  vs. Testagem, 32-34, 36

Base de dados PsycINFO, 37-40
Bateria, 13-14, 194
Baterias de aptidões múltiplas, 27-28
Beta III, 177-179, 285
Binet, Alfred, 21-24
Biodados, 262
Boston Diagnostic Aphasia Examination (BDAS), 170-171, 285
Buros, Oscar, 39-40

Campbell, John P., 205-206
Carga fatorial, 177-178
Cargos. Ver Emprego; Orientação vocacional
Carnegie Interest Inventory, 28-29
Carroll, John, 178-179
CAT, 167-170, 285
  relato e, 277-278
Cattell, James McKenn, 21
Certificação, testes padronizados e, 25
Chauncey, Henry, 26-27
Chave de critério empírico, 28-29
China, concursos para o serviço público, 18
Classificação, 202-205
Clerical Abilities Battery (CAB), 169, 285
Coeficiente
  alfa, 135-137
  de correlação múltipla, 80
  de correlação produto-momento de Pearson (r de Pearson), 74-80, 232
  de correlação rho de Spearman (r_S), 48-49, 79-80. Ver também Coeficientes de correlação
  de determinação, 70, 190-192
  de fidedignidade, 123
  quádruplo, 80
Coeficientes de correlação, 66-69, 72-80.
  Ver também tipos específicos
Coeficientes de validade, 190-192
College Board, relato e, 277-278
College-Level Examination Program (CLEP) Introductory Psychology Test, 168, 285
Colocação, 202-203
Comissão Conjunta sobre Práticas de Testagem (JCTP), 253

Comparações de interesses, 102-109
Conant, James Bryant, 26-27
Confiabilidade. Ver Fidedignidade; Validade
Conjuntos de prova, 266
Consentimento informado, 270-272
Consistência interna, 29-30, 134-137
Constante, 44-46
Constructo, 158-160
  representação, 162-164
  validade, 161-162
Contaminação de critério, 193
Correlação, 21-22, 66-72
  linear, 69-72
  ponto bisserial, 80
Crawford Small Parts Dexterity Test (CSPDT), 169, 285
Critério, 108-109, 115-116
Critérios de desempenho, 83-85
Curtose, 66-68
Curva de característica de item (CCI), 241-247
Curva senoidal. Ver Modelo da curva normal

Dados
  categóricos, 46-50
  contínuos, 49-50
  de entrevistas, 262-263
Darwin, Charles, 21
Das-Nuglieri Cognitive Assessment System (CAS), 99-100, 285
Decomposição de tarefa, 162
Desenhos da figura humana, 29-30
Desenvolvimento pessoal, 30-33
Desvio da escala Wechsler, 98
Desvio padrão, 56-59
  modelo da curva normal e, 61
Diagramas de dispersão, 71-72
Diferenças entre avaliadores, 126-128
Diferenciação de idade, 175-176
Differential Ability Scales (DAS), 99-100, 285
Dispersão, 56-57
Dissimulação, 270-271
Distância interquartílica (DIQ), 56-57
Distratores, 228
Distribuição de freqüência, 53-54
Distribuição normal padrão, 61
Distribuições
  leptocúrticas, 66-67
  mesocúrticas, 66-67
  platicúrticas, 65-67

Ebbinghaus Completion Test, 21-22
Ebbinghaus, Hermann, 21-22

Educação
  especial, 22-23
  testagem e, 18-27
  validade e, 166-167, 168
Educational Resources Information Center
      (ERIC), 37-39
Educational Testing Service (ETS), 26-27,
      38-39, 95-96
  base de dados Test Collection, 37-39
  TACs e, 106
Efeito Flynn, 107-109
Efeitos da prática, 103, 137-138
Eixo X, 54-55
Eixo Y, 54-55
Embretson, Susan, 162, 200-201
Emprego, 18, 25
  análise de cargo, 27-28, 165-166
  restrição de amplitude e, 78-80
  testagem de pessoal e, 25-29
    metanálises e, 200
  testagem e
  validade e, 165-169
  Ver também Orientação vocacional
Equações de regressão múltiplas, 194-195
Erro de amostragem
  de conteúdo, 126-133, 137-138
  de tempo, 126-129, 137-138
Erro padrão (EP), 62-65
  da diferença entre escores (EP_{dif}), 146-151
  da média (EP_m), 62-65
  de estimativa (EP_{est}), 191-192
  de mensuração (EPM), 143-150
Erros do Tipo I/II, 200
Escala, 12-14
Escala de Inteligência Wechsler para Adultos
      (WAIS), 99-100, 285
  WAIS-III, 94, 171-172, 181-182
  WAIS-R, 90
Escala de Inteligência Wechsler para Crianças
      (WISC), 99-100, 108-109, 285
Escala de Lócus de Controle Interno-Externo,
      13-14
Escalas
  de inteligência Binet-Simon, 22-24, 43
  de mensuração, 113-114
  de razão, 47, 49-50
  de unidades iguais. Ver Escalas intervalares
  intervalares, 47-50
  nominais, 46-50
  ordinais, 47-50, 84-86
    baseadas em teorias, 86-88
Escalonamento absoluto, 225-226

Escore
  bruto, 83-84
  observado, 122
  verdadeiro,122
Escores
  de percentagem, 92
  de postos de percentil (PP), 48-49, 92-97
  derivados, 89
  do College Entrance Examination Board
      (CEEB), 95-96, 101
  dos subtestes da escala Wechsler, 95-98
  equivalentes a idades, 87, 88.
    Ver também Escores de idade mental
  equivalentes a séries, 87-88
  padrões, 94-102. Ver também Escores z
  T, 95-96, 100-101
  z, 75-76, 94-102, 226, 289-290
Especialidades ocupacionais militares
      (EOMs), 206-207
Esquemas, 12-13
Estados, 128
Estaninas, 101, 102
Estatísticas, 52-53
  bivariadas, 69
  descritivas, 52-53, 59-62, 65-66, 83-84
  inferenciais, 13-14, 61-66
  multivariadas, 69
  univariadas, 66-68
Estatuto da Privacidade da Lei da
      Portabilidade e Responsabilidade
      dos Seguros de Saúde (HIPAA),
      279-280
Estruturas de covariância, 180-182
Eta, 80
*Ethical principles of psychologists and code of
      conduct*, 208-211, 280-281
Eugenia, 21

"FAQ/Encontrando Informações sobre Testes
      Psicológicos", 37-40, 264
Fator de inteligência geral (g), 23-24, 178-179,
      182-183
Fidedignidade, 24-25, 121-123, 151-153
  de forma alternativa, 129-131
  de forma alternativa com intervalo, 137-138
  de teste-reteste, 128-129
  do avaliador, 128
  fontes de erro, 124-125, 137-138
  modelo da curva normal e, 65-66
  no uso de testes, 137-143
    interpretação, 143-151

pelo método das metades, 131-134, 137, 232-233
relatividade da, 123-125
Fischer, Constance, 32-33
Fontes de informação sobre testes, 36-40
Forças Armadas, desenvolvimento da testagem e, 23-25
Formas alternativas, 103
Formas paralelas, 103
Formato de coletânea em espiral, 131
Fórmula de Spearman-Brown (S-B), 132-133
Fórmula Kuder-Richardson 20 (K-R 20), 135-137
Formulários de qualificação, 36
França, testagem na, 19
Função informativa do item, 244-245
Funcionamento diferencial de item (FDI), 246-247
Funções discriminantes, 204-205

Galton, Francis, 21-24, 71-72
General Aptitude Test Battery (GATB), 198-199
Generalização da validade (GV), 196-203
Gesell Developmental Schedules, 84-85
Gesell, Arnold, 84-85
Goldstein, Kurt, 30-31
Graduate Record Exam (GRE), 26-27, 95-96, 285
estudos de validade e, 200-203
Gráficos, 53-55
Gráficos "de pizza", 53-54
Grupo de referência, 90
Grupos de referência fixos, 104, 105

Halstead-Reitan Neuropsychological Battery (HRNB), 13-14, 285
Heterogeneidade de conteúdo, 126-127, 133-137
Heterocedasticidade, 76-78
Histogramas, 53-54
Homocedasticidade, 76-78

Idade de desempenho, 86
Idade mental, 22-23, 50-51, 86-88. *Ver também* Escores equivalentes a idades; Escores equivalentes a séries.
Identidade, 46-47
Idiográfico, 35
Inconsistência entre itens, 126-127, 133
Índice de discriminação, 230, 232
Infant-Psychological Development Scales, 87
Infant-Toddler Developmental Assessment (IDA), 84-86, 285

Instituto Buros de Mensuração Mental (BI), 39-40
Test Reviews Online, 37-39
Inteligência fluida (*GF*), 182-183
International Test Commission (ITC), 38-39
Interpretação de escores, 272-278
comparações de interesses, 102-109
escores brutos, 83-85
referenciada em normas, 84-85, 102, 111-118
referenciada no critério, 108-109, 119
relato, 277-281
Interpretação de teste
com base computadorizada (ITBC), 284
referenciada em normas. *Ver* Interpretação de escores, referenciada em normas
referenciada no critério. *Ver* Interpretação de escore, referenciada no critério
Intervalo nomotético, 35, 162-163
Inventário de Depressão de Beck (BDI), 117-118, 170-172, 285
Inventário Multifásico Minnesota de Personalidade (MMPI), 14, 29, 84, 91, 96, 107-108
escores brutos e, 83-84
Inventário Psicológico da Califórnia (CPI), 95-96, 285
Inventários, 12-13
Inventários de personalidade, 28-30
Iowa Tests of Basic Skills (ITBS), 116, 285
Itens
âncora, 225-226
de escolha forçada, 28-29, 218-219
de resposta construída, 221-223
de resposta fixa, 217-221
de resposta livre, 221-223
de resposta selecionada, 217-221

Julgamentos avaliativos, 33-34
Justiça de item, 245-246

Kaufman Adolescent & Adult Intelligence Test (KAIT), 171-172, 285
Kelley, Truman L., 27-28
Kohlberg, Lawrence, 87
Kraepelin, Emil, 20

Law School Admission Test (LSAT), 26-27, 285
Lei dos Direitos Civis de 1991 (P.L. 101-336), 198-199
Leman, Nicolas, 26-27
Levantamentos, 12-13

Licenciamento, testes padronizados e, 25
Linearidade, desvios da, 76-78
Linha de base, 54-55
LISREL, 180-182

Matriz fatorial, 177-178
Matriz multitraços-multimétodos (MTMMM), 173-176
Média, 55-57
  modelo da curva normal e, 60
Mediana, 55-57
  modelo da curva normal e, 60
Medical College Admission Test (MCAT), 26-27, 285
Medida, 43-45
Medidas de critério, 182-186
Messick, Samuel, 156-157
Metanálises, 198-203
Millon Clinical Multiaxial Inventory-III (MCMI-III), 171-174, 285
Mini-Mental State Examination (MMSE), 285
Moda, 55-57
  modelo da curva normal e, 60
Modelagem de equação estrutural (MEE), 180-192
Modelo
  da curva normal
    definido, 59-60
    propriedades do, 60-62
    tabela de áreas e ordenadas, 289-299
    usos, 61-68
  de cinco fatores (MCF), 178-179
  Rasch, 242
  terapêutico de avaliação, 32-33
Modelos de traço latente, 105
Múltipla escolha, objetiva, 43
Murray, Henry, 29-30
Myers-Briggs Type Indicator (MBTI), 218-219, 286

National Assessment of Educational Progress (NAEP), 168
National Council on Measurement in Education (NCME), 16, 38-39
NEO Personality Inventory (NEO PI-R), Revised, 175, 286
Neuropsicologia:
  avaliação, 167, 170, 166
  testes, 29-31
Níveis de significância estatística, 200
Normalização, 61-62, 65-66, 101-102
Normas, 83-84

de conveniência, 92
de subgrupo, 90-91
evolutivas, 84-92
intragrupo, 89, 92, 102
locais, 91-92
mudanças longitudinais em, 107-109
Normatização:
  co-, 104-105
  simultânea, 104-105

Observação, 263
Ordem de posto, 46-47
Ordenada, 54-55
Ordinal Scales of Psychological Development, 87
Organicidade, 30-31
Orientação vocacional, 26-29
Otis, Arthur, 24-25, 43

Padrões de Testagem, 15-16, 34-36, 280-281
  responsabilidade dos usuários de testes, 252
  validade e, 155-158, 160-161
Padronização, 11-12, 20, 24-25
Parâmetros, 52-53
  de item, 241-244
  populacionais estimados, 62-65
Pearson, Karl, 72-73
Percentagem que acertam (p), 225-228, 231-233
Pesquisa psicológica, 30-33
Phi, 80
Piaget, Jean, 86-87
Polígonos, freqüência, 53-54
  retangular, 93
Pranchas de formas, 30-31
Predição diferencial, 197-198
Predições, 72-73
  avaliação e, 33-34
  de desempenho, 114-116
Preditores, 183-184, 194-195
Preparação
  do examinador, 270-273
  do testando, 267-271
Procedimentos de equacionamento, 103-105
Produção de linha de montagem por hora, 189-190
PRO-ED, 39-40
Projeto A, 206-208, 259-260
Perfil Desenvolvimental Provence do Nascimento aos três anos, 84-86
Psicologia
  científica, testagem e, 20-22

Índice remissivo

clínica, testagem e, 19-20, 28-31
industrial-organizacional, 200-201
Psicometria, 13-14, 44-45

Qualidade de ajuste, 180-182
Qualificações dos usuários, 34-37
Quality of Life Inventory (QOLI), 176-177, 285
Quebra-cabeças, 30-31
Questionários, 12-13
Questões diagnósticas, avaliação e, 33-34
Quociente de inteligência (QI), 22-24
  de desvio, 51-52, 99-101
  razão, 50-52, 87, 99-100

Raciocínio, 177-178
r de Pearson e, 76-78
Rapport, 218-219, 267-268
Razões críticas, 64-65
Razões de seleção, 258-260
Ream, M.J., 28-29
Recentramento, 104, 105
Recursos na Internet, 37-39
Rede nomológica, 161-162
Regressão, 21-22, 66-68, 71-74, 189-191.
  Ver também Equações de regressão múltiplas
Relevância, 165-167
Representatividade, 165-167
Ressonância magnética funcional (RMf), 43
Resultados experimentais, validade e, 175-177
Revisões, teste, 107-109
Rice, Joseph, 25
Rights and Responsibilities of Test takers: Guidelines and Expectations, 253
Rorschach, Hermann, 29-30
Rubricas, 113-114, 222-223

SAS, 94-95
SAT, 25, 95-96, 285
  análise de item e, 217-218, 236-238, 248
  mudanças longitudinais e, 107-108
  recentramento e, 105
  relato e, 277-278
Seattle Longitudinal Study, 175-176
Segurança, de teste, 284, 280-281
Seleção de item, 29-30. Ver também Fidedignidade
Seleção, teste, 202-205, 254-255, 281-284
  encontrar e avaliar, 263-266
  ferramentas adicionais de avaliação, 261-263

fundamentação, 255-257
utilidade, 256-261
Série Mental Measurements Yearbook (MMY), 39-40, 116
Simétrica, bilateralmente, 60
Simon, Theodore, 22-23
Sistema de necessidades, 29-30
Sofisticação, de teste, 268-270
Solo de teste, 93-94
  inadequado, 228
Soma dos quadrados (SQ), 57-59
Spearman, Charles, 23-24
SPSS, 94-95
Stanford Diagnostic Mathmatics Test (SDMT), 116, 285
Stanford Diagnostic Reading Test (SDRT), 116, 285
Stanford-Binet Intelligence Scale (S-B), 12-13, 23-24, 50-51, 285
  revisões de testes e, 107
  SB-IV, 171-172
  validade e, 156-157
State-Trait Anxiety Inventory (STAI), 171, 286
Stern, William, 22-23
Strong Interest Inventory (SII), 28-29, 285
Strong Vocational Interest Blank (SVIB), 28-29
Superpredição, 197-198
Symptom Checklist-90-Revised (SCL-90-R), 170-171, 285

Tabela de especificações, 111-112
Tabelas Taylor-Russell, 259-260
Tabelas/gráficos de expectativas, 115-116
Tamanho da resposta, 222-223
Tamanhos de efeito, 200-201
Taxas de acerto, 184-185
Taxas de base, 258-260
Technical Recommendations for Psychological Tests and Diagnostic Techniques, 160-161
Técnica de Mantel-Haenszel, 247
Técnicas projetivas, 12-13, 29-30, 222
Tendência central, medidas de, 55-59
Teoria
  clássica dos testes (TCT), 236-240
  da generalizabilidade (teoria G), 141-142
  da probabilidade, 59-60
  da resposta ao item (TRI), 105, 118, 143.
    Ver também análise de item, TRI e
Terman, Lewis, 23-25

Test Critiques, 39-40
Test of English as a Foreign Language (TOEFL), 168, 285
Test of Variables of Attention (TOVA), 272-273, 285
Testagem
  adaptativa computadorizada (TAC), 106, 206, 223-224, 236-239
  de competência, 113-114
  de pessoal. *Ver* Emprego, testagem de pessoal e
  em grupo, 23-25
  referenciada no conteúdo, 111-113
  referenciada no domínio, 111-113
Testagem psicológica
  avaliação da, 13-16
  como produto, 16-17, 36
  definida, 11-14
  história da, 18, 24-25
  participantes no processo da, 16-17
  usos, 30-33
  vs. avaliação, 32-36
Teste
  âncora, 104
  bicaudal, 292
  de aptidão acadêmica, 25-27
  de completar sentenças, 29-30
  de destreza manual, 189-190
  de habilidade, 12-13
  de interesses, 27-29
  de personalidade, 12-13
  de pura potência, 232-233
  de pura velocidade, 232-233
  inéditos, 37-40
  padronizados de realização, 25
  publicados, 37-40
  unicaudal, 292
Teste de habilidade escolar Otis-Lennon (OLSAT), 98, 285
Tests in Print (TIP), 38-40, 167, 170
Teto, de teste, 93-94
  insuficiente, 228
Thematic Apperception test (TAT), 29-30, 285
Thorndike, E. L., 24-25
Tomada de decisões, 30-32, 202-205
Tomografia por emissão de pósitron (PET), 43
Traços, 128
Transformação
  linear, 94-97. *Ver também* Transformações não-lineares
  não-linear, 99-102

Transtorno bipolar, 20
Triagem, 202-203

U.S. Civil Service Examination, 18
U.S. Department of Defense, 106
U.S. Department of Education, 37-38
Unimodal, 60
United States Employment Service (USES), 198-199
Usos, dos testes, 251-254, 281-284
Utilidade, 207-209, 256-261

Validação
  concorrente, 185-189
  cruzada, 195, 216
  preditiva, 185-187
    exemplo de, 188-192
  sintética, 205
Validade incremental, 192, 258-259
Validade, 24-25, 155-156, 209, 211-212
  conseqüências, 208-211
  convergente, 173-174
  de face, 166-171
  diferencial, 197, 204
  discriminante, 173-174
  evidências, fontes de, 164
    conteúdo do teste e processos de resposta, 164-171
    escores de teste e critérios, 182-186
    generalização, 196-203
    padrões de convergência, 165, 170-171, 182-183
    relacionadas ao critério, 165, 185-186, 196, 205-208
    tomada de decisões, 202-205
  incremental, 192, 258-259
  fidedignidade e, 151
  modelo da curva normal e, 65-66
  perspectivas, 156-164
  utilidade, 207-209
  visão tripartite da, 160-161
Variabilidade, medidas de, 56-59
Variáveis, 44-46
  confundidoras, 196-199
  latentes, 159-160
Variável
  contínua. *Ver* Variáveis
  dicotômica. *Ver* Variáveis
  discreta, *ver* Variáveis
  politômica. *Ver* Variáveis

Velocidade de desempenho, 177-178, 232-233
Viés
  de declividade, 197
  de intersecção, 197-198
  de item, 246-247
  de teste, 197

Wechsler, David, 23-24, 51-52
Wechsler-Bellevue I, 99-100

Whitaker Index of Schizofrenic Thinking (WIST), 186-189, 285
Wonderlic Personnel Test, 131, 285
Woodcock Johnson III (WJ III), 105, 285
Woodworth Personal Data Sheet (P-D Sheet), 28-29
Work Keys Assessments, 167, 170, 285
Wundt, Wilhelm, 20-21, 23-24

Yerkes, Robert, 23-25